La Jérusalem délivrée

Alphonse de Lamartine
&
Torquato Tasso

© 2024, Alphonse de Lamartine &
Torquato Tasso (domaine public)
Édition : BoD • Books on Demand GmbH, In de Tarpen 42,
22848 Norderstedt (Allemagne)
Impression : Libri Plureos GmbH, Friedensallee 273,
22763 Hamburg (Allemagne)
ISBN : 978-2-3225-4384-7
Dépôt légal : Août 2024

AVANT-PROPOS DE L'ÉDITEUR.

Parmi les traductions en prose qui étaient à ma disposition, je n'aurais choisi que celle de Lebrun. Mais les infidélités, les phrases sonores, les longueurs, l'enflure de cet écrivain m'ont inspiré une défiance que d'autres esprits plus éclairés que le mien ont partagée. Il est d'ailleurs facile de se convaincre que les comparaisons et les images (celte richesse du poète), qui demandent le plus d'efforts de la part du traducteur, ont été en grande partie laissées de côté par Lebrun. Je crois en outre, et ici je ne fais, comme éditeur, qu'une observation typographique, je crois, dis-je, que la manière de traduire par strophes, et de diviser l'édition française ainsi qu'est divisé le poème italien, en rend la lecture si fatigante que les hommes les plus sérieux ne peuvent en achever la lecture. Il faut cependant qu'un livre populaire arrive à toutes les classes de lecteurs.

Je n'ai point manqué de propositions, même de personnes qui occupent un rang élevé dans les lettres et qui se montraient jalouses de voir leur travail édité avec le luxe et le soin qui ont présidé à cette publication. Cependant, mes voyages en Italie et ma connaissance de la langue italienne m'ayant permis d'apprécier le mérite de la traduction de M. Philipon de la Madelaine, je n'ai point hésité à lui donner la préférence, après avoir consulté des hommes éminents qui ont partagé mon opinion. Ce n'est point à moi de louer l'œuvre que je publie, mais je peux dire que l'on y trouvera une élégance et une correction remarquables jointes à beaucoup d'exactitude et de précision. Poète lui-même et auteur de deux épopées traduites dans toutes les langues, *la Grande-Prieure de Malte* et *le Pontificat de Grégoire VII*, M. Philipon de la Madelaine pouvait sentir et comprendre le *Tasse:* le succès déjà bien assuré de ma publication et l'approbation durable des personnes éclairées me prouveront, j'ose l'espérer, la justesse de mon choix.

MALLET.

Paris, ce 25 août 1841.

DESCRIPTION DE JÉRUSALEM
PAR
M. A. DE LAMARTINE.

IL y a des lieux sur la terre qui semblent avoir leurs destinées: comme certains hommes, ils semblent marqués du sceau d'une glorieuse fatalité. Ce sont les sites où se sont accomplies quelques-unes des grandes phases de l'humanité. Le drame inaugure la scène; et quand les merveilleux personnages ont disparu, l'imagination, qui cherche longtemps leur trace ou leur ombre, s'attache aux lieux qu'ils ont habité, les visite, les décrit, les raconte, quelquefois les consacre, et ramène sans cesse la pensée des générations sur tout ce qui reste des plus grandes choses humaines après quelques siècles: un monticule, comme à Troie; un débris de temple, comme à Athènes; un tombeau, comme à Jérusalem. Mais s'il est donné à la poésie et à l'histoire d'illustrer un site, il n'est donné qu'à la religion de le sanctifier. Quelque curieux de la gloire ou des arts s'embarque de temps en temps pour aller mesurer le temple vide de Thésée, les gigantesques ruines de Palmyre, ou conjecturer le palais de Priam et le tombeau d'Achille, sur les collines de Pergame, à la lueur des feux des bergers de l'Ida. D'innombrables caravanes de pèlerins traversent chaque printemps les flots de la mer de Syrie, ou les déserts de l'Asie-Mineure, pour venir s'agenouiller un instant dans la poussière de Jérusalem et emporter un morceau de cette terre ou de ce rocher dont leur foi religieuse a fait l'autel du genre humain régénéré. Le nom même de Jérusalem n'est pas prononcé par eux comme un nom vulgaire. Quelque chose de pieux et de tendre pénètre leur accent quand ils le nomment; ils inclinent la tête à ce nom: on sent que ce mot est plein pour eux de souvenirs, de retentissement, de mystères. On comprend que Jérusalem est en quelque sorte la patrie commune de leurs âmes. Ils le prononcent comme on prononce dans l'exil le nom de la patrie. Pour ceux même à qui la foi manque, Jérusalem est encore une foi de leur imagination: leur mère leur en a tant parlé! ils ont tant entendu éclater le nom sonore de Sion dans les hymnes de leur culte natal, sous les voûtes de leurs cathédrales, au fracas des cloches, aux fumées ondoyantes de l'encens, que cette ville s'élève toujours radieuse dans leur mémoire d'hommes faits,

> Sort du sein des déserts brillante de clarté!
>
> (RACINE.)

On n'échappe pas, par la critique la plus froide, à ce prestige des souvenirs de la jeunesse: involontairement on attache de la pensée et de la gloire à ce site; car la gloire n'est autre chose qu'un nom souvent répété. Ce double sentiment m'y a conduit moi-même. On a besoin de voir avec les yeux ce qu'on s'est si souvent dépeint avec l'imagination; à peu près comme les enfants qui veulent gravir la montagne pour atteindre de la main le firmament et les étoiles, qui leur semblent, d'en bas, toucher aux rochers de la cime: pour le voyageur comme pour l'enfant, l'illusion s'évanouit en approchant.

Jérusalem, ou *vision de paix,* fut fondée par Melchisédech, pontife et roi, qui lui donna son nom. Elle s'élève sur le penchant occidental d'un plateau qui couronne le groupe des montagnes de Judée. Refuge d'un peuple faible et pauvre, forteresse contre ses persécuteurs, rien dans son site n'indiquait la capitale future d'une nation. Nul fleuve ne l'arrose, nulle grande vallée n'y débouche, aucune mer voisine ne lui offre les ressources du commerce: on y arrive par d'étroits sentiers creusés sur les lianes de rochers inaccessibles; son sol est rare et ingrat, son été brûlant, et ses hivers rigoureux; à peine quelques sources d'eau fraîche suintent de distance en distance entre les rochers. Cependant David ne crut avoir conquis une patrie à son peuple qu'après l'avoir enlevée de force aux Jébuséens, l'an du monde 2988, 1,047 ans avant Jésus-Christ. Elle devint le siège de ce petit empire dont les fastes mystérieux sont, devenus les fastes du monde. Salomon y bâtit ce temple qui contint long-temps seul au monde la majestueuse unité de Jéhova. Prise et reprise par les rois de Perse et d'Égypte, par les Romains, elle vit souvent son peuple traîné en captivité; elle vit tomber et se relever son temple, monceau de ruines: son peuple y revenait toujours chercher la liberté de son culte, et attendre les promesses de Jéhova.

Après le Christ, Titus attaqua Jérusalem aux environs de la fête de Pâques, qui avait attiré la population presque entière de la Judée dans ses murs. Après quatre mois de siège, et un peuple immense immolé, Titus, le plus doux des hommes, accomplit la prophétique menace du Christ allant au supplice. Il ne laissa pas pierre sur pierre dans la cité de Salomon; Adrien profana tous les lieux saints que le culte des premiers chrétiens cherchait et vénérait sous ces ruines. Jupiter, Vénus, Adonis, eurent leurs statues officielles sur le Calvaire et à Bethléem: mais ces dieux des vainqueurs étaient morts, quoique debout; et de la crèche de Bethléem, et du tombeau inconnu d'un supplicié, la religion nouvelle, avec la force invincible du verbe divin et d'une morale réparatrice, grandissait sous leurs pieds, et devait bientôt chasser des temples de Borne elle-même tous ces fantômes de la divinité effacés par des symboles plus purs. Lorsque Constantin eut embrassé le christianisme, la ville hébraïque disparut devant une ville toute chrétienne; chaque scène du drame de la rédemption fut attestée par un monument et par un autel: Jérusalem ne fut plus que le vestibule du sacré tombeau.

Jérusalem subit encore plusieurs fois les colères des saccageurs du monde. Adrien, pour disperser les Juifs, non content de profaner la ville, fit vendre le peuple à l'encan, à différentes foires, au prix des chevaux. Par une amère ironie des vainqueurs, ou par une amère ironie de la Fortune, ces foires d'hommes se tenaient dans le vallon de Membré, lieu vénéré des Hébreux, où Abraham *avait planté ses tentes et reçu les anges*. On appelait ces foires les *foires du Thérébinthe* , du nom d'un arbre séculaire qu'on y voyait encore du temps de saint Jérôme, et que la tradition faisait remonter aux premiers jours de la création. L'empereur fit frapper une médaille pour éterniser cette honte que ce peuple barbare et contempteur de l'humanité prenait pour de la gloire.

Un phénomène historique, inouï dans les fastes du monde, fut le mouvement qui entraîna les peuples et les rois de l'Occident vers ce rocher stérile de la Palestine pour reconquérir un tombeau: ce fut le plus grand effort matériel du christianisme; il reprit Jérusalem, mais il ne put la garder. Les rois, depuis Godefroi de Bouillon, ne régnèrent que88ans sur ces ruines. Saladin, roi de Syrie et d'Égypte, les chassa en1187; depuis cette époque, l'islamisme triompha sur ce berceau du christianisme: mais l'islamisme lui-même, pénétré de la sainteté de la morale évangélique, ne profana point le tombeau de celui qu'il considère comme le grand prophète et comme l'envoyé de Dieu; les chrétiens continuèrent à honorer et à visiter les lieux saints, sous la tolérance des musulmans. Les pèlerinages ne souffrirent point d'interruption ni d'obstacles; seulement les possesseurs du tombeau du Christ firent payer un léger tribut à ses adorateurs. Les choses sont encore ainsi aujourd'hui. Depuis qu'Ibrahim-Pacha est maître de la Judée, cet impôt sur les chrétiens a même été supprimé: le conquérant égyptien a rougi de recevoir du pauvre pèlerin d'Occident, qui a traversé la terre et la mer pour baiser le rocher sacré, le denier de sa foi; il n'a pas voulu imposer la foi ni taxer la prière.

Les descriptions du tombeau du Christ sont partout. C'est une petite coupole enfermée dans une grande, et dans laquelle un fragment de rocher recouvert de plaques de marbre blanc indique à la vénération du voyageur la place vraie ou vraisemblable du sépulcre. Celui qui adore le Christ en sort écrasé du mystère et anéanti de contemplation et de reconnaissance; celui qui comprend seulement le christianisme en sort écrasé aussi de la toute-puissance d'une idée qui a renouvelé le monde, qui a vécu dix-huit cents ans, et qui semble porter encore en elle la vie morale de plus d'une nation et de plus d'un siècle. Ce tombeau, de quelque point de vue qu'on le considère, est la borne qui sépare deux mondes intellectuels: faut-il s'étonner que des armées se le soient disputé, que le croyant le vénère, et que le philosophe le respecte?

L'aspect de Jérusalem, au sommet de la colline des Oliviers, est trompeur comme l'aspect de toutes les villes de l'Orient. Posée sur un plateau légèrement incliné, comme sur une base élevée, entourée de hautes murailles en gros blocs qui soutenaient les terrasses du temple de Salomon, flanquée de ses tours crénelées, qui s'élèvent de cent pas en cent pas au-dessus de ses murs, avec ses piscines, ses portes hautes et voûtées, ses minarets, qui se perdent comme des végétations pétrifiées dans le bleu profond de son ciel; étalant aux yeux ses terrasses de maisons où les femmes et les enfants sont assis sous des tentes de couleur, faisant pyramider devant vous la triple mosquée d'Omar, qui couvre à peu près l'espace jadis occupé par le temple de Salomon.

C'est une splendide apparition de la cité de Jéhova. La lumière limpide et réverbérée de son atmosphère l'inonde comme d'une gloire céleste; on dirait d'une ville pleine encore de son peuple, et ce n'est qu'un éclatant tombeau: les portes sont silencieuses, les routes désertes, les rues vides, les voix mortes; le Juif en haillons se traîne humblement entre le musulman qui le méprise et le chrétien qui l'insulte. Attaché cependant par la racine de sa foi à ce sol si ingrat pour lui, ce peuple, tant honni, est le plus vivant exemple d'un patriotisme invincible que l'humanité ait jamais offert. Il va errer par toute la terre, mais ses regards sont toujours tournés vers Sion; il revient mourir dans ses murs, et il meurt content s'il peut penser qu'un peu de terre d'Abraham recouvrira ses os. Je rencontrais à chaque instant des vieillards conduits par leurs enfants, montés sur des mules ou sur des ânes, paraissant accablés par la maladie et par les années; et quand je leur demandais: Où allez– vous, d'où venez-vous? Nous venons, me disaient-ils, de Venise, de Varsovie, de Vienne, de Turin, et nous allons mourir à Jérusalem ou à Saphad, pour que nos ossements reposent auprès de ceux de nos pères; car il n'y a plus de patrie pour nous que sous la terre: et celle-là du moins, les musulmans et les chrétiens ne nous la disputent pas.

L'intérieur de Jérusalem est triste, muet et morne. M. de Châteaubriand l'a admirablement décrit, avec toute la mélancolie et la solennité de son génie: lui seul, après les prophètes, a eu des mots pour exprimer cette inexprimable désolation des lieux. La population indigène, mélange de Juifs, d'Arabes, de Turcs, d'Égyptiens, est pauvre et inactive; tout semble dormir dans cette ville de la mort. Les pèlerins seuls, arrivant et partant sans cesse, marchent dans les rues sombres et dans les bazars infects: mais ils marchent recueillis et le front baissé, sans bruit, sans parole, comme des hommes remplis de la pensée qui les amène, et foulant ce sol des miracles avec le silence et le respect qu'on apporte dans un sanctuaire. C'est la ville du monde d'où s'élève le moins de rumeurs; c'est comme un vaste temple: il n'en sort que des soupirs et des prières. Souvent, en me promenant le soir autour de ses murailles, je me demandais s'il y avait encore là un peuple, et j'entendais tout à coup le sourd bourdonnement des offices de la nuit, qui résonnait gravement dans l'air, s'échappant des voûtes des églises ou des couvents des moines grecs entremêlé du son de la cloche des monastères et du chant des prêtres latins. L'éternel soupir du Calvaire semble sortir de cette terre où tomba le sang du Juste. Son âme, en s'exhalant dans le sein de son père céleste, a laissé dans ces lieux comme un éternel écho de la prière. Aux lieux où prophétisèrent les voyants, où chanta David, où pria le Christ, on n'éprouve qu'un besoin, qu'une pensée: contempler, adorer et prier.

Le paysage qui entoure Jérusalem est un cadre solennel et grave, comme, les pensées que cette ville suscite en vous. Du sommet de la citadelle de Sion, où est le tombeau du poète-roi, l'oeil descend d'abord sur la sombre et ardue vallée de Josaphat: au tond de ce ravin, un peu sur la droite, quelques bouquets d'arbustes, un peu moins gris que le reste, secouent la poussière de leurs feuilles sur le filet d'eau qui s'échappe delà fontaine de Siloé; en face est une noire muraille de rochers à pic; quelques grottes creusées dans ce roc vif furent autrefois des tombeaux, et sont aujourd'hui les demeures de quelques misérables familles arabes. En suivant la pente de cette vallée, qui roule en s'élargissant, le regard passe entre les cônes multipliés des montagnes sombres et nues de Jéricho et de Saint-Sabas. Au delà, à un horizon de sept ou huit lieues, vous voyez resplendir la mer Morte, éclatante et lourde comme du plomb nouvellement fondu: elle est encadrée enfin elle-même par la chaîne bleue des montagnes d'Arabie que ne passa pas Moïse. Tout est silence, immobilité, désert, dans ce paysage: rien n'y distrait la pensée; le voyageur n'y entend que le bruit de ses pas; aucun nuage même n'y traverse le ciel.

Les grands aigles des pics décharnés de la Judée y tournoient seuls sur votre tête, et font courir par moments l'ombre de leurs ailes grises sur le flanc rapide des coteaux; de loin en loin vous apercevez un figuier aride que le vent a poudré de sable et qui semble pétrifié dans le roc, quelques chacals au poil fauve qui se glissent entre les monticules de pierres roulantes en poussant de lamentables hurlements; vous rencontrez de distance en distance une pauvre femme montée sur un âne et portant sur ses bras des enfants décharnés et brûlés du soleil, quelque berger arabe gardant ses chèvres noires au pied des collines pierreuses, ou quelque Bédouin de Jérémie ou de Jéricho sur la jument du désert, marchant au pas, sa longue lance élevée dans sa main droite comme une toise, et semblant arpenter ces ruines, comme le génie de la destruction. Voilà tout ce qui couvre maintenant les voies pleines du peuple de Sion.

Telle est cependant la ville dont le nom est dans toutes les bouches, dont l'histoire est dans tous les esprits, dont les poésies sacrées se chantent à toutes les heures de la nuit et du jour, dans toutes les langues du monde; voilà les collines dont les croisés emportaient la terre sur leurs navires pour en recouvrir le sol des cathédrales qu'ils élevaient dans leur patrie. Ce n'est ni l'importance des événements historiques, ni la fécondité du sol, ni la beauté de la nature, qui attirent sur ce point du globe les regards du genre humain; mais c'est sur ces collines que brilla l'éclair au milieu des ténèbres du monde ancien, c'est sur ce sol que le Christ imprima la trace de ses pieds, c'est dans ces murs qu'il donna son sang à Dieu pour l'humanité, et qu'il s'écria, dans sa prophétique certitude du triomphe de sa doctrine, «J'ai vaincu le monde.» Le lieu de cette grande victoire de l'unité de Dieu sur le polythéisme, de la fraternité sur l'esclavage, de la charité sur l'égoïsme, devait rester à jamais présent et cher aux générations. De là cette éternelle célébrité de Jérusalem. Un de ses plus obscurs enfants, celui dont elle ne savait même pas le nom, celui qui s'appelait lui-même le rebut du monde, meurt sur une croix infâme dans un de ses faubourgs, et c'est à lui qu'elle doit son nom, sa mémoire, son immortalité!

Extrait du *Dictionnaire de la Conversation et de la Lecture.*

NOTICE SUR LE TASSE,
1544-1595.

Torquato Tasso, que nous nommons ordinairement *le Tasse,* naquit le Il mars1544, à Sorrento, dans le royaume de Naples, de Bernardo Tasso et de Porcia de Rossi. Sa famille était ancienne et illustre; son père, un des meilleurs poètes de l'Italie, eut avec Boyardo et l'Arioste la gloire défaire triompher la langue nationale, créée par le Dante et Pétrarque, des préjugés que la cour de Rome et la superstition des savants se plaisaient à entretenir en faveur du latin. Bernardo a composé une foule de pastorales et de poésies légères; mais son poème *d' Amadiji,* imité du roman espagnol d' *Ama dis des Gaules,* lui assure un titre sérieux au souvenir de la postérité. Le jeune Torquato commença, dès le berceau, à bégayer les vers de son père, et à former son oreille à l'harmonie poétique. Les premiers développements de son esprit furent extraordinaires, et les historiens de sa vie se plaisent à nous en raconter des prodiges. A peine âgé d'un an il prononçait exactement sa langue, et répondait avec bon sens aux questions qu'on lui adressait; il n'y avait dans ses discours rien d'enfantin que le son de sa voix, et il donnait déjà des marques de la force de caractère qu'il a montrée depuis dans ses malheurs. A neuf ans il savait le grec et le latin, il écrivait en prose et en vers; et l'on cite une pièce de vers fort touchante qu'il adressa à sa mère lorsqu'il la laissa à Naples, pour suivre son père. L'infortune commença de bonne heure pour lui. Bernardo, qui s'était attaché à San Severino, prince de Salerne, avait été obligé de s'expatrier. Il eut ses biens confisqués comme rebelle; et les frères de sa femme, profitant de sa disgrâce, refusèrent de lui payer la dot de leur soeur, qui mourut de chagrin. Elle laissait à son mari deux enfants, Cornelia et Torquato. La misère le poursuivit en France, où il s'était retiré, et il fut obligé de revenir en Italie. Il revit à Rome le jeune Torquato, et le trouva familiarisé avec les philosophes et les poètes de l'antiquité. Alors il l'envoya à Padoue pour y étudier le droit. Torquato y forma avec le jeune Scipion de Gonzague une liaison qui dura jusqu'à la mort. Après cinq années d'études sérieuses, il soutint avec éclat des thèses sur la théologie, la philosophie et la jurisprudence, et reçut le bonnet de docteur dans ces différentes facultés.

Son amour pour la poésie s'était déjà révélé; et il composait, à l'âge de dix-sept ans, *Rinaldo*, qu'il publiait à Venise (1562) sous les auspices du cardinal d'Esté. Le succès de cet ouvrage ne fit qu'accroître les alarmes de Bernardo Tasso sur l'avenir de son fils: il avait dû aux lettres une partie des chagrins et des misères de sa vie, et il voulut, mais en vain, que Torquato suivît une carrière plus sévère et plus heureuse.

Il y avait à Padoue une académie qui avait pris le nom *d'Etherei*. Scipion de Gonzague y fit recevoir le jeune poète, qui prit le nom de *Pentito* (repentant): pour exprimer peut-être son regret d'avoir dérobé aux lettres les années qu'il avait consacrées à la jurisprudence.

C'était alors l'époque des romans de chevalerie, des contes de sorciers et de magiciens, des nouvelles galantes et licencieuses. Boyardo venait de publier X *Orlando inamorato*, dont le succès fut bientôt effacé par celui de *l'Orlando furioso*. Les vers de l'Arioste excitèrent dans toute l'Italie une sorte d'ivresse. Bientôt, retenus, répétés, chantés dans les campagnes comme dans les villes, ces vers ne purent garantir le poème de reproches fondés sur le désordre, sur la bizarrerie des incidents, les combats sans objet, les aventures sans vraisemblance et souvent sans décence. Le Tasse, en écrivant son *Rinaldo*, sacrifia au goût général; mais ce qui prouve la supériorité de son esprit et la maturité de sa raison, c'est que les éloges qu'il avait reçus de toutes parts ne purent l'aveugler sur les défauts de cet heureux essai. Il conçut le plan d'un nouvel ouvrage et jugea qu'il fallait attacher l'action épique à un événement important de l'histoire, si on voulait lui donner une véritable grandeur et un intérêt solide. Il crut trouver dans la conquête de la Terre-Sainte par Godefroi de Bouillon un sujet tout palpitant et qui offrait les éléments les plus propres à échauffer et à étonner les esprits préoccupés des luttes dont l'Orient était alors le théâtre et des entreprises de Soliman contre les descendants des anciens Croisés. Mais, au moment où il abordait un sujet si noble et si splendide, il dut s'arracher aux loisirs de la vie studieuse pour se jeter au milieu du tumulte d'une cour également renommée par le luxe de ses fêtes, par le mérite de ses poètes et de ses savants.

Le cardinal Louis d'Este, frere d Alfonse, duc de Ferrare, le reçut au milieu de ses gentilshommes; et les deux princesses Lucrèce et Léonore d'Este, à qui leur mère, Renée de France, fille de Louis XII, avait inspiré l'amour des sciences et des lettres, accueillirent avec faveur l'auteur de *Rinaldo*.

Peu de temps après, le cardinal fit un voyage en France. Il mena avec lui le Tasse, qui y avait été précédé par sa réputation. Charles IX, dont le nom a été flétri par l'horrible massacre de la Saint-Barthélemy, aimait et protégeait les lettres. Versé dans la littérature italienne, il avait goûté le poème de *Rinaldo* , et connaissait quelques fragments de la *Jérusalem*. Ce poème, où les Français jouent un rôle si important, ne pouvait manquer de plaire à Charles IX. Le roi aimait a causer avec le Tasse, et lui accordait des grâces qu'il refusait à toutes les autres sollicitations; mais il paraît que la faveur dont il jouissait se bornait à de simples démonstrations d'estime: car, la franchise de ses discours sur les affaires politiques de religion ayant déplu au cardinal-ambassadeur, il fut privé de son traitement, et réduit à un tel dénument qu'il emprunta un écu. Il dut alors retourner en Italie; et il ne paraît pas avoir rapporté de la France une idée bien avantageuse. Dans ses lettres, il critique les moeurs, les habitations, les monuments et jusqu'aux produits de notre sol; mais il ajoute que Venise était peut-être la seule ville d'Italie qui fût digne d'être comparée à Paris. Il admire Ronsard; et un tel témoignage relève aux yeux de la postérité ce poète, qui, adulé de son vivant, retomba après sa mort dans un injuste oubli.

De retour à Ferrare (1571), il y fut reçu par le duc avec la même bienveillance. Il s'occupa à finir sa *Jérusalem* sans renoncer pour cela a d'autres ouvrages en prose et en vers, moins considérables et moins difficiles. Alors parut *l'Aminta,* poème charmant qu'imitèrent Guarini et Bonarelli.

La manière dont il avait peint l'amour dans son *Aminia,* des pièces de vers dans lesquelles il exprimait des sentiments tendres pour une beauté qu'il n'osait pas faire connaître, enfin un sonnet où il donne le nom d'Eléonore à l'objet de sa flamme, firent soupçonner qu'une intrigue secrète existait entre lui et Léonore d'Esté alors âgée de trente-trois ans. La plupart des historiens du Tasse n'élèvent aucun doute sur la vraisemblance de cette passion, que les moeurs du temps, la gloire du poète, sa bonne mine et l'âge même de la princesse rendent assez probable. Cependant, en la désignant sous le personnage de Sophronie, il la représente comme une vierge fière et réservée, *inculta e sola,* se dérobant aux louanges et aux hommages; et il laisse supposer que ses voeux ne furent jamais connus de l'objet de sa flamme téméraire. Batista Guarini, qui s'était déclaré, ainsi que lui, l'adorateur de la belle comtesse de Scandiano, publia un sonnet où il accuse son rival de *brûler de deux flammes à la fois,* de *former et rompre tour à tour le même lien,* et *d'attirer sur lui (qui le croirait?), par un semblable manège, la faveur des dieux!* La comtesse de Scandiano s'appelait aussi Léonore, ainsi qu'une autre beauté de Ferrare à laquelle le poète adressa des vers de galanterie. Cette intrigue, sur laquelle se sont épuisées toutes les conjectures, ne mériterait pas d'arrêter l'attention si long-temps, sans les conséquences qu'on lui a attribuées.

Ces succès ne ralentissaient pas l'application sérieuse qu'il mettait à la composition de sa *Jérusalem*. Aux difficultés que lui présentait ce grand ouvrage se joignait celle de balancer la réputation de l'Arioste et l'admiration qu'avait excitée *l'Orlando furioso*. Ce fut au commencement de l'année 1575 qu'il termina enfin son poème; mais, avant de le publier, il voulut le soumettre à Scipion de Gonzague, qui était alors à Rome. Celui-ci s'associa quatre hommes de lettres estimés; ils firent de concert un examen détaillé de l'ouvrage, en analysèrent le plan et les détails, et, après de longues conférences, Scipion en renvoya au Tasse le résultat. Les critiques portaient sur le rôle trop prépondérant attribué à Godefroi, sur l'épisode d'Olinde et Sophronie comme trop peu lié à l'action, sur le caractère romanesque d'Herminie, enfin sur les détails voluptueux des amours d'Armide et de Renaud. Le Tasse écouta ces conseils; mais il ne se soumit qu'à ceux qui lui parurent fondés sur le gout et la raison. Il se livra à la correction de son poème avec une nouvelle ardeur; et, constamment occupé de son travail, il se réveillait souvent la nuit pour corriger ses vers et en faire de nouveaux. Cet excès d'application échauffa son sang. Il était d'un caractère mélancolique et sérieux. Dégoûté depuis long-temps du métier de courtisan et de son esclavage, il ne savait comment s'en affranchir. Traité avec distinction par le duc de Ferrare, il ne pouvait s'empêcher de désirer que les marques de considération dont il était entouré ne fussent accompagnées de dons honorables qui eussent assuré son indépendance. *Vorreo,* disait-il, *vorreo frutti e non fiori*. Ce sentiment d'ennui, ce désir de secouer un joug trop pesant, étaient contrariés par un autre sentiment, celui de la reconnaissance pour son souverain.

Cet état de trouble et d'agitation augmenta son inquiétude naturelle, et donna à la disposition triste de son caractère un degré d'activité funeste qui empoisonna le reste de sa vie. Son imagination se remplit de vaines terreurs et d'injustes défiances: il se crut entouré d'ennemis et d'envieux; il s'imagina que l'on interceptait ses lettres, et que l'on s'introduisait chez lui à l'aide de fausses clefs pour y dérober ses papiers. Tout à coup il apprend que sa *Jérusalem* s'imprime sans son aveu dans une cour d'Italie. Son désespoir est au comble. Il implore le duc Alfonse; il va jusqu'à solliciter du pape lui-même un bref d'excommunication contre ceux qui lui ont dérobé le manuscrit fruit de tant de labeurs, et sur lequel il fondait toutes ses espérances de gloire et de fortune. A ces justes douleurs se mêlent d'autres terreurs, il se persuade qu'on l'avait déféré à l'inquisition; et il court à Bologne se jeter aux pieds du grand-inquisiteur, qui le rassure, l'absout, et ne parvient pas à le calmer.

Inquiet et violent, il rencontre un jour un homme qu'il soupçonnait de lui avoir rendu de mauvais offices; il le frappe. Celui-ci s'éloigne sans proférer un seul mot; mais, quelques jours après, accompagné de ses frères, il attend le poète au moment où il sortait de la ville: tous trois fondent sur lui, l'épée à la main Le Tasse se défend avec un tel succès qu'il blesse deux de ses assassins, et les force à s'enfuir. Ils furent obligés de sortir de Ferrare. Cette aventure fit un grand bruit, et on répéta longtemps, comme une phrase proverbiale, que *le Tasse, avec son épée, comme avec sa plume, était au-dessus des autres hommes.*

Depuis lors il se persuada qu'on en voulait à sa vie et qu'on emploierait contre lui le fer et le poison; il ne goûta plus de repos. Il entra dans une sombre méfiance même de ses domestiques. Son état était vraiment digne de pitié. Un soir, étant chez la duchesse d'Urbin, il voulut tuer d'un coup de couteau un des serviteurs de cette princesse. On prévint ce malheur; on se saisit du Tasse, que l'on enferma dans une prison. Alfonse, touché de compassion, le fit, au bout de deux jours, ramener dans sa maison; puis il le conduisit dans son palais de *Bel riguardo,* où il mit tous ses soins à le distraire et à calmer des terreurs que le grand-inquisiteur n'avait pu faire cesser. Enfin on le conduisit à Ferrare chez les moines de Saint-François. Là, il ne voulut jamais consentir à faire les remèdes qu'on lui prescrivait. Le duc, fatigué des lettres dont il l'accablait, offensé peut-être aussi des expressions inconvenantes qui lui échappaient, lui fit défendre de lui écrire davantage, ainsi qu'aux princesses. Cette sévérité acheva d'aliéner tout à fait un esprit malade; de sorte que le Tasse, ne se croyant plus en sûreté dans le couvent, s'échappa et sortit de Ferrare, le 20 juin 1577. Il partit sans argent et sans guide, et arriva sur les confins du royaume de Naples. Caché sous les habits d'un pâtre, il se présente chez sa sœur Cornélia qui ne le reconnaît pas. Il lui remet une lettre où il lui annonce que son frère est dans une position cruelle et en danger de perdre la vie. Cornélia, à la lecture de ces effrayantes nouvelles, témoigne une si vive douleur, que le Tasse ne peut garder son déguisement et se hâte de la consoler en se jetant dans ses bras.

 Le repos dont il jouissait chez sa soeur, les caresses et les soins dont elle le combla, le beau climat de Naples, calmèrent pendant quelque temps son humeur mélancolique, mais ce calme ne fut pas de longue durée. Il s'ennuya de cette vie tranquille et monotone, et le désir de retourner à Ferrare devint plus fort que tous les motifs qui avaient pu l'en éloigner. Il écrivit au duc pour obtenir la permission de revenir, et, sans attendre sa réponse, il quitta Naples malgré sa sœur et ses amis qui redoutaient quelque imprudence de sa part. Il revit Ferrare après un an d'absence, et fut reçu avec les marques de faveur les plus distinguées: mais l'enthousiasme n'existait plus. Il sentit bientôt qu'il n'obtenait plus la considération dont il avait été si long-temps entouré. Il crut s'apercevoir que le duc cherchait à l'éloigner des travaux de la littérature; on ne lui avait pas rendu ses papiers, qu'on avait saisis après sa fuite, et on lui refusait le manuscrit de son poème. Comme tout aigrissait son humeur mélancolique et le rendait chaque jour plus insociable, on avait fini par lui interdire l'entrée de l'appartement des princesses: dans son désespoir, ne pouvant plus supporter le séjour de Ferrare, il en partit secrètement une seconde fois.

Il se dirigea vers Mantoue: il pensait que son père ayant été longtemps au service du duc, ce prince l'accueillerait avec bienveillance; mais il n'en éprouva que froideur et dédain. Alors il se rendit dans les états du duc d'Urbin, mari de Lucrèce d'Esté, qui le reçut comme un ancien ami. Ces procédés généreux relevèrent l'esprit abattu d'un homme que tant de malheurs réels ou imaginaires avaient tout à fait découragé. Il passa soudain à des espérances immodérées. Puis ses terreurs reparurent bientôt, et, sans avoir essuyé aucun dégoût à la cour d'Urbin, il s'enfuit brusquement, une nuit, pour aller implorer la protection du duc de Savoie contre des ennemis qui n'existaient que dans ses rêves. Il arriva aux portes de Turin dans un état si misérable que les sentinelles lui refusèrent le passage. Un homme de lettres protégea son entrée dans la ville, et, après lui avoir donné les secours dont il avait besoin, le présenta au prince de Piémont qui l'accueillit avec distinction. Charles-Emmanuel lui fit les offres les plus avantageuses pour le retenir à son service. Le Tasse jouit un moment de cet état prospère, mais il retomba bientôt dans les mêmes inquiétudes. Le souvenir de la perte de ses papiers le reportait sans cesse vers Ferrare; et au milieu des tristes chimères qui avaient égaré sa raison, on voit, par ses lettres, que l'amour de la gloire était sa passion dominante.

Alfonse avait perdu sa seconde femme et venait de se remarier avec la fille du duc de Mantoue. Malgré les conseils et les instances des amis qu'il avait trouvés à Turin, le Tasse retourna à Ferrare où il arriva le 21 février1579. Le duc et ses soeurs ne voulurent pas le voir; les courtisans l'évitèrent: rebuté même des domestiques du prince, il eut beaucoup de peine à obtenir un asile obscur. Dans ses fureurs, il ne garda aucune mesure; il éclatait en injures contre toute la maison d'Esté, contre le duc, contre toute sa cour. Ces violences furent regardées comme l'effet d'une entière aliénation d'esprit: Alfonse le fit arrêter et conduire à l'hôpital de Sainte-Anne, où l'on enfermait les fous. Les excès où il était tombé étaient évidemment l'effet d'une véritable aliénation et devaient inspirer à un souverain généreux de la pitié, non de la colère; c était dans l'hôpital des malades, non dans la maison des fous, qu'il fallait placer cet infortuné, et lui prodiguer les soins de la médecine, non des humiliations aussi déraisonnables que cruelles. Ainsi, tout en reconnaissant qu'Alfonse avait d'abord montré beaucoup d'indulgence, on ne peut point expliquer, encore moins justifier, les indignités qu'un grand homme eut à souffrir dans cette humiliante détention. Sa situation était d'autant plus intolérable que l'espèce de manie dont il était atteint ne troublait son esprit que sur certains points. S'il obtint quelque adoucissement à sa captivité, il ne le dut qu'à l' intérêt qu il inspira à un jeune homme, nommé Mosti, neveu du prieur de l'hôpital. Ce jeune homme venait tous les jours le voir, entendre ses vers et surtout l'entretenir de littérature et de poésie.

Après deux années de dure captivité, le Tasse obtint (1581) un logement plus commode avec la permission de recevoir quelques personnes et même de sortir de sa chambre pour entendre la messe et se confesser. Les sentiments de religion qu'il avait toujours professés s'étaient encore exaltés par suite de ses malheurs et des hallucinations de son cerveau malade. Il voyait la vierge Marie lui apparaître; et il se croyait en butte à la haine d'un magicien qui le faisait tourmenter sans cesse par un esprit follet, acharné a lui îavir les mets de sa table et ses manuscrits.

Ainsi, c'est à trente ans, après avoir produit le plus bel ouvrage qui ait signalé la renaissance des lettres, que l'infortuné Torquato fut choisi pour donner le plus déplorable exemple de la faiblesse de l'esprit humain! Il y eut dans sa destinée un contraste d'abaissement et de gloire dont on trouverait difficilement un autre exemple dans l'histoire. Son poème n'avait pas encore été publié; ce fut seulement en1581que parut la première édition bientôt suivie de quatre autres en Italie et en France, toutes tronquées et à l'insu de l'auteur. Cependant le succès de la *Jérusalem* fut universel. Parmi les admirateurs passionnés de ce poème, il s'en trouva qui, empressés du désir de connaître le Tasse, se rendirent à Ferrare et furent surpris de trouver dans l'hôpital des fous celui dont le génie et le nom remplissaient l'Europe.

Ces témoignages d'admiration et d'intérêt suspendirent en lui le sentiment de son humiliation; mais sa gloire éveilla l'envie, et ses malheurs ne purent la désarmer. Les partisans de l'Arioste publièrent contre son poème une foule d'écrits auxquels les admirateurs de la *Jérusalem* répondirent. Cette querelle occupa toute l'Italie. L'Académie de *la Crusca,* qui venait de s'établir, signala son existence nouvelle par une critique de la *Jérusalem* qui manque à la fois de justice et degards pour l'auteur. Cependant le mérite éclatant du poème attira l'attention universelle sur l'infortuné captif. Le duc de Ferrare, cédant à des sollicitations puissantes, promit de lui rendre la liberté, si le prince de Mantoue, son beau-frère, consentait à garder le poète près de lui et à répondre en quelque sorte de sa personne et de ses écrits. Les craintes du duc sur le ressentiment du Tasse étaient peu fondées; car ce qui agitait le plus Torquato c'était de n'avoir pu saluer Allonse d'un adieu, et, pendant tout le temps qu'il avait passé dans l'hôpital de Sainte-Anne, il s'était imaginé que c' était a son insu et contre sa volonté qu il avait été si malheureux.

Sa captivité avait dure sept ans et deux mois. Il se rendit aussitôt a Mantoue, et il y termina le poeme de *Floridant* que son père avait laissé imparfait; il y finit aussi sa tragédie de *Torrismond,* commencée longtemps avant sa maladie. Puis, entraîné par son inquiétude ordinaire, il voulut quitter Mantoue et en obtint facilement la permission. Il nourrissait le désir de se fixer à Rome, il y arriva rempli d'espérance et s'en éloigna bientôt plein de découragement. Il alla à Naples, revint à Rome et passa le reste de sa vie à errer de l'une à l'autre de ces villes sans trouver jamais ce repos de l'âme dont il sentait le besoin. Flatté d'abord des prévevances de ses amis, il était effrayé de leurs soins même; et, soupçonnant leurs intentions, il rebutait leur zèle et les fatiguait de ses plaintes. La faiblesse de son âme le soumettait aux volontés des derniers des hommes; tantôt comblé de présents, tantôt privé du nécessaire, il se voyait alternativement servi dans les maisons des princes, ou au moment de périr de misère et de se réfugier dans un hôpital.

Après avoir reçu l'hospitalité du prince de Conca, il alla loger chez son ami Manso, marquis de Villa. C'est là qu'il acheva et publia sa *Jérusalem conquise,* qui n'est qu'une refonte de la *Jéru salem délivrée.*

Pendant qu'il menait chez Manso une vie doucement remplie par ses travaux littéraires et les soins de l'amitié, le cardinal Cinthio Aldobrandini, neveu du pape Clément VIII, lui écrivit pour le presser de revenir à Rome. Le Tasse ne put résister à ses instances, mais en se séparant de Manso il eut un triste pressentiment de sa fin et lui dit un adieu qu'il regardait comme éternel.

Arrivé sur les confins de Mola, petite ville voisine de Gaëte, il eut avis que Sciarra, chef de bandits, était près de ces lieux avec une troupe nombreuse. Ses compagnons de voyage ne voulurent point affronter les périls d'une rencontre avec les brigands et préférèrent rester bloqués dans Mola. Mais Sciarra, ayant appris que le Tasse était un des voyageurs, lui envoya un message pour lui dire que, par égard pour lui, il se retirait avec sa troupe et laissait libre le chemin de Rome. Le Tasse était devenu insensible à la gloire, et il fut peu touché de cet hommage qu'un chef de bandits rendait à ses talents et à sa renommée.

La fortune commençait à lui sourire; il obtint une pension de 200 ducats sur l'héritage de sa mère, et une autre de 200 écus que le cardinal de Saint-George avait sollicitée pour lui. Il trouvait à Rome ce qui était propre à le dédommager de ses souffrances; mais tout était fini pour lui, et son imagination même n'était plus susceptible d'illusions.

Ce fut alors que le cardinal Cinthio résolut de lui faire décerner un honneur que personne n'avait obtenu depuis Pétrarque. Il espérait ranimer dans cette âme découragée le sentiment de la gloire par une distinction éclatante, et la rappeler ainsi à l'amour et au sentiment de la vie; mais il n'était plus temps. Le Tasse, frappé de l'idée de sa mort prochaine, ne songeait plus qu'à s'y préparer, et ses principes religieux lui laissaient apercevoir cet instant avec calme et résignation. Il refusa d'abord la proposition de son couronnement au Capitole: «C'est un cercueil, disait-il, qu'il me faut, et non un char de triomphe; si vous me destinez une couronne, réservez-la pour orner ma tombe. Toute cette pompe n'ajoutera rien au mérite de mes ouvrages, et ne peut m'apporter le bonheur. Elle a empoisonné les derniers jours de Pétrarque.» Cependant il céda aux instances de ses amis, et le cardinal Cinthio le présenta au pape. Tous les préparatifs de la cérémonie se pressaient avec activité. Lorsqu'ils furent achevés, le mauvais temps en fit suspendre l'exécution. Mais la nouvelle secousse que ces apprêts donnèrent à ses organes affaiblis acheva d'épuiser ses forces. Une fièvre violente le saisit; il se fit transporter dans le couvent de Saint-Onuphre, où il succomba à ses maux après quatorze jours de maladie. .

Sa mort (25avril1595) remplit de consternation Rome et l'Italie; ses obsèques se firent avec une grande pompe, et une foule immense accompagna le convoi funéraire. On composa en son honneur des épitaphes et des oraisons funèbres. Cependant, malgré le voeu manifesté par le cardinal Cinthio, sa sépulture resta sans monument jusqu'en1608, où le cardinal Bevilacqua fit construire celui qu'on voit dans l'église de Saint-Onuphre.

Le Tasse avait laissé tous ses manuscrits à Cinthio, mais en exprimant le désir qu'ils fussent brûlés après sa mort. C'est ce qui explique le peu d'empressement que mit le cardinal à les publier. Le poème de la *Création du monde* et un grand nombre d'autres ouvrages en prose et en vers ne furent imprimés que long-temps après.

Torquato était grand et bien fait, ses traits avaient de la noblesse et de la beauté; mais il était un peu louche, et manquait de grâce dans son maintien. Il parlait avec élégance, mais avec une gravité qui touchait à la pédanterie. Un bégayement naturel lui donnait dans la conversation de l'embarras et de la gêne. Son âme était sensible, généreuse et reconnaissante; il s'irritait aisément et s'apaisait de même: il allait au-devant de ses ennemis les plus acharnés, lorsqu'il les voyait malheureux. Une imagination trop mobile et trop active le rendit sombre et défiant; elle l'obséda de fantômes et de chimères que sa raison ne pouvait pas dissiper. Cette disposition tenait sans doute à son organisation, et fut la cause de la cruelle maladie qui a flétri une existence que tout devait rendre si brillante et si fortunée.

On ne connaît ordinairement du Tasse que deux poèmes, la *Jéru salem* et *l'Aminte;* mais il composa une foule d'ouvrages, parmi les quels on distingue les *Dialoghi discorsi*, les *Lagrime di Maria virgine*, *il Rinaldo*, *il Gonzaga*, *il Romeo*, *le Sette giornate del mondo creato*, *il Forno*, *il Padre di Famiglia*, la

Cavaletta, la Molza, il Segretario, il Montoliveto, et beaucoup d'autres pièces plus ou moins importantes.

Toutes les formes de l'éloge ont été employées pour louer la *Jérusalem*. Voltaire dit du Tasse qu'il avait autant de feu qu'Homère dans les batailles, avec plus de variété. M. de Lamartine, poète comme le Tasse et brave comme lui, a écrit: «Le Tasse a » toujours été mon poète, parce qu'il était en même temps un homme » de coeur et un homme d'épée; c'est le *seul Homère de la che -» valerie .»*

Des critiques, partisans de l'Arioste, ont avancé que la *Jérusa lem* était un meilleur poème que le *Roland,* mais que l'Arioste était un plus grand poète que leTasse. Ils plaçaient ainsi la méthode, le bon goût, la régularité et la précision au-dessous des excès brillants d'une imagination féconde. Toutefois on ne saurait comprendre que si l'on doit assigner un rang à deux écrivains d'après le mérite de leurs ouvrages, il faille donner la préférence à celui qui n'a pas produit le meilleur. Nous pensons, avec Métastase, qu'avant de se prononcer sur les deux poètes on doit beaucoup hésiter. L'Arioste aurait pour lui les femmes et les adolescents; le Tasse obtiendrait le suffrage de la jeunesse instruite et des hommes éclairés. Tous deux sont admirables, mais l'un intéresse et fait réfléchir tandis que l'autre plaît et amuse.

La *Jérusalem* a été traduite dans toutes les langues. Les traductions françaises les plus répandues sont celles de Lebrun et de M. Baour-Lormian. L'oeuvre remarquable de ce dernier doit faire le désespoir de tous ceux qui entreprendront jamais une traduction en vers. Les éditions, depuis1580, ont été très-nombreuses. Enfin la vie ou l'éloge du Tasse ont été faits par une foule d'écrivains distingués, parmi lesquels on peut citer MM. Mazuy, Auguste Desplaces et Suard. C'est du travail de ce dernier que sont extraits les détails qui précèdent.

CHANT PREMIER.

Dieu ordonne à l'ange Gabriel de se rendre à Tortose. Bouillon assemble les chefs de l'armée chrétienne. Tous, d'une commune voix, le nomment leur général. Godefroi fait ensuite défder l'armée en sa présence, et elle se met en marche vers Solime. Cette nouvelle jette l'effroi dans le coeur du roi de la Palestine.

CHANT PREMIER.

JE chante les pieux combats et le grand capitaine qui délivra le tombeau sacré du Christ. De nombreux travaux signalèrent sa prudence et son cou– rage, et, pour accomplir sa glorieuse conquête, il supporta de cruelles souffrances. En vain1Enfer s arma, en vain les peuples de l'Asie et de la Libye unirent leurs efforts contre lui; favorisé du Ciel, il ramena sous les saints étendards ses compagnons errants.

0Muse! toi qui ne ceins point ton front des fragiles lauriers de l'Hélicon, mais qui habites la sphère éthérée au milieu des bienheureux concerts, toi qui portes une couronne d'étoiles immortelles, inspire à mon coeur une ardeur divine, embellis mes accords, et pardonne, ô Muse, si, pour orner la vérité, je répands dans mes vers d'autres charmes que les tiens. Tu sais que les faibles humains sont épris des douces fictions du Parnasse, et que la vérité, environnée des prestiges de la poésie, est plus séduisante et plus persuasive. Ainsi, nous présentons à l'enfant malade la coupe dont les bords sont humectés d'une agréable liqueur; il boit sans répugnance les sucs amers, et doit la vie à cette ruse bienfaisante.

0magnanime Alphonse, qui détournas de moi les coups du sort, et offris un asile à l'étranger, jouet des flots agités et presque brisé contre les écueils, reçois avec un gracieux sourire ces vers que je fis voeu de te consacrer si j'arrivais au port. Un jour viendra, j'ose du moins l'espérer, que ma Muse chantera ta propre gloire en te voyant réaliser les hauts faits que je vais décrire. Oui, si jamais les adorateurs du Christ, unis par les liens d'une paix durable, s'élancent sur leurs vaisseaux et sur leurs coursiers pour reconquérir les sublimes dépouilles dont le fier Musulman est l'injuste ravisseur, ce sera toi qui commanderas leurs armées et guideras leurs pavillons! Rival de Godefroi, écoute mes accents et te prépare aux combats.

Déjà cinq années s'étaient écoulées depuis que les Chrétiens, dressant leurs tentes dans l'Orient, avaient commencé leur généreuse entreprise. Nicée avait été emportée d'assaut. La puissante Antioche, tombée en leur pouvoir par un heureux stratagème, les vit livrer pour sa défense une bataille aux innombrables légions de la Perse. Vainqueurs, ils attendaient dans Tortose que l'hiver fit place au printemps, et permît à leur audace de nouveaux exploits.

La saison rigoureuse qui suspend les combats était près de finir, quand du haut de son trône, qui s'élève autant au-dessus de la voûte étoilée que les astres s'élèvent au-dessus des abîmes infernaux, l'Éternel abaissa ses regards vers la terre, et en un seul instant, du même regard, embrassa le monde et tous les êtres créés. Tout est présent à sa vue, mais elle se fixe sur la Syrie et sur les princes chrétiens. De ce coup d'oeil qui découvre les plus secrètes pensées et juge les passions des hommes, il voit Godefroi brûlant d'arracher la Cité Sainte aux impies Musulmans. Plein de foi et d'un zèle pieux, Godefroi dédaigne la gloire, la fortune et la puissance, désirs impurs qui soumettent les autres mortels.

Il voit chez Baudouin l'ambition dévorante, effrénée, de posséder des grandeurs périssables; Tancrède consume des jours qui lui sont odieux dans les souffrances et les angoisses d'un amour sans espoir; Bohémond, fondateur d'un nouveau royaume, donne à la superbe Antioche la civilisation, les arts, des lois et le culte du vrai Dieu. Sans cesse absorbé dans ses vastes projets, ce héros oublie tout autre dessein. Renaud méprise le repos et ne respire que la guerre. Peu jaloux de posséder l'or et les richesses, il a une soif ardente, insatiable de gloire. Bouillant d'ardeur, il écoute avidement Guelfe, son oncle, qui lui raconte les hauts faits de ses aïeux.

Le Roi du monde a sondé l'âme de ces princes et des autres guerriers. Il appelle des splendeurs des gloires Gabriel, le second des archanges. Cet interprète fidèle entre Dieu et les justes est toujours chargé de gracieux messages. C'est lui qui porte vers le Ciel les voeux et les prières des mortels, et leur annonce les décrets du Ciel. L'Éternel lui dit:

«Va trouver Godefroi, tu lui parleras en mon nom! Pourquoi cette inaction? pourquoi la guerre n'est-elle point aujourd'hui rallumée? pourquoi Jérusalem est-elle encore opprimée et captive? Dis-lui qu'il appelle près de lui les autres chefs et qu'il réchauffe pour cette sainte entreprise leur zèle trop tardif! C'est à lui que je confie cette mission; je lui donne le pouvoir suprême; ses compagnons, maintenant ses égaux, deviendront ses lieute-nants dans les batailles.»

Dieu dit, et Gabriel, déjà prêt à exécuter ses ordres, quitte sa substance invisible aux mortels, et revêt une forme humaine. Sur ses traits brille la majesté céleste. Il est dans cet âge qui sépare la jeunesse de l'enfance. Une douce auréole entoure sa blonde chevelure. A ses épaules sont attachées de blanches ailes aux pointes d'or. Avec ces ailes agiles, infatigables, il fend les nues et les vents, plane sur la terre et sur les mers.

Son vol rapide l'a bientôt porté aux limites du monde. Il s'arrête un instant au dessus du Liban; ses ailes déployées le balancent dans les airs; puis, il se précipite vers les plaines de Tortose. Le soleil commençait à sortir du sein de l'Océan; la moitié de son disque était encore cachée dans les flots. Déjà Godefroi offrait à Dieu ses prières accoutumées, quand, à l'égal du soleil, mais plus radieux encore, l'archange se présente à sa vue:

«Godefroi, voici la saison favorable aux combats! Pour-quoi ces retards? Qui t'empêche de délivrer Solime? Assemble tous les chefs près de toi; gourmande leur paresse. Dieu t'a choisi pour les conduire; ils se soumettront d'eux–mêmes à ton commandement. Je suis l'envoyé du Très-Haut, et ce sont ses ordres que je te révèle. Quelle confiance doit t'animer! Quelle sainte ardeur ne dois-tu pas communiquer à tes soldats!»

À ces mots, l'archange disparaît et est déjà ravi dans les régions les plus élevées du Ciel. Godefroi demeure ébloui de tant d'éclat et interdit de ce discours. Mais, bientôt, revenu de son trouble, il songe aux paroles qu'il a entendues, à ce messager céleste, à Dieu qui l'envoie, aux devoirs qui lui sont prescrits. Il brûle de terminer cette entreprise dont il est désormais le chef. Ce n'est point l'orgueil du pouvoir ou l'ambition qui le dirige; sa volonté plus épurée s'allume dans la volonté du Seigneur, comme l'étincelle qui jaillit d'un grand feu. Il rassemble donc autour de lui ses compagnons épars. Les lettres, les courriers partent et se succèdent. Tout ce qui peut toucher une âme généreuse, réveiller la vertu assoupie, tout ce qui émeut, les conseils, l'autorité, la prière, il emploie tous les moyens pour les attirer ou les contraindre.

La plupart des chefs arrivent; une foule d'autres guerriers ne tardent pas à les suivre. Bohémond, seul, ne se présente pas. Tortose a reçu les uns, d'autres ont établi leurs tentes au pied de ses murailles. Bientôt, au jour fixé, les chefs se réunissent en un conseil auguste et solennel; Godefroi est au milieu d'eux; son visage brille d'une noble majesté, et d'une voix retentissante il leur adresse ce discours:

«Guerriers du vrai Dieu, défenseurs qu'il choisit pour relever son culte et ses autels, vous qu'il a préservés de tant de périls et sur mer et dans les combats, vous enfin qui avez si promptement soumis à sa loi tant de provinces rebelles, arboré ses étendards victorieux et fait triompher son nom chez les nations vaincues et domptées! Serait-ce le désir d'une vaine et fugitive renommée qui vous aurait fait abandonner vos familles et votre patrie? Vous seriez-vous exposés au caprice des flots et à tous les hasards d'une guerre lointaine pour conquérir ces pays barbares? Un tel but, des récompenses si vulgaires, ne peuvent être le prix du sang que vous avez versé. Un autre espoir nous mit les armes à la main! nous voulions planter nos étendards sur les murs sacrés de Sion, soustraire les

Chrétiens au joug humiliant d'une servitude cruelle, fonder dans la Palestine un nouveau royaume, donnera la religion un asile assuré, ouvrir à la dévotion et aux hommages des pèlerins étrangers la route du saint tombeau! C'est pour cela que nous avons bravé tant de dangers et souffert les plus rudes fatigues. Ce serait peu pour notre gloire et rien pour nos desseins si nous devions nous arrêter en ces lieux ou diriger nos pas vers d'autres contrées! Que nous sert d'avoir passé la mer avec de si grandes forces? que nous sert d'avoir porté la flamme dans toute l'Asie, si de tels bouleversements n'enfantent que des ruines au lieu de fonder des royaumes? Comment élever un empire durable en ces climats barbares si nous nous appuyons sur de terrestres bases? Loin de notre patrie, entourés d'étrangers, au milieu des populations païennes, privés des secours de l'Occident, environnés des Grecs perfides, nous verrons s'écrouler notre fragile édifice, et, accablés sous ses débris, nous resterons ensevelis dans ce tombeau creusé par nos mains! De brillantes victoires ont abaissé devant nous les Grecs et les Persans; Antioche est notre conquête. Noms fameux, d'une gloire sans égale! mais ces exploits ne sont pas les nôtres, ils furent une grâce du Ciel. Si ces bienfaits ne sont devenus que des causes de révolte ou de tiédeur pour les desseins du Très-Haut, je crains qu'il ne les retire, et cette gloire, si bruyante, deviendra la risée des nations. Plaise à Dieu qu'un si coupable usage de ces dons, que nous devons à sa bonté, ne nous les fasse pas perdre! Continuons avec persévérance les mêmes efforts; que la suite et la fin répondent à la grandeur de notre entreprise; maintenant les passages sont libres et faciles, la saison est propice; qui nous empêche de voler vers ces murs, terme de nos travaux? qui nous arrête? Princes! j'en atteste le présent et l'avenir; j'en atteste Dieu même; oui, princes! les temps sont arrivés, les circonstances se montrent favorables! Mais, si nous tardons, la victoire devient incertaine, de sûre qu'elle est aujourd'hui. Hâtons-nous, car déjà l'Égyptien, profitant de nos lenteurs, marche au secours de la Palestine.»

Un murmure flatteur accueille ces paroles. Pierre se lève; Pierre, simple ermite, était assis au milieu des princes; il servait de ses conseils cette croisade dont il avait été le premier moteur. Il s'exprime ainsi:

«Ce que Godefroi vous propose, je vous conseille de le faire. Vous n'avez point à hésiter. La vérité est manifeste, et vous la comprenez. Pourquoi chercherais-je à vous persuader par de longs discours? vous approuvez sa sagesse; je n'ai qu'un mot à ajouter. Quand je me rappelle nos discordes et les affronts que vous avez subis; ces divisions dans le conseil, ces lenteurs qui ont paralysé nos travaux et suspendu vos victoires, j'en trouve la première cause dans le partage d'une autorité qu'abaisse et neutralise le grand nombre et la variété des opinions. Lorsque le commandement est aux mains d'un seul, il est le maître de distribuer les emplois, les récompenses et les châtiments; si le pouvoir est divisé, les chefs flottent indécis de leurs devoirs et de leur but. Faites un seul corps de ces membres amis; choisissez un chef qui pousse les uns, arrête les autres. Qu'il reçoive de vous la puissance, l'autorité souveraine. Qu'il ait la » force et la majesté d'un roi!»

Le vénérable vieillard a parlé. Esprit saint, tu inspirais ses pensées; quels coeurs ne pénètres-tu pas? Tu mis ces paroles dans la bouche du pieux solitaire, et elles enflamment tous ces guerriers; tu étouffes en eux l'amour naturel de l'indépendance, l'orgueil du commandement, l'ambition de la gloire! Guillaume et Guelfe, les plus élevés par leur, rang et leur naissance, saluent les premiers Godefroi du titre de généralissime. Tous les autres confirment ce choix:

«Qu'il soit, disent-ils, notre chef; qu'il conçoive les plans de nos entreprises! que la sagesse dicte les lois aux vaincus! qu'il soit l'arbitre de la paix et de la guerre! Nous avons été jusqu'à présent ses égaux, nous lui serons désormais soumis et nous obéirons à ses moindres désirs.»

Aussitôt la Renommée vole et répand dans tout l'univers la nouvelle de ce grand événement. Godefroi se montre aux soldats. Il leur paraît digne du haut rang où le Ciel vient de l'élever. D'un air calme et majestueux il entend leurs acclamations, il reçoit leurs hommages et répond aux témoignages de leur dévouement, à leurs serments d'obéissance; puis il ordonne que le lendemain toute l'armée se rassemble et se range en bataille dans la plaine.

Plus serein et plus lumineux, le soleil se lève et annonce le retour du jour. A l'éclat de ses rayons, les guerriers se couvrent de leurs armes resplendissantes et se groupent autour de leurs étendards. Ils se rangent dans une vaste prairie, immobile, attentif à les distinguer, le pieux général voit défiler les cavaliers et les fantassins.

0toi, qui dissipes les ténèbres des ans et de l'oubli, toi qui gardes et répands le souvenir des événements passés, Mémoire, redis-moi les noms des chefs, le nombre des soldats et le pays qui les vit naître. Que leur antique renommée perdue dans le silence, obscurcie par les siècles, resplendisse dans mes chants. Livre-moi tes précieux trésors; que ma langue produise des sons qui retentissent dans le lointain des âges et ne s'éteignent jamais!

Les Français s'avancent les premiers. Sous la conduite de Hugues, frère de leur roi, ils ont quitté leur riant et fertile pays, l'Ile-de-France, que quatre fleuves embrassent. Hugues n'est plus, et l'illustre Clotaire est maintenant leur général. Il porte le nom des rois; ses vertus le rendent digne de guider le glorieux étendard semé de fleurs-de-lys d'or. Ils sont au nombre de mille cavaliers pesamment armés; mille autres les suivent. Ils ont même discipline, même caractère, mêmes armes et même apparence; ce sont les Normands: Robert, leur souverain, les commande.

A leur suite flottent les bannières de Guillaume et d'Adhémar, tous deux princes et tous deux pasteurs des peuples. Renonçant à leur pieux ministère, ils ont quitté les saints autels et chargé leurs bras d'armes meurtrières. Un casque cache à peine leur longue chevelure. Sous le premier de ces évêques marchent quatre cents guerriers que vit naître Orange et ses environs. Sous les ordres du second, s'avancent quatre cents soldats non moins belliqueux, enfants de la ville du Puy.

Baudouin se présente ensuite. A ses Boulonnais se sont joints ceux que lui confia son frère au moment où il devint généralissime de l'armée. Ces douze cents cavaliers précèdent les quatre cents soldats du comte de Chartres, renommé par sa prudence et par sa valeur. Guelfe suit leurs pas. Son mérite le rend digne de sa haute fortune; son origine est italienne, et il compte dans la maison d'Est une longue suite d'aïeux, mais il a reçu de la Germanie des fiefs et un surnom: et il soutient l'illustration des Guelfes qui l'ont adopté. Il gouverne la Carinthie et ces contrées qu'occupaient autrefois, entre le Danube et le Rhin, les Rhétiens et les Suèves. Il accrut par de glorieuses conquêtes cet héritage que lui avait laissé sa mère. Ses soldats dévoués méprisent les périls et la mort; mais, au sein de la paix, ils aiment les festins et les jeux, et combattent par une douce chaleur le froid de leurs habitations glacées. Ils étaient cinq mille au moment du départ; il en reste à peine le tiers; les autres sont tombés sous les coups des Persans.

Paraissent ensuite des guerriers à la blonde chevelure, au frais visage, nés dans ces pays fertiles en moissons et en pâturages, que ceignent de toutes parts la France, l'Allemagne et la mer, qu'inondent souvent la Meuse et le Rhin. Parmi eux sont les insulaires qui élèvent des digues immenses pour arrêter l'Océan dont ils habitent les rivages. L Océan brise parfois ces faibles barrières et engloutit les cités, les villes et les royaumes.

Ces deux nations réunies ont fourni mille guerriers, et tous obéissent aux ordres d'un autre Robert.

Après eux s'avance l'escadron plus nombreux des Anglais, conduits par Guillaume, le second fils de leur roi; ce sont d'habiles archers. Avec eux est une nation plus rapprochée du pôle. Ces hideux habitants des forêts profondes de l'Irlande viennent des extrémités du monde.

Tancrède paraît; Tancrède, le plus brave, le plus brillant, le plus beau de tous ces guerriers, si Renaud n'était pas au milieu d'eux. Le souvenir d'une faute obscurcit tant d'éclat! C'est un fol amour né d'un coup d'oeil au sein des combats; cet amour se nourrit d'inquiétude, grandit par les obstacles! On raconte qu'en ce jour de gloire où les Persans fuyaient devant les Chrétiens, Tancrède, fatigué de poursuivre l'ennemi, chercha un lieu propice pour étancher une soif brûlante et reposer ses membres fatigués. Il entre dans un frais bocage où coule une vive fontaine, entourée de bancs d'un vert gazon. Tout-à-coup une jeune fille se montre à ses yeux; l'armure qui la protège ne laisse à découvert que son visage. Cette guerrière infidèle était aussi venue en ce lieu pour goûter l'ombre et le repos. A sa vue, une invincible ardeur enflamme le héros. 0prodige! cet amour qui ne fait que de naître le soumet et le domine; mais elle a remis son casque, et, sans l'arrivée d'une troupe de Chrétiens, l'intrépide amazone attaquait Tancrède. Elle cède a la nécessité et fuit devant ce héros qu'elle a déjà vaincu. Mais le souvenir de son image, toujours la même, toujours aussi belle, reste gravé dans le coeur de Tancrède. Sans cesse il se rappelle son attitude et les lieux où il la rencontra. Aliments éternels de la flamme qui le dévore! Sur ses traits, dans son maintien, on lit ses pensées, on devine ses feux et son désespoir. Le coeur gros de soupirs, les yeux bain-nés de larmes, le front incliné, il se laisse suivre par ses huit cents cavaliers qui abandonnèrent à sa voix les plaines riantes de la Campanie et les coteaux fertiles de la Toscane, pays fortunés où la nature prodigue ses pompes et ses trésors.

Viennent ensuite deux cents Grecs armés à la légère. A leur côté, pendent des cimeterres recourbés; sur leurs épaules résonnent des arcs et des carquois; leurs coursiers sont légers, rapides, sobres, infatigables. Prompts à l'attaque, prompts à la retraite, ces soldats combattent au moment où ils semblent fuir, errants et dispersés. Tatin, leur chef, est le seul des princes grecs qui ait suivi l'armée chrétienne. Ohonte! ô crime! malheureuse Grèce! tu demeurais étrangère à cette guerre qui ensanglantait tes frontières! Lente à te décider, tu assistais à ces luttes comme à un spectacle; tu attendais l'issue des événements: tu gémis aujourd'hui dans un vil esclavage; mais n'accuse que toi de tes misères, elles sont la punition de ta lâcheté!

Enfin, marche au dernier rang cette troupe qui est la première de l'armée par la noblesse, les talents et la valeur. Ce sont les Aventuriers, héros invincibles, foudres de guerre, la terreur de l'Asie. Fabuleux Argonautes, chevaliers errants d'Arthur, que l'on ne cite plus vos merveilleux faits d'armes! Ces antiques souvenirs s'effacent devant les exploits de ces héros! Mais quel chef sera digne de les commander? Si l'on eût consulté les droits de la naissance et du courage, tous auraient pu briguer cet insigne honneur; mais tous se sont soumis au vaillant Dudon: il a l'expérience de la guerre et des combats, et conserve, sous les cheveux blancs de la vieillesse, la vigueur et la force de l'âge mûr. D'honorables blessures parent son visage et attestent ses glorieux travaux. Parmi tous ces héros, on distingue Eustache, illustre par lui-même et plus illustre encore par Bouillon, son frère; Gernand, fils du roi de Norwège, orgueilleux des titres et des couronnes qui seront son héritage. Roger de Bernarville et Enguerrand y soutiennent leur antique gloire. Voici Genton, Raimbaud, les deux Gérard, et Ubalde, et Rosemond, héritier du grand duché de Lancastre. Fier Obizon, l'honneur de la Toscane, tu ne resteras point dans l'abîme de l'oubli. Et vous, Achille, Sforce, Palamède, tous trois frères, tous trois l'orgueil de la Lombardie, vos noms seront répétés dans l'univers! Le tien aussi, généreux Othon, qui conquis par ta vaillance le bouclier célèbre sur lequel est représenté un enfant nu sortant de la gueule d'un serpent. Je n'oublierai pas Gaston, Rodolphe, les deux Gui, renommés l'un et l'autre par leur valeur. Évrard ni Garnier ne demeureront pas dans la nuit d'un injurieux silence. Pourrai-je signaler tous ces héros?... Mais qui le mérite mieux que vous, Gildippe et Odoard, tendres amants, époux fidèles! La guerre ne vous a point séparés, et vous serez encore unis après le trépas. Amour! que n'apprend-on pas sous ton empire? Tu fis de Gildippe une intrépide guerrière! Sans cesse près l'un de l'autre, leurs vies subissent la même destinée; le même coup les frappe, la même blessure leur cause d'égales douleurs. Le fer qui atteint Odoard perce aussi son amante, et la vie de l'un s'échappe avec le sang qui coule des plaies de l'autre.

Mais Renaud, à peine sorti de l'enfance, efface tous ces héros. Sur son front majestueux brille une douce fierté. Tous les regards sont fixés sur lui; ses hauts faits, dans un âge si tendre, ont dépassé toutes les espérances. Au printemps de la vie, il est riche de tous les dons de l'âge mûr. Sous son armure, c'est Mars, la foudre à la main; il ôte son casque, c'est l'Amour. Il reçut le jour sur les bords de l'Adige. Sophie, la belle Sophie, fut sa mère; il est fils du puissant Berthold; il était encore au berceau lorsque Mathilde l'adopta et lui apprit tout ce qu'on enseigne aux enfants des rois. Il demeura auprès d'elle jusqu'au moment où la trompette guerrière retentit du côté de l'Orient et enflamma son jeune courage. Alors, et il n'avait pas trois lustres accomplis, il s'enfuit seul; parcourant des routes inconnues, il traverse la mer Égée, les rivages de la Grèce, et joint dans des régions lointaines le camp des Chrétiens. Fuite généreuse et digne d'être imitée par quelqu'un de ses magnanimes neveux! Un léger duvet se montre à peine sur son visage, et il affronte depuis trois ans les fatigues de la guerre.

A la cavalerie succèdent les fantassins; les troupes de Raymond s'avancent les premières; il les a choisies parmi ses vassaux de Toulouse, au pied des Pyrénées, entre la Garonne et l'Océan; ils sont quatre mille, bien armés, instruits, habitués à une discipline sévère, endurcis aux fatigues. Braves soldats, ils ne peuvent avoir un chef plus courageux et plus expérimenté.

Cinq mille guerriers des campagnes de Blois et de la Touraine suivent Etienne d'Amboise; leurs armes sont brillantes, mais ils sont peu robustes et s'énervent facilement. Le pays riant et délicieux qu'ils habitent produit des hommes enclins à la mollesse et au repos; impétueux au premier choc, bientôt leur ardeur se ralentit et s'éteint.

Alcaste leur succède; Alcaste au menaçant visage! tel on vit Capanée au siège de Thèbes. Six mille Helvétiens, audacieux et sauvages, sont descendus avec lui de ses châteaux des Alpes. Les socs de leurs charrues ont changé de forme; ce fer est maintenant destiné à de plus nobles usages.

D'une main accoutumée à guider les troupeaux, ce peuple courageux va délier les rois.

A la tête de la dernière troupe, se déploie l'étendard fameux qu'ornent une triple couronne et les clefs de saint Pierre. Le vaillant Camille conduit sept mille guerriers qui gémissent sous le poids de leurs riches armures. Il est heureux de prendre part à cette grande entreprise et de faire revivre l'antique gloire de ses aïeux; il montrera à l'univers que si la discipline manque maintenant aux Romains, leur valeur est toujours la même.

L'armée a défilé en bon ordre; Godefroi fait appeler les chefs et leur donne ses instructions. «Demain, au retour de l'Aurore, il faut que nous partions avec promptitude, et que la Cité Sainte soit investie avant qu'il soit possible à l'ennemi de nous prévenir. Préparez-vous donc à courir au combat, ou plutôt à la victoire.» Ce discours, si plein de confiance et d'espoir, anime les coeurs, grandit les courages. Tous seront prêts. Tous attendent avec impatience les premiers feux du jour.

Cependant, le vigilant Bouillon n'est point sans inquiétude, bien qu'il la cache au fond de son coeur. Des avis certains lui ont appris que le roi d'Egypte marche vers Gazza avec une belle et nombreuse armée, et qu'il est déjà sur les frontières de la Syrie. Il sait que ce prince, fier et entreprenant, ne languira pas dans le repos, et qu'il est son ennemi naturel. Il appelle Henri, son messager fidèle: «Monte, lui dit-il, sur un léger navire, et passe en Grèce; une main qui ne m'a jamais trompé m'avertit que près d'arriver en ces lieux un jeune héros embrasé d'une ardeur guerrière vient pour se joindre à nous. C'est le prince des Danois; il amène des pays glacés du pôle une puissante armée. Le Grec emploiera ses fourberies et ses artifices ordinaires, pour le déterminer à retourner sur ses pas ou à porter sa course audacieuse dans des contrées éloignées de nous. Toi, ministre de mes volontés, toi, l'interprète de la vérité, décide ce prince à choisir le seul parti que lui dicte son intérêt et le nôtre. Qu'il vienne sans délai, tout retard serait indigne de son courage. Tu le laisseras partir, car tu dois rester près de l'empereur pour solliciter ce secours qu'il nous a promis tant de fois, et que les traités nous garantissent.»

Chargé de ces instructions et de lettres qui lui assureront la confiance de ceux vers qui on l'envoie, Henri part et presse son voyage: Godefroi, rassuré sur ce point, goûte un moment de repos.

Le jour va paraître; l'Aurore ouvre au Soleil les portes de l'Orient. On entend le son des trompettes et des tambours. Tout s'émeut, tout s'ébranle; le tonnerre, qui promet la pluie et la fraîcheur, n'est pas plus agréable aux mortels accablés par une chaleur brûlante, que le fut aux oreilles de ces guerriers le son des instruments belliqueux. Pleins d'ardeur, ils s'assemblent; tous, revêtus de leurs armes, sont rangés près de leurs chefs. L'armée est en ordre, les bannières flottent au souffle des vents, et, plus grande et plus respectée, se déploie au premier rang l'enseigne de la croix, gage de la victoire.

Cependant le Soleil précipite sa course à travers les célestes espaces: ses rayons réfléchis sur les armures font jaillir des torrents de flamme et d'étincelles dont les yeux sont éblouis. L'air est en feu; on dirait un vaste incendie. Le hennissement des coursiers, le cliquetis des armes retentissent au loin dans la plaine. Godefroi veut s'assurer que l'ennemi ne troublera point sa marche, et il envoie pour reconnaître le pays de légers cavaliers. Ils doivent précéder l'armée et surveiller les routes. Des pionniers préparent le chemin, détruisent les obstacles, ouvrent les passages. Les troupes des Infidèles, les forteresses ceintes de murs et de fossés, les torrents, les monts sauvages, les forêts épaisses ne peuvent arrêter la marche des Chrétiens. Tel on voit le roi des fleuves gonfler ses ondes, s'élever, franchir ses rives, renverser les digues qu'on lui oppose et porter le ravage dans les campagnes.

Renfermé dans une forte cité, avec des armes, des soldats et des trésors, le roi de Tripoli pouvait seul retarder l'armée chrétienne, mais il craint de provoquer la guerre. Il envoie des députés avec des présents, livre le passage qu'il ne veut point disputer, et reçoit les conditions de paix que lui dicte Godefroi.

Du sommet de Séir, montagne qui, du côté de l'Orient, domine la Cité Sainte, descend une multitude de Chrétiens de tout âge et de tout sexe, jaloux d'apporter et d'offrir des dons aux vainqueurs. Ils contemplent, avec joie et surprise, le nombre et les armes de toute espèce de ces fiers pèlerins, et, guides sûrs et fidèles, ils dirigent la marche de Godefroi. On suit des chemins frayés sans jamais perdre de vue les rivages de la mer. Une flotte amie en côtoie les bords, et ses vaisseaux apporteront des armes, entretiendront l'abondance. Pour les soldats du Christ jauniront les moissons des îles de la Grèce; pour eux seuls mûriront les raisins des rochers de la Crète et de Chio. Les flots tremblent sous leurs puissants vaisseaux, qui chassent de la Méditerranée les navires sarrasins. Sur les mers de Venise et de la Ligurie, partout se déploient les pavillons de Saint-Georges, de Saint-Marc, ceux de l'Angleterre, de la Hollande, de la France et de la fertile Sicile. Unies par le même esprit, soumises aux mêmes ordres, toutes ces flottes vont chercher, sur différents rivages, les approvisionnements qu'elles transportent rapidement pour les besoins de l'armée.

Ne trouvant ni obstacles, ni ennemis, Godefroi franchit les terres des Infidèles et s'avance vers les saints lieux témoins des souffrances et du martyre du fils de Dieu. La Renommée, qui répand tour à tour le mensonge et la vérité, a déjà proclamé que les Chrétiens se sont rassemblés, que la victoire marche avec eux, que rien ne les arrête; elle raconte l'espèce et la force de leurs escadrons, les noms et les exploits des chefs les plus illustres; elle annonce leurs projets menaçants et la colère terrible qui les anime contre les usurpateurs de Sion. La crainte d'un mal que l'on prévoit est plus effrayante que le mal même. Les esprits se troublent; les habitants de Solime écoutent avec inquiétude de vagues récits, et la rumeur confuse, qui se répand dans la ville attristée, épouvante aussi les campagnes.

Le vieux Roi qui gouverne Jérusalem, ne pouvant plus douter de l'approche du péril, roule dans son coeur les plus cruels projets. Aladin est son nom, et il vit dans de continuelles alarmes sur le trône où il s'est nouvellement assis. Il était né cruel, mais l'âge avait adouci son caractère farouche. La venue des Chrétiens qui se disposent à l'attaquer excite ses soupçons, accroît ses anciennes terreurs; il craint ses sujets, il redoute ses ennemis. Deux religions contraires divisent la population d'une même cité. Les Chrétiens sont plus faibles et moins nombreux que les Musulmans qui ont la force et le pouvoir. Aladin, conquérant de Sion et fondateur de cet empire, a diminué les impôts en faveur des Infidèles et en a rejeté tout le poids sur les adorateurs de Jésus-Christ. Il sait qu'il mérite leur haine; sa cruauté, que les ans avaient calmée et refroidie, se réveille et s'irrite. Sa soif de sang est plus vive et plus ardente. Ainsi le serpent, engourdi par les frimas, déroule ses longs anneaux et retrouve sa cruauté quand arrivent les douces chaleurs du printemps. Ainsi le lion, captif et soumis, redevient, à la moindre offense, furieux et redoutable.

«Je vois, dit le tyran, les signes certains de la satis-faction que ressentent ces Infidèles. Les désastres que nous redoutons leur inspirent une odieuse joie; ils sourient à nos plaintes, à nos alarmes, et trament peut-être des embûches et des trahisons; une révolte les rendrait maîtres de ma vie et leur permettrait d'ouvrir nos portes à cette armée dont ils partagent les croyances. Il n'en sera point ainsi; je préviendrai ces coupables desseins; leurs complots échoueront. Eux, ils périront dans un massacre général; j'égorgerai les enfants dans le sein de leurs mères; je brûlerai leurs maisons; j'incendierai leurs temples, et, au milieu des flammes, leurs prêtres, mes premières victimes, tomberont immolés sur ce tombeau, objet de leur vénération.»

Ainsi dit l'impie; cependant il n'exécute pas de suite ce barbare projet. S'il épargne l'innocent, ce n'est point pitié, mais lâcheté; la peur irrite sa cruauté, mais une crainte plus puissante l'arrête. Il ne veut point se fermer tout espoir d'une capitulation et rendre implacable la vengeance d'un ennemi vainqueur. Il modère sa rage, ou plutôt cherche d'autres moyens de la satisfaire. Il rase les campagnes d'alentour, renverse les chaumières, brûle les moissons, détruit tout ce qui peut être une ressource, un asile pour les Chrétiens. Il trouble les sources et les rivières, et mêle à leurs ondes de mortels poisons. Il ajoute avec art de nouvelles fortifications à l'enceinte de Jérusalem; et, voyant que le côté du septentrion est moins sûr que les autres qui passent pour imprenables, il élève rapidement des murailles et des retranchements. Il appelle ses sujets à la défense de leurs autels, et de nombreux renforts de soldats mercenaires grossissent son armée.

CHANT II.

L'enchanteur Ismen se présente au tyran et concerte avec lui la perte des Chrétiens. Épisode d'Olinde et de Sophronie. — Ces deux amants sont près de périr dans les flammes, quand Clorinde arrive et fléchit le courroux d'Aladin, qui leur accorde la vie. — Discours d'Alète, ambassadeur du calife d'Égypte, à Godefroi. — Réponse de ce héros

CHANT II.

TANDIS que le tyran se prépare aux combats, Ismen s'offre un jour, seul, a sa vue! Ismen, qui peut soulever le marbre des tombeaux et rendre le sentiment et la vie aux corps inanimés! Ismen, dont les accents magiques épouvantent jusque sur son trône le roi des Enfers! Ismen, qui soumet les puissances des ténèbres, qu'il délie ou enchaîne et fait servir à ses desseins! Né chrétien, il embrassa la religion de Mahomet. Il n'a point oublié les rites de son premier culte, et, souvent dans un but impie. il confond les deux lois qu'il n'a jamais bien connues. Du fond de la caverne sauvage où il exerce sa science mystérieuse, il vient, au bruit du danger commun, offrir à un roi méchant un conseiller plus méchant encore.

«Seigneur, lui dit-il, cette armée formidable s'avance victorieuse et redoutée; mais faisons de généreux efforts, le Ciel et l'univers seconderont notre courage. Comme chef, comme roi, tu as tout prévu, tout préparé. Si tous remplissent comme toi leur devoir, cette terre sera le tombeau de tes ennemis. Je viens m'unir à toi, je veux partager tes travaux et tes dangers. Je te promets les conseils de ma vieille expérience et tous les secours de mon art. Les anges rebelles chassés jadis du Ciel m'obéiront, et je les forcerai à combattre pour toi. Avant d'essayer l'effet de charmes irrésistibles, écoute ce que je vais te révéler: Dans le temple des Chrétiens, sur un autel qui s'élève au fond d'un souterrain, est l'image de celle qu'une secte impie révère comme la mère d'un Dieu fait homme, mort et enseveli. Devant cette image brûle une lampe toujours allumée. Un voile la cache aux regards, et tout autour sont suspendues avec ordre les nombreuses offrandes que lui consacrent les crédules dévots. Il faut que toi-même, de ta propre main, tu l'enlèves et la places dans ta principale mosquée. Alors, par la force secrète de mes enchantements, cette image deviendra la gardienne de nos murs, un talisman sûr et fidèle, le gage de la victoire et le salut de ton empire.»

Aladin, que ce discours persuade, vole impatient à la maison du Seigneur. Il écarte les prêtres, saisit la sainte image et la porte dans la mosquée, où son culte sacrilège avait souvent provoqué la colère du Ciel, et dans cet impur lieu l'enchanteur murmure sur l'image sacrée ses horribles blasphèmes.

Mais, au retour de l'aurore, le gardien du temple immonde ne revoit plus l'image dans le lieu où elle avait été déposée; il la cherche en vain. Il se hâte d'avertir le tyran, qui, plein de courroux, impute aux Chrétiens ce larcin et cet outrage. Était-ce réellement la main d'un fidèle? Le Ciel avait-il voulu montrer sa puissance et soustraire à ce vil séjour l'image de sa divine reine? Qui pourrait dire si ce fut l'adresse des hommes ou un miracle? La piété et le zèle des mortels eussent été trop faibles, il vaut mieux en rapporter la gloire à Dieu même.

Aladin ordonne des recherches minutieuses dans les temples, dans les maisons des Chrétiens. Il promet des récompenses aux délateurs; il menace ceux qui oseraient recéler le vol ou son coupable auteur; l'enchanteur a recours à sa science mystérieuse pour découvrir la vérité. Soins superflus! le ciel se rit de ses conjurations et lui cache la vérité.

Le tyran s'obstine à rejeter le crime sur les Chrétiens, et le doute ne fait qu'irriter sa fureur. Brûlant d'une aveugle rage, il veut à tout prix satisfaire sa vengeance. Il oublie toute mesure, tout respect pour la justice! «Il périra, s'écrie-t-il, ce coupable inconnu, et ma colère le frappera sûrement, si j'ordonne le massacre de toute sa secte! Pourvu qu'il meure, périssent le juste et l'innocent! L'innocent? mais tous sont criminels! tous sont les ennemis de notre nom! S'il en est un qui soit étranger à cette injure, d'anciens forfaits le rendent digne de partager ce funeste sort! Levez-vous, mes fidèles sujets; allez, volez, la flamme et le fer à la main! brûlez, égorgez! »

Ainsi parle Aladin! Ces ordres, bientôt connus des Chrétiens, répandent la consternation et la stupeur; ils voient sans cesse la mort suspendue sur leurs têtes; ils n'osent ni fuir ni se défendre; ils n'essaient ni l'excuse ni la prière. Livrés ainsi à l'irrésolution et à la terreur, ils trouvent leur salut où ils l'espéraient le moins.

Parmi eux était une jeune fille, que l'élévation de son âme et sa rare beauté rendaient digne d'une couronne. Insouciante de ses perfections et de ses charmes, elle ne les considérait que comme les accessoires de la vertu. Modeste autant que pure, elle fuyait les regards; seule et négligée, elle se dérobait aux louanges de ses admirateurs et cachait ses attraits dans les murs d'une humble demeure. Mais quel rempart peut cacher toujours une vierge digne de plaire et d'être aimée? Amour, tu ne le permets pas! Tantôt aveugle, tu couvres tes yeux d'un bandeau; tantôt Argus vigilant, tes yeux embrassent tout! Tu révélas cette beauté aux tendres voeux d'un jeune homme. A travers mille obstacles, au fond de cette retraite inconnue, tu laissas pénétrer ses avides regards. Olinde est le nom de ce mortel. Ainsi que Sophronie, il est né dans la Cité Sainte et adore le Dieu des Chrétiens. Timide autant qu'elle est belle, il désire beaucoup, espère peu, ne demande rien. Il ne sait ou n'ose pas lui avouer son amour, et Sophronie ne voit pas ses feux, ne veut pas les connaître, ou rejette ses hommages. Ainsi, l'infortuné est secrètement consumé d'une flamme sans espérance!

L'affreuse nouvelle du massacre qui s'apprête inspire à Sophronie le généreux dessein de sauver un peuple innocent. Elle a conçu cette grande pensée; mais la pudeur, la timidité, la retiennent encore! Enfin, le courage l'emporte, ou plutôt elle concilie la modestie avec la fermeté! Seule elle s'avance au milieu du peuple assemblé; elle ne cache point, elle ne cherche point à montrer ses charmes; elle marche les yeux baissés; un voile couvre sa tête; sa contenance est modeste et assurée; on ne saurait dire s'il y a dans sa parure recherche ou négligence, si c'est l'adresse ou le hasard qui font briller ses charmes. Ce gracieux abandon est l'œuvre de la nature, de l'amour et du Ciel qui la protège.

Admirée de tous, elle traverse la foule sans regarder personne, et s'approche du tyran. Elle ne recule point à la vue de ce visage irrité, et soutient sans s'émouvoir ses regards farouches: «Ta vengeance s'apprête, seigneur, lui dit-elle; mais suspends ta colère et arrête tes bourreaux. Ta justice veut atteindre le coupable, je vais te » le livrer.»

Cette démarche hardie, l'apparition imprévue d'une jeune fille si belle, si imposante et si majestueuse, subjuguent Aladin; il est presque confus, il sent fléchir son courroux et adoucit ses terribles regards. Si son âme eût été moins farouche, si Sophronie eût été moins sévère, il devenait son admirateur. Mais une austère beauté ne soumet point un coeur sans désirs; il faut quelque indice d'espérance pour faire naître et entretenir l'amour! Si l'âme impure d'Aladin fut inaccessible à ce sentiment, il éprouva du moins une émotion de surprise, de curiosité et d'intérêt: «Parle, lui dit-il, ne dissimule rien, et j'ordonnerai qu'on épargne les Chrétiens.–Seigneur, répond Sophronie, le coupable est devant toi. Ma main commit ce pieux larcin. C'est moi qui enlevai l'image, moi que » tu as vainement cherchée et que tu dois punir!»

Ainsi elle se dévoue et veut attirer sur sa tête le danger qui menace tous ses frères! Héroïque mensonge! la vérité serait-elle plus belle et plus digne d'admiration et d'hommages! Aladin, indécis, retient les premiers transports de sa colère: «Tu as eu des complices, dit-il; nomme ceux qui t'ont conseillée?–Seigneur, réplique-t-elle, je ne céderai point la plus faible partie d'un honneur que je réclame tout entier. Je n'ai point de complice; seule j'ai formé ce projet, et personne ne m'aida à l'exécuter.–C'est donc sur loi seule que retombera ma vengeance!–Ton arrêt est juste; la gloire est à moi, pour moi seule le châtiment!» La fureur d'Aladin se rallume: «Où est l'image? demande-t-il.–Je ne l'ai point cachée, je l'ai brûlée pour la soustraire aux insultes et aux profanations! Que Dieu me pardonne si j'ai commis un sacrilège! Tu as voulu retrouver l'image et connaître le coupable? L'image, tu ne dois plus la revoir; le coupable est devant tes yeux! Le coupable! qu'ai-je dit? Mon larcin fut légitime et n'est point criminel; je n'ai fait que reprendre ce que tu nous avais injustement ravi.»

Le tyran frémit; sa colère n'a plus de frein et s'exhale en paroles menaçantes. Ta pudeur, ta beauté, ton courage, ô Sophronie, ne peuvent rien sur ce coeur implacable. En vain l'Amour te couvre de ses charmes irrésistibles pour te dérober aux cruels effets de sa fureur. Les bourreaux la saisissent; elle périra dans les flammes. Déjà son voile, déjà ses chastes vêtements lui sont arrachés.

De durs liens meurtrissent ses membres délicats; silencieuse, toujours résolue, elle souffre et se tait. Son visage se colore d'une éblouissante blancheur, mais ce n'est point la pâleur de l'effroi.

La triste nouvelle de ce cruel supplice s'est répandue; tout le peuple se rassemble. On sait le dévouement de la victime, maison ignore encore son nom. Olinde accourt: si c'était son amante?.... Il l'a reconnue, l'innocence sur le front, mais condamnée et livrée aux barbares exécuteurs. Il se précipite vers elle, écarte les soldats: « Prince! s'écrie-t-il, ce n'est point elle qui est coupable; elle n'a point enlevé l'image; c'est folie à elle de s'en vanter! Jamais elle n'en eut la pensée ni l'audace. Une femme seule, sans expérience, n'a pu tenter une si difficile entreprise. Comment eût-elle trompé les gardiens? Par quelle ruse fût-elle parvenue jusqu'à l'image divine? Qu'elle dise comment elle a fait?.... Elle te trompe, seigneur, car c'est moi qui ai soustrait l'image!»

Tel est, pour une amante insensible, son dévouement et son amour! «Prince, ajoute-t-il, entends-moi! C'est par les ouvertures qui laissent pénétrer dans la mosquée l'air et le jour, c'est par un étroit passage, que j'ai suivi, la nuit, un chemin qui semblait inaccessible! Tu le vois, c'est à moi que sont dus et l'honneur et le supplice! Qu'elle n'usurpe point ma place; ces fers, cette flamme qui s'allume, ce bûcher, me sont dus.»

Sophronie lève les yeux, le regarde avec attendrissement et pitié. «Que viens-tu faire, ô malheureux insensé? lui dit-elle. Quel conseil, ou quelle fureur le pousse ou t'entraîne? Ne puis-je, sans ton assistance, soutenir seule la colère d'un mortel? Mon coeur est prêt et défie la mort; je n'ai pas besoin de compagnon pour le supplice.»

Elle parle ainsi, mais en vain, pour changer le dessein d'Olinde et effrayer son courage. Admirable spectacle où l'on voit la vertu la plus magnanime lutter avec l'amour le plus pur, où le trépas sera la palme du vainqueur, où la vie sera la peine du vaincu! Ces efforts généreux, cette accusation que l'un et l'autre cherche à faire planer sur sa tête, irritent la colère du tyran. Il se croit outragé par cette hardiesse; ce dédain du châtiment lui semble du mépris pour lui-même.

—«Tous deux sont donc coupables! s'écrie-t-il. Eh bien! qu'ils reçoivent tous deux la faveur qu'ils réclament!» Les bourreaux s'approchent et chargent Olinde de chaînes. Les deux amants sont liés dos à dos au même poteau; leurs regards ne peuvent plus se rencontrer. Auprès d'eux s'élève le bûcher; le souffle excite les flammes; Olinde laisse échapper des plaintes douloureuses et dit à sa compagne:

«Voilà donc ces liens qui devaient nous unir dans cette vie, ces liens, mon espérance! Le voilà, ce feu qui devait embraser nos âmes d'une égale ardeur! L'amour m'avait laissé entrevoir d'autres flammes et d'autres noeuds; l'injustice du sort nous réserve des tourments! Trop tôt, hélas! nous serons séparés dans la vie pour être à jamais unis dans la mort. Du moins, puisque nous étions destinés à un trépas si funeste, je partagerai ton supplice, si je n'ai pu partager la couche nuptiale! C'est ton sort que je déplore, car le mien est heureux, puisque je meurs avec toi! Ce destin serait fortuné, ce supplice me serait doux et cher, si ma poitrine collée sur la tienne, si mes lèvres unies à tes lèvres permettaient à nos âmes de se confondre dans un même et dernier soupir.»

Sophronie répond à ces plaintes par de tendres encouragements.

«Ami, pourquoi ces pleurs; éloigne de telles pensées au moment suprême? Songe à tes fautes, espère les récompenses que Dieu réserve à ses martyrs. Offre-lui tes souffrances, et elles s'adouciront. Aspire au bienheureux séjour! Regarde ce beau soleil, vois les Cieux » qui s'ouvrent pour nous recevoir!»

Les Infidèles font entendre un murmure de pitié. Les Chrétiens exhalent à voix basse leurs regrets et leur douleur. Un mouvement de compassion se fait sentir au coeur d'Aladin; il s'en aperçoit et s'en indigne. Pour ne point fléchir, il détourne les yeux et se retire. Toi seule, ô Sophronie, tu restes calme au milieu de ce deuil général, et, pleurée de tous, tu ne verses point de larmes!

En ce moment terrible un guerrier paraît soudain. Son attitude est noble et altière; son armure, ses vêtements étrangers indiquent qu'il arrive d'une contrée lointaine. Le tigre qui surmonte le cimier de son casque attire tous les regards; c'est le signe que porte Clorinde dans les combats. On croit la reconnaître, et ce n'est point une erreur. C'est la belle Clorinde! Dès ses plus jeunes ans elle a répudié les jeux et les travaux de son sexe; ses mains superbes ne se sont jamais abaissées à toucher l'aiguille, les fuseaux, les tissus d'Arachné; elle a fui les molles habitudes, l'existence paisible des villes, et a préféré le séjour des camps: elle y a conservé toute sa pureté. Elle arma son front d'orgueil, se complut à donner à son visage un air de rudesse, mais cette fierté ne lui ôte rien de ses charmes. Enfant à peine, son bras débile guidait un coursier fougueux, maniait la lance et l'épée, ses membres s'habituaient à la lutte, s'exerçaient à la course. Au sommet des monts, dans les forêts profondes, elle prenait plaisir à poursuivre les lions et les ours. Plus tard, elle se signala dans les combats, affrontant les dangers de la guerre avec la même intrépidité qui la lançait à la poursuite des animaux des bois

Clorinde arrive du fond de la Perse. Sa vaillance a déjà vu fuir les Chrétiens, semé leurs membres sur les plages, rougi les eaux de leur sang. Elle s'avance, et les apprêts du supplice frappent d'abord ses regards. Curieuse de savoir le crime de ces infortunés, elle presse les flancs de son coursier. La foule s'écarte, et Clorinde est près des deux victimes. Elle voit Sophronie, calme et silencieuse, dans l'attente des tristes apprêts, tandis qu'Olinde se plaint et gémit. Le sexe le plus faible montre le plus de résolution. Olinde ne tremble pas pour lui; il brave la mort, mais il déplore le sort de Sophronie qui, muette, les yeux élevés vers le Ciel, semble, détachée de la terre, oublier les choses d'ici-bas.

La guerrière, attendrie, les plaint tous deux et verse quelques larmes. Elle compatit surtout à la destinée de cette jeune fille qui paraît si résignée; elle s'intéresse à son silence plus qu'aux lamentations d'Olinde. Elle interroge un vieillard placé près d'elle: «Je te prie, lui dit-elle, de m'apprendre quels sont ces malheureux, quelle fatalité ou quel crime les a conduits à cette fin déplorable?» Le vieillard lui répond en peu de mots. Son récit l'étonne, mais elle a compris que tous deux sont également innocents. Aussitôt elle se promet de les arracher à la mort et d'employer, pour leur délivrance, la prière ou la force des armes. Elle court vers le bûcher, fait éteindre la flamme et dit aux bourreaux: «Qu'aucun de vous ne soit assez téméraire pour passer outre et continuer le supplice avant que j'aie parlé au roi. Je vous garantis qu'il » ne vous punira point de ce retard.»

L'aspect de la guerrière leur impose; ils obéissent. Elle s'approche du roi, qui vient lui-même à sa rencontre. «Seigneur, lui dit-elle, je suis Clorinde; mon nom est sans doute parvenu jusqu'à toi. J'accours ici pour t'aider à la défense de tes États et de notre commune croyance. Ordonne, je suis prête à affronter tous les dangers. Les plus hautes entreprises ne m'effraient pas; je ne dédaigne point les plus faciles. Dans la plaine, derrière ces murailles et partout, tu peux disposer de mon bras.» «Noble guerrière, répond Aladin, est-il une contrée si lointaine, un pays privé des rayons du soleil, où la renommée n'ait point porté la gloire de ton nom? Certain maintenant de ton assistance, j'ai foi dans le succès et je ne redoute aucun revers. Une armée puissante, venue à mon secours, ne m'eût point inspiré plus d'espérance, et déjà, à mon gré, Godefroi tarde trop à paraître. Tu me demandes d'utiliser ton courage; mais les grandes, les difficiles entreprises sont seules dignes de toi. Je te cède le commandement de mes guerriers; que tes ordres soient leur unique loi.»

Clorinde réplique à ce discours flatteur avec grâce et modestie.—«Je viens, et je sais que ce n'est point l'usage ordinaire, te demander d'avance la récompense de mes futurs services; ta bonté me rassure, j'ose en échange de ta reconnaissance, que j'espère bientôt mériter, solliciter la grâce de ces malheureux. S'ils sont coupables, c'est ta clémence que j'implore; si leur crime est incertain, c'est à ta justice que j'en appelle! Je me fusse abstenue, si des preuves et des indices multipliés ne me démontraient leur innocence. Quand tout le monde ici accuse les Chrétiens d'avoir ravi l'image, moi seule, je repousse cette idée et je te soumets une réflexion qui me frappe et me persuade. L'enchanteur ne t'a-t-il pas conseillé un sacrilége, une action contraire à notre propre loi? Mahomet, qui nous défend d'admettre des images dans nos mosquées, en exclut à plus forte raison les idoles étrangères. C'est au prophète lui-même que j'attribue le miracle de cet enlèvement; il a voulu, j'aime à le penser, faire éclater sa puissance, et nous dire par là que cet emblème d'une religion abhorrée ne devait pas souiller ses autels; qu'Ismen emploie les enchantements et les maléfices, ce sont ses armes! Nous autres, guerriers, saisissons le fer; voilà notre science et notre seul espoir!»

Ce discours ne peut rendre accessible à la commisération le coeur irrité d'Aladin; mais il désire satisfaire le voeu de Clorinde. La raison, l'autorité de ses prières l'ont ému et persuadé: «Je leur accorde, dit-il, et la vie et la liberté! Que pourrais je refuser à une telle intercession? Innocents, je les absous; coupables, je leur fais grâce.»

On délivre les captifs. Oh! combien est fortuné le destin d'Olinde! Tant d'amour, tant de générosité ont enfin allumé une douce flamme dans le coeur de la belle Sophronie. Ce bûcher est l'autel de l'hyménée. De martyr condamné, il devient heureux fiancé; il aime, il est aimé; il a voulu mourir avec Sophronie; mais, échappée au trépas, Sophronie veut vivre avec Olinde.

Le soupçonneux Aladin ne peut souffrir dans ses États l'union de tant de courage et de vertu; il exile les deux amants loin des confins de la Palestine. Il poursuit le cours de ses cruautés; on arrête une foule de Chrétiens, on proscrit les autres. Ces infortunés quittent en gémissant leurs compagnes chéries, leurs pères, leurs enfants. Douloureuse séparation! sort funeste réservé à ceux que signalent leur force et leur courage!

Les femmes, les enfants et les vieillards, que leur âge rend impropres au métier des armes, restent comme otages. Les uns errent dispersés; d'autres, poussés à la révolte, s'indignent, oublient les tendres sentiments de la nature, et vont se joindre à l'armée chrétienne, qu'ils rencontrent aux portes d'Emmaüs.

Cette ville est peu éloignée de Jérusalem. Un homme franchirait aisément dans le cours d'une même journée l'espace qui les sépare. A l'aspect de cette cité, les Chrétiens sont transportés de joie; leur impatience devient plus vive; ils hâtent leur marche. Mais déjà le Soleil commence à descendre l'arc lumineux, Godefroi ordonne qu'on dresse les tentes qui s'élèvent aussitôt.

Les dernières lueurs du crépuscule se perdent dans les flots de l'Océan, et l'on voit arriver deux seigneurs inconnus, dont l'air et les habits indiquent des étrangers. Tout annonce qu'ils viennent en amis et avec des intentions pacifiques. Ce sont les ambassadeurs du Soudan d'Egypte; il ont un nombreux cortège de pages et d'écuyers. L'un d'eux est Alète; son origine est obscure; sorti des dernières classes du peuple, il s'est élevé au faîte des honneurs. Éloquent, flatteur, prompt à changer avec adresse son visage et ses discours, souple, insinuant, il sait colorer le mensonge et lui donner l'apparence de la vérité. Il calomnie, il accuse quand il ne semble que louer. L'autre est Argant le Circassien. Étranger à la cour, il a pris rang parmi les satrapes, et est arrivé aux premiers grades de l'armée. Guerrier impatient, farouche, inexorable, brisé à toutes les fatigues, intrépide dans les combats, contempteur de tous les dieux, il ne connaît d'autre loi, d'autre raison que sou épée.

Ils demandent audience, et sont admis en présence de Godefroi.

Modeste dans son attitude, simple dans ses vêtements, il est assis au milieu des autres chefs; mais la véritable vertu brille de son propre éclat et n'a pas besoin d'ornement étranger. Argant affecte l'indifférence et ne veut point paraître ému à l'aspect d'un illustre guerrier. Il s'incline faiblement et salue à peine. Alète, au contraire, la main droite sur sa poitrine, les yeux baissés, courbe son front vers la terre et présente à Godefroi ses hommages, suivant la coutume de l'Orient. Il va parler; une éloquence plus douce que le miel s'échappe de sa bouche; il sait que les Chrétiens connaissent le langage de la Syrie, et qu'ils entendront son discours:

«Vaillant héros, dit-il, seul chef digne de commander à ces héros fameux, que ta sagesse inspirait lorsqu'ils conquéraient des couronnes et des royaumes, avant de se ranger sous ta loi; les colonnes d'Alcide n'ont point arrêté le bruit de ta gloire; elle a retenti parmi nous, et la Renommée a rempli l'Egypte du récit de tes exploits. Ces récits merveilleux, nous les écoutons avec une admiration que surpassent l'étonnement et le plaisir de notre roi; il aime à les entendre et à les redire lui-même. Chérissant tes vertus, qui excitent la jalousie de tes ennemis, il honore ta valeur, et, si vous êtes divisés par la croyance, il voudrait du moins que vous fussiez unis par l'amitié. Pressé par ce motif généreux, il te demande la paix et ton alliance. Le lien qui vous attachera l'un à l'autre, ce sera la vertu, puisque vous ne servez pas le même Dieu.

» Cependant, instruit de tes desseins et voyant ta marche vers les États d'un prince, son allié, que tu veux détrôner, il désire prévenir les maux de la guerre, et nous charge de te faire connaître ses intentions. Si, bornant tes conquêtes aux provinces que t'a déjà livrées la victoire, tu n'attaques point la Judée et les autres pays placés sous la protection de notre roi, il te promet de soutenir ta puissance encore mal affermie. En présence de votre union, ni le Turc, ni le Persan n'oseront essayer de venger leurs défaites.

» Sans doute, les siècles les plus reculés garderont le souvenir de tes victoires si rapides et si glorieuses. Des armées dispersées, des cités détruites, des obstacles surmontés, des routes inconnues, ouvertes à ton courage, des provinces lointaines plongées dans l'effroi, soumises au seul bruit de ta venue, tant de succès peuvent t'inspirer le désir de nouvelles conquêtes; mais tu voudrais vainement acquérir une gloire plus éclatante;

la tienne est à son comble. Ne dois-tu pas éviter plutôt les chances toujours douteuses de la guerre? Vainqueur, tu agrandiras ton territoire sans que ta gloire soit augmentée. Si le sort des armes t'est contraire, tu perds cet empire, prix de tes exploits; que dis-je? tu perds aussi l'honneur! Ainsi, ce serait une audace imprudente de provoquer les caprices de la fortune, quand elle ne peut presque plus rien pour toi.

» Crains le conseiller perfide, jaloux de ta gloire et de ta prospérité, qui te dirait de suivre le cours de tes victoires! Méfie-toi du désir de nouveaux triomphes qui te persuade que tu subjuguerais toutes les nations! Cet orgueil des conquêtes est puissant sur les grandes âmes! Tu fuiras les douceurs de la paix plus que d'autres évitent les malheurs de la guerre! On t'excitera à marcher dans cette large voie que t'ouvrent les destins; on te dira que tu ne dois pas quitter ta vaillante épée, gage assuré de la victoire, tant que les autels du prophète seront debout, tant que l'Asie n'aura pas été changée en un désert! Douces et flatteuses paroles! Illusions trompeuses qui cachent souvent l'abîme où l'on tombe! Mais, si la haine ne couvre pas tes yeux d'un bandeau et n'éteint point pour toi le flambeau de la raison, tu reconnaîtras que cette guerre ne t'apportera que calamités sans avantages; que la fortune, inconstante et mobile, répand tour à tour les succès et les revers, et qu'un vol plus élevé expose à une chute plus affreuse.

Dis-moi, si l'opulente, la redoutable Égypte, si les Persans, si les Turcs, si les soldats de Cassan unissent leurs efforts et viennent te combattre, quelle résistance opposeras-tu à leurs attaques? Quelles sont tes ressources pour repousser tant d'ennemis? Compterais-tu sur le Grec jaloux et sur la foi qu'il t'a jurée? La foi du Grec, elle est connue! N'as-tu pas éprouvé toi-même une trahison inouïe, suivie de mille autres trahisons? Tu sais combien cette nation est avare et perfide? Naguères elle vous refusait le passage et eût versé le sang de ses soldats pour vous arrêter; penses-tu qu'elle expose ses trésors et ses guerriers pour protéger votre retraite?

Tu places sans doute ton espoir dans la valeur des troupes qui t'environnent, et tu penses vaincre réunis ces peuples que tu as vaincus séparés! Mais regarde à quel point la misère et les combats ont réduit ton armée! Qu'arrivera-t-il si l'Égyptien se joint contre toi aux Turcs et aux Persans?

Le destin t'a promis que jamais la victoire ne déserterait tes drapeaux; toi-même tu crois obéir aux décrets du Ciel? Je veux le penser avec toi. Dompteras-tu la disette? Par quels moyens braveras-tu ce fléau? Est-ce ton épée, est-ce ta lance qui te serviront contre la faim? Ignores-tu que les campagnes aux environs de Solime sont ravagées par le fer et le feu? Long-temps avant ton arrivée, tes ennemis prévoyants renfermèrent dans la ville tous les fruits de la terre. Il ne reste plus rien pour vous. Tes soldats, tes coursiers, poussés par ton audace jusque sous ces murs, n'y trouveront aucun secours. Ta flotte est là, dis-tu; ce soin la regarde? Ainsi, voilà la subsistance de ton armée à la merci des vents! Le destin, qui te protège, aurait-il quelque empire sur eux, dirigerait-il à son gré leurs souffles et leurs caprices? les flots, sourds à nos plaintes et à nos prières, ne seraient-ils calmes que pour toi, ne voudraient-ils servir que toi seul? Mais les Turcs, les Persans, ces fils de Mahomet, pourront opposer à tes flottes des flottes aussi redoutables par la force et le nombre des vaisseaux? C'est alors, seigneur, qu'il te faudra une double victoire pour assurer le succès de ton entreprise, tandis qu'une seule défaite entraînera sans retour ta honte et ta ruine. Que la flotte soit dispersée par la nôtre, et tu es livré à toutes les horreurs de la famine; si, toi-même, tu perdais une bataille, tes vaisseaux seraient en vain victorieux. Si, dans de telles circonstances, tu refuses la paix et l'alliance que t'offre un roi puissant, pardonne à ma franchise, je crois à tes vertus, mais non à ta sagesse. Daigne le Ciel l'inspirer d'autres desseins; si tes voeux sont pour la guerre, puisses-tu écouter des conseils de paix! Que l'Asie respire après tant de luttes cruelles! Toi-même, jouis dans le repos du fruit de tes victoires! Et vous, illustres compagnons de ses périls et de ses succès, n'allez pas, aveuglés par les faveurs éclatantes du sort, provoquer de nouvelles guerres. Imitez les navigateurs échappés aux écueils d'une mer dangereuse; arrêtez dans le port vos vaisseaux fatigués; pliez vos) voiles, et ne vous exposez plus aux caprices des flots.»

Alète se tait; tous les chefs répondent à ce discours par un sourd murmure. Leurs gestes, leur contenance expriment le mépris et l'indignation. Godefroi observe attentivement leurs visages et leurs regards. Enfin, sûr d'interpréter leurs pensées, ses yeux se tournent vers Alete, et il lui répond en ces termes:

«Ambassadeur du roi d'Égypte, tu as su mêler avec adresse la flatterie aux menaces. Si ton roi m'aime, s'il loue mes exploits, je l'en remercie et je saurai lui prouver que mon coeur n'est point insensible à sa courtoisie. Quant à cette guerre dont tu nous as parlé et que nous aurions à soutenir contre tous les Musulmans réunis, je m'expliquerai librement et avec ma franchise accoutumée. Apprends que si nous avons jusqu'à ce jour souffert tant de misères, bravé tant de périls et sur terre et sur mer, c'est qu'une ferme résolution nous guidait vers la Cité Sainte, dont nous devons affranchir les chemins et que nous voulons délivrer d'un joug impie. Pour mériter les grâces de notre Dieu, et terminer dignement une si glorieuse entreprise, nous ne craindrons point d'exposer une vaine renommée, notre vie et nos États. L'ambition des conquêtes, la soif de l'or, n'ont point déterminé notre marche vers ces contrées; que le Tout-Puissant écarte de nos esprits ces vues coupables qui empoisonnent toutes les actions! que ce venin mortel n'infecte jamais nos âmes! La main qui nous conduit amollit les coeurs, les purifie et les embrase; elle excita nos courages, nous rassura au milieu des périls, en présence de tous les obstacles! C'est elle qui abaissa les monts, desséca les fleuves, attiédit les feux brûlants des étés, adoucit la rigueur des hivers, apaisa la mer en courroux, souleva, enchaîna les vents, ouvrit et foudroya les cités, dispersa, détruisit les armées ennemies! D'elle naît notre audace; c'est en elle que nous avons mis notre espoir, non dans des forces fragiles, non dans nos vaisseaux, non dans les Grecs et dans les armées que l'Europe enverrait à notre secours. Tant que cette main puissante ne nous abandonnera pas, nous ne craindrons point de manquer d'un ferme appui. Nous savons comment elle punit, comment elle protège; nous n'avons pas besoin d'autres secours! Mais, si nos fautes ou les impénétrables desseins du Très-Haut nous privent de son assistance, qui d'entre nous ne se croirait heureux de trouver un tombeau sur ces bords où fut enseveli le corps vénéré de notre Dieu! Nous mourrons sans rien envier au sort des vivants, mais notre trépas ne sera point sans vengeance; nous ne gémirons point de notre destin, et l'Asie ne se réjouira pas de nos funérailles. Ne crois pas, toutefois, que nous fuyions, que nous repoussions la paix. Une vaine ardeur guerrière ne nous ferait point dédaigner l'amitié de ton roi, et nous accepterions son alliance si nous ne le voyions avec regret s'inquiéter du sort de la Judée, qui n'est pas soumise à ses lois! Qu'il laisse à des peuples étrangers le soin de leur défense, et qu'il gouverne en paix ses États florissants!»

A ces mots, Argant ne cache point son dépit et sa colère; la fureur sur les lèvres, il s'approche de Godefroi:

«Tu ne veux pas la paix, s'écrie-t-il; c'est donc la guerre! Manque-t-on jamais de sujets de querelle? Puisque tu n'accueilles pas les conditions de notre souverain,» tu prouves bien que tu n'aimes pas la paix!»

Il prend un pan de sa robe, y forme un pli, et, d'un ton plus insultant et plus farouche: «Otoi, ajoutet-il, qui braves les dangers d'une entreprise hasardeuse, je t'apporte dans ce pli, ou la paix, ou la guerre; choisis, mais choisis à l'instant!»

A ce discours, à ce geste outrageant, tous les chefs se lèvent; et, sans attendre la réponse de Godefroi, tous s'écrient: «La guerre! la guerre!» Le barbare déploie sa robe et la secoue: «Je vous la déclare, dit-il, et je vous la déclare mortelle.» A son air superbe et terrible, on eût dit un prêtre de Janus ouvrant les portes du temple redoutable. Il semble que du sein de cette robe se sont échappées la fureur insensée et la discorde cruelle. Ses yeux étincellent de l'éclat des Furies. Tel fut sans doute ce mortel orgueilleux qui tenta d'élever vers le Ciel la tour de confusion. Ainsi Babel le vit dresser sa tête altière et menacer les étoiles:

« Allez, lui répond Godefroi, allez dire à votre maître que nous acceptons cette guerre dont il nous menace! Qu'il se hâte; et, s'il ne vient pas, qu'il nous attende, du moins, sur les rives du Nil!»

D'un air noble et gracieux il les congédie, et leur fait d'honorables présents. Il donne à Alète un casque magnifique, pris au siège de Nicée; Argant reçoit une épée, chef-d'œuvre d'un ouvrier habile; la garde et le pommeau sont incrustés d'or et de pierreries; le luxe des ciselures surpasse la richesse des matériaux. Le barbare en essaie la trempe et jette un coup d'oeil rapide sur ses ornements précieux: «Tu verras bientôt, dit-il à Bouillon, l'usage » que je sais faire de tes présents.»

Ils se retirent; Argant dit à son compagnon: «Maintenant rien ne s'oppose à notre départ; ce soir, au coucher du soleil, je prendrai le chemin de Solime; dirige-toi vers l'Égypte, au retour de l'aurore. Ma présence ou mes lettres sont inutiles à la cour. Porte à notre maître la réponse des Chrétiens; je ne veux pas m'éloigner quand retentit le bruit des armes.»

Ainsi, d'ambassadeur il devient ennemi. Que lui importe si sa conduite est juste ou coupable; si elle blesse ou non les lois antiques de l'honneur, le droit des nations! Il n'y songe ni ne s'en inquiète! Sans avoir la réponse d'Alète, il s'éloigne et marche à la faveur du silence et à la lueur des étoiles vers les remparts de Sion. Son compagnon ne montre pas moins d'impatience que lui pour le départ.

La nuit régnait sur l'univers; le repos s'étendait dans les airs et sur les flots; la nature était plongée dans le silence; les animaux fatigués, les hôtes des lacs et des mers, les habitants des forêts et des pâturages, les timides oiseaux oubliaient au sein du sommeil et dans les mystérieuses horreurs de l'ombre leurs travaux, leurs amours et leurs peines. Mais les Chrétiens et Godefroi ne peuvent goûter le sommeil et le repos. Impatients, ils attendent que l'aurore blanchisse et éclaire leur marche vers ces murs, terme de leurs fatigues. A chaque instant ils interrogent les ténèbres et épient les rayons qui dissipent l'obscurité de la nuit.

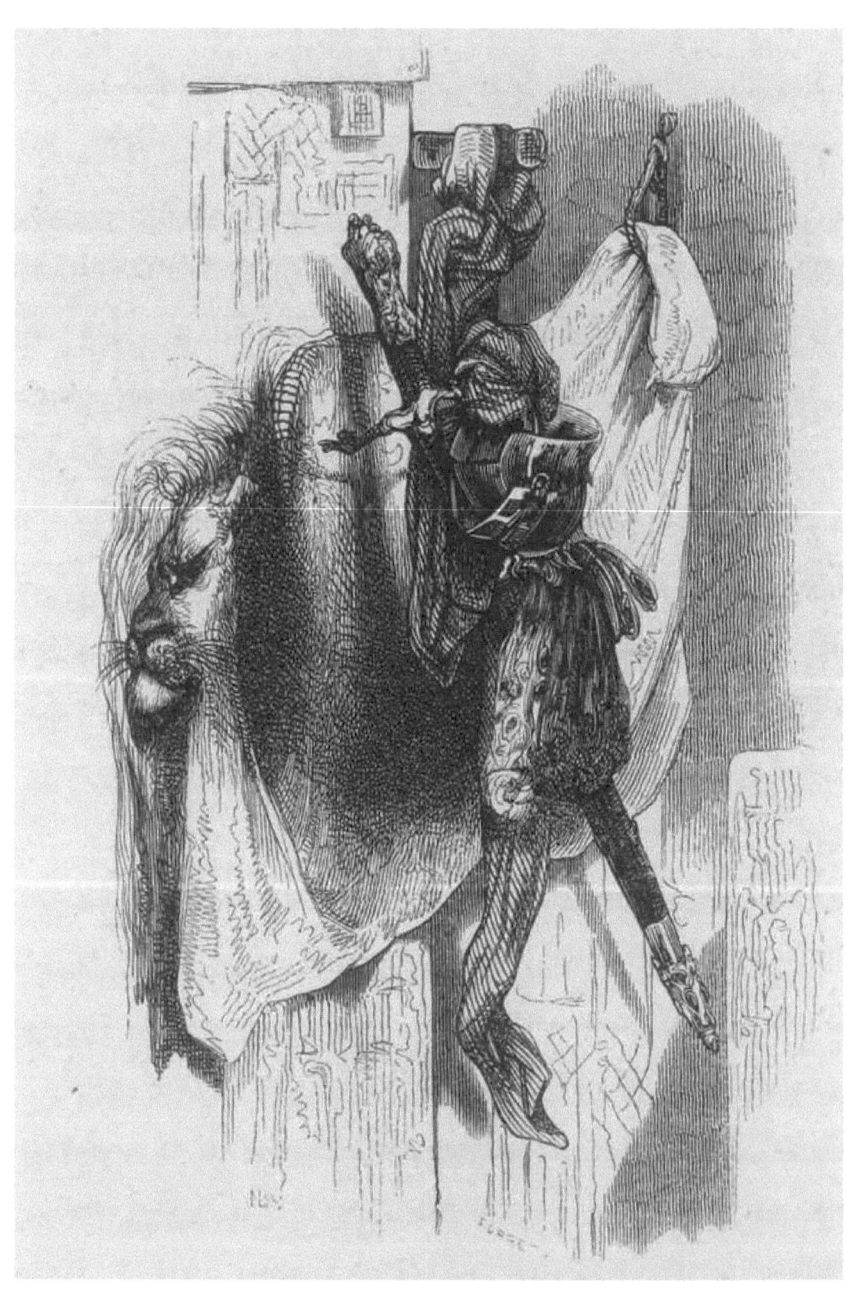

CHANT III.

Les Chrétiens arrivent à Solime. Clorinde leur fait une cruelle réception. L'amour d Herminie pour Tancrède se réveille; celui de ce héros pour Clorinde se rallume. Les Aventuriers perdent leur chef, tué par Argant, Funérailles de Dudon. Bouillon fait abattre les arbres d'une antique forêt.

CHANT III.

ÉJA, précédée des légers Zéphyrs, l'Aurore s'avance dans le Ciel, brillante d'or et de roses. Déjà les Chrétiens sont sous les armes, l'air retentit de leurs cris et de leurs voix, et bientôt la trompette guerrière, trop lente pour leur impatience, fait entendre des sons éclatants et joyeux. Le sage Bouillon veut, par le seul empire de la douceur, diriger et seconder ces transports; mais il serait plus facile d'arrêter le cours précipité des ondes qui s'engloulissent clans Carybde, ou l'irrésistible Borée lorsqu'il déchire les cimes de l'Apennin et fait sombrer les vaisseaux. Cependant, le pieux général parvient à régler la marche de ses guerriers, et presse leurs pas dociles au son qui marque la mesure. Tous les coeurs s'élancent; tous volent vers la cité dont la vue tarde tant au gré de leurs désirs. Mais quand le soleil, s'élevant dans les cieux, brûle de ses rayons ardents les campagnes desséchées, Jérusalem se découvre soudain à leurs regards. Ils se la montrent du doigt, et mille voix confondues font entendre ce cri mille fois répété: «Jérusalem! Jérusalem!» Tels on voit d'audacieux navigateurs se hasarder à la recherche des contrées étrangères: jouets des vents infidèles, ils ont erré sur des mers inconnues et sous un pôle ignoré; ils aperçoivent enfin le rivage, ils le saluent par de longs cris d'allégresse; ils se le montrent les uns aux autres, et oublient les misères et les fatigues du voyage.

A cette joie extrême qui avait d'abord pénétré leurs âmes, succède une profonde tristesse mêlée de crainte et de respect. Ils osent à peine lever leurs regards vers cette ville, séjour choisi par Jésus-Christ, où il mourut et fut enseveli pour ressusciter glorieux. De faibles accents, de sourdes paroles entrecoupées de soupirs et de larmes, les sanglots d'une armée entière qui se livre tout à la fois à la joie et à la douleur, répandent dans les airs un long murmure. Ainsi l'on entend au sein des forêts l'aquilon frémir dans l'épaisseur du feuillage. Tels les flots poussés contre les écueils, brisés sur les rivages, s'entrechoquent avec de plaintifs mugissements.

A l'approche de la Cité Sainte, les Chrétiens s'avancent les pieds nus, à l'exemple de leurs chefs. Ils dépouillent l'or et la soie de leurs riches manteaux; ils ont quitté leurs casques et leurs panaches. Écartant toute vaine pensée, les yeux baignés de larmes, ils se plaignent que l'entrée de ces murs leur soit interdite, et ils s'accusent de n'avoir pas assez de pleurs pour leur repentir «Les voilà donc, ces lieux, ô Seigneur, disent–ils; ces lieux que ton sang arrosa tant de fois, et des torrents de larmes ne s'échappent point de nos yeux! et nos coeurs de glace ne se fondent pas pour devenir une source de pleurs! Coeurs insensibles, vous n'êtes pas brisés, vous n'êtes pas déchirés! Ah! notre douleur doit être éternelle si nous ne pleurons pas aujourd'hui! "

Cependant, le soldat musulman, qui, du haut d'une tour, veille et observe les monts et les campagnes, aperçoit un tourbillon de poussière. C'est une épaisse nue qui roule étincelante, enflammée, et qui semble porter dans son sein la foudre et les éclairs. Bientôt il distingue l'éclat des armes et reconnaît les hommes et les coursiers.

«Quel est, s'écrie-t-il, ce nuage de poussière répandu dans les cieux? Comme il resplendit!–Aux armes, citoyens!... Voici l'ennemi!... Soyez prompts, montez sur les remparts!... Aux armes! Le voila! Regardez cette horrible nuée qui envahit les airs!»

Les femmes, les enfants, les vieillards, troupe faible et sans défense, incapable de frapper ou de combattre, remplissent les mosquées de leurs voeux et de leurs prières. Les habitants les plus vigoureux et les plus intrépides ont déjà saisi leurs armes. Les uns courent aux portes, les autres sur les murailles. Aladin est partout, voit et surveille tous les préparatifs. Il donne ses derniers ordres, et, pour être plus prêt au besoin et dominer la plaine et les montagnes, il va se placer sur une tour élevée. Près de lui est Herminie, la belle Herminie, qui trouva dans cette cour un asile après la mort du roi son père, tombé sous les coups des Chrétiens à l'assaut d'Antioche.

Cependant, Clorinde sort à la rencontre de l'ennemi. Une foule de guerriers l'accompagnent, mais elle les devance tous. Argant se poste près d'une issue secrète et se prépare à la soutenir. Par son air intrépide et ses discours, elle anime ceux qui la suivent: «C'est aujourd'hui., leur dit-elle, qu'il faut fonder l'espérance de l'Asie, en com» mençant la guerre par une victoire.»

Pendant qu'elle parle, on aperçoit une bande de Chrétiens que l'attrait du pillage a éloignés de l'armée, et qui retournent au camp avec des troupeaux enlevés. Clorinde les voit et s'élance, mais leur chef se précipite aussi vers elle. C'est Gardon, guerrier d'une grande valeur, mais rival trop faible pour lui résister. Le choc est terrible; Gardon roule dans la poussière aux yeux des siens; les Infidèles poussent des cris de joie et regardent sa chute comme un heureux présage pour l'issue de la guerre. Vain augure! Clorinde enfonce l'ennemi, presse les uns, frappe les autres de cent coups à la fois; ses guerriers la suivent dans le chemin que leur ouvrent son choc impétueux et le tranchant de son épée. Elle a repris le butin; les Chrétiens se retirent vers une hauteur où ils se rallient et se défendent avec plus d'avantage. Alors, comme un tourbillon qui s'entrouvre, pareil à l'éclair qui fend la nue, Tancrède, sur un signe de Godefroi, met sa lance en arrêt et vole avec ses escadrons.

Il porte fièrement ses armes; sa contenance est si noble et si gracieuse, qu Aladin désire savoir le nom de ce guerrier remarquable au milieu d'une troupe d'élite. 11interroge Herminie, dont le coeur palpite, et qui est assise a ses côtés :

«Une longue guerre avec ces Chrétiens, lui dit-il, doit t'avoir appris à reconnaître tous leurs chefs, même sous l'armure qui les cache; quel est donc ce chevalier qui marche si hardiment au combat?»

Herminie veut répondre; sur ses lèvres est un soupir; des larmes roulent dans ses yeux: elle retient cependant ses soupirs et ses larmes, mais elle ne peut entièrement les cacher. Ses paupières humides se teignent d'un doux incarnat; sa pâleur trahit son émotion; elle veut feindre et cacher sous le voile de la haine de plus tendres sentiments:

«Hélas! répond-elle, je ne le connais que trop! Tant de motifs me le feraient distinguer entre mille autres guerriers! Je l'ai vu si souvent inonder nos campagnes du sang des miens, et combler nos fossés de leurs cadavres! Hélas! que ses coups sont cruels! L'art n'a point de secrets, la magie n'a pas de philtres pour guérir les blessures qu'il fait! Tancrède est son nom! Puisse le sort des armes le mettre un jour en mon pouvoir! Je ne désire pas qu'il périsse dans les combats; car je voudrais le tenir vivant, afin qu'une douce vengeance calmât mes ressentiments.»

A ses dernières paroles se mêle un soupir qu'elle veut en vain étouffer; mais Aladin ne comprend pas le sens véritable de ce discours.

Clorinde, cependant, court vers Tancrède et l'attaque. Ils se frappent tous deux à la visière; leurs lances se brisent et volent en éclats. Mais ce coup, renommé dans les tournois, est funeste à la guerrière. Les liens de son casque sont rompus; il tombe. Ses cheveux d'or flottent au gré des vents, et l'on voit une jeune fille au milieu des horreurs d'un combat; ses yeux étincellent, ses regards lancent la foudre; doux encore en cet instant, que seraient-ils au sein des plaisirs? Tancrède, où s'égarent tes esprits, où s'arrête ta vue? Ne reconnais-tu pas les traits adorés qui se gravèrent dans ton coeur? C'est la guerrière que tu rencontras près de la fontaine solitaire et à l'ombre des bois!

Il n'avait pas remarqué le cimier et les ornements de son bouclier; à l'aspect de son visage, la surprise le rend immobile. Clorinde cherche à couvrir sa tête, et ne cesse point le combat. Le héros recule, charge d'autres guerriers et renverse d'autres victimes. Il ne peut éviter ses poursuites; elle s'attache à ses pas, elle lui crie de se retourner et lui présente deux morts à la fois. Elle l'atteint, le frappe; il ne répond point à ses coups; moins attentif à écarter le fer de Clorinde qu'à considérer ses yeux d'où l'amour lance d'inévitables traits: «Hélas! disait-il en lui-même, ton bras s'efforce en vain d'ouvrir une blessure cruelle dans ce coeur, que tes charmes, trop puissants, ont soumis pour toujours,» Enfin, quoiqu'il n'espère pas l'attendrir, il ne veut point emporter dans la tombe le secret de son amour. Il veut qu'elle sache que ses coups accablent un ennemi sans défense, son captif soumis:

«Otoi, lui dit-il, qui parmi tant d'adversaires sembles n'avoir choisi que moi, veux-tu que nous sortions de cette mêlée; nous pourrons nous mesurer à l'écart et savoir si ma valeur égale la tienne.»

, Elle accepte le défi, et marche avec audace sans s'inquiéter si son casque lui manque. Il la suit, morne et abattu. Bientôt Clorinde est prête à combattre; elle va porter les premiers coups:

«Attends, s'écrie Tancrède; fixons les conditions de cette lutte avant de la commencer.»

Elle s'arrête; et le héros, qu'un amour désespéré rend plus hardi, lui adresse ces paroles:

«Mes conditions sont que tu m'arraches le coeur puis-que tu ne veux pas de paix avec moi. Ce coeur n'est plus à moi. Depuis long-temps il t'appartient; prends-le, je ne peux le défendre! Qu'est pour moi la vie en présence de tes dédains? Mieux vaut la mort! Mes armes sont abaissées, ma poitrine est à découvert, que crainstu? Faut-il aider ton bras? Faut-il ôter ma cuirasse, pour que mon sein nu s'offre mieux à tes coups.»

Il eût exprimé plus vivement encore ses douleurs, mais il est interrompu par la brusque arrivée d'une troupe d'Infidèles que poursuivent les Chrétiens. Un de ues der-. niers, un barbare, apercevant la chevelure de Clorinde, s'approche, lève la main, et va frapper par derrière cette tête découverte. Tancrède pousse un cri, s'élance et lève son épée pour parer le coup. Il n'a pu complètement y réussir; le fer effleure les blanches épaules de la guerrière. La blessure est sans gravité; quelques gouttes de sang teignent l'ivoire de son cou, se mêlent aux blondes tresses de ses cheveux. Tels, sous la main d'un habile ouvrier, étincellent, au milieu de l'or, les feux des rubis.

Le héros, furieux, fond l'épée haute sur le barbare, qui déjà cherche son salut dans une prompte fuite. Il presse ses pas; il vole comme la flèche qui fend les airs, Clorinde, saisie d'étonnement, les regarde longtemps sans penser à les rejoindre. Puis, elle se retire avec sa troupe qui plie; souvent elle fait face au péril et revient contre les assaillants: tantôt elle se tourne, se retourne, cède et poursuit à son tour; ce n'est ni une fuite, ni un combat. Ainsi, dans un vaste cirque, on voit un taureau superbe se débattre au milieu des chiens: il leur présente ses cornes, et ils s'arrêtent; il fuit de nouveau, et tous l'attaquent avec acharnement. Clorinde, avec son bouclier, garantit sa tête. Tel le Maure, dans les jeux guerriers, sait éviter, même en fuyant, le trait qu'on lui lance.

Déjà et vainqueurs et vaincus étaient arrivés sous les murs de Solime, quand soudain les Infidèles poussent un horrible cri et se retournent brusquement. Ils font un détour, reviennent sur leurs pas et chargent par derrière et en flanc la troupe chrétienne. Au même moment, Argant descend de la montagne dans la plaine, et les attaque de front. Impatient d'ouvrir les premières blessures, le fier Circassien devance ses guerriers. Le premier Chrétien qu'il frappe roule sans vie sous les pieds de son cheval abattu. Beaucoup d'autres ont le même sort avant que sa lance soit brisée. Alors il tire son épée, frappe, blesse, immole tous ceux qu'il atteint. Clorinde rivalise d'audace avec lui; elle tue Ardélion. guerrier d'un âge avancé, mais que les ans n'ont point affaibli. Deux fils, son appui, n'ont pu le défendre. Alcandre, l'aîné, a reçu une blessure cruelle et ne peut venir à son secours. Poliferne, qui combat à ses côtés, se dérobe avec peine au même sort.

Cependant Tancrède, lassé de poursuivre le soldat dont le coursier est plus rapide que le sien, regarde en arrière et s'aperçoit que les Chrétiens, entraînés par leur audace, se sont trop avancés et sont enveloppés. Il se hâte de tourner bride, et revient vers eux. Au même instant, se précipite une troupe d'élite, habituée à voler partout où se montre le danger. Ce sont les Aventuriers, fleur des héros, le nerf et l'élite de l'armée, réunis sous la bannière de Dudon.

Renaud, le plus fier et le plus beau d'entre eux, les précède tous. L'éclair est moins prompt. Herminie le reconnaît à l'aigle blanche qu'il porte sur un champ d'azur. Elle le signale à Aladin, dont il a attiré les regards:

«Voilà, dit-elle, le plus redoutable de tous ces guerriers! Il n'a peut-être point dans l'univers d'égal en bravoure, et ce n'est encore qu'un enfant! Si nos ennemis avaient parmi eux six chevaliers qui lui ressemblassent, déjà la Syrie serait vaincue et soumise, les pays du couchant, les régions de l'aurore subiraient le joug, et le Nil, surpris dans sa source ignorée, cacherait vainement ses rivages les plus lointains. Renaud est son nom. Les machines de guerre sont moins à craindre pour nos murailles que son bras irrité. Porté maintenant tes regards du côté que je t'indique; ce chef, dont l'armure est vert et or, c'est Dudon. Chef de cette troupe, qui est celle des Aventuriers, il est illustre par sa naissance et sa sagesse. Il est chargé d'années, mais il ne le cède en valeur à personne. Cet. autre guerrier, aux armes brunes et à l'air si allier, est Gernand, fils du roi de Norwège. Son orgueil ternit l'éclat de ses actions. Ces deux guerriers qui sont toujours unis, dont les armes blanches ont des ornements de la même couleur, sont Gildippe et Odoard, amants et époux, célè» bres par leur courage, fameux par leur fidélité.»

Tandis qu'elle parle, le carnage s'anime de plus en plus. Tancrède et Renaud ont brisé le cercle épais d'hommes et de lances qui s'opposent à leur course. Dudon et ses guerriers sèment le massacre sur. leur passage. Argant, le farouche Argant, renversé par le terrible Renaud, se relève avec peine. C'en est fait de lui, mais le coursier de Renaud s'abat et il faut quelque temps pour le dégager.. Les Infidèles en profitent, se rallient et fuient vers Solime. Argant et Clorinde résistent seuls et servent à leurs soldats de barrière contre la furie des Chrétiens qui les pressent de toutes parts. Ils sont au dernier rang. L'impétuosité des vainqueurs semble se ralentir; les premiers fuyards saisissent l'instant et se tirent du danger. Dudon, qu'exalte la victoire, redouble d'ardeur; de son coursier il heurte Tigrane, le renverse et lui tranche la tête. La riche cuirasse d'Algazar ne peut le protéger. Le robuste Corban n'est pas défendu par la fine trempe de son casque. Il fend la tête à l'un, perce l'autre de part en part. Sous ses coups, Amurat, Méhémet, Almanzor renversés, perdent la vie qu'ils regrettent. Argant lui-même recule pour l'éviter; puis il s'arrête frémissant, se retourne, combat et cède encore. Tout-à-coup il revient contre Dudon, et d'un revers de son épée le frappe dans le flanc. Le fer pénètre, et la vie du héros s'échappe avec son sang; il tombe; le dernier, l'éternel sommeil presse ses paupières appesanties et les force à se clore: trois fois il ouvre les yeux et cherche le doux éclat du jour; trois* fois il tâche de se soulever, trois fois il retombe; un voile épais obscurcit sa vue; ses yeux se ferment pour toujours, une sueur froide répand dans ses membres raidis les frissons de la mort. Le féroce Argant ne s'arrête pas sur ce corps déjà privé de vie, il continue sa retraite et adresse des insultes aux Chrétiens:

«Regardez, leur dit-il, cette épée sanglante; c'est celle que me donna hier votre général! Dites-lui l'usage que j'en fais aujourd'hui; cette nouvelle agréable lui apprendra que la bonté de son présent égale sa richesse! Dites-lui que bientôt j'en ferai l'épreuve sur lui-même; s'il tarde trop à nous attaquer, j'irai le chercher sous sa tente.»

Les Chrétiens se précipitent pour châtier son insolence; mais ses guerriers étaient déjà derrière les murs de Solime; il les rejoint lui-même dans cet asile assuré.

Les assiégés font pleuvoir une grêle de pierres du haut des remparts; les archers lancent une si grande quantité de flèches que les Chrétiens sont forcés de s'arrêter et de laisser les Sarrasins entrer dans la ville; mais Renaud, relevé de sa chute, accourt et veut tirer une sanglante vengeance du meurtrier de Dudon; il est au milieu de ses compagnons, il leur crie:

«Quels sont les obstacles qui vous arrêtent? Nous avons perdu notre chef, serons-nous assez prompts à le venger? Dans un pareil moment, animés d'une si juste colère, ces faibles murailles seront-elles une barrière invincible? Non, fussent-elles doubles, fussent-elles d'acier ou de diamant, nous y pénétrerions encore pour en arracher le farouche Argant et le frapper de mille coups! Allons, à l'assaut!»

Il dit et s'élance le premier; son casque le met à l'abri des pierres et des traits qui volent et pleuvent autour de lui. Secouant sa tête altière, le front élevé, le regard audacieux et terrible, il épouvante jusqu'aux Sarrasins placés sur les murailles.

Tandis qu'il excite le courage des plus résolus et menace les autres, le sage Sigier, messager fidèle des volontés de Godefroi, lui apporte un ordre qui réprime son ardeur. Il condamne, au nom du général, cette imprudente témérité; il faut revenir sur-le-champ.

«Retirez-vous, leur dit-il; Godefroi le veut: ce n'est ni le lieu, ni le moment de satisfaire votre légitime colère!»

Renaud, qui excite les autres guerriers, obéit, s'arrête en frémissant et laisse paraître les signes du dépit qu'il éprouve. Les Chrétiens se replient sur l'armée sans être inquiétés dans leur retraite. Le corps de Dudon ne sera point privé de sépulture; ses fidèles amis emportent avec respect ses restes chers et vénérés.

Bouillon, placé sur une éminence, observe la situation et les fortifications de Jérusalem. Cette ville est bâtie sur deux collines opposées et d'inégale hauteur. Une vallée serpente au milieu et partage la ville et les collines. De trois côtés l'abord est fort difficile; on arrive au quatrième, qui est le côté du nord, par une pente douce et insensible, mais de hautes murailles et des fossés profonds viennent en aide à la nature. La ville a des citernes, des fontaines et des étangs. Au dehors, la terre est privée d'herbe, de fontaines et de ruisseaux; on ne voit ni arbres, ni fleurs; nul ombrage n'arrête les rayons brûlants du soleil; cependant on aperçoit, à plus de six milles de distance, une forêt dont l'ombre funèbre inspire la tristesse et l'horreur. Aux lieux où se lève l'aurore, le Jourdain roule ses ondes illustres et fortunées. A l'occident, la Méditerranée baigne ses grèves sablonneuses; on aperçoit au nord Béthel, qui encensa jadis l'autel du veau d'or, et l'infidèle Samarie. Vers le point de l'horizon où s'amassent les pluies et les orages, se montre Bethléem, illustre par le berceau du fils de Dieu!

Tandis que Godefroi examine les remparts, la ville et ses environs, pendant qu'il trace l'assiette de son camp et cherche l'endroit le plus favorable pour l'attaque, Herminie l'aperçoit et le montre à Aladin:

«Ce guerrier, lui dit-elle, qui porte un manteau de pourpre, et dont l'air est si auguste et si majestueux, c'est Godefroi. Il est né pour l'empire; il possède la sagesse d'un roi et la science d'un général; illustré capitaine, vaillant chevalier, il allie la prudence au courage. Parmi cette foule de héros je ne pourrais t'en citer un seul plus habile et plus brave. Raymond est son égal dans le conseil; Tancrède et Renaud sont ses seuls rivaux dans les combats.

—» Je le reconnais, répond Aladin; je l'ai vu jadis à la cour de France lorsque j'y étais ambassadeur du roi d'Ègypte; je le vis manier la lance dans les tournois; et, quoique la barbe n'eût point encore remplacé sur son visage le duvet de l'enfance, son air, ses discours, ses actions faisaient déjà pressentir ses hautes destinées. Ce présage ne s'est que trop réalisé!»

Accablé de tristesse, le vieux roi laisse sa tête se courber sur son sein; puis, relevant les yeux:

«Quel est, dit-il, ce guerrier à la cotte de mailles couleur de feu, et qui semble l'égal de Bouillon? Ses traits sont ceux de Godefroi, mais sa taille est moins haute?

.—» C'est Baudouin; son visage, et mieux encore ses exploits, indiquent qu'il est le frère du héros. Cet autre chef, dont Godefroi parait accueillir les avis, est Raymond; il mérite aussi de fixer ton attention. L'âge et les fatigues ont blanchi ses cheveux; nul ne sait mieux que lui les stratagèmes de la guerre. A quelques pas d'eux, tu remarques ce cimier étincelant d'or et cette armure splendide; le guerrier qui les porte est Guillaume, fils du roi d'Angleterre; Guelfe est auprès de lui; émule des plus fameux héros, illustre par sa race et d'un rang élevé; il est reconnaissable à ses puis-santés épaules et à sa poitrine large et développée. Mais je ne retrouve pas au milieu de tous ces chefs mon cruel ennemi, Boëmond, l'homicide destructeur » de tous les miens.»

C'est ainsi qu'Aladin apprend d'Herminie à connaître les principaux guerriers de l'armée chrétienne. Godefroi a parcouru les alentours de la ville; il a tout examiné. Il revient au camp; il pense que du côté où les hauteurs sont escarpées, la nature rénd la ville inexpugnable;. c'est aux abords de la porte septentrionale, dans la plaine qui l'avoisine, que les tentes seront dressées; le reste des troupes s'établira en face de la tour angulaire. Il renferme dans cet espace à peu près le tiers de la ville. L'enceinte est si considérable, qu'il serait impossible de l'entourer de toutes parts. Mais, pour arrêter les secours qui viendraient du dehors, il fait occuper tous les passages, tous les chemins qui mènent à la ville, et de la ville aux campagnes. Il élève des retranchements, fait creuser des fossés pour arrêter les sorties des assiégés et se défendre des attaques de l'ennemi du dehors.

Ces travaux achevés, il veut revoir les dépouilles mortelles de Dudon. Ce vaillant chevalier gisait sur une estrade pompeusement ornée, entouré de soldats éplorés et gémissants. A la vue de Bouillon, les plaintes et les sanglots redoublent. Mais le sage capitaine ne paraît ni serein, ni abattu, et concentre les témoignages de sa douleur. Il recueille ses pensées, fixe un instant ses regards sur ce corps inanimé, et prononce ces paroles:

«Ce n'est point pour toi que sont les regrets et la douleur, noble héros, tu es mort au monde pour renaître dans le Ciel! Ton âme s'est dégagée de son enveloppe mortelle après avoir laissé d'ineffaçables traces de ta gloire et de tes exploits. Tu as vécu comme un héros, comme un Chrétien. Ton trépas fut digne de ta vie. Tu as recueilli les palmes et la couronne du martyre; et maintenant, dans le sein du Seigneur, tu jouis d'une félicité sans bornes. Goûte l'éternelle béatitude! C'est notre sort qu'il faut plaindre; en te perdant, nous sommes privés de la plus forte et de la plus belle partie de nous-mêmes. Hélas! cet accident redouté, que l'on appelle la mort, nous a ravi l'assistance d'un vaillant guerrier; mais nous pouvons implorer l'appui d'un saint martyr. Mortel, tu combattais pour nous; immortel aujourd'hui, nous espérons que tu seconderas nos armes et que le Dieu des combats nous accordera d'heureuses destinées. Daigne veiller sur nous. accepte nos voeux, sois notre refuge dans les dangers, et la victoire se montrera fidèle à nos étendards. Vainqueurs et triomphants, ce sera dans le temple même du Très-Haut que nous te porterons le tribut de nos hommages.»

Il se tait, et déjà la nuit obscure éteint les derniers feux du jour. Le sommeil chasse le souvenir des peines, sèche les larmes et fait taire les sanglots. Mais Bouillon ne se laisse point aller aux douceurs du repos. Préoccupé de ses plans d'attaque, il songe aux moyens de se procurer du bois pour la construction des machines de guerre, dont il arrête la forme dans son esprit.

Il se lève avec le soleil, et veut assister lui-même aux funérailles de Dudon.

Au pied d'une haute colline, à la vue du camp, on a fait un sépulcre de cyprès odoriférants. Un palmier élevé le protège de ses ombres: c'est là que le corps est déposé. Les prêtres font entendre leurs chants et leurs prières; on voit suspendus aux branches les armes et les trophées que naguère, dans dès combats plus heureux, le guerrier avait enlevés aux Syriens et aux Persans. La cuirasse et l'armure sont fixées au tronc de l'arbre, et l'on y grave ces mots: «CI-GIT DUDON; PASSANT, honore ce» HÉROS.»

Après avoir rempli un si douloureux devoir, Bouillon fait rassembler tous les travailleurs et les envoie à la forêt voisine sous une escorte de soldats. Un Syrien a indiqué aux Chrétiens cette forêt cachée dans les vallons. Elle fournira le bois pour les machines et les instruments qui doivent hâter la chute de Solime.

Les guerriers s'animent les uns les autres, frappent à coups redoublés et insultent ces arbres que les outrages du temps avaient épargnés. Sous le tranchant des cognées tombent les palmiers sacrés, les frênes, les funèbres cyprès, les pins, les cèdres, les chênes, les sapins gigantesques, les hêtres, les ormeaux que la vigne aux bras tortueux caresse en s'élevant dans les airs. Les uns abattent les ifs, les autres les chênes séculaires que mille fois le printemps avait parés d'une verdure nouvelle, qui mille fois résistèrent immobiles à l'effort et à la colère des vents; d'autres poussent les chars dont l'essieu gémit sous Se poids dès ormes et des cèdres parfumés. Ce bruit d'armes, ces cris confus, chassent les bêtes sauvages de leurs tanières, et les oiseaux effrayés abandonnent leurs paisibles demeures.

CHANT IV.

Le monarque des royaumes sombres veut accabler les Chrétiens des plus grands maux; il rassemble toutes les divinités infernales, et ordonne à chacune d'elles de montrer son pervers génie.–Poussé par leurs conseils, Hidraot forme un cruel dessein, et veut qu'Armide, sa nièce, en prépare le succès par sa beauté, par ses charmes et la grâce de ses discours.

CHANT IV,

PENDANT que les Chrétiens pressent la construction des machines qui doivent servir à battre les murailles, l'implacable ennemi du genre humain lance sur leur armée des regards sombres et terribles; à la vue de leur joie et de leurs espérances, il mord ses lèvres de rage; et, tel qu'un taureau blessé, il exhale sa douleur par des soupirs et des mugissements. Mais bientôt recueillant ses pensées, il cherche les plus cruels fléaux pour en accabler les Chrétiens. Il appelle près de lui, dans son palais funèbre, ses sinistres sujets et convoque ce sénat horrible. L'insensé pense qu'il lui sera facile de résister à la volonté de l'Éternel; il ose s'égaler à Dieu, et oublie les foudres que lance son bras irrité.

Les sons rauques de la trompette infernale éveillent les habitants des ombres éternelles; les profondeurs des noirs abîmes sont ébranlées; l'écho ténébreux répète ces bruits éclatants. Le tonnerre roule et tombe avec moins de fracas des régions du ciel; moins terribles sont les convulsions de la terre quand s'agitent et s'enflamment les vapeurs que renferment ses flancs.

Les puissances de l'abîme accourent de toutes parts et se rangent à l'entrée des portiques.

Qui pourrait peindre leurs formes variées, étranges, effroyables! Leurs regards respirent l'épouvante et la mort! Les uns déchirent le sol de leurs pieds fourchus; des serpents entrelacés leur tiennent lieu de chevelure, et leur queue immense se traîne recourbée en replis tortueux. On voit des milliers de Harpies immondes, de Centaures, de Sphinx et de pâles Gorgones, des Scilles dévorants qui aboient, des Hydres qui soufflent, des Pythons sibyllins, des Chimères dont la gueule vomit des torrents de flamme et de fumée, des Polyphèmes, des Gérions, mille monstres nouveaux, de formes hideuses et bizarres, confondus et mêlés ensemble.

Ils se placent à la droite et à la gauche de leur farouche monarque. Assis au milieu d'eux, il tient d'une main un sceptre rude et pesant; sa tête superbe, chargée de cornes menaçantes, surpasse en hauteur les écueils et les monts les plus élevés; Calpe, l'Atlas lui-même ne sembleraient, auprès de lui, que d'humbles collines. L'horrible majesté de son aspect redouble l'effroi et accroît son orgueil. Ses yeux roulent d'infects poisons; son regard brille de l'éclat des comètes funestes; une barbe longue, épaisse, ombrage son menton et descend sur sa poitrine velue; sa bouche immonde, dégouttante d'un sang noir, s'ouvre comme un gouffre profond; des tourbillons d'une fumée empestée, des flammes s'en échappent avec bruit, semblables aux nuages sulfureux et brûlants que vomissent les cratères retentissants de l'Etna. Il parle! Cerbère et l'Hydre se taisent épouvantés; le Cocyte s'arrête; l'abîme tremble et répète ces terribles accents:

«Divinités de l'Enfer, dit-il, vous qui devriez habiter au-dessus du soleil, dans ces régions où vous fûtes créées; vous qu'une défaite mémorable précipita jadis avec moi du séjour du bonheur dans ces affreux cachots; vous ne savez que trop les soupçons jaloux, les fiers dédains de notre ennemi et les désastres de notre entreprise. Vainqueur, il règne en paix sur les mondes, et nous sommes condamnés comme des rebelles! Au lieu de ces clartés pures et sereines, de ce soleil aux rayons d'or, au lieu de ces globes lumineux qui furent nos royaumes, nous sommes renfermés dans ces gouffres obscurs, et il nous est à jamais interdit de recouvrer nos félicités passées. De plus, souvenir exécrable qui augmente notre honte et mon supplice! notre tyran promet à cette vile créature, pétrie du limon fangeux de la terre, à l'homme, les joies de l'immortel séjour! Ce n'était point assez; le cruel, pour mieux signaler notre éternelle défaite, livra son fils aux douleurs de la mort. Ce fils parut, brisa les portes du Tartare, osa pénétrer dans notre empire et en arracher ces âmes que le Destin nous avait vouées; puis, entouré de ces riches dépouilles, plein de mépris pour nous, il remonta triomphant dans les Cieux, où se déployèrent nos drapeaux humiliés.

Mais pourquoi renouveler notre affliction? Qui de vous oublierait ces injures? Il ne s'agit plus de venger nos anciens outrages quand nous en avons aujourd'hui de récents à punir. En quel lieu, en quel temps notre ennemi a-t-il suspendu le cours de ses attentats? Ne voyez-vous pas qu'il essaie de courber toutes les nations sous sa loi! Resterons-nous spectateurs impassibles de ses envahissements? Nos courages seront-ils glacés par la crainte? Eh quoi! nous souffririons que ses adorateurs prissent plus de force en Asie, que la Judée leur fût soumise, que la gloire de son nom, grandissant encore, ses louanges fussent répétées dans toutes les langues, chantées dans de nouvelles hymnes, gravées sur des bronzes et des marbres nouveaux? Nous verrions nos idoles anéanties, nos autels renversés pour faire-place à ses images et à ses autels! Pour lui seul seraient les prières, l'encens parfumé, l'or et la myrrhe! .. Jadis tous les temples nous étaient ouverts; combien nous en reste-t-il aujourd'hui? Avons-nous même un asile pour notre culte? Privés du tribut accoutumé des mortes, bientôt nous ne régnerons que sur des déserts.

«Il n'en sera pas ainsi; nos fieres inspirations ne sont point évanouies, et nous avons encore cette antique valeur qui nous arma de la flamme et du fer, et nous fit disputer l'empire des Cieux. Si nous fûmes vaincus dans la lutte, le courage ne nous manqua pas; la victoire fut pour les plus heureux! Il nous reste la gloire d'une audace indomptée.

» Pourquoi vous retiendrai-je plus long-temps? Allez, mes compagnons fidèles, ma force et ma puissance, volez! Étouffez en son berceau cet incendie avant qu'il ait embrasé toute l'Asie! Accablez nos ennemis avant que leur pouvoir s'affermisse! Mêlez-vous parmi eux; et, pour les perdre, employez tour à tour la ruse et la violence. Que le Destin obéisse à ma loi; que les uns errent dispersés, que les autres périssent! Que ceux-ci, abandonnés à d'impures amours, se lassent les esclaves d'un regard, d'un sourire; que, rebelles à leur chef, en proie à la discorde, ils tournent contre eux leurs propres armes; que leur camp se couvre de ruines et disparaisse dans une immense destruction. »

Il a parlé, et les esprits infernaux, sans attendre la fin de son discours, s'élancent du sein de la nuit vers le séjour de la lumière; ainsi, les vents déchaînés s'échappent de leurs prisons sauvages, obscurcissent le ciel et bouleversent la terre et les mers.

Bientôt, déployant leurs ailes, les démons se dispersent dans toutes les parties de l'univers, trament des ruses nouvelles et exercent tous les prodiges de leur art. 0Muse! redis-moi quels furent les malheurs dont ils frappèrent les Chrétiens, redis-moi d'où partirent les premiers coups? tu le sais, mais, à travers tant de siècles, le bruit incertain de la Renommée en est à peine venu jusqu'à nous.

Damas et les provinces voisines étaient sous la puissauce d'Hidraot, illustre et fameux enchanteur. Dès son plus jeune âge il s'était initié à l'art des devins, et avait conservé cette passion dans sa vieillesse. Science inutile, puisqu'il ne peut prévoir l'issue de cette guerre! La contemplation des étoiles fixes ou errantes, les réponses de l'Enfer même ne lui ont point fait connaître l'avenir. 0aveuglement de l'esprit humain! Combien les jugements des mortels sont vains et trompeurs! Hidraot s'est persuadé que la ruine et la destruction attendent l'armée qui s'avance des régions de l'Occident; et, certain que les Infidèles cueilleront les palmes de la victoire, il veut que son peuple en partage la gloire et le prix.

Mais il connaît et redoute la valeur des Chrétiens, il craint les dangers d'un sanglant triomphe, et songe aux moyens de les affaiblir pour les livrer sans défense à ses troupes et à celles de l'Égypte. Pendant qu'il roule ces pensées, un ange des ténèbres se glisse près de lui, l'excite, le conseille et lui suggère un stratagème qui doit faciliter ses desseins.

Hidraot a une nièce, la plus belle et la plus renommée des beautés de l'Orient. Elle a tous les charmes, toute l'adresse de son sexe; pour elle, la magie n'a point de mystères. Il l'appelle, lui confie ses projets et veut qu'elle se charge de les exécuter:

«Oma fille chérie, lui dit-il, toi qui sous cette blonde chevelure et cette timide apparence caches le courage le plus mâle et la prudence de l'âge mûr; toi, qui déjà me surpasses dans mon art sublime, écoute; je médite un grand projet, et, si tu le secondes, le succès est assuré. Achève la trame que je te présente déjà ourdie; sois l'exécutrice hardie des sages résolutions de ma vieillesse. Rends-toi au camp de nos ennemis; déploie, pour les séduire, toutes les ruses d'une femme, tous les secrets de l'amour; baignée de larmes, que des soupirs entrecoupés se confondent avec tes plaintes et tes douces prières. Gémissante, éplorée, soumets à tes lois les coeurs les plus rebelles; que la pudeur voile l'audace de tes désirs, et que le mensonge se pare des couleurs de la vérité. Captive, s'il se peut, par le charme de tes regards et la grâce de tes discours, Godefroi lui-même. Qu'épris d'amour, il se lasse de la guerre et y mette fin. Si tes efforts sont inutiles, enchaîne du moins les autres chefs, et conduis-les sur tes pas dans des lieux d'où ils ne reviennent jamais.»

Il lui dévoile tous ses plans, et termine en lui disant: «Tout est légitime pour servir la religion et la patrie.»

Armide, fière de sa beauté, des avantages de son sexe et de son âge, accepte cette mission; et, la nuit suivante, elle s'éloigne par des sentiers ignorés et déserts. Les cheveux disposés avec art, parée de ses plus riches atours, elle espère dompter ces guerriers couverts de fer, et qui passent pour invincibles. De vagues rumeurs, des bruits confus adroitement semés cachent au peuple les véritables motifs de son départ.

Après un rapide voyage, elle arrive au camp des Chrétiens. A l'aspect imprévu de cette beauté, un frémissement s'élève; tous les regards se fixent sur elle. Ainsi, la comète ou l'étoile inconnue attire par son éclat les yeux des mortels. Tous les guerriers s'empressent pour savoir quelle est cette belle étrangère, et le motif qui l'amène. Argos, Chypre et Délos ne virent jamais des traits si touchants ni une figure si ravissante; sa chevelure d'or brille à travers le voile transparent qui la couvre, et se répand parfois en ondes brillantes; ainsi, quand le ciel devient plus serein, le soleil paraît derrière une brillante nuée qu'entourent ses rayons; puis, se dégageant tout-à-fait, il darde ses feux et inonde le jour d'une lumière nouvelle! Les boucles légères flottent en mille anneaux qui se multiplient au souffle du zéphyr. Son oeil, avare des trésors de l'Amour et des siens, les cache sous sa paupière abaissée. Sur son visage, le tendre incarnat de la rose se mêle et se confond avec l'éclat des lys; mais sa bouche, d'où s'exhale un souffle amoureux, reflete le carmin de la reine des fleurs. Ses épaules demi-nues, de la couleur de l'albâtre, éveillent et entretiennent les feux de l'amour. Une tunique envieuse ne laisse voir que la moitié de deux globes aux contours harmonieux; voile jaloux, qui arrête les regards sans pouvoir contenir les voluptueuses pensées! L'imagination n'est pas satisfaite de ce qu'elle aperçoit, et s'élance vers des charmes plus secrets, et, comme le rayon de lumière qui. pénètre les eaux sans les diviser, elle écarte ces voiles importuns, erre, admire, parcourt les merveilles cachées, dévore à loisir ces appas qu'elle décrit, et raconte aux désirs qui s'allument et deviennent plus impatients.

. Armide s'avance au milieu des louanges et des hommages de la foule qu'éblouit sa présence. Elle feint de ne rien voir, mais elle se réjouit dans son coeur et compte les palmes précieuses de sa prochaine victoire. Elle s'arrête et prie un chevalier de la conduire vers Godefroi. Eustache, le frère du héros, accourt brûlant de zèle. Semblable au papillon qui vole vers la lumière, le jeune chevalier est attiré par cette splendeur divine. Il veut contempler de plus près ces yeux que la pudeur tient abaissés; il les voit; et, bouillant d'ardeur, emporté par la hardiesse que donnent la jeunesse et l'amour, il lui adresse ces mots:

«Madame, si pourtant on peut vous donner ce nom, car vous n'avez rien d'une mortelle; vous, à qui le Ciel a départi plus de perfections et de beauté que n'en eut jamais une fille des hommes, dites–moi ce que vous désirez? Dites-moi d'où vous-venez? Est-ce le hasard ou la nécessité qui vous amène en ces lieux? Apprenez–moi qui vous êtes? Souffrez que je me prosterne à vos pieds pour vous rendre les hommages qui vous sont dus.

—» Prince, répond-elle, vos louanges élèvent trop haut mon mérite et ma beauté; je suis une simple mortelle, hélas! infortunée, je suis vouée à la douleur; étrangère et fugitive, j'implore des secours, et je viens vers Godefroi pleine de confiance en sa réputation de bonté. Si vous êtes aussi compatissant, aussi généreux que vous le paraissez, daignez, seigneur, m'obtenir une audience de ce héros.

—» Madame, réplique Eustache, vous aurez auprès de lui son propre frère pour guide et pour appui. Venez, vos voeux seront écoutés, votre prière ne sera point repoussée, et bientôt vous aurez à vos pieds son pouvoir et ma valeur.»

Il la conduit aussitôt dans le lieu retiré où Godefroi? seul avec les principaux chefs, se dérobe aux regards de la multitude.

Armide s'incline avec respect, affecte un timide embarras, et garde d'abord le silence. Bouillon la rassure, la console, calme son émotion. Alors, avec un son de voix dont la douceur enivre et charme ceux qui l'écoutent? elle commence un discours perfidement préparé:

«Chef invincible, dit-elle, dont le nom admiré se répand dans tout l'univers; vainqueur de tant de rois, conquérant de tant de royaumes qui s'honorent de leur défaite et de tes fers, ta vaillance est connue; tes ennemis même l'estiment et la louent, et ne craignent pas de rechercher, d'implorer tes bontés. Je suis née dans une religion différente de la tienne, j'ai servi ces autels que tu as humiliés, que tu veux détruire, et pourtant c'est par toi que j'espère recouvrer les États, et le sceptre de mes aïeux! Que d'autres demandent à leurs frères, à leurs alliés, des secours contre les fureurs d'une race étrangère; moi, qui ne trouve ni pitié, ni justice chez les miens, j'invoque contre mon propre sang le secours d'un glaive ennemi; je t'implore, je n'espère qu'en toi; tu peux me replacer dans ce haut rang d'où je suis tombée. Ton bras, si prompt à renverser les escadrons, ne repoussera point une infortunée. On ne célébrera pas moins ta générosité que tes victoires, et, parmi tant de trônes abattus, lu ne répudieras pas la gloire d'avoir relevé de tes mains une couronne injustement brisée. Si la différence de nos religions te rendait moins accessible à mes humbles instances, ta vertu soutiendrait mon espoir; mais je ne me suis point abusée; j'en atteste le Dieu suprême! jamais protection ne fut plus justement sollicitée; et, pour t'en convaincre, écoute le récit des trahisons qui ont causé mes malheurs.

» Je suis fille d'Arbilan, qui régna sur la puissante ville de Damas. Il était né loin du trône; la belle Chariclée lui donna sa main et l'empire. Ma naissance fut la cause funeste de la mort de ma mère, et, dans l'instant où mes yeux s'ouvrirent à la lumière, elle ferma les siens pour jamais. Ainsi, le premier jour de ma vie fut un jour funèbre et fatal. Un lustre s'était à peine écoulé depuis que la reine avait dépouillé son enveloppe mortelle, et mon père, subissant le même sort, la rejoignait dans les Cieux. Il laissa le soin de ma tutelle et le gouvernement de ses États à son frère, qu'il avait entouré d'une amitié si vive que, si la reconnaissance pouvait exister dans le coeur des mortels, il devait compter sur son dévouement et sa foi. Mon oncle accepta ce double dépôt, et se montra d'abord occupé de mon bonheur. On vantait sa fidélité, sa vertu, sa tendresse pour moi. Peut-être déjà le barbare cachait sous un masque trompeur ses projets ambitieux! Peut-être aussi que, me destinant pour épouse à son fils, il désirait sincèrement la prospérité de mon héritage. Je croissais, son fils gran dissait aussi, mais il n'avait ni la conduite, ni les goûts d'un prince, dédaignait les arts, les nobles exercices, et les plaisirs de son rang. Rien de généreux, rien de distingué sous ces formes grossières, digne asile de l'âme la plus vile. En proie à l'avarice, plein d'orgueil, farouche dans ses manières, corrompu dans ses moeurs, on ne vit jamais un pareil assemblage de tous les vices. Tel était l'homme auquel mon tuteur voulait m'unir, et qui devait partager mon trône et ma couche! Les conseils artificieux, les ruses méprisables, tout fut employé pour arriver à ce but. On ne put m'arracher la moindre promesse; j'opposais toujours à ses prières des refus et le silence. Un jour, il me quitta avec un sombre visage où se peignaient ses criminels projets, et je pus lire sur son front l'histoire de mes futurs malheurs. Dès lors, des songes, des spectres affreux troublèrent le repos de mes nuits; la fatale horreur qui accablait mon âme était le présage de mes infortunes. Souvent l'ombré de ma mère, fantôme pâle et gémissant, s'offrait à mon imagination. Qu'elle ressemblait peu à ces portraits qui m'avaient si bien rendu son image!–«Fuis, ma fille, fuis, me disait-elle, la cruelle mort qui te menace; pars à l'instant: déjà je vois un perfide s'armer du fer et du poison.» Hélas! que me servaient ces avis? Qu'importe la connaissance d'un prochain malheur, si l'on est tremblant, irrésolu, au lieu de chercher à l'éviter? Ma jeunesse me rendait timide; c'était si grave pour moi de prendre la fuite, de me condamner à un exil volontaire, d'abandonner sans protecteurs le royaume de mes aïeux! Je préférais attendre le trépas dans ces lieux où mes paupières s'étaient ouvertes au jour. Éplorée, abattue, je redoutais la mort, et, chose incompréhensible, je n'avais pas le courage de m'y-soustraire! J'avais peur de laisser paraître mes soupçons et d'avancer l'heure de ma perte. C'est ainsi qu'inquiète et alarmée, je passais ma vie dans un continuel martyre, comme l'infortuné qui voit sans cesse un fer suspendu sur sa tête.

Telle était ma misère, lorsqu'un jour, je ne sais si je dois en remercier le Destin ou m'attendre à de plus grands malheurs, un des ministres dont mon père avait protégé l'enfance vient m'avertir que l'heure marquée pour me faire périr est prochaine, et qu'il a reçu l'ordre de m'apporter le jour même la coupe empoisonnée. Il ajoute que la fuite est mon seul espoir de salut; et, comme je ne peux attendre de secours de personne, il m'offre son appui, m'encourage et m'inspire quelque fermeté. Bannissant toutes craintes, je me dispose à profiter des ténèbres pour m'éloigner de ma patrie et de mon persécuteur. La nuit, chargée de voiles plus épais, nous couvre de son ombre propice; je pars avec deux de mes femmes, compagnes fidèles que j'ai choisies pour partager mes malheurs; mais, avant de m'éloigner, mes yeux se reportent souvent vers le toit paternel et ne peuvent se rassasier de la vue de ces objets chéris. Mes regards, ma pensée, m'y ramènent sans cesse, et mes pas ne m'en éloignent qu'à regret. J'étais comme ces matelots qu'une tempête soudaine arrache aux rivages aimés.

« Cette nuit et le jour suivant, nous parcourons des sentiers où jamais mortel n'imprima la trace de ses pas. Enfin, nous arrivons dans un château situé sur les frontières de mon royaume: il appartient à Aronte, mon libérateur. A la nouvelle de ma disparition, mon perfide oncle, furieux de me voir échappée à ses embûches, laisse éclater sa colère et ses imprécations contre Aronte et contre moi. Il rejette sur nous la noirceur de ses projets, et nous accuse d'avoir ourdi les trames, rêvé les excès auxquels nous avions failli succomber. Il répand le bruit que mon sauveur, séduit par mes présents, avait mêlé des poisons à ses breuvages; que j'avais voulu me débarrasser d'un tuteur qui m'imposait un frein et le respect des moeurs, et ajoute qu'entraînée par de honteux penchants, je livrais ma jeunesse à de criminelles passions. Oh! puisse le Ciel me frapper de ses foudres » si jamais j'oublie les devoirs sacrés de la pudeur! Que » le barbare soit affamé de mes richesses, altéré de mon sang, je gémirai; du moins qu'il ne souille pas l'innocence de mon âme! qu'il ne flétrisse pas mon honneur!

» Pour conjurer les effets du ressentiment de mes sujets fidèles, l'usurpateur fait répandre d'habiles et mensongers récits. Il sème le doute dans les esprits, empêche le peuple armé de se soulever pour ma cause, usurpe le pouvoir, ceint son front du diadème, met le comble à ma ruine et à mon opprobre. Sa rage, de plus en plus cruelle, menace Aronte s'il ne se livre volontairement. Et à moi, infortunée, et à mes deux compagnes, ce n'est pas la guerre qu'il nous annonce, c'est une mort affreuse! Il prétend ainsi laver son outrage, et rendre à la famille illustre que j'ai déshonorée l'éclat qu'elle a perdu. Mais ce qu'il redoute surtout, c'est de se voir enlever le sceptre dont je suis la légitime héritière, et il veut consolider par ma mort son usurpation et son empire. Hélas! il triomphera sans doute, le succès aura couronné ses projets, mon sang éteindra cette colère que je n'ai pu fléchir, si je ne trouve pas grâce devant toi! Je t'implore, seigneur; je suis faible et dépouillée, innocente et victime. Ces larmes qui baignent tes genoux seront-elles méprisées? Pour exciter ta commisération, faudra-t-il que mon sang soit versé? Je suis à tes pieds, ces pieds qui broient les empires et les superbes! Je t'en conjure, par ce bras protecteur de la justice, par le souvenir de tes victoires, par ces temples que tu as relevés et que tu veux secourir; tu as la puissance . accorde quelque chose à mes supplications! Que ta pitié sauve à la fois mon trône et ma vie! Ta pitié! mais c'est aussi ton équité, ta sagesse que j'invoque aujourd'hui! Si le Ciel et le Destin t'ont donné avec la force l'amour de la justice, songe aussi qu'en protégeant mes jours, lu peux tirer d'utiles secours des États que tu m'auras fait recouvrer. Permets seulement que, parmi ces héros qui t'accompagnent, dix s'arment pour ma querelle. Mes amis, mes parents, mes sujets restés fidèles suffiront avec eux pour me rouvrir le palais; de mes pères. Déjà l'un des grands, à qui est confiée la garde d'une porte secrète, promet de me la livrer et de m'introduire dans la ville à la faveur de la nuit. Mais il veut une marque de ta protection; si faible que soit le secours que tu m'accorderas, il raffermira les courages plus qu'une armée entière envoyée par d'autres princes, tant est grande l'influence de ton nom!»

Elle se tait; et, dans une attitude, qui dit plus que les paroles et les prières, elle attend la réponse de Godefroi. Le héros doute et reste en suspens au milieu des réflexions qui viennent l'assaillir. Il ne sait s'il doit céder, car il craint un piège des Sarrasins et ne se fie pas en la parole de ceux qui ne connaissent pas la vraie Foi! Mais il sent aussi la générosité agiter son noble coeur, et en supposant qu'Armide ait des droits à son intérêt, il voit un avantage à la secourir. Il importe au prompt accomplissement de ses desseins que le souverain de Damas reconnaisse ses lois, lui livre le passage et lui fournisse des guerriers, des armes et de l'argent contre les Egyptiens et leurs alliés. Plein d'incertitude, il tient les regards fixés vers la terre, pèse les pensées qui l'assiègent, tandis qu'Armide, les yeux attachés sur lui, observe attentivement ses traits. Décision trop tardive au gré de ses désirs! Elle s'inquiète et soupire. Enfin, Godefroi se décide à refuser la faveur qu'elle sollicite, mais ce refus sera exprimé avec courtoisie:

«Madame, lui dit–il, si nous n'étions les serviteurs choisis par Dieu; s'il ne réclamait pas nos bras et nos glaives, vous auriez pu, fondant sur nos armes l'espoir d'un utile secours, trouver des défenseurs au lieu d'une stérile compassion. Mais, dans l'instant où le peuple fidèle est opprimé, où la Cité Sainte est captive, nous devons consacrer nos premiers efforts à leur délivrance, et nous serions coupables si, affaiblissant notre armée, nous suspendions le cours de nos victoires. Je vous promets, recevez ici pour gage ma parole, en qui vous pouvez vous fier, que si jamais nous arrachons à un joug détesté les murs sacrés et bénis du Seigneur, nous suivrons l'impulsion de notre sympathie pour vos infor-tunes, et nous marcherons à la conquête de ce royaume que vous avez perdu. Si j'écoutais aujourd'hui les sentiments de mon coeur, je serais un impie, car je n'aurais pas, avant toute chose, vengé les outrages de Dieu!»

À ces mots, Armide s'incline, et reste un instant immobile, les regards fixés vers la terre; puis elle relève ses yeux baignés de larmes, et, dans l'attitude de la douleur:

«Malheureuse! s'écrie-t-elle, fut-il jamais une destinée plus cruelle et plus irrévocable! Il faut que tout change dans l'univers pour que mon sort devienne moins affreux! Il ne me reste plus d'espoir. Les gémissements seraient inutiles, la prière est sans force sur le coeur des mortels. Peut-être que ma douleur, qui te trouve inflexible, attendrira un usurpateur barbare? Je ne t'accuse pas de dureté, quelle que soit ta rigueur à me refuser de si faibles secours! J'en accuse le Ciel d'où viennent mes malheurs; le Ciel qui te rend inaccessible à la compassion! Non, seigneur, non, ce n'est point toi, ce n'est pas ta bonté qui me repousse, c'est le Destin!... Destin funeste et impitoyable, pourquoi épargnes-tu la vie qui m'est odieuse? Hélas! orpheline au berceau, mes parents me furent ravis à la fleur de leurs années, et ce n'est point assez de perdre un trône, mon légitime héritage, il faut que j'aille, captive, au-devant du fer de mes bourreaux! Je ne veux pas rester dans ces lieux où l'honneur et le devoir me défendent de m'arrêter; et, pourtant, où aller? Quel asile, quels climats me protégeront contre mon ennemi? Est-il un lieu qui échappe à sa fureur? Mais pourquoi tarderai-je? Je vois la mort; et, puisqu'elle est inévitable, j'irai au devant d'elle; mon bras saura prévenir les coups de mon persécuteur.»

Elle se tait; dans ses regards brille un noble et majestueux dédain. Son maintien exprime la tristesse et la consternation. Ses larmes, larmes de douleur et de dépit, coulent en abondance et ressemblent en s'échappant de ses paupières à des perles ou à des globes de cristal que font étinceler les feux du soleil. Son visage en est inondé. On dirait un lys balançant au souffle des zéphyrs sa corolle chargée des pleurs de l'Aurore; la reine du jour l'aperçoit du haut de son char, et voudrait en orner sa couronne.

Les larmes qui tombent sur le sein d'Armide lui donnent de nouveaux charmes. De ces pleurs naît un feu qui se glisse dans les coeurs et les embrase. Amour, tout reconnaît ta puissance; mais, en sa faveur, tu fais des miracles nouveaux: tu sais tirer des flammes de ces larmes humides; les ondes brûleraient à la voix!

Cette feinte douleur attendrit les plus insensibles et arrache des larmes véritables aux héros chrétiens. Ils partagent son affliction, et se disent à eux–mêmes: «Si Godefroi repousse ses prières, il faut qu'il ait sucé le lait d'une tigresse sauvage, que les Alpes l'aient enfanté dans leurs rochers horribles, et que la mer écumante l'ait vomi de son sein! Le cruel! peut-il ainsi désespérer » une si admirable beauté!»

Eustache, que son âge rend plus accessible aux transports de l'amour et aux sentiments de la pitié, s'avance, tandis que tous murmurent et n'osent exprimer leurs désirs.

«Mon frère, dit-il hardiment, ton coeur s attacherait-il » avec tant de ténacité à une première décision, que les voeux unanimes, que les prières et les supplications de tant d'illustres chefs dussent te trouver sans condescendance et sans égards? Je suis loin de penser qu'il faille souffrir le départ de ceux qui ont des grades et des commandements dans l'armée; ils ne peuvent déserter le sjége, leurs troupes et leurs devoirs; mais nous, qui sommes des guerriers isolés, sans aucune mission particulière, et moins astreints que les autres aux lois de l'intérêt public, ne pouvons-nous offrir dix chevaliers pour la défense des plus justes droits? Est-ce oublier le service de Dieu que de protéger une femme innocente? Les dépouilles d'un tyran cruel sont–elles un hommage indigne du Très-Haut? Quant à moi, je le déclare, si je ne me sentais disposé à cette alliance par la certitude d'en obtenir d'heureux résultats pour notre entreprise, j'écouterais la pitié, et je suivrais les lois de la chevalerie, qui nous ordonnent d'accorder aux dames aide et protection. Plaise à Dieu qu'on ne dise jamais en France, ce pays de la vraie courtoisie, que nous avons reculé devant des dangers et des fatigues, quand nous devions servir une cause sacrée! Renonçant à mes armes et à mes coursiers, je jetterais loin de moi mon casque et ma cuirasse; je briserais mon épée, plutôt que d'usurper le titre glorieux de chevalier.»

Tous les compagnons d'Eustache applaudissent ce discours; ils approuvent la sagesse de son conseil et en vantent l'utilité. Ils entourent, sollicitent, pressent Godefroi.

«Je cède à regret, leur dit-il alors, je me rends à tant de voeux réunis; c'est à vous seuls, et non à moi, que cette princesse devra quelque gratitude; mais, si vous avez un reste de confiance en votre général, rappelez-vous son dernier avis: modérez la fougue de votre aveugle zèle.»

Ce peu de mots les remplit de joie, car ils pensent qu'il autorise ce qu'il n'a pu refuser. Tel est l'empire des larmes de la beauté, telle est la séduction des discours qu'une belle bouche prononce! On dirait qu'une chaîne d'or s'échappe des lèvres d'Armide, saisit et captive tous les cœurs.

Eustache la rappelle et s'écrie:

«Que vos douleurs cessent maintenant, madame; bien-tôt nos bras vous prêteront l'assistance que réclament» vos alarmes!»

Alors fuient du visage d'Armide les sombres nuages qui troublaient sa sérénité De son voile elle essuie ses yeux humides, et paraît si riante et si belle que la nature semble reprendre avec elle son éclat et sa parure.

Puis elle adresse aux chefs les plus douces paroles pour les remercier du secours qu'ils lui promettent. Elle leur dit que la reconnaissance vivra éternellement dans son coeur, et que leur action généreuse leur assure dans tout l'univers une gloire immortelle. Ce que sa bouche ne peut bien rendre, la muette éloquence de ses gestes le dit avec force; enfin elle cache ses desseins avec tant d'art que nul ne soupçonne sa perfidie. La fortune a favorisé le commencement de son entreprise; elle se hâte d'en poursuivre l'exécution avant que la réflexion éclaire les esprits abusés. Les grâces de sa personne, la beauté de son visage font plus que tous les prodiges de Médée et de Circé! D'une voix harmonieuse, elle endort la vigilance des plus sages; elle emploie toute son adresse pour attirer dans ses pièges de nouveaux adorateurs. Sa figure varie et se décompose à son gré; elle change à chaque instant d'attitude et de manières; tantôt, jouant la pudeur, elle tient ses regards baissés, et soudain ils se relèvent brillants des feux du désir. Elle excite les uns, réprime l'audace des autres, suivant qu'elle les voit, timides ou indiscrets. Pense-t-elle qu'un amant trop modeste, renonçant à lui plaire, cherche à vaincre sa passion, elle l'encourage par de doux sourires, et arrête sur lui ses regards heureux et sereins. Elle échauffe cette âme faible et timide, lui donne la foi et l'espérance; et, sous l'ardeur des feux de l'amour, s'évanouit la froideur que la crainte faisait naître. Ceux que le désir rend téméraires, audacieux, la trouvent réservée dans son air et ses discours; elle leur inspire le respect et la retenue. Mais le mécontentement qui se peint sur son front laisse encore place à un rayon de pitié. Ainsi, la rigueur ne fait qu'augmenter les feux de l'amant qui s'effraie sans perdre l'espoir.

Parfois elle s'assied à l'écart, compose son visage, son maintien, et semble accablée de douleur. Elle retient des larmes prêtes à couler. Ses amants, trompés par cet artifice, pleurent autour d'elle, et l'Amour, sous l'apparence de l'intérêt, enfonce dans leur sein des traits plus sûrs et plus acérés. Puis, tout à coup, comme si ces tristes pensées s'évanouissaient pour faire place à une soudaine espérance, elle revient vers ses adorateurs, leur parle d'un air gai et riant. Ses yeux, comme un double soleil, dissipent les inquiétudes qui attristent tous les cœurs. Sa voix, son sourire enivrent ces chevaliers égarés; leur âme, vaincue par ce bonheur immense auquel ils ne. sont point habitués, est près de les abandonner. Cruel Amour! tes maux et les remèdes sont également funestes; tes faveurs et tes disgrâces ne sont que trop souvent mortelles!

Ainsi, dans ces alternatives continuelles, ils passent de l'enjouement à la tristesse, de la crainte à l'espoir, brûlés et glacés tour à tour; abattus, énervés, ils sont le jouet de la beauté qui les domine. Si l'un d'eux ose parler de ses feux et de ses tourments, elle feint la candeur et l'inexpérience, et ne paraît point comprendre ses douces et tremblantes prières; ses yeux timidement baissés, elle rougit de pudeur et cache sa froide indifférence sous les roses qui colorent ses joues. Telle se montre l'Aurore à l'heure fraîche et matinale! Une rougeur plus brillante indique bientôt que le dédain se mêle et se confond avec le sentiment de la modestie. S'aperçoit-elle qu'un guerrier veut lui déclarer sa passion, elle l'évite, le fuit; et, si elle est forcée de l'écouter, elle sait en même temps le contenir. Puis, elle l'entoure de vaines illusions, jusqu'à ce qu'elle lui enlève toute espérance; ainsi le chasseur, surpris par la nuit, perd la trace d'une proie long-temps poursuivie.

Tels furent les artifices qui soumirent à Armide mille et mille guerriers, et les armes dont elle usa pour les rendre ses esclaves. Faut-il s'étonner qu'Achille, Hercule et Thésée aient cédé à la puissance de l'Amour, lorsqu'on voit les soldats du Christ se laisser prendre dans les fers d'une Infidèle!

CHANT V.

Gernand s'indigne que Renaud brigue un rang auquel lui-même aspire. Son aveugle transport l'entraîne à sa perte.–Il exhale sa fureur contre Renaud, qui le combat et le tue.–Ce héros ne veut point accepter d'indignes l'ers et s'éloigne du camp. –Armide part satisfaite–Bouillon reçoit de funestes nouvelles de ce qui se passe sur la mer.

CHANT V.

ANDIS QUE l'artificieuse Armide séduit tous ces héros, et que, non contente des dix défenseurs qui lui sont accordés, elle espère en entraîner beaucoup d'autres sur ses traces, Godefroi se consulte pour savoir à qui confier cette entreprise hasardeuse. L'empressement et le mérite de tous ses guerriers le tiennent indécis; puis, sa sagesse veut d'abord leur laisser élire le successeur de Dudon, à qui appartiendra le choix des dix chevaliers. De celte manière, aucun d'eux ne pourra soupçonner sa justice, et il aura pu leur témoigner tous les égards dus à une troupe d'élite. Il les appelle donc, et leur dit: Je vous ai fait connaître ma pensée; je ne refuse point des secours à Armide, mais je voudrais les lui donner dans un moment opportun. Je vous propose de nouveau d'attendre; peut–être serez–vous aujourd'hui de mon avis, car, dans ce monde léger et mobile, le plus constant varie souvent dans ses desseins. Mais, si vous pensez encore qu'il est indigne de votre gloire d'éviter une occasion de péril, si votre témérité repousse mon conseil comme trop timide, je ne vous retiendrai pas malgré vous; je ne rétracterai point ma promesse; je ne ferai de mon autorité que l'usage convenable: elle sera douce et facile. Vous pouvez donc, à votre gré, partir ou rester; mais il faut d'abord donner au vaillant Dudon un successeur qui devra s'occuper de vos projets et choisir parmi vous les dix guerriers; toutefois, qu'il ne dépasse pas ce nombre; c'est sur ce point seulement que je réserve l'exercice de ma puissance, et je ne mets point d'autre borne à son pouvoir. «

Il dit; et, avec le consentement de tous, son frère lui répond: «Seigneur, cette prudence qui interroge l'avenir doit être ton partage, de même que l'audace du coeur et du bras est ce que l'on attend de notre jeunesse. Ce qui est sagesse et prévoyance dans un général ne serait en nous que lâcheté. Le péril n'est rien en comparaison des avantages qu'un telle alliance nous procure; et, puisque tu le permets, dix d'entre nous iront tenter cette entreprise. «C'est ainsi qu'il cherche à cacher, sous l'apparence du zèle, la passion qui le domine. Ses compagnons aussi voilent les feux de l'amour sous le désir apparent de la gloire.

Mais le jeune Bouillon regarde d'un oeil jaloux le fils de Sophie, dont la beauté rehausse l'admirable valeur; il s'efforce d'éloigner ce dangereux rival, et, le prenant à l'écart, il lui tient un langage à la fois insinuant et flatteur: «Ode l'illustre Berthold rejeton plus illustre encore! toi qui, si jeune, as acquis une si grande renommée, quel sera donc le chef de cette troupe valeureuse? Moi qui obéissais avec peine au fameux Dudon et ne lui cédais que par égard pour son âge; moi, frère de Go» defroi, à qui dois-je obéir désormais? Si ce n'est à toi, je ne vois personne; toi, dont la noblesse est égale à celle de tous les autres; toi, que ta gloire et tes exploits rendent mon supérieur; toi, à qui notre général lui-même céderait la palme dans les combats! C'est donc toi que je désire pour chef, à moins que tu ne préfères être le défenseur de cette princesse. Mais je ne pense pas que des aventures nocturnes et sans éclat flattent ton coeur. Tu ne manqueras point ici d'occasions plus brillantes. Si tu y consens, je ferai en sorte que les autres guerriers te décernent cet honneur; pour moi, incertain et irrésolu, je te demanderai de me laisser la liberté de suivre Armide ou de rester avec toi.»

Eustache ne peut prononcer ces derniers mots sans qu'une vive rougeur colore son visage. Renaud sourit et voit la passion ardente qu'il cache si mal; mais les traits de l'amour ont été plus lents à pénétrer dans son sein; il ne désire pas accompagner Armide, et souffre sans impatience ce rival. Le souvenir de la mort cruelle de Dudon l'anime; il se croirait déshonoré si le barbare Argant survivait plus long-temps à sa victime. Bercé d'ailleurs d'un espoir généreux, il ambitionne un grade dont il est digne, et son jeune courage se plaît à entendre les expressions d'une juste louange. «Je préférerais, répond-il, mériter le premier rang que de l'obtenir. Si ma valeur m'a fait distinguer, je ne dois pas pour cela souhaiter les sceptres et les grandeurs; mais, si l'on m'appelle à un commandement, que, du reste, je puis briguer, je ne le refuserai pas. Une si noble récompense me serait à jamais précieuse. Je ne demande donc point cette faveur, et je ne la repousse pas; mais, si je reçois le pouvoir, je te promets que tu seras du nombre des dix.»

Aussitôt Eustache le quitte, et va plier à ses desseins l'orgueil de ses compagnons.

Cependant le prince Gernand convoite lui-même l'héritage de Dudon. Blessé des traits d'Armide, son coeur orgueilleux est plus avide d'honneurs que sensible aux charmes de l'amour. Il descend de ces puissants potentats de Norwége qui régnaient sur de nombreuses provinces. Tous ces sceptres, toutes ces couronnes qu'avaient possédés ses aïeux et son père, entretenaient sa fierté. Depuis plus de cinq siècles, les ancêtres de Renaud se sont également illustrés dans la paix et dans la guerre; mais, fier de ses propres exploits, il n'emprunte point l'éclat d'un mérite étranger. Le Norwégien mesure tout au poids de l'or et des richesses; toute vertu qu'un titre royal ne décore pas est obscure à ses yeux, et il s'indigne en voyant un simple chevalier rechercher les mêmes honneurs que lui. Le dépit et le dédain qui le transportent lui font perdre le jugement; alors un esprit des ténèbres découvre la blessure profonde dont il est atteint, se glisse dans son coeur et parvient par la flatterie à diriger toutes ses pensées. Aigrissant de plus en plus sa colère et sa haine, il l'aiguillonne, l'excite et fait résonner sans cesse au fond de son âme une voix qui lui crie: «Renaud lutter contre toi! Quels sont ses titres, quels sont les héros, ses aïeux! Qu'il dise donc, puisqu'il veut être ton rival, les peuples soumis à ses lois et ses tributaires? Qu'il puisse seulement montrer parmi ses ancêtres morts autant de rois que ta famille en compte aujourd'hui! Quelle audace dans ce chef d'une petite principauté inconnue, né au sein de l'esclavage que subit l'Italie! Qu'il réussisse ou qu'il succombe, c'est presque une victoire pour lui d'avoir été ton rival! L'univers dira: Voilà le chevalier qui a concouru avec Gernand! Ce rang illustre que Dudon occupait naguère eût pu te procurer quelque lustre, mais il en eût reçu de toi; depuis que Renaud l'a sollicité, il est sans valeur. Ah! si même après sa mort le bienheureux Dudon veille encore sur vous, de quelle indignation le noble et généreux vieillard ne doit-il pas être enflammé à la vue de cet ambitieux, dont la téméraire audace ose réclamer pour son imberbe jeunesse et son inexpérience un rang que l'âge et les exploits méritèrent à votre dernier chef! Voilà pourtant ce qu'il tente! et, au lieu d'un juste châtiment, il obtient des encouragements et des louanges; on le pousse, on le soutient. Ohonte! il est certain de quelques suffrages! Mais si Godefroi l'accueille et permet qu'il te frustre du rang qui t'est dû, ne le souffre pas! Non, tu ne dois point le souffrir. Tu dois montrer qui tu es et ce que tu peux?»

Aux accents de cette voix, son dépit s'accroît, s'allume comme une torche que la main secoue. Son coeur gonflé ne peut plus contenir son courroux qui déborde, brille dans ses regards, s'exhale en discours! Tout ce qu'il y a de répréhensible et de mal en Renaud, il le publie pour le déshonorer. Il le peint vain et superbe; sa vaillance n'est que témérité, démence et fureur; ses vertus, magnanimes et fières, il les blâme, les pervertit avec art, les signale comme des vices. Il s'exprime avec si peu de ménagement, que son rival en est informé; mais rien ne peut calmer Gernand, ni arrêter l'aveugle colère qui l'entraîne à sa perte; le démon domine son esprit, fait mouvoir ses lèvres, lui inspire des paroles blessantes, l'excite à renouveler ses outrages et fournit de nouveaux aliments à sa haine.

Au milieu du camp est une place spacieuse où se rassemble l'élite des guerriers pour s'exercer dans des luttes et des tournois, et rendre leurs membres plus souples et plus vigoureux. C'est là que Gernand, cédant à sa destinée, répète ses accusations contre Renaud, dans l'instant où les spectateurs sont le plus nombreux; et telle qu'un trait acéré, sa langue, imprégnée des poisons de l'enfer, se tourne contre le héros. Renaud n'est pas loin; il l'entend et ne maîtrise plus sa colère: «Tu en as menti!» s'écrie-t-il, et il s'élance le fer nu à la main. Sa voix éclate comme un tonnerre, son épée brille comme l'éclair, avant-coureur de la foudre. Gernand tremble; la fuite pourrait seule le soustraire à cette mort imminente, inévitable, mais toute l'armée est présente; et, aux regards de tous ces témoins, il affecte du courage et de l'intrépidité. De pied ferme, il se met en défense et attend son redoutable ennemi. Au même instant, mille glaives tirés et menaçants étincellent à la fois, et de toutes parts se précipite une multitude de curieux qui se heurtent et se pressent; un bruit confus de clameurs, de cris, remplit les airs. Ainsi, sur les rivages de la mer, les vents confondent leurs sifflements avec les mugissements des Ilots. En vain quelques voix veulent contenir l'impétueuse colère du guerrier outragé, il brave les menaces, la résistance et tout ce qui veut s'opposer à son passage; il ne voit que sa vengeance et se jette au milieu des armes, promenant dans la foule épaisse sa terrible épée. Enfin, il s'ouvre un large chemin; et, seul, malgré ses mille défenseurs, il attaque Gernand; son bras, toujours sûr malgré la colère, dirige mille coups, tantôt au coeur, tantôt à la tête, tantôt à droite, tantôt à gauche. Cette attaque est si rapide, qu'elle trompe l'art et les yeux; le fer touche là où il est le moins attendu, et ne s'arrête qu'après s'être enfoncé deux fois dans la poitrine du prince norwégien. L'infortuné tombe, et son âme s'échappe par une double blessure. Le vainqueur retire son glaive tout sanglant, s'éloigne de ce corps privé de vie; la colère, la soif de vengeance l'abandonnent, et il porte ailleurs ses pas.

Bouillon, attiré par le tumulte, voit un spectacle cruel et imprévu, Gernand étendu sur le sol, les vêtements et les cheveux souillés de sang, le visage couvert des ombres de la mort; il entend les soupirs, les plaintes et les murmures de ses compagnons. Surpris, il demande qui, dans ce lieu, a eu l'audace de braver ses défenses et de commettre un pareil attentat? Arnaud, l'un des plus chers favoris du prince, rapporte les détails de cette querelle en aggravant les torts du meurtrier: «C'est Renaud qui a cédé à une fureur insensée qu'alluma le plus léger motif; il s'est servi contre un des soldats de Jésus-Christ de ces armes qu'il avait prises pour une sainte cause. Il a méprisé toute autorité et violé des lois publiées depuis longtemps et connues de tous. Ces lois prononcent la mort, et il doit être puni conformément aux lois. Si ce crime est grand par lui-même, le lieu où il fut commis le rend plus grand encore; si on excusait de tels excès, on encouragerait, par un fâcheux exemple, l'indiscipline des autres guerriers, et désormais ceux qui recevraient une injure se vengeraient eux-mêmes, sans attendre les décisions de la justice; les discordes, les querelles naîtraient de tous côtés.» Arnaud raconte les vertus du mort et rappelle tout ce qui peut exciter la pitié et l'indignation.

Cependant Tancrède dément ses allégations et dit quels lurent les justes motifs de courroux de Renaud. Godefroi l'écoute, mais son air sévère inspire plutôt la crainte que l'espérance. Tancrède ajoute alors: «Seigneur, sou-viens-toi de ce qu'est Renaud, et pense à sa valeur; songe aux égards qui lui sont dus, soit à cause de son mérite personnel, soit en considération de ses illustres aïeux, et de Guelfe, son oncle. Le châtiment ne peut pas être égal pour tous; la différence des rangs met aussi de la différence dans les fautes, et l'égalité des peines n'est juste que lorsqu'il y a égalité dans les personnes.» Godefroi lui répond: «C'est aux plus élevés a donner aux autres l'exemple de la subordination. Tes conseils, Tancrède, sont pernicieux, et tu te trompes quand tu penses que je laisserai les grands livrés à la licence. Que deviendrait mon pouvoir, si, chef de vulgaires soldats, je ne commandais qu'à des hommes obscurs? Je n'aurais qu'un sceptre impuissant, un empire honteux, et à ce prix je ne serais plus jaloux de les garder. Si l'autorité me fut confiée sans limites, je ne souffrirai pas qu'elle s'avilisse en mes mains; je saurai dans l'occasion varier les récompenses et les peines, et faire plier sous des lois égales les grands et les petits.» Godefroi se tait, et Tancrède, enchaîné par le respect, ne lui réplique pas.

Imitateur sévère de l'antique discipline, Raymond applaudit aux paroles de Bouillon: «C'est ainsi, dit–il, qu'un chef habile se fait obéir de ses inférieurs; lorsqu'un coupable prévoit le pardon, il brave le châtiment, et la discipline est perdue; si la crainte n'en est la base, la clémence est une cause de ruine.» Il dit; Tancrède, qui entend ces paroles rigoureuses, sort aussitôt de la salle du conseil. Son coursier semble avoir des ailes; il vole et se rend à la tente où le héros s'est retiré après avoir arraché au superbe Gernand l'orgueil et la vie. Tancrède le trouve, lui expose ce qui vient d'être dit, ce qui se prépare; et termine ainsi: «Bien que l'homme ne laisse pas toujours lire sur son visage les pensées secrètes qu'il cache dans l'abîme profond de son coeur, cependant, d'après ce que j'ai vu et entendu, j'affirmerai avec assurance que Bouillon veut te confondre parmi les coupables vulgaires et te soumettre à un jugement.»

Renaud sourit; mais, sur ses lèvres, le dédain se mêle au sourire: «Que les esclaves, s'écrie-t-il, et ceux qui mentent de l'être, se défendent quand on les a chargés fers; moi, je suis né libre, j'ai vécu libre et je mourrai libre avant que des chaînes meurtrissent mes pieds et mes mains. Mon bras, habitué aux armes et à la victoire, repousse de honteuses entraves. Si c'est la récompense que Godefroi destine à mes services, s'il veut m'emprisonner comme le dernier des soldats, s'il croit me garder dans un sombre cachot, qu'il envoie les exécuteurs de ses volontés; qu'il vienne lui-même, je l'attends; la force et le Destin prononceront entre nous; et, s'il le veut, nos ennemis auront le spectacle d'une sanglante tragédie.» Il dit, demande ses armes, son bouclier, suspend à son côté sa redoutable épée; et, sous l'acier qui le protège, altier et magnanime, il resplendit comme la foudre: c'est Mars tout couvert de fer, se précipitant de l'Olympe et semant l'épouvante. Tancrède s'efforce de calmer cet esprit superbe: «Invincible) guerrier, lui dit-il, je sais qu'il n'est point d'entreprise assez difficile pour résister à ta valeur. Je n'ignore pas que ton courage et ta confiance grandissent avec la terreur et au sein des combats; mais devons-nous craindre que ce courroux cruel se déploie contre nous? Que veux-tu faire? Tremper tes mains dans le sang de tes frères, et, par des coups indignes d'un Chrétien, blesser le Dieu vivant dans les Fidèles qui sont ses membres? Un vain respect pour des préjugés, mobiles comme les flots de la mer qui s'élèvent et s'abaissent, aurait-il plus de pouvoir sur toi que la foi et l'amour d'une gloire qui nous assure l'immortalité dans les Cieux? De grâce, triomphe de toi–même; dépouille ta fierté, ton orgueil; soumets-toi, non à la crainte, mais à la raison. La victoire sera le prix de ce généreux effort. Ah! si j'osais me présenter ici pour exemple, je te dirais à quel point, moi aussi, je fus offensé? Je sus me contenir, et n'exposai pas les Chrétiens à des guerres civiles. Vainqueur de la Cilicie, j'y avais arboré l'enseigne de la Croix; Baudouin survint, ses témoignages d'amitié ne me laissèrent point soupçonner son ambition, et il usurpa ma conquête par des moyens honteux. Je pouvais sans doute tenter la voie des armes afin de ressaisir le fruit de mes travaux, et je ne le fis pas.

» Si tu refuses d'accepter des fers qui te semblent flétrissants; si tu veux suivre les lois, les usages que le vulgaire décore du nom d'honneur, souffre que je te défende près de Godefroi, et retire-toi auprès de Boëmond, à Antioche; il n'y aurait pas, je pense, de sûreté pour toi à attendre ici le résultat d'un premier jugement. Bientôt si l'Égypte ou quelque puissance infidèle nous attaquent, ta valeur, plus loin de nous, n'en paraîtra que plus brillante. Privée de toi, l'armée semblera affaiblie comme un corps mutilé sans mains et sans bras.»

Guelfe survient, appuie ce conseil et exige que Renaud parte sans retard. Le jeune guerrier cède, son âme irritée se rend à leurs voeux, et il promet de s'éloigner sur-le-champ. La foule de ses fidèles amis l'entoure et veut l'accompagner; il rend grâces à leur dévouement, refuse leurs offres, et, monté sur son agile coursier, il part avec deux écuyers. Il emporte en son coeur l'éternel désir d'une éclatante gloire, désir généreux qui l'aiguillonne et l'excite. Méditant les plus vastes desseins, il se prépare à exécuter des prodiges, et veut aller au milieu des Infidèles combattre pour la Foi, cueillir des palmes ou des cyprès; il se propose de parcourir l'Égypte et de pénétrer jusqu'aux lieux où le Nil cache sa source inconnue.

Guelfe, ayant pris congé de Renaud et reçu ses adieux, retourne promptement vers Godefroi. Le héros lui dit: «Guelfe, je te demandais à l'instant; déjà, par mes ordres, plusieurs de nos hérauts te cherchent en divers lieux.» Il fait signe qu'on s'éloigne, et continue d'une voix grave et sévère: «Il faut l'avouer, Guelfe, ton neveu s'abandonne trop aux premiers mouvements de sa colère. Je voudrais que quelque chose pût, à mes yeux, excuser son crime; mais je suis chef ici et dois à tous une égale justice. En toute occasion je maintiendrai, je ferai respecter les lois; dans mes arrêts j'apporterai toujours un coeur ferme et à l'abri des passions. Si Renaud, ainsi qu'on l'assure, a été poussé à violer les ordonnances, la discipline et la sainteté de ces lieux, qu'il abaisse sa fierté, qu'il vienne devant ses juges. Il comparaîtra libre, c'est tout ce que je puis accorder à son rang; mais, s'il s'y refuse par orgueil (je connais son indomptable audace), emploie, pour l'y décider, toute ton influence. C'est à toi d'empêcher qu'il n'oblige un chef disposé à la douceur et à l'indulgence à se montrer l'inflexible vengeur des lois et de l'autorité méconnues.»

Ainsi parle Godefroi, et Guelfe lui répond: «Une âme exempte de bassesse peut-elle entendre le mépris et l'injure, sans les renvoyer à leur source? Si Renaud a puni de mort son agresseur; quel homme sait mettre des bornes à une légitime vengeance? Qui, dans la chaleur d'une querelle, peut compter les coups et les mesurer au poids des offenses reçues? Qu'exiges-tu? que ce guerrier vienne s'humilier devant ta suprême justice: je regrette qu'il ne le puisse pas; il n'est plus dans le camp, il est parti; mais cette main prouvera à celui qui l'accuse et à tous ceux qui oseraient le calomnier, que le plus lâche outrage provoqua la plus légitime vengeance! Oui, je soutiens qu'il a dû punir l'arrogance et la présomption de Gernand! Sa seule faute, c'est d'avoir méconnu tes ordres; je le déplore, et suis loin de l'approuver.» Il se tait; Godefroi lui dit: «Qu'il porte ailleurs ses pas, ses fureurs et la discorde, et toi-même ne répands point ici de nouveaux ferments de querelles; étouffons, s'il se peut, les dernières étincelles d'un si triste incendie.»

Cependant la dangereuse Armide presse le secours qu'on lui a promis. Le jour, elle emploie la prière, les artifices et le pouvoir de ses charmes; mais, quand la nuit étend ses voiles et ferme au Soleil les portes de l'Occident, elle se retire dans sa tente avec ses deux femmes et ses deux écuyers. Quelles que soient son adresse et la séduction de ses discours, bien que sa beauté soit si parfaite que jamais le Destin n'accorda tant d'attraits à une autre mortelle, bien que les plus illustres guerriers de l'armée soient enchaînés à sa suite par une force invincible, le pieux Godefroi a résisté à toutes ses tentatives pour le soumettre. En vain elle veut l'enivrer des funestes délices de l'amour; pareil à l'oiseau rassasié qui ne daigne même pas regarder la nourriture qu'on lui présente, le héros, las des vanités du monde, méprise ses amorces trompeuses et ne pense qu'aux difficiles routes qui mènent au Ciel.

Tous les pièges d'Armide, il les évite en ne quittant pas le sentier où Dieu le guide. Mais l'infidèle beauté essaie mille artifices, et, nouveau Protée, s'offre à lui sous mille formes différentes. Son maintien, ses regards, enflammeraient les coeurs les plus glacés. Cependant la grâce divine rend tous ses efforts superflus; et celle qui, d'un coup d'œil, se flattait d'embraser les plus chastes guerriers, sent faillir son orgueil. Oh! combien sa fierté est abattue, et quel est son étonnement et son dépit! Enfin, semblable au général qui, las du siège d'une ville imprenable, y renonce et porte ailleurs les combats et la guerre, elle se décide à tenter de plus faciles conquêtes. Tancrède aussi échappe à son empire; elle ne le touche pas, car un autre amour remplit son âme et n'y laisse point de place à de nouveaux feux. Sa passion pour Clorinde chasse tout autre sentiment, comme le poison est parfois l'antidote d'un autre poison. Ces deux chefs sont les seuls qui ne succombent pas; tous les autres sont animés ou dévorés d'une impure flamme. Elle s'afflige en voyant que ses artifices n'obtiennent qu'une victoire incomplète, mais tant de nobles héros devenus ses captifs la consolent. Bientôt, craignant que l'on ne découvre ses perfidies, elle songe à conduire ses amants dans des lieux où elle leur donnera des chaînes bien différentes des doux liens qui les retiennent.

Le jour marqué par Godefroi pour le départ des secours qu'il lui accorde est arrivé; elle se présente d'un air respectueux, et dit au héros: «Seigneur, l'instant par toi fixé est enfin venu; si mon cruel persécuteur apprend que j'implore ta protection, il voudra se défendre, rassemblera ses forces, et mon entreprise ne sera plus alors aussi aisée. Avant donc que ses espions ou la voix incertaine de la Renommée l'instruisent de tes desseins, j'invoque ta pitié! Choisis parmi tes plus braves guerriers le petit nombre de ceux qui doivent m'accompagner. Si le Ciel est propice aux défenseurs de l'innocence, je recouvrerai mes États, et mes sujets seront tes tributaires pendant la guerre et pendant la paix.»

Obligé de se rendre à ses voeux, Godefroi accorde à ses prières ce qu'il ne peut plus lui refuser. Il se décide à choisir lui-même les dix chevaliers; mais tous réclament avec instances la faveur de suivre la princesse, et la rivalité qui éclate parmi eux rend leur demande encore plus importune.

Armide lit au fond de leurs pensées, voit cette impatience et n'en prend que plus d'ascendant. Elle enfonce dans ces coeurs agités l'aiguillon de la crainte et de la jalousie; elle sait que sans artifice l'amour languit et s'endort, comme le coursier qui ne s'anime qu'au bruit d'un autre coursier qui le devance ou le suit. Elle distribue avec tant d'art ses paroles, ses doux regards, ses gracieux sourires que chacun de ses amants envie le sort d'un autre; elle les tient ainsi partagés entre la crainte et l'espoir. Cette foule insensée, qu'excite une femme artificieuse et perfide, perd tout frein, toute pudeur, et Bouillon s'efforce en vain de calmer les esprits. Il rougit, tantôt de honte et tantôt de colère, à l'aspect de ces guerriers brûlés de tels feux, et, désespérant de vaincre leur obstination, n'inclinant pour aucun, il imagine un moyen de les mettre d'accord. «Que vos noms, leur dit-il, soient écrits sur des billets et placés dans ce vase. Puis, que le sort prononce!» Soudain tous les noms sont écrits; on les jette dans une urne, on les mêle et on les tire au hasard. Artemidor, comte de Pembrok, sort le premier; Gérard est le second; Vinceslas les suit: Vinceslas, naguère si sage, si grave, cache maintenant sous ses cheveux blancs les feux et l'ardeur de la jeunesse, et n'est qu'un vieillard amoureux. La joie éclate dans leurs regards et sur leur visage, car la Fortune propice seconde leur flamme. Ceux dont l'urne recèle encore les noms frémissent d'incertitude, ne peuvent dissimuler leur jalousie, et leur âme est attachée aux lèvres de celui qui déploie les billets et proclame les noms. Gaston sort le quatrième, Rodolphe lui succède; après Rodolphe, vient Oldéric; le septième est Guillaume de Roussillon, puis Evrard le Bavarois et le Français Henri. Enfin Raimbaud, qui plus tard, ô puissance de l'amour! renia la Foi et devint l'ennemi de Jésus-Christ.

Ce guerrier complète le nombre fixé, et les autres sont exclus. Transportés d'envie, de jalousie, de rage, ils s'écrient que la Fortune a été injuste et cruelle! Ils t'accusent, Amour, d'avoir permis que le Sort empiétât sur tes droits; et, comme il est dans la nature de l'homme que les obstacles irritent ses désirs, plusieurs se disposent, malgré l'arrêt du Destin, à suivre Armide à la faveur de la nuit. Ils veulent s'attacher à ses pas, être auprès d'elle à la clarté du jour, aussi bien qu'au sein des ténèbres, combattre, risquer leur vie pour sa défense. Quelques paroles, entrecoupées de tendres soupirs, les maintiennent dans cette résolution, et la perfide se plaint, tantôt à l'un, tantôt à l'autre, d'être forcée de partir sans celui qu'elle préfère.

Cependant les dix chevaliers s'arment et prennent congé de Godefroi. Il les reçoit en particulier et leur rappelle combien les promesses des païens sont incertaines et légères; il leur enseigne les moyens d'éviter les embûches et de se dérober aux malheurs; mais les vents emportent ses paroles, et l'Amour rit des conseils de la Sagesse. Enfin, Bouillon reçoit leurs adieux. Armide part sans attendre le retour de l'aurore. Triomphante, elle emmène ses captifs, et laisse ses autres adorateurs déchirés de mille maux.

Dès que la nuit paraît, apportant sur ses ailes le silence et les songes légers, une foule de guerriers, que l'amour entraîne, volent furtivement sur ses traces. Eustache est le premier; c'est à peine si son impatience a pu attendre les ombres; il suit au milieu des ténèbres son aveugle guide, et marche toute la nuit. Aux premiers feux du jour; il rejoint la princesse et ses chevaliers dans le village où ils ont goûté le repos. Il s'élance vers elle. Raimbaud le reconnaît à son armure. «Que viens-tu chercher parmi nous? s'écrie-t-il. Qui t'amène?–Je veux servir Armide; si elle ne me repousse pas, elle n'aura point d'esclave plus fidèle ni de défenseur plus dévoué.– Qui t'appelle à cet honneur?–L'Amour; qui de nous deux a les plus justes droits? Je suis choisi par l'Amour, et toi par la Fortune!–Titre frivole, dont tu ne peux te prévaloir, réplique Raimbaud; esclave sans mission, tu ne seras pas admis parmi les légitimes défenseurs d'Armide.–Qui m'en empêchera?–Moi!» Et il s'avance vers son rival. Animé du même dédain et d'une égale audace, Eustache se précipite à sa rencontre; mais Armide étend le bras et maîtrise leur fureur: «De grâce, dit-elle à Raimbaud, permets qu'un nouveau compagnon m'assure un vengeur de plus. Si tu désires mon salut, pourquoi me priver dans ma détresse de ce nouvel appui?» Et, s'adressant à Eustache: «Que ton heureuse arrivée m'est agréable, protecteur de mes jours et de mon honneur! Et pourquoi donc irais-je repousser un prince si noble et si généreux!»

Cependant on voit arriver à chaque instant de nouveaux guerriers. Ils ne se sont point concertés pour cette fuite, et arrivent par des routes différentes; ils se regardent d'un oeil jaloux, irrité. L'enchanteresse les accueille avec joie et leur exprime le plaisir que lui cause leur présence.

Dès que les ombres sont dissipées, Godefroi s'aperçoit de la désertion de ses guerriers, et prévoit les maux et le funeste avenir qui les attendent.

Tandis qu'il est livré à ces douloureuses pensées, un messager couvert de poussière, haletant, l'air affligé et dans l'attitude d'un homme qui apporte de fâcheuses nouvelles, se présente à lui: «Seigneur, dit-il, la grande flotte des Égyptiens va paraître sur ces rivages. Guillaume, chef de la flotte génoise, me charge de t'en donner avis.» Le messager annonce que des convois de vivres et do provisions, débarqués par les navires chrétiens et dirigés vers le camp, ont été cernés dans un vallon et attaqués par les Arabes; que l'escorte chargée de protéger les bêtes de somme et les chameaux a été tout entière, ou massacrée, ou réduite en esclavage par ces hordes pillardes, dont l'audace et la confiance s'est accrue à ce point, qu'elles se répandent comme un torrent débordé. Il devient nécessaire d'assurer les routes entre la mer et le camp, et d'envoyer quelques escadrons pour effrayer ces brigands.

En un moment ce bruit s'est répandu et vole de bouche en bouche; le vulgaire des soldats redoute la famine qui semble prochaine. Le sage Godefroi ne voit plus dans ses guerriers leur hardiesse ordinaire. Par ses discours et la sérénité de son visage, il s'efforce de les rassurer et de réveiller leur confiance: «Ovous, leur dit-il, qui, affrontant mille périls et mille obstacles, avez suivi mes étendards dans tant de climats divers, soldats du Dieu vivant, qu'il fit naître pour relever son culte, vainqueurs des armées de la Perse et des Grecs perfides, vous qui braviez les flots, les vents et les orages, la faim, la soif et les rocs escarpés, vous tremblez à présent! Ce Dieu qui vous arma et conduisit vos pas, ce Dieu qui s'est manifesté à vous dans tant d'occasions périlleuses, ne vous rassure plus! A-t-il détourné de vous ses regards, vous a-t-il retiré sa protection? Guerriers, le jour approche, où, fiers du souvenir des hasards que vous aurez courus, vous acquitterez dans son Temple vos voeux à l'Éternel! Que votre courage renaisse; sachez attendre les jours prospères.»

Par ses exhortations et son air calme il console les esprits abattus, mais il cache au fond de son coeur mille soucis inquiets et dévorants Comment nourrir toutes ces nations que menace la disette? Comment éloigner la flotte égyptienne et réprimer les brigandages des hordes de l'Arabie?

CHANT VI.

Argant envoie délier tous les Chrétiens.–Othon, poussé par une généreuse audace, va de son propre mouvement se mesurer avec lui.–Argant le renverse de son cheval et le fait prisonnier.–Tancrède commence avec le chef sarrasin un nouveau combat que la nuit vient suspendre–Herminie veut panser les blessures de son amant et sort de la ville pendant la nuit.

CHANT VI.

ependant les assiégés, oubliant leurs premières alarmes, conçoivent les plus grandes espérances. Outre les munitions dont ils sont pourvus, on leur amène sans cesse, à la faveur de la nuit, d'autres provisions. Ils garnissent d'armes, de machines de guerre, les remparts du côté du nord, et exhaussent les murs, dont l'épaisseur et la solidité semblent désormais à l'abri de toutes les attaques. Aux rayons du soleil, aux clartés douteuses de la lune et des étoiles, le vigilant Aladin presse sans relâche les travaux de l'enceinte et des tours. Il augmente les fortifications. Les ouvriers se fatiguent, s'épuisent à fabriquer de nouvelles armes; mais l'impatient Argant ne peut endurer la longueur de ces apprêts; il se rend vers le roi et lui dit:

«Jusques à quand, captifs en ces murs, subirons-nous lès lenteurs d'un siège sans combats? J'entends gémir les enclumes, j'entends le choc des casques, des cuirasses et des boucliers, mais je ne sache pas que nos guerriers s'en servent! Eh quoi! des brigands ravagent sans obstacle les campagnes et les châteaux, et personne ne les arrête! Point de trompette qui aille déranger leur sommeil! Rien qui interrompe leur repos, rien qui trouble la joie de leurs festins! Ils passent de longs jours et de longues nuits dans une douce tranquillité. Nous, que menacent la faim et les plus grands malheurs, bientôt nous recevrons des chaînes ou nous mourrons comme des lâches, si les secours de l'Égypte se font trop attendre. Pour moi, je ne veux point qu'un trépas misérable condamne ma mémoire à l'obscurité et à l'oubli! Je ne veux pas que le soleil, à son retour, me surprenne encore caché dans ces lieux! Que mon destin s'accomplisse, ainsi que l'ont marqué les irrévocables décrets, pourvu que l'on ne puisse pas dire qu'Argant est tombé sans gloire et sans vengeance! Si cependant le feu de ce courage, qui te fut ordinaire, n'était point entièrement éteint, ce ne serait pas une mort honorable que j'espérerais trouver dans les combats, mais la victoire et la liberté. Nous marcherions ensemble hardiment au-devant de l'ennemi et de nos destinées. Souvent, dans les plus grands dangers, les conseils de l'audace sont ceux de la prudence. Si tu n'espères rien de la témérité, si tu crains d'exposer toutes tes forces aux hasards d'une sortie, permets, du moins, que deux guerriers décident cette grande querelie. Et, pour que le chef des Chrétiens accepte plus aisément mon défi, je lui laisserai le choix des armes, du lieu et des conditions du combat. Si mon adversaire n'a que deux bras et une seule âme, quelle que soit sa vaillance, ne crains pas une funeste issue pour la cause que je défendrai. C'est dans le sentier de la gloire et d'un heureux avenir que doit te guider cette main que je t'offre comme le gage assuré de ma promesse et du salut de ton empire.

—» Jeune et bouillant héros, répond Aladin, le poids des ans a pu affaiblir mes forces, mais mon bras serait encore prompt à saisir le fer, si nous devions craindre les malheurs et la famine que tu nous annonces; je n'aurais point une âme assez vile, assez lâche, pour préférer la mort avec ignominie à une mort illustre et glorieuse. Loin de moi cette infâmie! Apprends donc une nouvelle que j'ai dû cacher à tous mes guerriers. Soliman, qui brûle de venger l'injure faite à ses étendards sous les murs de Nicée, a ramassé, jusqu'au fond de la Libye, les Arabes errants et vagabonds. Il se propose de surprendre, à la faveur des ténèbres, le camp ennemi, et d'introduire dans nos murs des secours et des armes. Bientôt il sera près de nous. Que les Chrétiens désolent nos campagnes et prennent nos châteaux, je ne m'en inquiéterai pas, pourvu que je conserve mon sceptre et ma capitale. De grâce, modère un peu l'ardeur de ton zèle et ton impétueuse audace, attends le moment propice pour te couvrir de gloire et accomplir notre vengeance!»

Au nom de Soliman, le fier Circassien s'indigne. Plein d'orgueil, il ne peut entendre sans un amer dépit que le roi place tant de confiance dans un guerrier depuis long-temps son rival. «Fais donc à ton gré la paix ou la guerre, seigneur, réplique-t-il, je ne te dirai rien de plus à ce sujet; temporise, attends la venue de Soliman, et compte, pour la défense de tes États, sur un prince qui n'a pas su conserver les siens. Qu'il vienne, ce libérateur des croyants, cet envoyé de Dieu! Quant à moi, je crois me suffire à moi-même, et je ne veux devoir la victoire qu'à mon bras. Pendant qu'ici tout languit dans le repos, je descendrai dans la plaine pour combattre; simple volontaire, sans mission de toi, j'appellerai les Chrétiens à un combat singulier.

—» Tu devrais, reprend Aladin, garder pour un meil-leur usage ta haine et ton épée. Mais, puisque tu tiens à défier un des chefs de l'armée ennemie, je ne m'opposerai point à ton désir.» Aussitôt Argant appelle un héraut: «Va, lui dit-il, trouver Godefroi, et fais-lui connaître mes intentions en présence de toutes ses troupes. Annonce-lui qu'un Musulman, honteux d'être retenu derrière ces épaisses murailles, désire montrer sa valeur en combattant à découvert; que, dans ce but, il est prêt à se rendre dans la plaine qui sépare la ville du camp, et défie le plus hardi de ses chevaliers. Tu diras que ce n'est pas avec un seul, mais avec deux guerriers qu'il entend se mesurer, puis avec un troisième, un quatrième, un cinquième! Peu importe leur rang et leur naissance! Qu'il donne, si bon lui semble, un saul conduit, mais le vaincu restera, suivant l'usage de la guerre, l'esclave du vainqueur.»

Le héraut s'empresse d'exécuter ses ordres, revêt la cotte d'armes où l'or se mêle à la pourpre, part et est introduit près de Bouillon, qu'entourent les principaux chefs: «Seigneur, lui dit-il, m'est-il permis d'exposer librement mon message?–Parle sans aucune crainte, répond Godefroi;

fais-nous connaître le désir de celui qui t'envoie?–Nous verrons si la proposition que je vous apporte est de nature à répandre en ces lieux la joie ou la terreur.» Il continue, et d'un ton superbe, altier, il prononce le défi. Tous, en l'écoutant, frémissent d'indignation et de colère; et, sans hésiter, Godefroi lui adresse ces mots:

«Le guerrier dont tu es l'interprète tente quelque chose de difficile; je pense qu'il ne tardera pas à s'en repentir, et d'avance je te promets qu'il n'ira pas jusqu'au cinquième adversaire. Qu'il vienne à l'instant éprouver sa valeur; il aura le champ libre, et trouvera respect et protection. L'un de nos chevaliers se présentera pour combattre, et je te jure que ce sera avec des armes égales.» Le héraut se retire par la route qu'il a déjà suivie, et revient d'un pas rapide transmettre cette réponse au Circassien: «Prends tes armes, seigneur, lui dit-il; rien ne t'arrête! Les Chrétiens ont accepté ton défi. Les moins braves partagent l'impatience des plus intrépides; tous veulent se mesurer avec toi. J'ai vu mille regards exprimer la menace, et mille bras saisir la garde des » épées. Leur chef te garantit le champ libre.»

Il achève à peine; Argant demande son armure, la revêt et brûle d'aller dans la plaine. Le roi dit à Clorinde: «Il n'est pas juste qu'il parte sans toi. Choisis, pour l'escorter, mille guerriers que tu conduiras. Mais reste avec eux à une certaine distance du lieu où il doit aller seul.» Clorinde obéit, sa troupe prend les armes; on ouvre les portes, et ils s'éloignent de la ville. Argant les précède, couvert, ainsi que son cheval, d'une armure de bataille.

Entre les remparts et le camp s'étend un vaste terrain, sans hauteur, sans aspérités, et qui semble préparé pour être le théâtre de combats singuliers. C'est là que le farouche Argant s'arrête fièrement, seul, à la vue de toute l'armée ennemie. Sa hardiesse, sa taille gigantesque, son air menaçant, impriment l'orgueil sur son front et dans ses regards. Tel Phlègre vit jadis Encelade, tel apparut dans le sacré vallon le géant philistin. Les nombreux guerriers le voient sans crainte, car ils ignorent la puissance de son bras.

Cependant Godefroi n'a pu fixer encore son choix au milieu de tant de braves chevaliers. Les voeux, les regards désignent Tancrède, que tous reconnaissent comme le plus intrépide. Déjà une légère rumeur le proclame; Bouillon approuve d'un coup d'œil. Ce désir n'étant plus un secret, tous lui cèdent cet honneur: «Va, lui dit Godefroi, je » te permets de sortir du camp et de châtier l'insolence » d'un barbare.»

Heureux et fier de cette distinction, le héros fait éclater sa joie et son espoir. Il demande à son écuyer ses armes et son coursier, et sort des retranchements à la tête d'une troupe nombreuse. Il n'est pas encore arrivé au lieu où l'attend le Circassien. Tout-à-coup s'offrent à ses regards le visage et les attraits de Clorinde, cette invincible guerrière! Sa tunique efface en blancheur la neige qui cache la cime des Alpes. Placée sur une éminence, on la découvre tout entière; elle a relevé la visière de son casque. Tancrède ne voit plus le superbe Argant; il laisse son coursier s'avancer à pas lents, et ses yeux sont arrêtés sur la colline où est la fière amazone. Bientôt il demeure immobile et comme pétrifié d'étonnement; il est tout de glace au dehors, mais son coeur est brûlant. Il ne voit qu'elle; son ardeur pour les combats l'abandonne. Argant n'aperçoit pas d'adversaire, et s'écrie: «Je suis venu » pour me battre; n'est-il donc pas de Chrétien qui ac-» cepte mon défi?»

Tancrède, toujours sous le charme de la surprise et de l' admiration, n'entend rien. Alors le valeureux Othon pousse son coursier et s'élance dans l'arène. Entre tous les chefs il s'était montré le plus impatient d'attaquer le Circassien; mais, laissant cette gloire à Tancrède, il était sorti du camp avec les autres chevaliers qui formaient son cortége. Il remarque la préoccupation du héros et son retard à engager le combat; saisissant avec empressement l'occasion offerte à son audace, plus prompt que le tigre et le léopard dans les forêts, il fond sur le Sarrasin, qui, de son côté, l'arme au poing, s'apprête à le recevoir.

Tancrède frémit, chasse les pensées qui l'absorbent, et se réveille comme d'un long sommeil: «Demeure,» s'écrie-t-il, c'est à moi de combattre!» Mais déjà Othon s'est trop avancé; Tancrède s'arrête enflammé de colère et de dépit; la rage est dans son coeur; il regarde comme un opprobre qu'un autre, prenant sa place, combatte le premier.

Cependant, au milieu de sa course, le jeune et brave Othon frappe le casque du Circassien. Argant riposte par un coup terrible qui rompt le bouclier et perce la cuirasse; le choc est si rude, que le chevalier, arraché de sa selle, roule sur la poussière. Le Sarrasin, plus fort et plus vigoureux, est à peine ébranlé. D'un ton superbe et méprisant il insulte son ennemi: «Rends-toi, lui dit-il, tu es vaincu; il suffit à ta gloire de pouvoir dire que tu t'es mesuré avec moi.–Non, reprend Othon, nous ne sommes pas habitués à perdre sitôt le courage et à rendre si facilement nos armes. Un autre fera oublier ma chute; je veux me venger ou mourir!»

Le visage du Circassien lance des flammes comme la tête d'Alecto ou de Méduse: «Puisque tu dédaignes ma générosité, s'écrie-t-il, tu apprendras à craindre la force » de mon bras.»

A ces mots, oubliant toutes les lois de l'honneur et de la chevalerie, il presse son coursier. Le Chrétien l'évite, se détourne, lui porte un coup d'épée dans le côté, et retire de la blessure le fer ensanglanté. Mais les forces du Circassien ne sont point affaiblies, et sa rage s'en accroît. Il arrête subitement son coursier, le ramène en arrière et décharge sur Olhon un coup formidable. L'infortuné sent ses genoux fléchir; sa respiration se ralentit, son âme le quitte, la pâleur couvre son visage; il roule palpitant sur l'arène. Le Circassien, cruel dans sa colère, foule aux pieds de son cheval le corps du vaincu: «Que tout orgueilleux, s'écrie-t-il, périsse comme ce témé-» raire! «

Indigné de cette atrocité, Tancrède ne balance plus; il veut, par une réparation éclatante, effacer sa faute et montrer sa valeur. Il s'élance en criant: «Ame vile, qui portes l'infâmie jusqu'au sein de la victoire! quelles louanges, quel honneur espères-tu retirer de ta lâche barbarie? Tu as donc vécu avec les brigands du désert, au milieu de hordes sauvages! Fuis la lumière, va retrouver les animaux féroces et satisfaire tes cruels penchants au sein des antres ténébreux et des forêts profondes.»

Le Circassien l'entend. Peu accoutumé aux insultes, il se mord les lèvres de rage, écume de fureur. Il veut répondre, sa bouche ne laisse échapper que des sons confus, comme le mugissement d'une bête fauve, ou comme la foudre, captive et prisonnière, qui déchire la nue. Ainsi, chacune de ses paroles, semblable à un sourd tonnerre, retentit dans sa poitrine embrasée et s'en arrache avec peine. Mais les menaces qu'ils se renvoient tour à tour irritent bientôt leur orgueil et leur colère. Soudain ils tournent leurs coursiers et s'éloignent pour prendre leur essor. Maintenant, ô Muse, donne plus de force à mes accents; verse dans mon esprit la fureur qui anime ces guerriers; que mes chants ne soient pas indignes de leurs exploits, et que mes vers résonnent du bruit des armes.

Leurs lances sont en arrêt; ils lèvent le fer et se précipitent l'un sur l'autre: le lion qui bondit, l'aigle qui fond du haut des airs, la flèche que dirige un bras vigoureux, sont moins rapides! Rien ne saurait égaler leur furie! Le fer rencontre les casques et se brise en éclats; mille étincelles jaillissent à la fois. Le sol tremble et frémit au bruit d'un tel choc; les monts en retentissent, mais l'impétuosité et la fureur de l'attaque ne font pas plier leurs fronts superbes; les coursiers se heurtent avec violence, s'abattent et font pour se relever de lents et pénibles efforts. Argant et Tancrède se débarrassent des étriers, tirent leurs épées et combattent à pied. Chacun d'eux étudie avec adresse les mouvements de son adversaire, épie ses regards, mesure ses pas sur ses pas. Ils varient l'attaque et la défense; tantôt ils tournent, marchent en avant ou reculent, feignent de porter un coup et frappent l'endroit qu'ils ne paraissaient pas menacer;

tantôt ils se découvrent et cherchent à tromper l'art par l'art. Tancrède présente à son adversaire son côté droit nu et désarmé. Argant veut le frapper, et laisse son flanc gauche sans défense. Tancrède pare le coup, le blesse, rompt avec précipitation, s'éloigne, se ramasse sous les armes et se remet en garde. Le Circassien, qui se voit inondé de son propre sang, soupire, plein de trouble et d'horreur; puis, frémissant, emporté par sa colère et son impétuosité naturelle, l'épée haute, poussant de grands cris, il s'avance pour frapper et reçoit au même moment une nouvelle blessure entre l'épaule et le bras. Tel, dans les forêts des Alpes, un ours, blessé par l'épieu des chasseurs, se jette furieux au-devant des armes et affronte audacieusement le danger et la mort; tel, l'indomptable Argant, percé d'une double blessure, couvert d'une double honte, tout entier à sa soif de vengeance, méprise le péril et oublie le soin de sa défense. Il joint à la témérité une vigueur extrême, une haleine inépuisable; il imprime à son épée un tournoiement si rapide, que la terre tremble et le ciel resplendit. Tancrède peut à peine respirer; il n'a le temps ni d'attaquer, ni de parer. Rien ne peut le protéger contre tant d'impétuosité et de vigueur. Il se tient sur la défensive, se couvre de ses armes et attend en vain que cette tempête se dissipe. Tantôt il oppose les feintes, s'éloigne, fait des mouvements et des passes habiles; mais le fier Sarrasin ne se fatigue pas, et Tancrède lui-même s'abandonne à ses transports. Il se précipite en avant et emploie toute sa vigueur pour ouvrir un passage à son épée. La colère l'emporte sur l'adresse et la réflexion, multiplie ses forces et les accroît. Jamais le fer ne tombe sans déchirer, sans ouvrir le haubert ou la cotte de mailles. Point de coup sans résultat; la terre est jonchée de fragments d'armures; le sang mêlé à des torrents de sueur a rougi ces débris. Les épées brillent comme l'éclair, résonnent comme le tonnerre et frappent comme la foudre. Chrétiens et Musulmans, incertains, étonnés, contemplent ce spectacle terrible et nouveau. Palpitants d'admiration, de joie et de crainte, ils en attendent la fin. Mais on ne voit aucun geste, on n'entend ni cris, ni murmures s'élever du sein de celte multitude. Tous sont silencieux, immobiles, tant l'émotion et l'inquiétude se cachent au fond des cœurs.

Accablés de lassitude, les combattants ne cessent pas, et ils auraient péri sans doute d'un coup inattendu, si la nuit, devenant plus obscure, n'eût caché sous des ombres impénétrables les objets les plus rapprochés. Deux hérauts d'armes s'avancent et parviennent enfin à les séparer. Du côté des Chrétiens, c'est Aridée; de l'autre, c'est Pindore, homme sage et prudent, qui avait apporté le défi du Circassien.

Tous deux, pleins de confiance dans l'antique usage que reconnaissent toutes les nations, placent hardiment leur sceptre pacifique entre les épées. «Arrêtez, guerriers, dit d'abord Pindore, votre gloire et votre valeur sont égales; suspendez ce combat, ne troublez pas la paix et le repos de la nuit. La lumière du soleil doit seule éclairer vos exploits, la nuit est consacrée à la paix de toute la nature. Un coeur généreux ne saurait désirer des palmes cueillies loin des regards, dans les ténèbres et dans le silence.– L'épaisseur des ombres, répond Argant, ne me fera point abandonner le champ de bataille, quel que soit mon désir de combattre aux clartés du jour, si mon adversaire ne jure de revenir ici.–Et toi, dit Tancrède, promets-moi de ramener ton prisonnier; autrement, je ne consens pas à reculer la fin de notre querelle.» Ils jurent tous deux. Les hérauts, chargés de prescrire l'époque du nouveau combat, fixent le matin de la sixième aurore pour donner à leurs blessures le temps de se fermer.

Ce terrible duel laisse dans tous les coeurs une impression profonde d'horreur et d'étonnement. On ne parle plus que de l'audace et de la valeur qu'ont déployées les deux guerriers. Le vulgaire ne cesse de les comparer, et les opinions sont indécises pour désigner le plus courageux. On attend avec inquiétude le résultat de la prochaine et dernière lutte. La fureur triomphera-t-elle du courage? L'audace cédera-t-elle à la bravoure?

Mais personne ne s'intéresse plus vivement au combat, personne n'est plus agité que la belle Herminie, qui voit la plus chère moitié de sa vie soumise aux arrêts inconnus du Dieu des batailles. Fille du roi Cassan, qui régnait dans Antioche, cette princesse, après la perte de ses États, était tombée avec d'autres captifs au pouvoir des Chrétiens. Vainqueur généreux et humain, Tancrède l'entoura d'égards, de respects, et voulut qu'elle fût traitée en reine au milieu des ruines de sa patrie. Ce héros la servit, l'honora, lui rendit la liberté, ses trésors et tout ce qu'elle avait de précieux. Herminie, voyant unies aux charmes de la jeunesse et de la beauté tant de nobles vertus, s'éprit d'amour et fut enchaînée par d'irrésistibles liens; elle recouvra sa liberté, mais son âme resta captive. Elle regretta ce vainqueur adoré, cette prison qui lui était chère; mais les sévères lois des bienséances et de l'honneur, que, femme et reine, elle ne pouvait violer, la forcèrent à partir, et elle vint avec sa mère chercher un asile dans une terre amie. Elle se rendit à Jérusalem, et fut accueillie parle roi de la Palestine. Bientôt, hélas! couverte de vêtements funèbres, elle pleura la mort de sa mère. La douleur que lui causa ce trépas et les tourments de l'exil ne purent jamais arracher de son coeur le trait qui l'avait blessée, ni éteindre l'ardeur d'une si grande passion; elle aime, elle brûle; mais, loin de l'objet de sa tendresse, le feu secret qui la consume se nourrit plutôt de souvenirs que d'espérance. Plus il est caché et comprimé en son sein, plus il a de force et d'emportement. Enfin, l'arrivée de Tancrède sous les murs de Solime réveille son espoir. A la vue de tant d'ennemis victorieux et invincibles, la consternation s'est emparée de tous les esprits; Herminie seule n'éprouve aucun effroi; le visage serein et joyeux, elle contemple ces fiers escadrons. Ses avides regards cherchent son amant au milieu de cette multitude armée. Souvent elle le cherche en vain, souvent aussi elle le reconnaît et dit alors: «Le voilà, c'est lui!»

Dans le palais du roi, et près des remparts, s'élève une tour antique, du sommet de laquelle on découvre le camp des Chrétiens, les monts et la plaine. C'est là que depuis l'instant où le soleil éclaire l'univers, jusqu'à l'heure où la nuit répand ses ombres, vient s'asseoir Herminie, tournant ses regards vers les tentes de Godefroi, l'âme agitée et s'entretenant de son amour. Elle a vu le combat, et son coeur oppressé semble lui dire: «Le voilà, ton bien-aimé; le voilà exposé à la mort!....» Accablée d'angoisses et d'incertitude, elle suit les chances et les hasards de cette lutte. A chaque coup d'Argant, elle sent le fer et la blessure. Quand elle apprend la fin de cette journée, et que ce terrible duel doit recommencer, une crainte nouvelle la saisit et glace son sang. Parfois elle verse en secret des larmes, et ses lèvres laissent échapper des soupirs. Ses traits altérés, image de l'épouvante, trahissent sa douleur et sa consternation. D'affreux pressentiments l'assiègent sans cesse et la remplissent de trouble et de terreur. D'horribles fantômes effraient ses songes et rendent son sommeil plus pénible et plus cruel que l'agonie. Elle croit voir son amant sanglant et déchiré, elle l'entend implorer son secours; elle se réveille, ses yeux et son sein sont inondés de larmes. Ce n'est pas seulement l'idée du futur combat qui excite sa sollicitude et ses craintes, mais les blessures que Tancrède a reçues lui inspirent une inquiétude que rien ne peut calmer. Les bruits mensongers qui circulent de récentes et vagues rumeurs viennent augmenter ses alarmes; elle voit déjà le héros étendu sans force et près d'expirer. Mais sa mère lui enseigna les plus secrètes vertus des plantes et les philtres adoucissants qui ferment les blessures. Cet art merveilleux, que, dans l'Orient, les filles des rois ne dédaignent pas d'exercer, Herminie veut que ses mains l'emploient à cicatriser les plaies, à sauver les jours de Tancrède. Hélas! tandis que tous ses voeux sont pour son amant, il faut qu'elle panse les blessures de son ennemi. Parfois elle voudrait y verser des sucs mortels et empoisonnés; mais, si ses mains innocentes et pures se refusent à cette inspiration criminelle, elle désire du moins que les plantes perdent leur force et leur vertu.

Bientôt elle se sent le courage d'aller au milieu de l'armée ennemie. Ses yeux ont vu si souvent la guerre et le carnage, sa vie a été si remplie de périls et de fatigues, qu'elle a acquis une hardiesse au-dessus de son caractère et de son sexe. La crainte et l'émotion ne l'agitent plus si facilement; les images les plus terribles font moins d'impression sur son âme; et l'amour, qui lui fait tout oublier, la rend téméraire. Elle ne reculerait pas s'il fallait affronter les déserts de l'Afrique avec leurs monstres et leurs poisons; mais, si elle ne tremble pas pour sa vie, elle doit tout redouter pour sa réputation. C'est ainsi que deux puissants rivaux, l'Amour et l'Honneur, luttent dans ce coeur irrésolu.

"Jeune princesse, lui crie l'Honneur, toi qui jusqu'à ce jour as vécu fidèle à mes lois, toi dont je sauvai la vertu et la pureté lorsque tu étais captive au milieu de tes ennemis, libre maintenant, voudrais-tu perdre un trésor respecté malgré tes malheurs? Ah! qui peut élever dans ton âme de telles pensées? Quels sont tes voeux? quelles sont tes espérances? Eh quoi! tu ferais assez peu de cas de la pudeur pour aller au milieu d'une race ennemie chercher, amante nocturne, le mépris et la honte? Que te dirait ton superbe vainqueur? Il te reprocherait d'avoir perdu à la fois ton trône et le sentiment de ta dignité; il te repousserait, car tu serais indigne de lui, et t'abandonnerait, comme une proie dédaignée, aux outrages de vulgaires adorateurs.»

Mais, d'un autre côté, l'Amour, ce conseiller perfide, la séduit et lui fait entendre ces mots:

«Une ourse féroce ne t'a point portée dans ses flancs; tu n'as pas été élevée au milieu de rocs glacés, et tu ne peux toujours braver les traits de l'amour. Pourquoi fuirais-tu sans cesse celui que tu aimes? Ton coeur n'est point d'acier ou de diamant. Pourquoi rougir du nom d'amante? Ah! suis désormais la loi de tes désirs. Qui t'assure que ton vainqueur est insensible ? Oublies-tu la part qu'il prit à tes douleurs ? Ne te souviens-tu plus qu'il mêla ses larmes à tes larmes, et ses plaintes à tes sanglots ? C'est loi qui es cruelle; toi, si lente à lui porter des secours! Le magnanime Tancrède souffre, tandis que loi, ô comble de l'ingratitude et de la barbarie! tu n'es occupée qu'à soulager son ennemi! Hâte-toi donc de guérir Argant, afin qu'il aille au plus tôt immoler ton libérateur. Voilà le moyen de lui prouver ta reconnaissance! Ce sera le prix des soins qu'il te prodigua. Est-il possible que tu ne sois pas révoltée du ministère impie qu'on te force à remplir ? Eh quoi! l'horreur seule de t'en acquitter ne te donne pas des ailes pour fuir précipitamment! Ah! qu'il serait généreux, au contraire, que tu aurais de bonheur et de joie, si, d'une main pieuse et habile, pansant les blessures de ton aimable vainqueur, tu lui rendais avec la santé ses couleurs effacées, sa beauté flétrie! Quelle satisfaction pour ton amour en voyant un succès qui serait ton ouvrage! Tu prendais ainsi part à sa gloire et à ses exploits! Ses chastes embrassements, les plaisirs purs de l'hyménée seraient ta récompense. Épouse d'un héros, lu attirerais tous les hommages, lu brillerais au milieu des dames latines, dans cette belle Italie, où règne la vraie valeur et la fleur de la galanterie.»

L'insensée! elle se crée des illusions, et se laisse aller à l'espérance d'une suprême félicité; mais bientôt elle retombe dans les mêmes incertitudes, et ne peut savoir comment elle sortira sans danger de Solime. Des gardes veillent autour du palais et sur les remparts. Les portes, toujours fermées depuis l'arrivée de l'ennemi, ne s'ouvrent qu'avec les plus rigoureuses précautions. Cependant, la princesse d'Antioche était depuis longtemps la compagne assidue de Clorinde. L'aurore les voyait toutes deux réunies; le soleil, à son déclin, les retrouvait encore ensemble; et, quand les ombres remplaçaient la clarté, un même lit les recevait quelquefois toutes deux. Clorinde possédait tous les secrets d'Herminie, tous, excepté celui de son amour. C'est le seul que son âme ait voulu taire; et si parfois on entend ses soupirs, elle attribue ses chagrins à d'autres causes et semble ne déplorer que ses anciens malheurs. Cette tendre union lui permet de se rendre à tous les instants du jour dans l'appartement de Clorinde, dont les portes ne lui sont jamais fermées, que la guerrière soit au conseil ou au combat.

Saisissant le moment où Clorinde est sortie, elle pénètre dans sa demeure. Là, pensive, cherchant les moyens d'exécuter et de cacher sa fuite, incertaine, irrésolue, elle flotte entre mille projets; soudain ses regards se portent sur l'armure de son amie, et elle pousse un soupir:

«Trop heureuse guerrière, dit-elle, je n'ambitionne pas ta gloire et la vaine admiration qu'excite ta beauté; mais j'envie ton courage!.... Une longue robe ne retient point tes pas; une jalouse retraite n'enchaîne point ta valeur; s'il te plaît de sortir, tu revêts ton armure, tu pars; ni la terreur, ni la timidité ne peuvent t'arrêter. Ah! pourquoi le Ciel ne m'a-t-il pas donné le courage? Pourquoi la nature m'a-t-elle refusé la force? Moi aussi je changerais cette robe, ces voiles importuns contre un casque et une cuirasse! Ni les feux de l'été, ni les glaces de l'hiver, ni le vent, ni les orages n'au-raient pu me retenir. Aux rayons du soleil, à la pâle lumière des astres de la nuit, seule ou accompagnée, saisissant mes armes, j'aurais été dans la plaine. Impitoyable Argant! tu n'aurais pas livré ce premier combat à mon amant. C'est moi qui aurais volé la première à la rencontre de Tancrède, et peut-être il serait aujourd'hui mon prisonnier. Une amante, victorieuse, ennemie, ne lui eût donné que des fers légers et doux; sa présence aurait rendu ma captivité moins pénible et plus supportable. Ou bien, si son fer eût percé mon sein et déchiré de nouveau mon coeur, ce coup du moins aurait guéri les blessures de l'amour. Mon âme serait en paix, mon corps reposerait aux bras de la mort. Sans doute mon vainqueur daignerait m'accorder une larme de regret en donnant la sépulture à mes restes. Hélas! infortunée que je suis, je désire ce qui est impossible; je me livre à de folles pensées. Ainsi donc, je resterai ici, timide, accablée de douleur, n'osant rien entreprendre, comme une femme obscure et sans aïeux. Non! non! Mon coeur se rassure et connaît l'audace! Pourquoi cette fois seulement ne me servirais-je pas de ces armes? Mes bras, tout faibles qu'ils sont, ne pourront-ils, ne fût-ce que pendant quelques instants, en soutenir le poids? Oui, je le pourrai! L'Amour m'en donnera la force; l'Amour inspire le courage aux plus timides! Brûlé de ses feux, le cerf a de l'audace et se défend avec intrépidité. Et moi, ce n'est pas un combat que je veux, je ne désire cette armure que pour favoriser un stratagème; on me prendra pour la belliqueuse Clorinde, et, à l'aide de cette ressemblance, je sortirai de la ville. Les gardes qui veillent aux portes n'oseraient lui résister Tout me prouve que c'est la seule espérance qui s'offre à mes voeux. Amour qui m'inspires, favorise cette ruse innocente; Fortune, seconde-moi, le moment est propice; je partirai tandis que Clorinde est encore auprès du roi.»

Sa résolution est prise. En proie aux feux qui la dévorent, rien ne l'arrête; elle se hâte de porter dans son appartement, voisin de celui de Clorinde, l'armure dont elle s'est emparée. Elle a pu le faire sans obstacle, car tout le monde s'est éloigné en la voyant entrer chez son amie; elle est sans témoin, et la nuit, favorable aux larcins et aux amants, l'a protégée de ses ombres.

Bientôt les étoiles éparses au firmament scintillent dans le ciel de plus en plus noir; sans différer davantage, elle appelle le plus fidèle de ses écuyers et la plus chérie de ses femmes; sans leur dire toute sa pensée, elle leur annonce son projet de fuir, et donne à son départ mystérieux une cause imaginaire. Sur-le-champ, l'écuyer fait les préparatifs. Herminie quitte ses longs et riches vêtements. Sans parure, elle n'en est que plus belle: on ne vit jamais plus de grâce et de simplicité; elle s'arme et ne reçoit les soins que de celle de ses femmes qui doit la suivre. Le dur acier presse son cou délicat et couvre sa blonde chevelure; sa faible main soutient avec peine le bouclier dont le poids l'accable. Bientôt, couverte de l'armure étincelante, elle s'essaie à prendre une attitude guerrière. L'Amour voit sa métamorphose, et sourit comme jadis à l'aspect du grand Alcide sous des habits de femme. Elle ploie sous l'énorme fardeau; sa démarche est lente et embarrassée; elle s'appuie sur sa compagne qui la précède; puis, l'amour et l'espérance raniment son courage et ses forces. Bientôt elles arrivent à l'endroit où les attend l'écuyer, et, sans perdre de temps, elles montent sur leurs coursiers. A la faveur de ce déguisement, ils s'avancent par les rues les plus retirées et les plus désertes; mais ils ne peuvent dérober à tous les yeux leurs armes qui brillent dans l'ombre, et, loin d'arrêter leurs pas, les gardes ouvrent leurs rangs et se retirent en reconnaissant, malgré l'obscurité, l'armure blanche et les insignes redoutés de Clorinde.

Moins inquiète déjà, Herminie n'est pas entièrement rassurée: sa propre hardiesse l'étonne et l'effraie; elle craint d'être à la fin reconnue. En s'approchant des portes, elle dissimule son effroi pour tromper la vigilance des soldats: «Je suis Clorinde, dit-elle; ouvrez, je sors » pour exécuter les ordres du roi!»

Cette voix de femme, assez semblable à la voix de Clorinde, achève l'illusion. Et qui pourrait penser qu'une autre que la guerrière a pris ses armes et monte son coursier! Sur-le-champ, les gardes obéissent; Herminie s'éloigne rapidement, s'enfonce dans le vallon pour qu'on la perde de vue et suit des sentiers détournés.

Parvenue dans un lieu solitaire et environné de collines, elle ralentit sa course. Elle ne craint plus qu'on s'oppose à sa fuite, et se croit échappée aux premiers dangers; mais une réflexion se présente à son esprit; un désir trop ardent lui a fait oublier le plus difficile des obstacles, l'entrée du camp. C'est une folle et périlleuse tentative que de venir vers ces fiers ennemis sous une apparence belliqueuse! Cependant, elle ne voudrait pas se faire connaître avant d'avoir vu Tancrède. Amante mystérieuse, inattendue, elle désire pénétrer jusqu'à lui sans exposer son honneur. Plus prudente alors, elle s'arrête et appelle son écuyer:

«Il faut, lui dit-elle, que tu me devances; agis avec promptitude et discrétion. Va dans le camp et fais-toi conduire près de Tancrède; tu lui diras qu'une femme vient le rendre à la vie et lui demander la paix, oui, la paix, car l'Amour m'a déclaré la guerre, et le salut de ce chevalier doit mettre un terme à mes tourments. Tu lui diras que, sûre de sa générosité, cette femme vient avec confiance, sans craindre la honte ou le mépris, se mettre en son pouvoir. Il faut que, seul, il puisse entendre tes paroles! S'il t'interroge, réponds que tu ne sais rien de plus, et presse ton retour. Je t'attendrai dans ce lieu, où je me crois en sûreté.»

Elle dit, et le fidèle écuyer s'éloigne avec la rapidité de l'oiseau qui fend les airs. Il arrive au camp, et s'y ménage, par son adresse, un accueil favorable. On le mène vers Tancrède, qui, couché sous sa tente, l'écoute avec une expression de joie; mille pensées confuses l'agitent, et il répond: «Elle peut venir et cacher sa pré-» sence tant qu'elle le désirera.» L'écuyer vole pour rapporter à Herminie cet heureux message. Cependant, dévorée d'impatience, la jeune princesse se désespère, s'alarme du moindre retard; elle compte les instants et se dit: «Il arrive, il entre, il devrait être de retour.» Son écuyer lui semble moins prompt, moins diligent qu'à l'ordinaire; elle accuse sa lenteur. Enfin, elle s'avance vers une colline d'où l'on découvre les pavillons de l'armée chrétienne.

La nuit règne et déploie, dans un ciel serein, son manteau étincelant d'étoiles; la lune, à son lever, répand sa douce lumière et une rosée de perles brillantes. Seule en présence du ciel, l'amoureuse Herminie s'entretient de sa flamme. Les champs et le silence sont les confidents de ses peines. Elle porte ses regards vers le camp, et dit:

«Otentes des Latins, objets chers à ma vue! en m'ap-prochant de vous, je respire un air plus doux! L'haleine des Zéphyrs ranime mes forces et rafraîchit mes sens! Puisse, après tant d'agitations et de malheurs, le Ciel m'accorder parmi vous l'asile que je viens chercher! Oh! oui, c'est à l'ombre de ces lances et de ces bannières que je trouverai le repos! Recevez-moi donc, laissez-moi espérer cette pitié que m'a promis l'amour, et ces égards que déjà mon généreux vainqueur me prodigua en d'autres lieux. Je ne suis plus amenée vers vous par le désir d'implorer des secours pour recouvrer la puissance royale! Dût-elle ne m'être jamais rendue, je serais trop heureuse d'être captive au milieu de vous!»

Ainsi parle Herminie, mais elle ne prévoit pas les maux que lui prépare un destin ennemi. Des rayons de lumière, réfléchis par ses armes, vont, de la hauteur où elle est placée, frapper au loin les regards. La blancheur de son armure, le tigre d'argent qui étincelle sur son casque, tout ferait dire: «C'est Clorinde!»

Malheureusement pour elle, on avait placé à peu de distance une garde avancée, sous les ordres de deux frères, Alcandre et Poliferne, avec l'ordre d'empêcher les Sarrasins d'introduire des convois dans Solime. L'écuyer d'Herminie ne leur a échappé qu'en faisant un long détour, et grâce à la rapidité de sa course. Le jeune Poliferne, dont le père expira sous les coups de Clorinde, aperçoit cette blanche armure, se persuade que c'est la guerrière, et excite ses soldats placés en embuscade. Plein de fureur et de rage, incapable de maîtriser le premier mouvement de son cœur : « Meurs, s'écrie-t-il, et il lui lance un inutile javelot. Ainsi la biche altérée va chercher l'onde limpide et pure qui jaillit des flancs d'un rocher et serpente au milieu des fleurs; mais, au moment où elle se rafraîchit dans les eaux et se repose à l'ombre du feuillage, soudain elle aperçoit les chiens; elle fuit; la peur lui ôte le sentiment de sa soif et de sa lassitude. Ainsi, la belle Herminie, toujours brûlée des mêmes feux, toujours dévorée du même amour, espère que les chastes et doux embrassements de Tancrède calmeront le trouble de son âme. Le bruit des armes, les menaces qui retentissent lui font oublier ses désirs et ses projets. Saisie de terreur, l'infortunée fuit! Elle presse son coursier, qui touche à peine la terre. Sa compagne disparaît avec elle. L'implacable Poliferne et tous ses guerriers les poursuivent. En ce moment, le fidèle écuyer arrive avec la réponse si tardive et si désirée. Il ignore ce qui se passe, cherche sa maîtresse, la voit, court sur ses pas; mais la frayeur donne des ailes à Herminie, et il ne peut la rejoindre.

Alcandre, plus sage que son frère, avait aussi aperçu la fausse Clorinde. Trop éloigné, il n'a pas essayé de la poursuivre; il est resté dans son embuscade, et a envoyé dire au camp qu'on n'a vu ni troupeaux, ni convois, ni rien de semblable; mais que Clorinde, épouvantée, fuit devant son frère. Pour lui, qui sait que Clorinde est nou-seulement une guerrière, mais un chef important, il ne peut croire qu'elle soit sortie de la ville pendant les ombres de la nuit, sans avoir de puissants motifs. Il demande l'avis et les ordres de Bouillon pour s'y conformer. Cette nouvelle se répand aussitôt dans le camp. Tancrède, que le message de l'inconnue tient encore en suspens, est instruit de l'apparition de la guerrière. «Ah! » sans doute, pense-t-il, elle est venue pour me donner » des soins, et c'est pour moi qu'elle s'expose!»

Il oublie ses souffrances, prend lui-même une partie de sa pesante armure, monte son coursier, puis, s'éloignant seul, en silence, il suit avec la plus grande rapidité les traces et les indices qui se présentent à ses regards.

CHANT VII.

Herminie, dans sa fuite, est accueillie par un berger.–Tancrède, après l'avoir cherchée inutilement, tombe dans les pièges d'Armide.–Raymond entre dans l'arène pour réprimer les injurieuses provocations d'Argant.–Il est défendu par un ange, et Belzébuth, qui voit la folle et téméraire audace du Circassien, excite pour le sauver une mêlée et des tempêtes.

CHANT VII.

CEPENDANT Herminie, presque inanimée, est emportée par son destrier dans l'épaisseur d'une antique forêt. Ses mains tremblantes ont cessé de gouverner les rênes. Le coursier fuit, se précipite, fait tant de détours, qu'enfin elle disparaît aux regards de ses ennemis, dont les efforts sont désormais inutiles. Pleins de colère, épuisés de lassitude, la honte sur le front, ils retournent à leur poste; tels, après une chasse longue et difficile, les chiens qui ont perdu dans les bois la trace de la bête qu'ils poursuivaient, reviennent haletants et découragés. Herminie ne s'arrête point; craintive, épouvantée, elle n'ose même pas regarder en arrière pour voir si on la menace encore. Toute la nuit, tout le jour, elle erre, à l'aventure et sans guide, ne voyant que ses pleurs, n'entendant que ses cris. Enfin, à l'heure où le Soleil détèle les coursiers de son char lumineux pour se plonger au sein des flots, elle arrive sur les bords du limpide Jourdain, met pied à terre et se couche sur le rivage. Elle ne se repaît que de ses douleurs et ne s'abreuve que de ses larmes. Mais le Sommeil, qui, avec le repos, accorde aux humains l'oubli de leurs peines, vient assoupir ses sens et la couvre doucement de ses ailes bienfaisantes. L'Amour, sous mille formes trompeuses, agite et trouble ses songes.

Elle s'éveille au moment où les oiseaux saluent par leur gazouillement le retour de l'Aurore; elle entend le murmure des eaux et du feuillage, et le zéphyr qui se joue avec l'onde et les fleurs. Elle ouvre des yeux languissants et porte ses regards sur les cabanes solitaires des bergers; elle croit entendre, à travers le fleuve et ses rameaux, une voix qui s'unit à ses plaintes et à ses soupirs. Ses larmes coulent. Tout-à-coup, ses gémissements sont interrompus par des chants mêlés aux accords des musettes champêtres. Elle se lève, s'approche à pas lents et voit, assis à l'ombre d'un arbre, un vieillard entouré de son troupeau. Il tresse des corbeilles d'osier, et écoute les chants de trois jeunes bergers. L'aspect subit d'un guerrier inconnu les effraie, mais Herminie, découvrant sa chevelure d'or et ses beaux yeux, les salue avec grâce et les rassuré:

«Heureux bergers, mortels chéris des dieux, continuez, leur dit-elle, vos paisibles travaux. Je ne vous apporte pas la guerre, je ne viens point troubler vos plaisirs, ni interrompre vos ouvrages! 0mon père, ajoute-t elle, comment, au milieu du vaste incendie qui dévore ces contrées, pouvez-vous vivre tranquille en ce séjour, sans rien souffrir des fureurs de la guerre?

— « Mon fils, lui répond le vieillard, ma famille et mes troupeaux ont échappé jusqu'ici aux injures et aux ravages. Le bruit des combats n'a point encore épouvanté notre solitude. Le Ciel veille sur l'humble innocence des pasteurs et les protège. Peut-être que, semblables à la foudre qui frappe les cimes des montagnes et épargne les vallons, les coups de ces étrangers n'écrasent que la tête altière des rois. Notre pauvreté vile et méprisée ne tente point d'avides soldats. Cette pauvreté tant dédaignée est cependant si chère à mon coeur, que je ne désire ni les sceptres, ni la richesse. Les tour-ments de l'ambition, les soucis de l'avarice n'ont jamais pénétré dans mon âme. Cette eau limpide étanche ma soif, et je ne crains pas qu'une main ennemie y jette des poisons. Mes brebis, mon jardin fournissent à ma table frugale des mets qui ne m'ont coûté que de légères peines. Nos besoins sont bornés, car nous avons peu de désirs. Je n'ai point d'esclaves; mes enfants me secondent et sont les gardiens fidèles de mes troupeaux. Dans cette retraite écartée, où je coule des jours si heureux, je vois les cerfs et les chevreaux bondir dans la plaine, les poissons se jouer dans les ondes, et les oiseaux voltiger dans les airs. Jadis, livré aux illusions de la jeunesse, je connus d'autres passions; je méprisai la houlette des bergers, je quittai le lieu de ma naissance; je vécus à Memphis. Serviteur des rois, je fus admis dans les palais, et, quoique simple intendant des jardins, je vis, je connus l'injustice des cours. Égaré par une trompeuse espérance, je supportai long-temps les rebuts et les dégoûts; puis, avec mes beaux jours s'évanouirent mon espoir et ma présomption. Je regrettai les loisirs de cette vie modeste, je soupirai après le repos que j'avais perdu, je renonçai aux grandeurs; et, rendu à ces bois amis, j'y retrouvai le bonheur.»

Tandis qu'il parle, Herminie, immobile, attentive, écoute ces sages et paisibles discours Son âme est émue; les sons de cette voix calment l'agitation de ses sens. Puis, après de longues réflexions, elle se détermine à rester dans cette solitude, au moins jusqu'à ce que le Destin protège son retour: «Ôbon vieillard, trop heureux d'avoir autrefois connu la disgrâce! si le Ciel ne t'envie point cette douce destinée, aie pitié de mes malheurs! Reçois-moi dans cet asile; je veux y vivre auprès de toi. Peut-être sous ces ombrages mon coeur sera-t-il soulagé du poids qui l'accable. Si tu aimes l'or et les pierreries que le vulgaire adore, je pourrai satisfaire et combler tous tes voeux.»

A ces mots, des larmes s'échappent de ses beaux yeux. Elle raconte une partie de ses aventures, et le vieillard la console, lui témoigne la tendresse d'un père et la conduit auprès de sa vieille épouse, que le Ciel avait douée d'un coeur comme le sien. La fille des rois revêt de rustiques habits et couvre ses cheveux d'un voile grossier. Mais, à son regard, à sa démarche, on voit qu'elle n'est pas une habitante ordinaire de ces forêts. Ces vils habits n'effacent point son éclat, sa grâce et sa fierté. La majesté perce encore sur son visage, dans ses gestes, au milieu de ses humbles travaux. La houlette à la main, elle conduit ses troupeaux dans les pâturages et les ramène dans les bergeries. Elle exprime le suc de leurs mamelles, agite et presse le laitage. Souvent, tandis que les brebis, couchées à l'ombre, cherchent à se garantir de la chaleur accablante de l'été, elle reproduit de mille manières, sur l'écorce des hêtres et des lauriers, le chiffre de son amant. Elle trace sur les arbres l'histoire et les tourments de son malheureux amour. En relisant les souvenirs que sa main a gravés, des larmes inondent son visage: «Arbres confidents de mes peines, dit-elle, gardez le souvenir de mes douleurs, afin que si jamais un tendre amant vient se reposer sous vos ombrages, il sente s'éveiller en son coeur une douce pitié pour mes infortunes. Qu'il dise alors: L'Amour et le Destin ont payé d'une manière injuste et cruelle une si grande fidélité. Peut-être que si le Ciel daigne écouter mes prières, l'insensible auteur de mes tourments viendra un jour dans ces lieux; il abaissera ses regards sur la tombe qui renfermera ma froide dépouille, et accordera, mais trop tard, une larme et des regrets à mes malheurs. Et alors, si je vécus infortunée, une douce félicité consolera mon ombre, et ma cendre jouira d'un bonheur que je ne peux goûter aujourd'hui.» C'est ainsi qu'Herminie confie aux bois muets et insensibles le secret de ses douleurs.

Cependant Tancrède, conduit par le hasard, s'éloigne de plus en plus de celle qu'il s'efforce d'atteindre. Il a suivi les traces imprimées sur le sol, et est arrivé dans la forêt. Mais l'ombre épaisse et obscure de ces arbres touffus l'empêche de suivre plus long-temps les vestiges qui l'ont guidé. Il erre, prête une oreille attentive, cherchant à distinguer le piétinement des coursiers ou le bruit des armes. Si le souffle léger des vents de la nuit agite les feuilles des ormeaux et des hêtres, si quelque rameau crie sous l'effort d'une bête sauvage ou d'un oiseau, il y porte ses pas. Il sort enfin de la forêt et se hâte de marcher vers le lieu d'où s'échappe un bruit lointain et sourd. Aux pâles lueurs de la lune, il s'avance par des sentiers déserts et arrive près d'un rocher d'où jaillit en abondance une eau limpide qui roule avec un doux murmure sur un lit bordé de gazons; il s'arrête plein de tristesse; il appelle, et l'écho seul répond à sa voix. Bientôt l'Aurore, blanche et vermeille, se lève dans un horizon serein. Le héros gémit et accuse le Ciel qui refuse à ses voeux le bonheur qu'il avait espéré, Il jure de venger Clorinde, si elle a été offensée. Incertain s'il retrouvera la route qui mène au camp, il hâte son retour, car il se rappelle qu'il touche au jour marqué pour son combat avec le Circassien.

Il part, et, tandis qu'il cherche à reconnaître le chemin, un bruit de pas qui se rapprochent frappe ses oreilles: puis il voit sortir d'un étroit vallon un homme revêtu du costume de messager; sa main agite une baguette flexible, un cor entoure son épaule et pend à son côté: «Indique-moi, lui crie Tancrède, la route qui conduit au camp des Chrétiens?–J'y vais, répond cet homme en angue italienne; les ordres de Boëmond me pressent de m'y rendre.»

Tancrède, le croyant chargé de quelque message important de son oncle, ajoute foi au langage du perfide et le suit. Ils arrivent sur les bords d'un lac marécageux, dont les eaux bourbeuses environnent les murs d'un château. En ce moment, le soleil se précipite dans le vaste abîme, asile de la nuit. Le courrier donne du cor, et aussitôt l'on voit un pont s'abaisser: «Puisque vous êtes un cheva-lier chrétien, dit-il à Tancrède, vous pouvez rester ici et attendre le retour de l'Aurore; il y a trois jours à peine que le comte de Cozence a pris cette forteresse aux Sarrasins,»

Le héros admire cette place que l'art et la nature ont rendue inexpugnable. Cependant il hésite, car il soupçonne quelque secrète embûche; habitué à braver les périls et la mort, son inquiétude est silencieuse; nulle émotion ne trouble son visage. Partout où l'appelle le devoir ou la fortune, il compte sur la force de son bras; mais il songe au combat qu'il a promis de livrer à Argant, et ne veut pas risquer une nouvelle aventure.

Il s'arrête en face du château, près du pont qui reste abaissé, et ne suit point le messager qui l'invite à entrer. Soudain, un guerrier armé de toutes pièces paraît sur ce pont; son air est fier et dédaigneux; il tient une épée nue, et parle d'un ton impérieux et menaçant: «Otoi, s'écrie-t-il, que le Destin ou la volonté amène dans le séjour d'Armide, tu espères vainement lui échap-per; rends-moi tes armes, présente à ses fers tes mains dociles; viens dans ces murs gardés par ses défenseurs te soumettre à ses lois et à son empire! Si tu ne jures d'aller avec ses autres chevaliers combattre tout ce qui porte le nom de Chrétien, tu subiras, privé de la clarté du jour, une captivité éternelle pendant les révolutions des temps et des âges!»

Tancrède regarde cet audacieux; il reconnaît ses armes et sa voix. C'est Raimbaud de Gascogne qui partit avec Armide, qui, pour elle, a renié son Dieu et est devenu le défenseur du culte criminel établi dans ce château.

Le pieux héros rougit d'une sainte indignation: «Vil apostat, réplique-t-il, je suis Tancrède; j'ai ceint l'épée pour Jésus-Christ; j'ai toujours servi sa cause, et, grâce à son assistance, j'ai vaincu ses ennemis. Tu en seras un nouvel exemple, car le Ciel m'a choisi pour te punir et le venger!» A ce nom glorieux, l'impie se trouble, pâlit, mais dissimule sa frayeur: «Malheureux! s'écrie-t-il, tu viens chercher la mort! Ici vont expirer ta force et ton courage; si mon bras ne se dément pas aujourd'hui, j'enverrai à Godefroi ta tête altière.» Ainsi dit le parjure. Déjà le jour s'éteint, et l'on distingue à peine les objets; soudain, mille flambeaux allumés embrasent les airs; le palais resplendit, comme dans les fêtes nocturnes, la scène, pompeusement ornée, s'embellit de l'éclat du théâtre. Armide est assise au sommet de la tour la plus élevée, d'où, sans être aperçue, elle peut tout voir et tout entendre.

Tancrède s'est préparé au combat; à la vue de son adversaire, qui est à pied, il descend de cheval. Raimbaud, couvert de son bouclier, la visière baissée, s'avance l'épée haute pour frapper. Tancrède s'élance vers lui avec un cri terrible et des regards menaçants. L'Infidèle fait des circuits, se ramasse sous ses armes, combine ses coups et ses feintes. Le héros, quoiqu'affaibli par la fatigue et ses récentes blessures, l'attaque résolument, le pousse et le serre de près. Si le renégat fait un pas en arrière, il le suit avec impétuosité, fond sur lui, le force à céder encore et lui porte sans cesse au visage la pointe de son glaive foudroyant. C'est aux endroits les plus dangereux qu'il dirige des coups précipités; il les accompagne de menaces, et ajoute la terreur au péril. L'agile Raimbaud se jette d'un côté, puis de l'autre, et sait éviter avec légèreté le fer qui le poursuit. Tantôt avec son bouclier, tantôt avec son épée, il cherche à rendre inutile la furie de son ennemi. Mais il est moins prompt à parer que Tancrède ne l'est à l'attaquer; déjà son bouclier est en piè ces, son casque est brisé, son armure sanglante est percée de toutes parts, et aucun de ses coups n'a porté. Il tremble et frémit à la fois de dépit, de honte, de remords et d'amour. Enfin, il veut, par un coup de désespoir, tenter une dernière fois la fortune. Il jette son bouclier, saisit des deux mains son glaive que le sang n'a point rougi, se rapproche et assène sur la cuisse gauche de Tancrède un coup si furieux, que l'armure ne l'empêche pas d'éprouver une vive douleur. Raimbaud redouble et l'atteint au front. Le casque retentit comme une cloche, mais n'est point entamé; le héros chancelle et fléchit; puis, enflammé de colère, l'oeil en feu, de ses regards étincelants il dévore son ennemi.

Alors le parjure ne peut plus soutenir ce terrible aspect; déjà il croit sentir le froid du fer pénétrer dans son coeur et déchirer ses entrailles; il se jette en arrière, et l'arme de Tancrède rencontre une colonne érigée à l'extrémité du pont. Les éclats et les étincelles volent en l'air; le traître, glacé d'épouvante, fuit et n'a plus d'espoir que dans la rapidité de sa course. Tancrède étend la main pour le saisir; déjà ses pas touchent ses pas, quand tout-à-coup, par un secours magique, les flambeaux s'éteignent, les étoiles disparaissent, et, dans cette nuit ténébreuse, sous ce ciel désert, la lune et les astres n'ont plus de clarté.

Au sein de ces ténèbres enchantées, le vainqueur ne distingue rien, ni devant lui, ni à ses côtés, et ne peut plus voir celui qu'il poursuit. Il ne sait où placer ses pas incertains, et entre sans s'en apercevoir dans un cachot.

Le bruit d'une porte qui s'ouvre et se referme sur lui l'avertit qu'il est captif au milieu d'une horrible et profonde obscurité. Tel, le poisson, fuyant les flots agités par la tempête, s'échappe du sein de la mer, cherche un abri tranquille dans les eaux du lac de Commachio, vient de lui-même s'emprisonner dans les marais formés par les ondes, et ne peut plus sortir de cet asile, dont, ô prodige de la bienfaisante nature! l'entrée est toujours ouverte et la sortie toujours fermée. C'est ainsi que Tancrède pénètre de lui-même dans cette étrange prison, et ne trouve plus d'issue pour fuir. D'un bras vigoureux il tâche d'ébranler la porte, mais ses efforts sont impuissants. Alors une voix lui crie: «Prisonnier d'Armide! tu » voudrais en vain te soustraire à ses fers; ne crains point » la mort; tu vivras au fond de ce tombeau, dans une » nuit éternelle.»

Il ne répond point; il étouffe ses plaintes et ses gémissements; mais en lui-même il accuse l'Amour, le Sort et son imprudence qui l'a exposé à ces pièges cruels. D'une voix sombre, il dit: «Perdre la clarté du soleil n'est qu'un léger malheur. Hélas! je suis bien plus à plaindre, puisque je ne reverrai jamais ces lieux où l'amour eût ranimé ma déplorable vie.» Puis, le souvenir d'Argant vient accroître son désespoir: «Ah! s'écrie-t-il, j'aurai violé ma foi; ce Barbare aura le droit de m'accabler de ses dédains, de ses mépris! Ocrime! ô honte ineffaçable!» Ainsi, l'Amour et l'Honneur lui inspirent des regrets déchirants.

Tandis qu'il s'afflige, le Circassien s'indigne de fouler sa couche paresseuse. Son coeur farouche déteste le repos; il a soif de sang, il est avide de gloire. Ses plaies ne sont point encore fermées, et il appelle avec impatience l'aurore du sixième jour. La nuit qui la précède, il ferme à peine la paupière; il se lève, le ciel est encore enveloppé de ténèbres, et le crépuscule n'a point blanchi la cime des monts: «Apporte-moi mon armure, » crie-t-il à son écuyer!» On la tient toute prête. Ce ne sont point ses armes accoutumées; celles-ci sont un présent magnifique du roi d'Egypte. Il les saisit sans les examiner; leur énorme poids ne semble pas l'étonner; il suspend à son côté un glaive dont la lame est d'une trempe ancienne et éprouvée. Tel on voit au firmament resplendir une comète dont l'horrible et rougeâtre chevelure bouleverse les royaumes, enfante les maladies cruelles, et jette, comme un odieux présage, l'épouvante dans le coeur des tyrans. Tel paraît Argant sous son armure étincelante. Ses yeux, ivres de sang et de colère, roulent sombres et sinistres. Son attitude inspire la terreur; son visage respire la mort. Un seul de ses regards fait trembler les plus intrépides. Il lève son épée, l'agite en poussant des cris furieux, et frappe l'air et les ombres: «Bientôt, dit-il, le brigand chrétien qui a eu l'audace de se mesurer avec moi tombera sous mes coups et mordra la poussière. Son front sanglant et souillé balaiera le sol. Mais, avant de mourir, il verra cette main, plus forte que son Dieu, lui arracher ses armes, et ses humbles prières n'obtiendront pas de moi que je refuse son corps aux chiens qui doivent le dévorer.»

Le taureau qu'irritent les ardeurs de l'amour mugit, s'excite au combat, réveille son courage et ses bouillants transports; il aiguise ses cornes contre les troncs des arbres; son pied lance le sable de l'arène; il appelle de loin son rival à un combat mortel, et semble, par d'inutiles coups, défier les vents. En proie à celte fougue, à ce délire, Argant fait venir un héraut, et d'une voix entrecoupée: " Va, lui dit-il, au camp des Chrétiens, et annonce au » défenseur de Jésus le combat et sa défaite.» Puis, sans attendre personne, il monte à cheval, fait conduire devant lui son prisonnier, sort de la ville, et d'un pas rapide franchit la colline.

Bientôt le cor résonne, et les échos d'alentour répètent ses terribles sons; ainsi le bruit du tonnerre jette l'effroi dans le coeur des faibles humains! Aussitôt les chefs de l'armée chrétienne se rassemblent dans la tente de Godefroi. Le héraut paraît, prononce le défi, nomme d'abord Tancrède et n'exclut personne.

Godefroi, dont l'esprit est alors plein de doute et d'incertitude, promène autour de lui un regard lent et prolongé; ses yeux, ni sa pensée, ne trouvent personne à qui l'on puisse confier une si importante mission. L'élite de ses plus braves chevaliers a disparu; on ignore le destin de Tancrède, Boëmond est éloigné, et l'invincible héros qui donna la mort au prince de Norwège s'est exilé du camp. Outre les dix guerriers que le sort désigna, les plus vaillants et les plus renommés ont suivi, dans l'ombre et le silence, les pas de la fallacieuse Armide. Ceux qui restent ont le bras moins vigoureux et le coeur moins intrépide. Ils sont là, debout, muets, la honte sur le front, et n'ambitionnent pas une gloire qu'il faut acheter au prix d'un si grand péril. La crainte l'emporte sur le sentiment de l'honneur.

Leur attitude, leur silence, ont révélé à Bouillon toute leur faiblesse, et, brûlant d'un généreux courroux, il se lève soudain et dit: «Ah! je serais indigne de vivre si je refusais aujourd'hui de m'exposer, et si je souffrais qu'un Infidèle souillât de ses mépris et couvrît d'outrages mon armée entière. Que tous mes guerriers se tiennent en repos, et soient, à l'abri du péril, les tranquilles spectateurs des dangers de leur général! Allons, que l'on " m'apporte mes armes!» Aussitôt on les lui présente. Mais le sage Raymond, qui, dans un âge plus avancé, a aussi une prudence plus mûre et conserve une vigueur qui ne le cède point à celle de tous ces chevaliers, Raymond s'avance et dit à Godefroi: «Il est impossible, seigneur, que tu veuilles en exposant ta tête mettre toute l'armée en péril; tu es notre chef et non un simple guerrier. Dans cette lutte, ce ne serait pas un seul homme, mais tout le camp qui serait engagé. C'est sur toi que s'appuie notre triomphe et le saint empire de la Foi; c'est par toi que doivent être anéanties les puissances de l'Enfer. Le commandement et le conseil, voilà ton partage! A nous de signaler notre audace et de manier le fer! Moi-même, bien que le fardeau des ans m'accable, je ne refuserai pas le combat. Que d'autres cherchent à éviter les belliqueux travaux; moi, je ne veux pas trouver une excuse dans ma vieillesse. Ah! si j'étais encore dans la force de l'âge, tels que je vous vois, vous tous qui tremblez et restez derrière ces retranchements, vous que ni la colère, ni la honte, ne peuvent exciter contre un barbare dont les cris vous insultent!... Que ne suis-je maintenant tel que je fus, lorsqu'en présence de toute l'Allemagne, à la cour de Conrad II, je perçai le coeur de l'altier Léopold, et le renversai sans vie! La dépouille d'un guerrier aussi redoutable fut pour ma valeur un plus brillant trophée que si, seul et sans armes, l'un de vous mettait en fuite une foule immense de ces vils Sarrasins. Si j'avais la même force, la même énergie, déjà j'aurais abaissé l'orgueil de cet Infidèle; mais, tel que je suis, mon coeur ne faiblit point, ma vieillesse ne connaît pas la crainte; et, si je reste sur le champ » de bataille, l'Infidèle ne se réjouira pas de sa victoire. Que l'on me donne mes armes, et puisse cette journée ajouter quelque éclat à mes travaux passés.»

Ainsi parle l'illustre vieillard, et son discours est un aiguillon puissant qui réveille les courages. Ceux qui étaient naguère intimidés et silencieux sont ardents et empressés, et il n'en est pas un seul qui songe à se dérober au combat. Un grand nombre le demandent à l'envi: Baudouin, Roger, Guelfe, les deux Guy, Étienne et Garnier le réclament. Ce Pyrrhus, dont l'adroit stratagème valut à Boëmond la prise d'Antioche, Évrard l'Écossais, l'Irlandais Rodolphe, Rosemond l'Anglais, nés tous les trois dans ces îles que la mer sépare de notre continent, Gildippe et Odoard, amants et époux, le veulent également. Mais, plus qu'eux tous, l'intrépide Raymond se montre brûlant d'ardeur et de désir. Déjà il est armé, il ne lui manque plus que son casque. «Ô vivante image de l'antique valeur, lui dit Godefroi, c'est sur toi que tous nos guerriers doivent fixer leurs regards et prendre modèle de courage. C'est en toi que brillent l'honneur, la discipline et l'art des combats. Ah! si j'avais dix jeunes guerriers dont la valeur fut égale à la tienne, je soumettrais la superbe Babylone, et, des bords de la Bactriane aux rives de Thulé, je déploierais les enseignes victorieuses de la Croix. Mais cède à ma prière; conserve-toi pour des travaux plus difficiles et plus dignes de ta sage expérience. Permets que je place dans cette urne d'autres noms que le tien, et que le sort prononce! Mais, que dis-je! c'est Dieu qui décidera, car la Fortune et le Destin ne sont que les ministres de ses volontés!»

Raymond persiste dans sa résolution, et veut que son nom soit inscrit. Godefroi reçoit les billets, les agite et les mêle. Le premier qui paraît est celui du comte de Toulouse.

Tous le saluent par des cris de joie, et personne n'ose accuser le sort. Le vieillard semble rajeunir et montre une ardente vigueur; ainsi, le serpent, fier de sa riche parure, étale au soleil l'or d'une peau nouvelle. Bouillon, surtout, applaudit à ce choix, félicite Raymond et lui présage la victoire. Puis, détachant son épée, il la lui offre. Voici, lui dit-il, le fer que le rebelle Saxon portait dans les combats; je le lui arrachai en lui ôtant une vie que mille forfaits avaient souillée. Cette arme fut toujours victorieuse en mes mains; prends-la, et puisse-t-elle être aussi heureuse dans les tiennes!»

Cependant le fier Circassien fait éclater son impatience par des menaces et de farouches clameurs: «0peuples invincibles! héros si belliqueux, fleur de l'Europe! vous le voyez, un seul homme vous défie! Qu'il vienne, ce superbe Tancrède, s'il compte tant sur sa valeur! Veut-il attendre dans son lit le retour de ces ombres qui le sauvèrent une première fois? S'il a peur, qu'un autre le remplace! Cavaliers et fantassins, montrez-vous tous ensemble, puisqu'il n'y a pas dans toute cette armée un guerrier assez hardi pour se mesurer seul à seul avec moi. Regardez-donc ce tombeau où gît le fils de Marie! Qui vous empêche maintenant d'en approcher? Que n'acquittez-vous vos voeux? La route est là, vous pouvez vous l'ouvrir! Pour quels plus grands desseins réservez-vous vos bras?»

La violence de ces outrages irrite et stimule les Chrétiens. Mais Raymond s'enflamme plus que les autres, et ne peut souffrir tant d'affronts; sa valeur aigrie n'en est que plus terrible, elle s'allume des feux de la colère. Rien ne l'arrête; il s'élance sur son coursier, qui a la vitesse de l'aigle dont il porte le nom. Il naquit aux rives du Tage; là, quand le printemps ramène l'amour et les désirs, la cavale, brûlant d'une passion nouvelle, reçoit dans sa bouche béante l'haleine féconde des vents, et, par un mystère de la nature, conçoit et devient mère en respirant le souffle des zéphyrs. Sans doute, Aquilin est le fruit de l'air le plus subtil; il bondit, franchit l'arène sans laisser sur le sol la trace de ses pas. Ses mouvements sont rapides et prompts; il tourne à droite, à gauche, avance ou fuit avec la même légèreté.

Monté sur cet agile coursier, Raymond se dirige vers le Circassien, et levant au ciel ses regards: «O Dieu qui, dans la vallée de Térébinthe, guidas contre l'impie Goliath un bras sans expérience! toi qui fis tomber sous la fronde d'un jeune berger le cruel destructeur d'Israël! daigne renouveler, ô mon Dieu, ce miracle! Permets que l'Infidèle aussi succombe et soit vaincu! Que son orgueil expire sous un faible vieillard, comme celui du Philistin sous la main d'un enfant!»

Telle est la prière du comte de Toulouse; et cette prière, pleine de foi et d'espérance, monte vers la voûte éthérée, ainsi que la flamme s'élève d'elle-même vers le ciel. L'Éternel l'accueille, et choisit aussitôt dans la milice immortelle un ange pour protéger Raymond et l'arracher victorieux et sans blessure des mains de l'impie. Cet ange, que la Providence divine lui avait donné pour gardien, dont les soins dirigèrent ses premiers pas et toutes les actions de sa vie, veillera sur sa destinée. Pour mieux le défendre et pour exécuter les ordres du Roi des Cieux, il vole vers la roche élevée où sont déposées les armes des célestes guerriers.

Là se conserve la lance qui perça le serpent; là sont les redoutables carreaux de la foudre et les traits invisibles qui portent aux nations la peste et les autres fléaux; là est suspendu ce trident, l'effroi des mortels, dont se sert le Tout-Puissant pour soulever la terre ébranlée et renverser les cités. Parmi d'autres armures, on voit étinceler un bouclier du diamant le plus pur. Grand, immense, il peut couvrir toutes les nations, toutes les contrées situées entre l'Atlas et le Caucase. Il protège les princes justes et les villes où règnent la vertu et la Religion. L'ange le prend, et, toujours invisible, se tient aux côtés de Raymond.

Déjà sur les remparts s'agite une foule empressée. Aladin envoie, sous la conduite de Clorinde, une troupe de guerriers, avec ordre de s'arrêter sur le penchant de la colline. Du côté des Chrétiens, quelques escadrons s'avancent en bon ordre.

Un vaste espace laissé libre entre les deux armées, est l'arène offerte aux combattants. Argant regarde, et voit à la place de Tancrède l'armure nouvelle d'un guerrier qu'il ne connaît pas. Le comte s'avance et lui dit: «Celui que tu cherches est, heureusement pour toi, retenu en d'autres lieux. Mais, que ton orgueil ne triomphe pas en me voyant chargé de le remplacer. Je suis prêt à repousser ton attaque, et ce troisième adversaire sera peut-être digne de toi.» L'altier Circassien lui répond avec un dédaigneux sourire: «Que fait donc Tancrède, où se cache-t-il? Il nous menace et défie le Ciel; puis, plaçant tout son espoir dans la légèreté de ses pas, il disparaît! Mais sa fuite sera vaine! Je saurai le poursuivre et l'atteindre au centre de la terre, au sein des mers!–Tancrède te fuir!... Tu mens!... Il a plus de valeur que toi!...–Prends donc sa place, répond l' Infidèle frémissant de colère, et prépare-toi au combat!... Nous verrons comment tu soutiendras la folle audace de tes discours!»

Aussitôt la lutte commence. Tous deux dirigent des coups terribles sur les casques. Raymond atteint toujours son rival sans lui faire vider les étriers. De son côté, le redoutable Argant éprouve une résistance inattendue, et s'efforce vainement de fondre sur Raymond. L'ange détourne tous les coups qui menacent son protégé. Dans sa fureur, le Circassien mord et déchire ses lèvres, vomit des blasphèmes et brise sa lance sur le sable de l'arène. Puis, tirant son épée, il se précipite et essaie une seconde attaque. Son vigoureux coursier, semblable au bélier qui courbe la tête pour frapper, va heurter le vieux comte qui évite le choc, fait un détour à droite, blesse l'Infidèle au front et s'éloigne. Argant revient sur lui; Raymond l'évite encore et reçoit un coup impuissant sur son casque, plus dur que le diamant. Enfin, pour combattre de plus près, le Sarrasin se rapproche du comte qui, à l'aspect de ce géant formidable, craint d'être renversé ainsi que son coursier. Il cède, revient à la charge et continue la lutte en faisant mille détours. Le souple et agile Aquilin ne bronche pas et obéit à tous les mouvements. Tel on voit un capitaine habile assiéger une tour élevée, environnée de marais ou bâtie sur la cime d'une montagne; il tente tous les accès et appelle à son secours tous les stratagèmes; tel Raymond fait mille circuits, et, désespérant d'entamer la cuirasse et le casque, il cherche les endroits les plus faibles de l'armure, les jointures de l'acier. Déjà le sang du Circassien coule par deux ou trois blessures et rougit ses armes; celles du comte sont toujours intactes. Le panache qui orne son cimier n'est même pas froissé. En vain Argant furieux redouble ses inutiles coups; il épuise sans résultat ses forces et sa colère; mais il ne se rebute pas, et frappe d'estoc et de taille. Plus il fait d'efforts, moins il réussit. Enfin, il porte un coup qui doit pourfendre Raymond. Aquilin n'a pu se détourner et dérober son maître à cette atteinte terrible. Dans cet instant suprême, l'appui céleste ne faillira pas. L'ange étend son bras invisible; le fer s'arrête sur le bouclier protecteur, vole en éclats et tombe sur le sable. Comment un glaive fragile, trempé dans une onde périssable, résisterait-il aux armes pures et incorruptibles de l'éternel Ouvrier? A la vue de ces débris, le Circassien, saisi de stupeur, ne peut en croire ses yeux; tour à tour il regarde et sa main désarmée et son ennemi qui semble invulnérable. Il pense avoir rencontré le bouclier même du comte. Celui-ci le croit aussi, car il ignore la protection que le Très-Haut lui accorde. Cependant, à la vue d'Argant privé de son épée, Raymond suspend son attaque, et ne veut pas d'une victoire qu'il devrait à un tel avantage.

Il est sur le point de lui dire: «Demande un autre « glaive!» quand une soudaine réflexion se présente à son esprit; défenseur de la cause publique, il sent que la honte de sa défaite rejaillirait sur les Chrétiens. Il repousse une indigne victoire, mais il ne doit pas exposer à des chances douteuses l'honneur de toute l'armée. Pendant qu'il hésite, Argant lui jette au visage le pommeau de son épée, pousse son coursier et cherche à engager la lutte corps à corps. Le fer a frappé la visière et meurtri le visage du comte de Toulouse. Mais, sans se troubler, il évite avec agilité le bras vigoureux de l'Infidèle, et blesse cette main, qui, plus cruelle que les serres de l'oiseau de proie, s'approche pour le saisir. Ensuite il tourne, revient, va d'un côté, puis de l'autre, avance, recule, porte mille coups à l'impie, qui, brûlant de colère et de dépit, rassemble toutes ses forces, toute son adresse pour l'écraser; mais Dieu le protège. Cependant, garanti par la bonté de son armure, soutenu par son propre poids, le Circassien résiste sans s'émouvoir. Tel on voit un puissant navire sans gouvernail, les vergues brisées, les voiles en lambeaux, lutter contre la mer en courroux; ses flancs, formés de fortes poutres étroitement unies, ne s'ouvrent point encore sous le choc redoublé des flots, et ses nautoniers ne perdent pas l'espoir. Mais le danger qui te menace, ô Argant! est si pressant, que le roi des Enfers se dispose à te secourir. Du sein des ondes, il fait sortir un léger fantôme à figure humaine, et lui donne les riches et brillantes armes de Clorinde. Oprodige! ce sont les gestes, la tournure et la voix de la guerrière. Le fantôme s'approche d'Oradin, archer d'adresse renommée:

«Ofameux Oradin, lui dit-il, toi dont les flèches frap-pent toujours le but que ton oeil a marqué, ne serait-ce pas un malheur déplorable si Argant, un héros, l'espoir de la Judée, périssait ainsi? Quelle honte, si son vainqueur rapportait tranquillement ses dépouilles à nos ennemis! Fais aujourd'hui briller ton adresse! Rougis tes flèches du sang de ce misérable Français. Cet exploit t'assurera une gloire immortelle, et la générosité de notre roi ne te fera pas attendre une juste et digne récompense.»

Oradin n'hésite pas; il veut justifier l'honneur d'un tel choix; il prend une flèche dans son carquois et la place sur son arc tendu. La corde frémit, le trait part, vole en sifflant et atteint le comte dans l'endroit où se réunissent les boucles du baudrier. Il les divise, perce la cuirasse et s'arrête. La peau n'est qu'effleurée, le sang coule à peine, car l'ange, affaiblissant le coup, a empêché le fer de s'enfoncer plus avant.

Raymond l'arrache de sa cuirasse, voit le sang qui s'échappe, et, d'un ton menaçant et indigné, il reproche aux Infidèles la violation d'un pacte juré. Godefroi, qui n'a point cessé de suivre d'un regard plein de sollicitude son vieux compagnon d'armes, s'aperçoit de cette trahison, s'en alarme et soupire, car il craint que la blessure ne soit dangereuse.

Du geste et de la voix il excite ses guerriers à la vengeance. Aussitôt toutes les visières s'abaissent, les lances sont en arrêt, les coursiers se précipitent; dans le même instant, plusieurs escadrons s'ébranlent des deux côtés à la fois. La plaine disparaît sous l'épais tourbillon de poussière qui s'élève et obscurcit les airs. Dans ce premier choc, on entend un bruit éclatant de boucliers et de casques qui se heurtent, de lances qui se brisent. Là, un coursier roule sur le sable; plus loin, un autre privé de son maître erre à l'abandon; ici, le cadavre d'un guerrier près d'un autre guerrier expirant. Le combat est furieux et devient plus cruel et plus terrible à mesure que la mêlée et la confusion augmentent.

Armant bondit au milieu des combattants, arrache à l'un d'eux sa masse d'armes, s'en sert pour décrire un vaste cercle, rompt les Chrétiens qui l'entourent, les renverse, les foule aux pieds et s'ouvre un large passage. C'est le comte qu'il cherche, c'est lui seul qu'il veut accabler; contre lui seul se tournent sa colère et sa furie. Pareil au loup affamé de carnage, il semble vouloir dévorer Raymond.

Les Chrétiens l'environnent de nouveau, s'opposent à sa course et retardent ses pas. Orman, Roger de Bernaville, Guy, les deux Gérard, l'attaquent sans pouvoir le faire reculer; leur résistance l'excite davantage. Ainsi la flamme, long–temps comprimée, s'échappe plus redoutable et porte au loin le ravage et la destruction. Il tue Orman, blesse Guy; Roger, à demi mort, tombe sur les corps de ses compagnons. Cependant la foule s'accroît autour de lui; de toutes parts un cercle d'armes et de guerriers le presse et le menace. Il est seul contre tous; mais il soutient le combat, et son courage laisse la victoire indécise. Bouillon appelle son frère et lui dit: «Voici le moment de faire agir tes troupes. Attaque l'aile » gauche, où l'action est plus acharnée.»

Baudouin tombe impétueusement sur le flanc des Sarrasins; ces soldats de l'Asie ne peuvent résister au choc violent des Français. Les rangs sont brisés, les étendards, les hommes, les coursiers, tout tombe, tout est renversé. En même temps, l'aile droite est rompue et dispersée: Argant est le seul qui se défende et qui continue de combattre; les autres, saisis d'épouvante, fuient à bride abattue. Le Circassien tient ferme et fait tête à l'ennemi. Moins redoutable serait le géant aux cent bras, aux cent mains armées de cinquante glaives et de cinquante boucliers. Il résiste aux épées, aux massues, aux lances, au rude choc des coursiers. Il lutte contre toute une armée; il se jette tantôt sur l'un, tantôt sur l'autre; couvert de blessures, ses armes brisées, il est inondé de sang et de sueur, et ne paraît pas le sentir. Enfin, poussé, serré par la multitude toujours croissante des fuyards, il est enlevé et forcé de céder à ce torrent qui l'entraîne. Mais sa valeur éclate encore dans les coups qu'il porte; ce n'est point la contenance d'un fuyard. Ses yeux ont toujours une expression terrible de colère et de menace. Il cherche à retenir ses soldats; vains efforts! il ne peut y réussir. Il tente d'arrêter cette déroute si rapide et si désordonnée. La peur ne connaît ni frein, ni discipline; on n'écoute plus la prière ni le commandement; le pieux Godefroi remercie le Seigneur qui favorise ainsi ses desseins, et, poursuivant son heureuse victoire, il envoie de nouveaux renforts aux vainqueurs. Si les décrets éternels du Très-Haut n'avaient pas marqué l'instant de la prise de Jérusalem, cette journée eût vu sans doute l'armée chrétienne se reposer de ses saintes fatigues; mais les esprits infernaux, dont la puissance est menacée par le résultat de cette bataille, usent du droit qui leur est accordé. En un moment, le ciel s'enveloppe de nuages épais, les vents sont déchaînés, un voile obscur cache le soleil et la clarté du jour; des feux sinistres, plus affreux que les flammes de l'Enfer, s'allument dans les cieux au milieu du tonnerre et des éclairs; la foudre gronde; une pluie, durcie en grelons, tombe sur les prairies, inonde les campagnes; l'ouragan brise les branches des arbres, renverse les chênes, les rochers, les collines. La grêle, le vent, le tourbillon, frappent à la fois les Chrétiens au visage. Cette tempête violente et imprévue inspire aux soldats une terreur fatale; ils s'arrêtent. Quelques-uns, en petit nombre, se groupent autour des drapeaux qu'on distingue à peine.

Cependant Clorinde, qui n'est pas éloignée, saisit cet instant et lance son coursier: «Compagnons, s'écrie-t-elle, le Ciel se déclare pour nous; sa justice nous protège; regardez, nous sommes à l'abri des effets de sa colère; rien n'enchaîne nos bras, tandis qu'il frappe nos ennemis tremblants, les prive de leurs armes et leur ôte sa lumière! Suivons donc le Destin qui nous guide!»

A ces mots, les Sarrasins, que la tempête n'atteint que par derrière, se précipitent avec ardeur et impétuosité sur les Chrétiens, dont les coups sont impuissants. Argant revient aussitôt sur ses pas; il fait subir une cruelle vengeance à ses vainqueurs, qui prennent la fuite et tournent le dos à la tempête et à l'ennemi.

Animés d'une rage implacable, les Sarrasins égorgent sans pitié ceux qu'ils atteignent. Le sang ruisselle, se mêle au torrent de pluie et rougit les chemins. Pyrrus, le vaillant Rodolphe, tombent sans vie au milieu des cadavres et des blessés; l'un expire sous les coups du féroce Circassien; l'autre, par la main de Clorinde. Les Syriens et les esprits infernaux ne cessent pas de poursuivre les fugitifs. Godefroi seul résiste à cette armée et oppose un front calme à la foudre et à l'ouragan. Il gourmande durement les fuyards, arrête son coursier près de l'entrée du camp, et protège ainsi la retraite des troupes dispersées. Deux fois il s'avance contre Argant, et deux fois il le contient; deux fois, l'épée nue à la main, il enfonce le plus épais des bataillons ennemis! Enfin, renonçant à la victoire, il se retire avec les siens derrière les retranchements.

Les Sarrasins reviennent alors vers Solime. Les Chrétiens, abattus et consternés, cherchent un peu de repos; mais ils ne savent comment se garantir de la force et de la furie de cet affreux orage. Les ténèbres sont profondes, les feux sont éteints, les eaux pénètrent partout, les vents soufflent, déchirent les toiles, brisent les pieux des tentes qu'ils enlèvent tout entières et en sèment au loin les débris. Les voix plaintives se confondent avec les aquilons et le tonnerre, et forment une horrible harmonie qui épouvante la nature!

CHANT VIII.

Un chevalier raconte à Bouillon les exploits, puis la mort du prince des Danois.–Les Italiens, trompés par de vagues récits, pensent que le vaillant Renaud a succombé. –L'Enfer leur inspire ses fureurs.–Ils s'abandonnent à tous les excès de la colère et du ressentiment.–Ils menacent Godefroi, mais sa voix suffit pour réprimer leur audace.

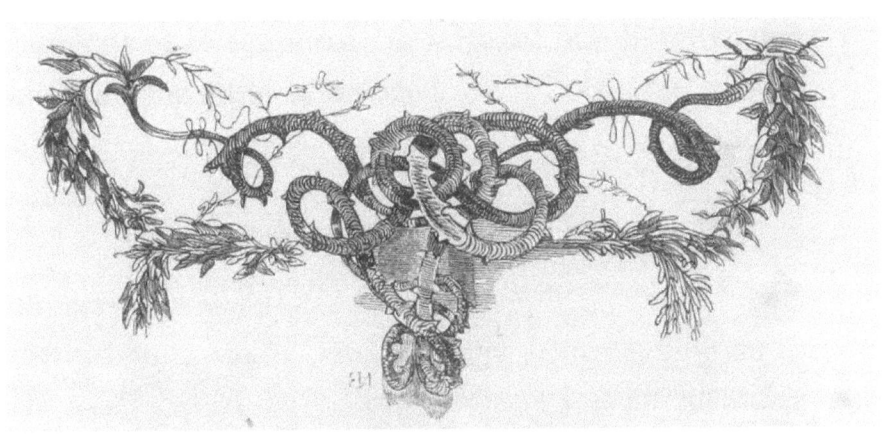

CHANT VIII.

L'ORAGE et le tonnerre ont cessé, les vents du Nord et du Midi retiennent leurs bruyantes haleines; l'Aurore à la couronne de roses, aux pieds d'or, quitte son céleste palais; mais les Démons ne suspendent point encore le cours de leurs cruels artifices. Astaroth, l'un d'eux, parle ainsi à la Discorde, sa sœur: «Regarde ce guerrier qui s'avance malgré les obstacles que nous élevons sur ses pas; il a pu échapper aux coups terribles du plus grand soutien de notre cause, et va raconter aux Chrétiens le sort funeste de son royal maître et de ses compagnons. Cette importante nouvelle les déterminera à hâter le rappel du fils de Berthold. Tu sais combien son retour nous serait contraire; il faut donc employer la force ou la ruse pour le prévenir. Vole au camp de nos ennemis, et que, par la puissance de ton art, tout ce que ce chevalier leur dira dans leur intérêt excite leur méfiance. Répands tes fureurs, distille tes venins dans le coeur de l'Italien, de l'Helvétien, de l'Anglais. Qu'ils soient poussés à la vengeance, et que bientôt toute cette armée, livrée au désordre, soit en proie à la confusion. Un tel bouleversement doit flatter ton orgueil; déjà tu l'as promis à notre monarque.» Il dit, et le monstre est aussitôt prêt à exécuter ces sinistres desseins.

Cependant le guerrier dont on avait annoncé l'arrivée parvient aux portes du camp: «Veuillez, dit-il aux sentinelles, me conduire vers votre général.» La foule, avide de l'entendre, accompagne ses pas.

Il s'incline devant Godefroi, et veut baiser cette main qui fait trembler l'Asie: «Illustre héros, lui dit-il, dont la renommée n'a d'autres bornes que l'Océan et la voûte étoilée, j'eusse désiré remplir près de toi une mission moins douloureuse.» Il soupire à ces mots, et poursuit ainsi: «L'unique fils du roi de Danemarck, l'or-gueil et l'appui de sa vieillesse, Suénon, voulut unir ses efforts à ceux de ces héros qui, à ta voix, ont ceint l'épée pour le triomphe de Jésus-Christ. La crainte des fatigues et des hasards, les plaisirs d'une cour brillante, la tendresse de son vieux père, rien ne put le détourner de son projet. Il espérait apprendre, sous un maître fameux, l art si difficile des combats, et, plein de confusion, il s'indignait en songeant que Renaud, si jeune encore, avait conquis un nom glorieux et célèbre. Mais, avant toute autre pensée, une fervente piété, dégagée des affections de la terre, enflamme son zèle. Brisant toutes les entraves, il choisit une troupe intrépide, traverse la Thrace et arrive dans la capitale de cette contrée. L'empereur grec l'accueille dans son palais. Là, il reçoit un de tes messages qui lui apprend la chute d'Antioche et la résistance qu'elle opposa ensuite à l'armée innombrable que le Persan, ruinant ses États, avait rassemblée sous ses murs. Il lui parle de tes compagnons et de toi; il l'entretient de la fuite téméraire et des exploits immortels de Renaud; il l'avertit que vous avez déjà livré l'assaut aux remparts de Sion, et le presse de partir sans délai, s'il veut partager les palmes d'une dernière victoire. Ces récits animent l'ardeur de Suénon, et sont un aiguillon si puissant, que chaque heure de retard lui paraît un siècle; il brûle de tirer son glaive et de le rougir dans le sang des Infidèles. Les travaux des autres semblent lui reprocher son oisiveté. Impatient, sourd aux conseils qui veulent l'arrêter, il repousse toutes les prières, brave tous les périls, et ne redoute qu'une chose, c'est de ne point partager tes dangers et tes succès; il ne conçoit, il ne connaît que cette inquiétude; il court au-devant de sa destinée, et veut gouverner la Fortune, qui d'ordinaire nous entraîne. Sans attendre les premiers rayons du jour, il se met en marche. Nous suivons avec confiance notre chef, qui nous guide par la route la plus prompte sans chercher à éviter les chemins les plus difficiles et les pays occupés par un ennemi implacable. Ici, nous éprouvons la disette; ail— leurs, nous trouvons des sentiers impraticables, des embuscades auxquelles nous échappons, des passages qu'il faut forcer; partout la victoire nous reste, partout nos ennemis se dispersent ou tombent sous nos coups. Nos soldats s'aguerrissent, et bientôt, ivres d'enthousiasme et d'espoir, nous touchons aux frontières de la Palestine.

Soudain, nos coureurs nous annoncent que l'on entend un grand bruit d'armes, et que mille enseignes déployées font craindre l'approche d'une armée formidable. Notre courageux prince ne change pas de contenance; son visage, sa résolution, ses discours sont les mêmes, bien que la pâleur ait couvert le front des guerriers qui écoutent cette terrible révélation. «Compagnons, s'écrie-t-il, voici pour vous l'instant de cueillir la palme de la victoire ou de recevoir la couronne du martyre! Je compte sur la première, mais j'espère en la seconde, qui, avec plus de mérite, nous promet une plus grande gloire. Ces lieux seront consacrés à notre éternelle mémoire, et les générations futures y viendront contempler nos trophées ou révérer nos tombeaux.» Il dit, place les postes, indique à chacun ses devoirs et ses travaux, et ordonne que tous gardent leurs armes pendant leur sommeil. Lui-même ne quitte ni son casque, ni sa cuirasse.

» A cette heure de la nuit où le silence et le repos sont le plus profonds, on entend un fracas effroyable et de sauvages hurlements qui font trembler le Ciel et les Enfers. On crie: Aux armes! aux armes! Suénon saisit les siennes et s'élance au premier rang. Un feu généreux brille dans ses regards, et sur son front éclate une magnanime audace. Nous sommes attaqués, un cercle épais, une forêt de lances et d'épées nous enveloppe, nous serre de toutes parts. Une nuée de flèches tombe sur nos têtes.

» Dans ce combat inégal, où chacun de nous lutte contre vingt ennemis, plusieurs des nôtres sont atteints, et un grand nombre périt par des coups portés au hasard. Les ténèbres sont si noires que l'on ne peut distinguer le nombre des blessés et des morts; nous ignorons à la fois, et l'étendue de nos pertes, et celles que nous causons à l'ennemi. Au milieu de ceux qui l'entourent, Suénon se distingue par son air terrible et superbe. Cachés au sein des ombres, mille exploits signalent la force de son bras, et des monceaux de cadavres, baignés dans des ruisseaux de sang, forment autour de lui un affreux rempart. Ses regards inspirent l'épouvante; ses mains portent le trépas.

» Nous combattons jusqu'au moment où le Soleil se lève et colore le ciel de ses feux. Les horreurs de la nuit sont dissipées, mais celles de la mort nous apparaissent plus hideuses encore. Cette clarté si désirée accroît nos alarmes et nous montre un spectacle douloureux et cruel. La plaine est jonchée de corps inanimés; notre armée est détruite; nous étions deux mille, et nous restons à peine cent. A l'aspect de tant de meurtres et de tant de victimes, je ne sais si la grande âme de Suénon s'est troublée, mais rien en lui ne trahit l'émotion. «Amis, s'écrie-t-il d'une voix haute, suivons les traces de ces martyrs, qui, loin des ténébreux abîmes, nous ont précédés dans les Cieux!) >

» Il dit; et, en voyant le trépas qui s'approche, son visage rayonne de joie et d'espoir. Toujours ferme et intrépide, il soutient les efforts des Barbares; l'armure la plus forte, fût-elle de l'acier le plus dur, fût-elle de diamant, ne peut lui résister. Bientôt tout son corps n'est que plaies, la vie l'abandonne, mais il lève encore sa tête fière et invincible, et rend coup pour coup. Ses blessures ne font qu'exciter son courage. Soudain, paraît un Infidèle dune taille gigantesque, aux regards farouches; et, après un combat long et opiniâtre, secondé par une foule d'autres Sarrasins, il renverse le vaillant Suénon... Conservant seul un reste d'existence, je tombe au milieu de mes compagnons expirés.

Sans doute, les vainqueurs me crurent mort.... Tous mes sens étaient engourdis, je ne voyais rien et ne pourrais dire ce que firent les ennemis; mais, lorsque mes yeux soulevèrent le fatal bandeau qui les couvrait, j'aperçus une lueur faible et vacillante qui traversait la nuit profonde.... Je n'avais pas encore la force de discerner les objets, j'étais en cet état qui n'est ni la veille ni le sommeil; mes paupières s'ouvraient et se refermaient. Déjà la douleur de mes nombreuses blessures commençait à se faire sentir; la fraîcheur de l'air, le froid de la nuit, l'humidité de la terre irritaient mes souffrances. Cependant j'entendis un faible murmure, la lueur s'approchait de plus en plus: elle s'arrêta tout près de moi. Alors je levai péni-blement une débile paupière, et je vis deux hommes enveloppés de longues robes et portant chacun un flambeau. L'un d'eux me dit: «O mon fils! aie confiance dans le Seigneur, qui se souvient des justes et prévient nos prières.»

» Étendant alors la main pour me bénir, il prononce de pieuses paroles que je distingue à peine et que je ne comprends pas. «Lève-toi!» me dit-il ensuite; je me lève, plein de force et de joie; je ne sens plus la douleur. O miracle! il me semble qu'une vigueur nouvelle et inconnue circule dans mes membres. Interdit, je les regarde, et mes esprits étonnés ne peuvent croire à la réalité de ce qui m'arrive: «Homme de peu de foi, reprend l'un des étrangers, tu doutes, et tes pensées t'égarent. Nous ne sommes point des fantômes, mais des prêtres de Jésus-Christ, qui, fuyant les séductions et les fausses joies du monde, se sont retirés dans ces lieux sauvages et solitaires. Le Très-Haut, qui est présent dans tout l'univers, et daigne se servir des mains les plus humbles pour l'accomplissement de ses desseins, m'envoie pour te sauver. Il ne veut pas qu'on abandonne et qu'on oublie le corps de ton maître, qui doit un jour se réunir brillant et immortel à l'âme glorieuse dont il fut le pur asile. Suénon aura un tombeau digne de sa valeur, et qui attirera les regards et les hommages des races futures. Lève les yeux et vois scintiller au firmament cette étoile brillante comme le soleil. Sa céleste clarté va te conduire à la place où gît la dépouille terrestre de ton généreux prince.» A ces mots, je vois descendre de cet astre lumineux, ou plutôt de ce nouveau soleil, un rayon, qui, semblable à une ligne d'or, se pose sur la noble victime et l'inonde d'une si éclatante lumière, que toutes ses blessures resplendissent et étincellent. Je reconnais aussitôt ces restes sanglants et mutilés. Suénon n'était point tombé le visage contre terre; mais, suivant son désir, les yeux tournés vers le Ciel, son espérance. Sa main droite fermée tenait avec force la garde de son épée, comme prête à frapper. Sa main gauche, humblement appuyée sur sa poitrine, paraissait implorer la clémence divine.

Tandis que mes larmes arrosent ses blessures, et que je laisse un libre cours à la douleur qui m'accable, le saint vieillard ouvre les doigts de Suénon et arrache le glaive qu'ils pressaient: «Cette arme, me dit-il, rouge encore de tout le sang qu'elle versa aujourd'hui, cette arme est si parfaite, que nulle autre ne pourrait lui être préférée. Puisque le trépas impitoyable l'a retirée à son premier possesseur, le Ciel ne veut pas qu'elle reste inutile en ces lieux. Qu'elle passe donc de cette main courageuse en celles d'un guerrier intrépide qui sache s'en servir avec autant de hardiesse et d'habileté, plus long-temps et avec plus de bonheur. Qu'elle soit remise à celui qui doit venger la mort de Suénon. Le meur-trier, c'est Soliman! que Soliman périsse par l'épée de Suénon! Prends-la, et va trouver les Chrétiens campés sous les murs de la Cité Sainte. Ne crains point de traverser un pays ennemi en suivant des routes inconnues, rien ne pourra l'arrêter. Le bras puissant de celui qui m'envoie renversera les obstacles et te facilitera le passage. Il veut que cette voix qu'il t'a conservée célèbre la piété, l'audace et la valeur de ton illustre maître, afin que son noble exemple détermine d'autres guerriers à suivre les étendards de cette Croix teinte du sang de Dieu; il veut qu'aujourd'hui et dans les siècles les plus reculés le souvenir de Suénon enflamme les coeurs magnanimes. Il me reste à t'apprendre le nom du guerrier qui doit hériter de ce glaive. C'est Renaud, à qui tous cèdent la palme du courage. Tu la lui remettras en lui disant que le Ciel et la Terre attendent de lui une éclatante justice.»

Pendant que je prête une oreille attentive, un nouveau miracle vient frapper mes regards. A l'endroit où gît Suénon, je vois s'élever un magnifique tombeau qui recouvre le corps. J'ignore comment et par quel art a lieu le prodige! Puis, une main invisible retrace brièvement le nom et les exploits du héros. Mes yeux ne peuvent se détacher de cette merveille: je contemple le monument et l'inscription; alors le vieillard poursuit ainsi: «C'est ici que Suénon reposera auprès de ses fidèles amis, pendant que leurs âmes jouiront dans les Cieux d'une félicité éternelle et sans mélange. Mais toi, qui leur as rendu les derniers devoirs et payé le juste tribut de tes larmes, il est temps que tu goûtes le repos. Viens dans ma demeure jusqu'à ce que l'aurore, à son retour, te réveille pour continuer ton voyage.»

Il dit, et me conduit, tantôt sur la cime des monts, tantôt dans le fond des vallées par de pénibles sentiers. Enfin, nous arrivons près d'une caverne profonde creusée sous un roc sauvage. C'était là sa retraite; il y vivait en paix avec son disciple, au milieu des animaux féroces; mais l'innocence est pour un coeur pur une défense plus sûre que les cuirasses et les boucliers. Il m'offre une nourriture frugale qui restaure mes forces, et un lit dur reçoit mes membres fatigués. Mais, dès que l'Orient resplendit de pourpre et d'or, aux premiers feux du jour, les ermites se lèvent, et j'unis mes voeux à leurs prières; je prends congé du saint vieillard, et suis la route qu'il m'a indiquée.»

Le chevalier termine ainsi, et le sage Bouillon lui répond en ces termes: «Noble guerrier, cette nouvelle cruelle nous remplit de douleur, et serait de nature à nous plonger dans le trouble et la consternation. Un peu de terre recouvre donc les restes de tant de vaillants frères d'armes qu'un seul instant a suffi pour nous ravir! Le valeureux Suénon s'est montré et a disparu avec la rapidité de l'éclair. Néanmoins ce trépas fortuné est préférable aux trésors et à la victoire, et l'antique Capitole ne vit jamais le spectacle d'une si grande gloire! Assis dans les Cieux, environnés de l'éternelle lumière, ces généreux martyrs ont le front ceint de la couronne immortelle, prix de leurs exploits; ils montrent avec joie et fierté leurs heureuses blessures. Mais toi, qui restes ici-bas exposé aux chances des combats, tu parlages leur triomphe, et, sur ton visage, brille l'ineffable sérénité. Tu cherches le fils de Berthold; sache qu'il erre loin de notre armée, il ne faut pas que tu braves les hasards d'un voyage incertain avant que nous n'ayons à son sujet de plus sûrs renseignements.»

Cet événement réveille et rallume dans tous les coeurs rattachement pour Renaud. «Hélas! dit-on, ce héros est au milieu des Sarrasins!» Tous racontent ses hauts faits au Danois, et vantent son courage; tous déroulent à ses yeux la trame merveilleuse de cette illustre vie.

Les guerriers attendris sont sous l'impression de ces souvenirs, lorsque des maraudeurs qui étaient sortis pour aller, suivant l'usage, butiner dans la plaine, rentrent avec des troupeaux de boeufs et de moutons, des provisions et des fourrages pour les coursiers. Ils apportent aussi une preuve, en apparence irrécusable, du malheur le plus funeste. Ce sont les vêtements sanglants et déchirés de Renaud et son armure percée de mille coups. De toutes parts se répandent mille bruits confus, incertains; car comment cacher une pareille nouvelle! La foule éplorée se précipite pour savoir le sort du héros et pour regarder ces armes. Tous les examinent et reconnaissent l'énorme cuirasse, le casque brillant où l'aigle essaie, aux rayons du soleil, le vol de ses jeunes aiglons et craint pour leur faiblesse. Naguères, au milieu des périls, elles étincelaient au premier rang. Maintenant, objet de regrets et de vengeance, elles roulent sur la terre, sanglantes et brisées.

Le camp murmure, et l'on raconte de diverses manières les circonstances de ce trépas. Alors, Bouillon fait venir Aliprand, chef des soldats qui ont ramené le butin; c'est un homme plein de franchise, simple et vrai dans ses discours: «Apprends-moi, lui dit-il, en quels lieux et comment tu t'es procuré ces armes? Bonheur ou malheur, ne me déguise rien.–A deux journées de marche du camp, réplique le guerrier, vers les confins de Gaza, existe une petite plaine, peu éloignée de la route et entourée de collines. De leur sommet descend un ruisseau qui doucement s'égare à travers les gazons. Ce lieu, couvert d'arbres touffus et de taillis épais, est favorable à une embuscade. Nous allions nous emparer des troupeaux qui paissaient sur ces bords, lorsque nous apercevons près de la rive, étendu sur l'herbe humide de sang, le cadavre d'un chevalier. A l'aspect de cette armure et de ces insignes que nous reconnaissons mal-gré les souillures et la poussière, nous nous avançons tous; je m'approche, je veux distinguer le visage, et je m'aperçois que la tête a été détachée du tronc. La main droite manque aussi; de nombreuses bles-sures ont percé la poitrine; non loin est le casque surmonté de l'aigle aux ailes déployées. J'appelle, je cherche quelqu'un pour m'éclairer; un berger se montre, mais à notre vue il se détourne et prend la fuite. Nous le poursuivons. On le saisit; et, à nos pressantés questions, il répond que le jour précédent il a vu sortir de la forêt un grand nombre de guerriers; qu'à leur aspect il s'est caché, et que, de sa retraite, il a pu voir l'un d'eux qui tenait par les cheveux une tête sanglante. En la regardant avec attention, il a reconnu celle d'un adolescent; celui qui la portait l'enveloppa presque aussitôt dans un sac suspendu à l'arçon de sa selle. Il ajoute que les meurtriers avaient le cos-tume des Chrétiens. Je fis dépouiller le corps et versai des larmes amères, tant le soupçon même de ce forfait excitait ma douleur. Puis, après avoir fait donner à ces glorieux restes une sépulture honorable, j'ordonnai qu'on apportât l'armure. Si ce cadavre est réellement celui de Renaud, il mérite un plus digne mausolée et d'autres funérailles.»

Aliprand, n'ayant rien de plus à déclarer, se retire. Bouillon est pensif, soupire et ne peut se convaincre de cette triste nouvelle. Il veut des signes plus certains pour reconnaître le cadavre et constater cet horrible homicide. Cependant la nuit se lève, et de ses ombres couvre le ciel et les campagnes. Le sommeil, repos de l'âme, oubli de tous les maux, vient, par l'attrait des songes, calmer les esprits et chasser les inquiétudes. Toi seul, ô Argillan, sous l'influence de la grande affliction qui te déchire, tu roules dans ton coeur de sinistres pensées, ton sein est agité et tes paupières ne peuvent se fermer.

Ce chevalier est impétueux, vif, entreprenant, audacieux en paroles et prompt à agir. Il naquit sur les bords du Tronto, et se nourrit, au milieu des guerres civiles, de haines et de ressentiments. Plus tard, envoyé en exil, il ensanglanta les monts et les rivages de sa patrie. Puis, appelé en Asie par sa passion pour la guerre, il y signala son courage et acquit une plus glorieuse renommée.

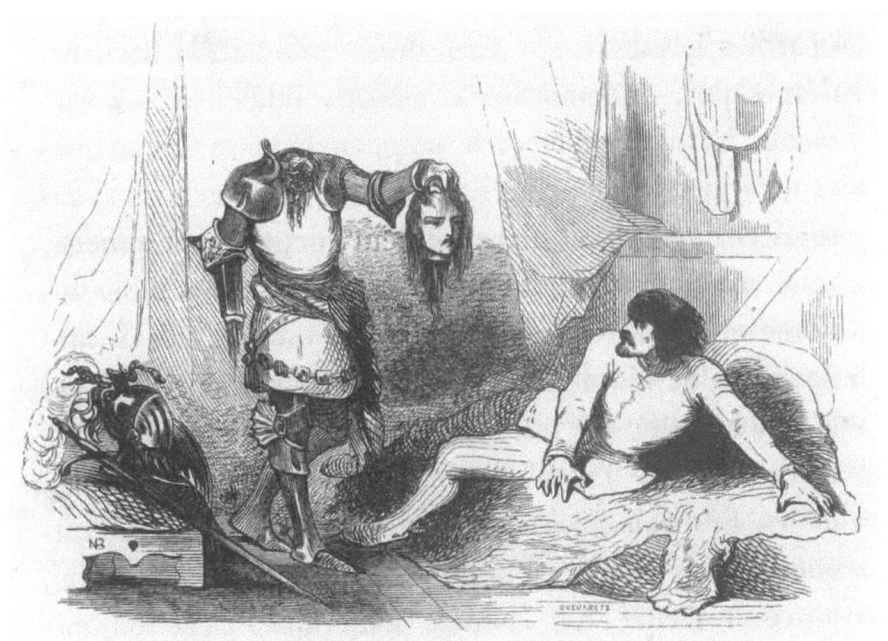

A l'approche de l'Aurore, ses yeux se ferment enfin; mais le Sommeil ne lui apporte pas un repos salutaire, la Discorde distille en ses veines des poisons qui le plongent dans un état de stupeur non moins affreux, non moins profond que l'éternelle mort. L'impitoyable Alecto lui apparaît sous mille formes hideuses, et ne cesse de le tourmenter. Elle lui présente un fantôme dont la tête est coupée et le bras droit mutilé; dans sa main gauche est une tête, pâle, livide, tachée de sang, où se montre encore une lueur de vie que le trépas va bientôt éteindre. De sa bouche s'échappent des paroles entrecoupées de sanglots. Fuis, Argillan! dit-il, fuis, voici le jour! Fuis un camp funeste et un chef impie!.. Omes fidèles amis, qui pourra vous sauver des coups de Godefroi et des perfides qui m'ont assassiné? Ce traître, dévoré d'une jalousie secrète, ne songe qu'aux moyens de se défaire de vous! Mais si le Destin te réserve de plus nobles exploits, ô Argillan, si tu as foi en ta valeur, ne fuis point! Que tout le sang de ce cruel soit versé en expiation et pour satisfaire mes mânes plaintives! Mon ombre vengeresse et irritée remplira ton coeur, accompagnera tes pas, soutiendra ta main.»

Ce discours inspire au guerrier une fureur nouvelle. Il se réveille et roule des yeux étonnés, gonflés de rage et de venin. Il s'arme, rassemble à la hâte les Italiens, les réunit dans l'endroit même où est suspendue l'armure de Renaud, et d'une voix fière et douloureuse il se répand en paroles irritantes: «Ainsi donc, une nation barbare, despotique, ennemie de la raison, infidèle à ses serments, insatiable d'or et de sang, enchaînera nos langues et nous tiendra courbés sous le joug! Ce que nous avons souffert de maux et d'abaissement, depuis sept années, sous son injuste domination, est tel qu'après mille ans Rome et l'Italie verront se rallumer les feux nés de tant de honte et d'indignation! Je ne vous rappellerai pas la Cilicie, soumise par la vaillance et l'habileté de Tancrède; l'astuce d'un perfide a usurpé le prix de la valeur, et les Français jouissent des avantages de cette conquête! Dans les occasions qui exigent une main prompte, un coeur ferme, un courage téméraire, c'est toujours l'un de nous qui s'élance le premier à travers mille morts au-devant de la flamme et du fer Puis, quand vient l'heure de la paix ou du repos, quand il s'agit de partager les palmes et le butin, on nous met à l'écart, et pour les Français seuls sont les triomphes, les hon-neurs, les trésors et les principautés! Il fut un temps sans doute où ces outrages pouvaient nous paraître graves et non mérités; mais que sont-ils aujourd'hui? Je les oublie tous pour ne m'occuper que d'un crime immense, exécrable! Des assassins ont violé les lois divines et humaines, et le Ciel ne tonne pas, et les noirs abîmes de la terre ne les ont point engloutis! Renaud a été égorgé, Renaud, l'épée et le bouclier de notre Religion! Il gît sans vengeance! oui, sans vengeance!... Les barbares! ils l'ont laissé sur le sable, nu, déchiré, sans sépulture!.... Vous cherchez à connaître l'auteur de ce forfait; compagnons, le doute est-il possible? Qui ne sait la jalousie que les exploits des Italiens inspirent à Godefroi et à Raudouin?.... Et pourquoi chercher d'autres preuves? J'atteste le Ciel, qui m'entend et ne peut nous tromper, ce matin, au moment où la nuit retirait ses voiles, j'ai vu l'ombre errante de Renaud! Image cruelle et lamentable! Il m'a appris les attentats de Godefroi! Je l'ai vu, ce n'était point un songe; maintenant encore, il est là, devant mes yeux!... Que devons-nous faire?.... Faudra-t-il endurer que cette main souillée d'un noble sang si injustement répandu nous opprime plus long-temps?.... Et pourquoi n'irions-nous pas vers les bords lointains de l'Euphrate, où des nations peu belliqueuses vivent dans l'abondance, au sein de belles et vastes cités qu'entourent des campagnes fertiles? Du moins, quand ces pays seront devenus notre conquête, nous les posséderons sans être obligés de les céder aux Français!... Si vous partagez mon avis, éloignons-nous et laissons sans vengeance ce sang illustre et innocent! Mais si ce courage qui languit froid et glacé retrouve l'ardeur dont vous devriez être enflammés, immolons le monstre infâme dont les venins ont fait périr la plus grande gloire de l'Italie! Que sa mort soit un exemple pour les autres tyrans! Ah! si vous aviez autant de résolution que de force, j'irais à votre tête plonger ce fer dans le coeur de l'impie, et châtier dans son repaire la plus affreuse des trahisons!»

Le turbulent guerrier entraîne tous les autres et leur souffle sa fureur et ses passions! «Aux armes! aux armes!» s'écrie-t-il, et la multitude, jeune, impétueuse, répète ces cris forcenés: «Aux armes! aux armes!» Alecto brandit le fer dont sa main est armée et remplit les coeurs de ses feux et de ses poisons. L'indignation, la rage, la soif criminelle du sang, tout grandit, tout s'allume; la contagion se glisse et se propage; de la tente d'Argillan elle passe dans le quartier des Helvétiens, y exerce ses ravages, et pénètre ensuite dans les rangs des Anglais. Ce trépas funeste, cette calamité publique, n'ont point ému de la même manière ces étrangers, mais d'autres griefs plus anciens se mêlent à ces ferments de discorde, et leur fournissent un nouvel aliment. Tous les ressentiments assoupis se sont réveillés. A leurs yeux, les Français sont des tyrans et des impies. Bientôt tous profèrent d'énergiques menaces, et la colère, qu'ils ne peuvent plus maîtriser, éclate avec leur haine. Telle, sur un feu trop ardent, la liqueur contenue dans un vase d'airain, bouillonne, lance de légères vapeurs, s'élève, écume, franchit les bords et se répand au dehors.

Déjà le petit nombre des plus sages et des plus éclairés ne suffit plus pour arrêter cette troupe insensée. Tancrède, Camille, Guillaume et tous les chefs sont loin du camp. Bientôt, ivre de fureur, la multitude court en armes; partout règne une affreuse confusion. Des trompettes, des voix séditieuses répètent des accents de guerre et de sinistres clameurs.

On se hâte d'avertir Bouillon, on le presse de s'armer au plus vite. Baudouin arrive le premier et se place à ses côtés. Godefroi entend ces accusations, lève les yeux au Ciel et implore l'appui du Très-Haut: «O Seigneur, dit-il, tu sais combien mon bras a horreur du sang versé dans les guerres civiles; déchire le voile qui aveugle ces Chrétiens abusés; suspends le courroux qui les transporte, et mon innocence, qui t'est connue, éclatera à leurs yeux.»

Il se tait, et, par la grâce du Ciel, un feu étrange et nouveau circule dans ses veines. Sa fermeté s'accroît avec sa hardiesse et son espérance; son visage est serein. Environné de ses fidèles compagnons, il s'avance vers ceux qui se proclament les vengeurs de Renaud. Le cliquetis des armes, les menaces, les frémissements de colère qui s'échappent des rangs pressés autour de lui, rien ne l'arrête! Il a mis sa cuirasse, il a revêtu un costume pompeux et de riches ornements. Ses mains sont sans armes: il tient son sceptre d'or, et cela doit lui suffire pour calmer ces mouvements tumultueux. Sur son front brille une douce et céleste majesté. Il se montre aux rebelles; il leur parle, et ses accents n'ont rien de la voix d'un mortel:

«Que signifient ces menaces insensées? Quel est ce vain bruit d'armes? Qui vous agite? Après tant de gages depuis si long-temps donnés, est-ce ainsi que vous respectez votre général? Existe-t-il parmi vous un seul homme, un seul qui exprime ses soupçons, qui ose accuser Godefroi de perfidie, et soutenir son accusation? Mais non; et vous espérez sans doute me voir descendre à la prière pour justifier ma conduite en implorant votre miséricorde? Ah! l'univers, qui est plein de mon nom, ne me reprochera pas une si honteuse faiblesse! Ce sceptre, le souvenir honorable de ce que j'ai pu faire, et la vérité, seront mes seuls moyens de défense!... Toutefois, je veux que ma clémence l'emporte sur la justice; la peine ne frappera point tous les coupables, et, par égard pour vos anciens services, je consens à vous pardonner cette rébellion. Je vous fais grâce aussi en faveur de Renaud. Argillan, le plus criminel d'entre vous, expiera l'attentat que vous avez commis. C'est lui qui, sur de vagues soupçons, vous inspira ses doutes et vous fit partager sa téméraire audace.»

Tandis qu'il parle, il semble entouré d'une auréole brillante comme la foudre et les éclairs. Argillan, saisi de stupeur, de respect et d'épouvante, veut se dérober à ses regards. Tous ces guerriers, naguère si insolents, qui frémissaient d'orgueil et de rage, ces furieux dont la vengeance impétueuse brandissait la flamme et le fer, n'osent plus lever leurs fronts que font rougir la crainte et la honte. Ils subissent en silence les reproches impérieux de Godefroi, et souffrent qu'Argillan, arraché du milieu de leurs rangs, soit pris et chargé de chaînes. Tel un lion fier et superbe rugit en secouant son épaisse crinière à la vue du maître qui dompta sa férocité; tremblant sous la menace, il obéit au commandement, s'humilie malgré la puissance formidable de ses dents et de ses griffes, et se soumet lâchement au frein qui le tient captif.

On dit qu'en cet instant apparut un ange, à l'attitude imposante et irritée, au visage terrible, qui de son bouclier étendu protégeait Godefroi. Il agitait une épée flamboyante teinte de sang. C'était sans doute le sang des nations qui avaient provoqué la lente vengeance de l'Éternel.

Ainsi finit la révolte; les haines s'éteignent, on dépose les armes. Godefroi retourne dans sa tente pour y méditer divers projets et préparer de nouvelles entreprises. Il se dispose à donner l'assaut à Solime avant la fin du second ou du troisième jour, et va visiter les travailleurs et les redoutables machines qu'ils ont achevées.

CHANT IX.

La Discorde va trouver Soliman et l'engage à attaquer les Chrétiens pendant la nuit. –L'Éternel, qui, du haut des Cieux, voit les tentatives de l'Enfer, envoie sur la terre l'archange saint Michel.–Alors, les Infidèles, privés de l'appui des démons et attaqués à l'improviste par les chevaliers qu'Armide avait entraînés, désespèrent de la victoire et fuient avec Soliman.

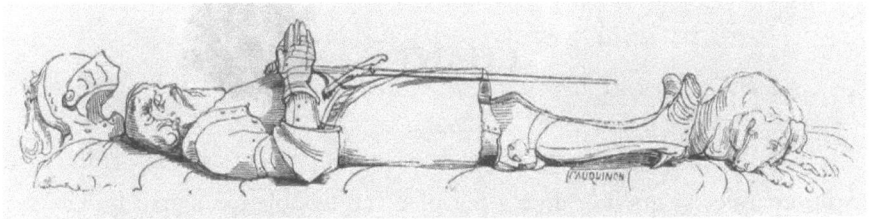

CHANT IX,

ALORS le puissant monstre des Enfers, voyant que les colères se sont apaisées et que le calme a fait place au trouble qui agitait les coeurs, n'espère plus lutter contre le Destin, ni changer les décrets suprêmes et l'immuable volonté de l'Éternel. Il fuit; sur son passage, le soleil pâlit soudain, les champs se dessèchent et perdent leur fertilité. Ministre d'autres maux, armé de nouvelles fureurs, il presse son vol et veut tenter de nouveaux hasards. Il sait que l'art des démons tient éloignés du camp le fils de Berthold, Tancrède et les plus intrépides chefs: «Pourquoi tarderai-je davantage, s'écrie-t-il? Il faut que Soliman apporte la guerre en ces lieux où il n'est pas attendu. Qu'il vienne, et j'en ai l'espoir ou plutôt l'assurance, nous triompherons de cette armée affaiblie et en proie aux dissensions.»

Il dit, et se dirige vers les contrées où Soliman erre avec les hordes vagabondes dont il s'est déclaré le chef. De tous les ennemis du vrai Dieu ce guerrier est le plus implacable. Moins terribles furent ces Géants, enfants de la Terre, qui, pour venger ses outrages, essayèrent d'escalader l'Olympe. Soudan des Turcs, il avait établi à Nicée le siège de son empire. Ses États, situés en face des rivages de la Grèce, s'étendaient du Sangar aux bords du Méandre, et étaient formés de ces provinces qu'habitaient jadis les Mysiens, les Lydiens, les peuples de la Phrygie, de la Bithynie et du Pont. Mais, depuis que les armées d'Occident sont venues en Asie chercher et combattre les Infidèles, les Turcs, attaqués dans leur propre pays, ont été entièrement défaits en deux batailles rangées. Après avoir vainement lutté contre la fortune, forcé de quitter son empire, Soliman se réfugia chez le roi d'Egypte, qui lui offrit un généreux asile. Déjà ce prince avait résolu de s'opposer aux invasions des Chrétiens dans la Palestine, et il vit avec joie un héros si fameux prêt à seconder ses desseins. Cependant, avant de déclarer ouvertement la guerre, il voulut que le Soudan stipendiât, à force d'or, les hordes de l'Arabie, tandis que lui-même appellerait aux armes les nations de l'Afrique et de l'Asie.

Soliman entraîne aisément sur ses pas des brigands avides de butin, et toujours mercenaires. A leur tête, il pénètre dans la Judée, promenant partout le pillage et la destruction, interceptant tous les chemins, tous les passages qui conduisent des bords de la mer au camp de Godefroi. Sans cesse il est préoccupé du souvenir de ses anciennes haines et de la ruine de sa puissance, et son âme irritée médite les plus vastes projets; mais il ne s'est encore décidé à aucune entreprise.

La Discorde s'approche de lui. Elle a pris l'apparence d'un vieillard au visage pâle, décharné, sillonné de rides; sa bouche est couverte d'une moustache épaisse; son menton est rasé; un épais turban entoure sa tête; sa robe descend jusqu'à ses pieds; à son côté pend le cimeterre; un arc est dans sa main, et sur son dos résonne un carquois plein de flèches: «Maintenant, lui dit-elle, nous errons sur des plages désolées, au milieu de stériles et sablonneux déserts; nous n'avons point d'occasion de butiner, et la victoire est sans prix comme sans lauriers! Cependant les tours de Godefroi ont déjà renversé les remparts de Jérusalem assiégée! Si tu tardes davantage, nous verrons la flamme dévorer les débris de cette cité ruinée et anéantie. Eh quoi! des chaumières incendiées, des troupeaux enlevés seront les seuls trophées de Soliman! Est-ce ainsi qu'un héros se prépare à reconquérir ses États? Est-ce ainsi qu'il espère réparer ses désastres et venger ses affronts? Reprends ton audace; viens, à la faveur des ombres, t'emparer de ces retranchements, et que nos ennemis périssent égorgés!... Crois-en le vieil Araspe, dont tu as apprécié l'expérience quand tu étais sur le trône et dans l'exil. Ils ne t'attendent pas, ils ne sont point sur leurs gardes, ils méprisent des ennemis nus et incapables de soutenir le moindre choc. Peuvent-ils prévoir que des bandes accoutumées à piller et à fuir auront une si grande témérité? Mais Soliman communiquera son courage aux Arabes, et ils n'hésiteront point à attaquer un camp surpris et livré au sommeil.»

A ces mots, la Discorde verse dans son sein ses brûlantes fureurs et s'évanouit dans les airs. Le Soudan lève ses mains vers le Ciel et s'écrie: «Tu n'es pas un mortel, bien que tu en aies pris les traits, ô toi qui m'inspires une telle ardeur. Partout où tu me guideras, je te suivrai; et, parmi des flots de sang, changeant les vallons en collines, j'élèverai, j'accumulerai des monceaux de cadavres et de blessés. Reste près de moi, et conduis » mon bras dans les ténèbres.»

Aussitôt, sans différer, il rassemble les tribus, les exhorte, gourmande leur faiblesse et leur lenteur; son ardeur, sa volonté impétueuse embrasent ces barbares déjà impatients de partir. La Discorde donne le signal, et, de sa propre main, déploie dans les airs le plus grand de leurs étendards. Le camp se précipite, vole et devance le bruit de l'agile Renommée.

L'Esprit infernal laisse cette armée, prend la figure et les vêtements d'un courrier; et, à cette heure où les ténèbres luttent avec le jour, elle entre dans Solime, traverse une foule éplorée, et annonce à Aladin la nouvelle importante de l'approche des Arabes, qui commenceront leur attaque au moment qu'elle lui indiquera.

Déjà, avec les ombres, s'étendent d'horribles nuages chargés de funestes vapeurs. La nuit, au lieu d'une fraîcheur bienfaisante, humecte la terre d'une rosée tiède et sanglante. Des larves et des fantômes envahissent le ciel; des monstres frémissants errent dans l'espace. Le roi des Enfers a vidé les noirs abîmes et répandu dans les airs les ténèbres du Tartare. A la faveur de cette obscurité profonde, le fier Soudan marche vers le camp ennemi. Puis, lorsque la nuit, bientôt à son déclin, a parcouru la moitié de sa carrière, il s'arrête à un mille des Chrétiens, sans défiance, fait reposer ses soldats, et, d'une voix haute, il les harangue et les prépare à ce cruel combat:

«Devant vous, leur dit-il, est une armée enrichie par le pillage, et plus fameuse que vraiment redoutable. Elle a, comme les flots d'une mer en furie, englouti tous les trésors de l'Asie, et le Destin propice vous livre aujourd'hui une telle proie, presque sans risque et sans danger. Ces armas, ces coursiers chargés d'or et de pourpre, serviront mal leurs maîtres, et vous allez les saisir. Déjà ce ne sont plus les bataillons qui asservirent Nicée et vainquirent les Persans. Des guerres longues et variées en ont détruit la plus grande partie; et, fussent-ils encore intacts, ils sont là, sans défense, et plongés dans le repos. L'homme que le sommeil accable est aisément vaincu, et du sommeil à la mort il n'y a qu'un faible intervalle Suivez-moi! je vais vous frayer un chemin sur leurs corps expirants... Franchissons ces retranchements!... Je veux, usant de tout l'art d'une haine sans égale, frapper et percer chacun d'eux!... Que ce jour soit le dernier du règne de Jésus!... Venez recueillir aujourd'hui toutes les faveurs de la Fortune et achever la délivrance de l'Asie.»

Ces paroles ont exalté les esprits; Soliman ordonne le départ, et tous marchent avec précaution. Mais sur la route qu'ils suivent brille soudain une lueur incertaine: ce sont les feux des sentinelles, et les Arabes ne trouvent pas, comme ils l'espéraient, la prudence de Godefroi en défaut. Les Chrétiens reculent, poussent des cris à la vue des nombreux assaillants qui se présentent. La garde la plus avancée se réveille, court aux armes et s'apprête à repousser l'ennemi.

Les Arabes, sûrs d'avoir été découverts, font résonner leurs instruments barbares; des cris effroyables, le bruit des pas, le hennissement des coursiers s'élèvent confusément dans les airs. Les cimes des monts, les profondeurs des vallées retentissent, et les abîmes répètent ces sons éclatants. La Discorde, agitant son flambeau, donne le signal aux défenseurs de Solime.

L'impétueux Soudan se porte en avant, charge ces guerriers encore troublés et en désordre; il se précipite avec la rapidité des vents longtemps captifs et qui s'échappent de leurs antres sauvages: le torrent qui déracine les arbres et culbute les chaumières, la foudre qui renverse et consume les palais, les convulsions de la terre tremblante ne sont qu'une faible image des effets de sa fureur. Jamais son glaive ne s'abat sans toucher, et toujours il ouvre d'affreuses, de mortelles blessures. Mais un plus long récit de pareils exploits semblerait fabuleux.... Soliman ne s'émeut pas des coups dont on l'accable; il cache ou ne sent pas la douleur; son casque retentit comme une cloche, et mille étincelles en jaillissent. Seul il a mis en fuite la première troupe. Alors, semblables au fleuve grossi par d'innombrables ruisseaux, les Arabes accourent sur ses pas. Les Chrétiens sont en pleine déroute, et les vainqueurs, mêlés aux fuyards, pénètrent avec eux dans les retranchements, où ils sèment le carnage, l'épouvante et la destruction.

Sur le cimier de Soliman étincelle un affreux dragon, dont le cou s'allonge et se dresse; il se roidit, s'élève sur ses griffes, déploie ses ailes et courbe en arc sa queue tortueuse; sa gueule rejette une écume livide, sa langue est armée d'un triple dard, et, lorsque le combat s'allume, on dirait qu'il frémit, qu'il siffle, qu'il s'enflamme et vomit des torrents de feux et de fumée. C'est ainsi que l'Infidèle se montre formidable à tous les regards. Telles les vagues, bouleversées pendant les ténèbres, paraissent à la lueur des éclairs aux navigateurs saisis de terreur. Les Chrétiens fuient éperdus et tremblants; les plus intrépides saisissent leurs armes; la nuit augmente encore la confusion, et le péril caché n'en est que plus effrayant.

Latinus est parmi les plus braves. Les fatigues n'ont point épuisé le corps, les années n'ont point diminué l'audace de ce guerrier que les rives du Tibre ont vu naître. Toujours à ses côtés au milieu des combats, se tiennent ses cinq fils, presque ses égaux en vaillance. Déjà, depuis longtemps, une pesante cuirasse charge leurs jeunes membres, et le casque cache leurs traits délicats. Excités par l'exemple de leur père, ils aiguisent leur fer et leur colère: «Venez, leur dit Latinus, attaquons cet impie dont l'orgueil insulte aux fuyards. Il répand autour de lui le sang et le massacre, mais cela ne peut étonner votre courage ordinaire. Vous ne l'ignorez pas, ô mes fils, il n'est point de gloire sans péril.» Ainsi, la lionne farouche, guidant ses nourrissons, leur apprend à mépriser le danger et à fondre sur leur proie, avant même qu'une flottante crinière orne leur col, ou que des griffes et des dents meurtrières aient complété leur armure. Elle les excite contre le chasseur qui trouble la forêt et met en fuite les animaux craintifs.

L'intrépide Latinus et son imprudente troupe entourent et assaillent le Soudan. Tous, comme animés du même esprit et d'une même intention, baissent à la fois leurs lances contre lui. L'aîné, plus téméraire encore que ses frères, abandonne sa lance, s'approche, et veut, avec son épée, percer le coursier dont la chute entraînera celle de son maître. Mais, tel que le roc immobile, exposé aux tempêtes et aux flots furieux, domine la mer et défie l'effort des vagues et des vents, le tonnerre et le ciel en courroux, le Sarrasin reste audacieux, impassible au milieu des glaives et du fer. Il frappe au visage celui qui menace son coursier; et, au moment où Aramant avance la main pour soutenir son frère défaillant, (imprudente et vaine affection qui ne fait que hâter son propre sort!) Soliman décharge un coup de cimeterre sur ce bras étendu, et les deux frères, renversés, palpitants, confondent leur sang et leurs derniers soupirs. Le jeune Sabinus le harcelait de loin; le Soudan brise sa lance, pique son coursier, le heurte et le foule expirant sous les pieds de son cheval. Arrachée péniblement à sa jeune et frêle enveloppe, son âme s'en échappe avec douleur, et il abandonne à regret les plaisirs riants et fortunés du bel âge... Pic et Laurent ont survécu: tous deux sont nés le même jour, et leur parfaite ressemblance a souvent causé de tendres erreurs; mais, si la nature ne mit en eux aucune différence, le terrible Soudan ne leur accordera point le même trépas. Cruelle distinction!... A l'un il tranche la tête, à l'autre il perce le coeur!...

Leur père, hélas! ce doux nom ne lui appartient plus depuis que le Destin impitoyable lui ravit à la fois tous ses fils! leur père voit dans ces meurtres déplorables sa propre mort et la destruction de toute sa race!... Et comment l'infortuné, après un tel désastre, conserve-t-il assez de vigueur et de courage pour combattre? Peut-être n'a-t-il point vu les derniers gestes et les derniers regards de ses fils immolés?... Peut-être que les ténèbres secourables lui auront caché ces affreuses luttes!... Prodigue de sa vie, dédaignant la victoire, si la mort ne vient pas ensuite le saisir, il s'avance transporté de fureur, et brûle de verser tout le sang du Sarrasin. On ne saurait dire ce qu'il cherche le plus de la vengeance ou de la mort:

«Mon bras est donc bien faible, s'écrie-t-il, pour mériter ainsi tes dédains!, ... Tous mes efforts ne peuvent donc attirer sur moi ton courroux!...» Il dit, et porte un coup furieux qui perce à la fois la cuirasse et la cotte de mailles de Soliman. Le fer s'enfonce dans le côté et fait une large plaie d'où le sang s'échappe à gros bouillons. Ses cris, ce coup terrible, ont tourné contre lui la rage et l'épée du Soudan. Déjà le cimeterre a traversé le bouclier qu'entoure sept fois un cuir épais il déchire l'armure et se plonge dans les entrailles de Latinus. L'infortuné sanglote, expire, et le sang s'écoule tour à tour par sa bouche et par la plaie. Tel, sur l'Apennin, un chêne antique qui brava pendant de longs siècles l'Eurus et l'Aquilon, cède enfin aux efforts de l'ouragan, brise et roule dans sa course les arbres de la forêt; ainsi tombe Latinus; il s'attache aux ennemis qui l'entourent, en entraîne plusieurs avec lui, accumule en mourant les cadavres, et trouve une fin digne d'un si brave guerrier.

Le Soudan se repaît de meurtre et assouvit sa haine que le repos a long-temps enchaînée; les vils Arabes font, à son exemple, un cruel massacre des Chrétiens. Sous tes coups, ô barbare Dragut, expirent l'Anglais Henri et le Bavarois Holopherne. Ariadin tue Gilbert et Philippe, qui naquirent sur les bords du Rhin. La massue d'Albazar renverse Ernest. Enguerrand périt par le glaive d'Algazel. Mais qui pourrait décrire tant de blessures et de trépas différents! Comment raconter la mort de tant d'autres victimes vulgaires!

Les premiers cris ont réveillé Godefroi. Sans s'arrêter à de lentes réflexions, il s'arme, rassemble un gros de guerriers et se met à leur tête. Les clameurs, le tumulte qui s'accroît de plus en plus, lui font penser que c'est une attaque soudaine des Arabes. Il n'ignore pas que ces hordes de pillards parcourent le pays d'alentour, mais, comment prévoir qu'elles pousseraient l'audace jusqu'à faire une tentative contre le camp. Tandis qu'il vole vers le lieu menacé, il entend tout-à-coup, d'un autre côté, le cri: «Aux armes! aux armes!» Et d'horribles et sauvages hurlements remplissent les airs. C'est Clorinde et Argant, qui, avec les troupes sorties de Jérusalem, chargent les Chrétiens. Godefroi se tourne vers Guelfe, et lui dit: «Tu entends ces nouveaux cris de guerre qui parlent des hauteurs de Solime! Il faut que ta prudence et ta valeur contiennent les premiers efforts de ces nouveaux ennemis. Va, veille à tout, prends avec toi une partie de mes chevaliers; les autres m'aideront à » repousser le choc impétueux des Arabes.»

Ses dispositions ainsi prises, une fortune égale les conduit tous les deux par des sentiers différents. Guelfe vole vers les collines, et Bouillon vers les Arabes qui n'ont rencontré jusqu'alors aucune résistance. Pendant sa marche, sa troupe se grossit; de nouveaux guerriers accourent à chaque instant. Bientôt, accompagné de forces nombreuses et imposantes, il arrive aux lieux où le redoutable Soliman immole les Chrétiens. Tel, l'Éridan, humble à sa source, descend des monts et mouille à peine un lit étroit et resserré; mais, plus il s'éloigne, et plus il s'enorgueillit de la grandeur et de la rapidité de ses eaux; puis, franchissant ses digues, il lève un front menaçant, répand dans les campagnes ses flots victorieux, lutte contre la mer Adriatique, et semble plutôt lui porter la guerre que le tribut de ses ondes.

A la vue de ses soldats qui fuient épouvantés, Bouillon s'élance et les menace: «Qu'est-ce? s'écrie-t-il; que veut dire cet effroi? Où fuyez-vous? Regardez donc au moins ceux à qui vous cédez!... Les hordes viles qui vous poursuivent ne savent ni donner, ni recevoir de pied ferme une blessure! Faites volte-face, et vos regards suffiront pour les remplir de terreur.»

A ces mots, poussant son coursier, il se précipite au milieu de l'incendie allumé par Soliman! Il marche à travers le sang et la poussière, bravant le fer, le péril et la mort; son épée, ses coups formidables enfoncent et culbutent les rangs les plus serrés, les plus épais. Il renverse les uns sur les autres chevaux et cavaliers, armes et soldats, et s'avance sur des monceaux de guerriers égorgés et confondus. L'intrépide Soudan ne recule pas et ne cherche point à éviter le fier rival qui vient vers lui. Il marche à sa rencontre, lève son épée et fond sur Godefroi pour le frapper. Oh, quels illustres rivaux le destin appela des extrémités du monde pour cette grande lutte! Là, dans cet étroit espace, la fureur disputera au courage la puissance souveraine de l'Asie! Qui pourrait dire l'énergie des combattants, la rapidité et la force de leurs coups! Il faudra taire mille exploits que la nuit cacha sous ses ombres, et qui méritaient d'avoir pour témoins tous les peuples de l'univers et la lumière du plus beau jour.

Sur les pas de leur général, les Chrétiens ranimés marchent en avant. Autour du Soudan lui-même, se groupe l'élite nombreuse de ses plus braves guerriers. Le sang des Francs et des Sarrasins arrose également la terre; tous, vainqueurs et vaincus, donnent et reçoivent la mort. Ainsi, les vents du Nord et du Midi, se disputant l'empire du ciel et de la mer, opposent les nuées aux nuées, les vagues aux flots, et luttent avec une pareille force et une même furie. Ainsi, dans cette affreuse mêlée, tous montrent un égal acharnement; nul ne cède, personne ne recule; les boucliers heurtent les boucliers; les casques résonnent contre les casques; les épées rencontrent les épées avec un horrible fracas.

Cependant, sur un autre point du champ de bataille, le combat n'est pas moins terrible, et les guerriers sont aussi nombreux. Des nuages chargés d'Esprits infernaux ont envahi l'immensité des airs et soutiennent les Infidèles. Nul Sarrasin ne songe à fuir, et les flammes de l'Enfer embrasent encore Argant déjà tout brûlant de ses propres feux. De ce côté, il a déjà mis en fuite la garde avancée, et, d'un bond, il franchit les retranchements. Il comble le fossé de débris humains, aplanit la route et facilite le passage aux soldats qui le suivent.

Aussitôt le sang ruisselle et rougit les tentes. Clorinde est aux côtés du Circassien, car elle eût dédaigné le second rang. Elle frappe d'aussi rudes coups. Les Chrétiens fuient, mais les troupes de Guelfe leur apportent un utile secours. Il arrête l'impétuosité des Infidèles, et force les fuyards à retourner au combat. On s'attaque avec furie, et le massacre est égal des deux côtés.

Alors le Roi des Cieux abaisse du haut de son trône ses regards sur cette scène de carnage. Il est assis au fond du sanctuaire auguste d'où il dicte ses lois de justice et de clémence, orne et embellit cet univers dont les mouvements n'obéissent qu'à sa voix. Il brille d'une triple auréole qui se confond en une seule lumière radieuse et éternelle. A ses pieds sont les humbles ministres de ses volontés: la Nature et le Destin, le Mouvement et le Temps qui le mesure, l'Espace et la Fortune, qui, sourde aux voeux des mortels, dissipe et disperse comme la fumée et la poussière, les trésors, les sceptres et la gloire. Les yeux les plus purs sont éblouis de sa divine splendeur. A ses côtés sont les Esprits innombrables qui jouissent inégalement de la même béatitude; le divin séjour retentit de leur céleste harmonie.

Le Très-Haut appelle à lui Michel, qui paraît tout couvert d'une étincelante armure de diamant: «Ne vois-tu pas, lui dit-il, la troupe infernale s'armer contre mon peuple fidèle et chéri? Elle ose sortir du fond des abîmes de la mort pour troubler l'univers! Pars, et ordonne-lui de laisser désormais aux guerriers de la terre le soin de leurs combats! Qu'elle cesse de répandre la discorde et d'infecter de ses poisons le ciel, les airs et le séjour des vivants. Qu'elle retourne dans la nuit ténébreuse, asile de douleur digne de ses crimes, et y exerce sur elle-même et sur les âmes coupables sa fureur vengeresse! Je le veux, je l'ordonne!»

Le chef des archanges s'incline avec respect, déploie ses ailes, s'élance d'un vol puissant plus rapide que la pensée, et franchit la sphère de feu où les justes ont leur demeure glorieuse et immuable. Bientôt il est au milieu des espaces de cristal et de ce cercle d'étoiles innombrables que régissent des impulsions contraires. A sa gauche roulent Jupiter et Saturne, dont les mouvements et l'aspect sont différents Là, sont les astres que l'on ne peut appeler errants, puisque l'éternelle volonté qui les a créés les dirige. De ces globes toujours éclatants et sereins, il descend dans les régions inférieures où grondent la foudre et les orages, et où les humains, livrés à de continuelles vicissitudes, meurent et renaissent sans cesse de leurs propres ruines. Il paraît, et le souffle de ses ailes dissipe les ténèbres épaisses et la sombre horreur. Les voiles de la nuit se dorent des feux éblouissants qui entourent son visage. Ainsi le soleil, après l'orage, fait resplendir les nues de ses riches couleurs. Ainsi l'étoile, détachée de la voûte céleste, fend l'air pur et transparent, et tombe dans le sein de la terre.

L'archange est arrivé aux lieux où les Esprits infernaux allument et excitent l'ardeur de l'Infidèle. Il s'arrête, suspend son vol au milieu des airs, brandit sa lance et leur adresse ces mots: «Ovous! dont l'orgueil survit encore à l'opprobre, aux châtiments les plus terribles et aux tourments les plus affreux, vous devriez connaître les foudres redoutables du Maître du monde!.... Il est écrit dans le Ciel que devant ses insignes vénérés s'ouvriront les portes et tomberont les remparts de Sion! Et vous voulez lutter contre le Destin! Que vous sert d'appeler sur vous les colères du Très-Haut! Retournez, maudits, dans vos sombres royaumes, refuge des peines et de l'éternelle mort! Dans ces cachots où vous êtes plongés doivent se renfermer vos luttes et vos victoires! C'est là que peuvent s'épuiser vos fureurs! Là, au milieu des gémissements sans fin, des grincements de dents, du cliquetis des chaînes et du fer, exercez votre puissance sur les criminels qui vous sont livrés!»

A ces mots, de sa lance fatale il frappe et presse les plus paresseux. Les démons quittent en gémissant le séjour de la lumière et des étoiles. Ils se précipitent vers l'abîme et assouvissent leur rage sur les âmes coupables. Moins nombreuses sont les troupes de ces oiseaux voyageurs qui traversent les mers pour chercher des climats plus doux; moins nombreuses sont les feuilles que chassent l'automne et les premiers frimas.

Le ciel, délivré de leur présence, dépouille son sinistre aspect et reprend sa sérénité. Mais le superbe Argant, privé de leur assistance, ne montre pas moins d'audace et d'acharnement; la Discorde ne lui souffle plus ses feux, le fouet infernal a cessé de battre ses flancs, et pourtant il promène son glaive au milieu des escadrons les plus serrés et les plus épais. Il moissonne chefs et soldats, et renverse les têtes les plus altières comme les plus viles. Non loin de là est Clorinde, et les monceaux de corps et de débris dont elle sème le sol attestent qu'elle a fait un égal carnage. Elle plonge son épée dans le sein de Bérenger et lui traverse le coeur; le fer pénètre avec tant de violence qu'il ressort tout sanglant par le dos. Ensuite elle blesse Albin à la gorge et fend la tête à Gallus. Garnier vient de la blesser; elle lui abat la main droite. Les doigts encore pleins de vie et frémissants serrent toujours le glaive qu'ils retiennent. Telle on voit la queue du serpent faire de vains efforts pour se réunir au corps dont elle a été séparée. La guerrière, abandonnant l'infortuné Garnier, se retourne vers Achille et lui porte un coup d'épée qui l'atteint entre la nuque et le cou; les nerfs et le gosier sont coupés, la tête roule sur la poussière; déjà le visage est souillé, et, spectacle étrange! le tronc reste debout, ferme sur les étriers. Alors, libre du frein, le coursier bondit, caracole et parvient à se débarrasser de son hideux fardeau.

Tandis que l'invincible Clorinde enfonce et poursuit les escadrons, Gildippe fait aussi un grand carnage des Sarrasins: femmes toutes deux, elles déploient le même courage et une égale audace; mais le Destin, qui leur réserve des adversaires plus terribles, ne leur permet pas de se rencontrer et de mesurer leur valeur. Elles se précipitent sur la multitude qui les sépare et ne peuvent en ouvrir les rangs pressés. L'intrépide Guelfe lève son fer contre Clorinde, s'approche, lui porte un coup de revers et lui ouvre le flanc. La guerrière riposte et le blesse grièvement entre les côtes. Guelfe redouble sans l'atteindre, car le Palestin Osmide se jette à l'improviste entre eux, et ce coup, qui ne lui était pas destiné, lui partage la tête.

Au même instant, les Chrétiens environnent leur chef; la foule des Sarrasins s'accroît, et le combat devient une mêlée confuse.

Cependant l'Aurore déployait dans les cieux son manteau de pourpre et d'or. Le fier Argillan, brisant sa chaîne, saisit au hasard les premières armes qu'il trouve, et veut, par de nouveaux exploits, réparer ses fautes. Ainsi le cheval de bataille s'échappe de l'écurie royale où il fut captif; alors, respirant la liberté, il bondit dans la prairie au milieu des troupeaux, près du fleuve et des pâturages de son enfance; il secoue sa tête altière; ses crins flottants se jouent sur ses épaules et sur son col; son pied frappe et fait retentir la terre; le feu semble sortir de ses naseaux, et ses hennissements remplissent les airs. Tel paraît Argillan, le regard farouche et enflammé, le visage plein d'intrépidité et d'orgueil; il court avec légèreté, et son pied rapide s'imprime à peine sur le sable qu'il effleure.

Il se précipite au milieu des ennemis, et d'une voix haute, du ton résolu d'un homme qui ne connaît pas l'effroi: «Vile écume de la terre, s'écrie-t-il, stupides Arabes, d'où vous vient tant d'audace? Qui vous attire? Vous ne savez vous servir ni du casque, ni du bouclier, trop lourds pour votre faiblesse; la poitrine nue, le dos à découvert, tremblants et sans défense, vos coups ne frappent que les vents, et vous cherchez votre salut dans la fuite! Il vous faut la nuit et les ténèbres pour l'accomplissement de vos lâches exploits!... Mais les ombres vont disparaître, et rien ne pourra vous sauver?... Bientôt vous aurez besoin d'armes, de valeur et de fermeté.»

Il n'a pas cessé de parler, et déjà Algazel, qui veut lui répondre, est frappé à la gorge; sur les lèvres du Sarrasin expirent des sons inarticulés; ses yeux expriment une soudaine horreur; un froid mortel parcourt ses membres; il tombe et mord avec rage le sol odieux qui recevra son cadavre. Saladin, Agricalte, Muléassem périssent sous le fer d'Argillan. D'un seul coup il partage en deux Aldiazil à la hauteur du flanc. Il plonge son épée dans le coeur d'Ariadin, le renverse et lui adresse de cruelles railleries. Le blessé, près de rendre le dernier soupir, lève ses paupières appesanties et répond à ses paroles hautaines:

«Qui que tu sois, tu n'auras pas long-temps à te réjouir de ta victoire et de ma mort: le même sort t'est réservé; bientôt un bras plus puissant que le tien » te jettera à mes côtés.

»–C'est au Ciel à veiller sur ma destinée, réplique Argillan avec un sourire amer, occupe-toi de mourir, car les chiens et les oiseaux impatients réclament leur proie.»

A ces mots, il le foule aux pieds, et, en arrachant son glaive de son sein, il lui ôte la vie.

Au milieu de cette foule d'archers et d'hommes d'armes est un page du Soudan: sur son frais visage, où brillent toutes les grâces de l'enfance, ne paraît point encore le premier duvet de la jeunesse; les gouttes d'une sueur brûlante qui coulent sur ses joues semblent des perles et des rubis; la poussière couvre et embellit ses cheveux épars; une douce fierté relève la beauté de ses traits. Son coursier, d'une éclatante blancheur, comparable aux neiges nouvelles dont s'enveloppe l'Apennin, saute et bondit plus rapide que les vents, plus prompt que l'éclair. Il brandit une zagaie qu'il tient par le milieu; à son côté pend un cimeterre recourbé, dont le brillant fourreau est tissu d'or et de pourpre avec toute la magnificence de l Asie. L aiguillon de la gloire excite son jeune courage; çà et là il porte le désordre parmi les Chrétiens, et nul ne les presse avec plus d'ardeur. Argillan épie le moment favorable pour le frapper de sa lance au milieu de ses rapides détours. Tout-à-coup il atteint le coursier de Lesbin et le saisit lui-même au moment où il cherche à se relever. Alors, malgré ses prières, sa seule défense, le cruel menace de son glaive ce visage suppliant, le plus bel ouvrage de la nature. On dirait que le fer, plus sensible qu'Argillan, hésite et se détourne: il n'atteint la victime que du plat! Vain répit! le barbare redouble, et la pointe plus fidèle pénètre à l'endroit même qu'il avait une première fois manqué.

Le Soudan n'est pas loin et tient tête aux troupes de Godefroi; mais, à la vue des dangers qui menacent son favori, il quitte le combat où il est engagé et se précipite vers les rangs qui s'ouvrent devant lui. Du moins il vengera Lesbin, s'il n'a pu le sauver! Il arrive et voit son page chéri étendu sans vie. On dirait une fleur détachée de sa tige. Ses yeux, languissants sont prêts à se fermer, sa belle tête fléchit et s'incline; une vague paleur, funeste signe de la mort qui s'approche, rend sa beauté plus touchante.

Le coeur de marbre du Soudan s'est attendri, un gémissement se mêle à ses cris de rage. Tu pleures, Soliman, toi qui d'un oeil sec as vu s'écrouler ton empire!... Bientôt il reconnaît le fer encore tout dégouttant d'un sang si précieux: la sensibilité fuit, les larmes rentrent au fond de sa poitrine, sa colère bouillonne et s'allume; il fond sur Argillan, lève son épée, et du même coup fend le bouclier, le casque, la tête et la gorge; ce coup formidable est digne de sa rage. Mais sa fureur n'est pas satisfaite, et il foule aux pieds de son coursier ce cadavre livide. Efforts superflus d'une immense douleur, ces restes inanimés ne sont plus qu'une matière insensible! Tel un chien s'acharne sur le caillou qui l'a blessé.

Cependant le courroux de Bouillon n'est point impuissant. Mille Turcs, réunis en un même corps et habitués à combattre avec ordre, résistent avec valeur aux attaques des Chrétiens. Ces guerriers, couverts de casques, de cuirasses et de boucliers, endurcis aux fatigues, exercés au métier des armes et pleins de résolution, sont les plus vieilles troupes de Soliman. Compagnons fidèles de ses destins contraires, ils l'ont suivi dans ses courses errantes au milieu des déserts de l'Arabie. Godefroi fond sur eux; il atteint le fier Corcut au visage et Rostin au flanc, tranche d'un coup d'épée la tête à Sélim, et abat à Rossen les deux bras. Une foule d'autres tombent morts ou blessés. Tandis qu'il charge et repousse tour à tour les Sarrasins, la fortune indécise ne se prononce pour aucun, et les Barbares peuvent encore espérer la victoire. Soudain paraît un nuage de poussière qui grossit et s'approche; de son sein s'échappent les foudres de la guerre; puis, des éclairs inattendus brillent et vont étonner les Infidèles. Ce sont cinquante guerriers dont les bannières portent la croix d'argent sur un champ de pourpre.

Eussé-je cent bouches et cent voix, une poitrine de fer et infatigable, je ne pourrais dire le nombre de ceux qui tombèrent au premier choc de cet escadron redoutable! L'Arabe périt lâchement; le Turc, plus intrépide, résiste, se défend et meurt. Partout se répandent l'horreur, la cruauté, le deuil et l'effroi. Partout la mort règne et accomplit de mille manières sa terrible moisson; le sang inonde la terre.

Aladin s'est placé hors des portes, sur une colline, avec une partie des siens, pour saisir l'instant et profiter de la victoire. Il peut découvrir la plaine qui s'étend autour de lui et la double bataille engagée entre les deux armées. A la vue des Sarrasins qui fuient pour la plupart, il fait sonner la retraite, et envoie à Clorinde et à Argant des ordres pressants pour qu'ils cessent le combat. Le couple intrépide, ivre de sang, aveuglé par la colère, refuse d'abord d'obéir; mais il cède enfin et s'efforce de ralentir et de régler la fuite désordonnée des soldats. Comment maîtriser et conduire ces lâches troupes que l'épouvante entraîne? C'est une déroute précipitée: les uns jettent leurs boucliers, les autres leurs cimeterres; le fer est un embarras et ne sert plus à leur défense. Entre la ville et le camp est un vallon qui s'élève à l'occident et s'incline au midi; ils s'y réfugient; un épais tourbillon de poussière les enveloppe et roule vers les murs de Sion. Pendant qu'ils descendent rapidement la colline, les Chrétiens en font un horrible carnage; mais, sur le sommet, les fuyards trouvent les guerriers d'Aladin prêts à les soutenir. Guelfe ne veut pas commencer une attaque où tous les avantages du terrain seraient pour l'ennemi, et il arrête ses soldats qu'il ne veut point exposer à une perte certaine.

Les troupes échappées à ce funeste combat rentrent dans Solime avec Aladin.

Cependant, le Soudan a fait tout ce que peut accomplir la force d'un mortel. Baigné de sang et de sueur, la poitrine haletante, les flancs palpitants, il est accablé, épuisé de fatigue; son bras languissant ne peut plus soutenir le poids de son bouclier; son épée émoussée ne tourne plus qu'avec lenteur, et frappe sans diviser.

Il voit l'impuissance de ses coups, et s'arrête indécis et incertain. Doit-il mourir et se frapper de sa propre main pour ôter aux ennemis l'honneur de sa chute? Doit-il survivre à la destruction de son armée et sauver sa vie?

«Le Destin le veut, s'écrie-t-il enfin; je fuirai pour mettre le comble à leur gloire! Que ces Infidèles voient la fuite de Soliman et insultent de nouveau à son infortune et à son exil, pourvu qu'à la tête d'autres guerriers il revienne troubler leur paix et renverser leur empire mal assuré!... Non! je n'abandonne point cet espoir, et ma haine sera éternelle comme le souvenir de mes affronts!... Du sein même de la tombe, je reviendrai, toujours plus irrité et toujours plus implacable, assouvir mes sanglantes vengeances!...»

CHANT X.

Ismen apparaît à Soliman pendant son sommeil, et le fait entrer dans Jérusalem.– La présence du Soudan ranime le courage du roi de la Palestine.–Godefroi entend l'aveu des fautes des guerriers qui ont suivi Armide.–Tous les Chrétiens reconnaissent que Renaud vit encore.–L'ermite Pierre prédit les exploits des descendants de ce héros.

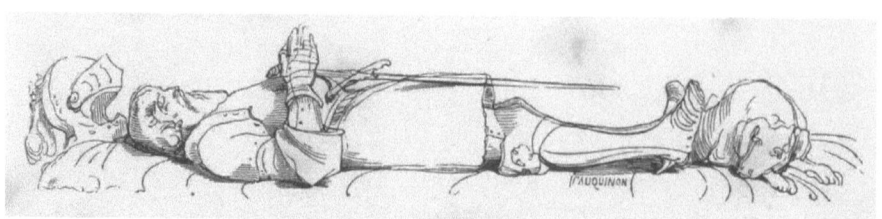

CHANT X,

ANDIS que le Soudan prononce ces paroles, un coursier, errant au hasard, passe près de lui; il en saisit la bride qui flotte à l'abandon, et s'élance sur son dos malgré sa lassitude et ses blessures. Son casque, privé d'ornements, n'est plus surmonté du terrible cimier; ses vêtements en lambeaux ne conservent aucun vestige de la magnificence royale. Lorsque le loup vorace, chassé d'une bergerie, cherche en fuyant une retraite dans les forêts, on voit ses vastes flancs regorger de débris; mais, toujours altéré, il promène sur ses lèvres sa langue pendante, et savoure quelques restes sanglants. Tel paraît Soliman; et, après ce long carnage, son ardeur cruelle n'est point encore assouvie.

Protégé par sa destinée, il échappe à une grêle de flèches qui sifflent autour de lui, et évite les épées, les lances et tous les instruments de mort qui l'environnent. A travers des sentiers inconnus et déserts, il fuit, seul, en proie à mille orageuses pensées, et incertain de ses projets. Enfin, il se décide à se rendre aux lieux où le roi d'Egypte réunit une puissante armée. Il se propose de lui offrir le secours de son bras, et de tenter la fortune dans de nouvelles guerres.

Cette résolution prise, rien ne l'arrête; il connaît la route, et n'a point besoin de guide pour se diriger vers les grèves sablonneuses de l'antique Gaza. Bientôt la douleur de ses blessures se fait sentir plus vivement; son corps succombe sous la fatigue et la souffrance; mais il ne quitte pas ses armes et ne songe point à prendre du repos tant que le jour éclaire ses pas. Cependant, au moment où la nuit enveloppe l'univers dans un noir linceul, il descend de cheval, bande ses plaies et cueille les fruits d'un palmier. Sa faim apaisée, il se couche sur la terre et cherche à réparer ses forces épuisées. La tête appuyée sur son bouclier, il tâche de calmer ses esprits agités. Mais, à chaque instant, ses souffrances augmentent; le dépit et la douleur, invisibles vautours, semblent déchirer sa poitrine et ronger ses entrailles. Puis, quand la nuit plus profonde répand le calme dans toute la nature, accablé de lassitude, il endort ses ennuis et ses chagrins; ses yeux appesantis se ferment, et un sommeil inquiet, languissant, engourdit ses membres. Alors une voix grave et sévère lui fait entendre ces mots:

«Soliman! Soliman! réserve pour des temps plus heureux les douceurs du repos. Ta patrie est esclave; les provinces où tu régnais sont courbées sous le joug de l'étranger. Tu dors sur cette terre couverte des ossements de tes guerriers! Ils te demandent la sépulture, et tu es sourd à leurs prières! Paisiblement endormi dans ces lieux où est la trace ineffaçable de tes affronts,» tu attends le retour de la lumière!»

Le Soudan s'éveille, lève les yeux et voit un homme accablé sous le fardeau des ans. Le bâton noueux sur lequel il s'appuie rassure et dirige ses pas: «Qui es-tu,» d'où viens-tu, fantôme importun? s'écrie Soliman avec» courroux; pourquoi troubles-tu mon court sommeil?...» Que t'importent ma honte et ma vengeance?...

»—Les desseins que tu médites me sont en partie connus, répond le vieillard, et je viens vers toi parce que je m'intéresse à ton sort plus que tu ne le penses. La franchise de mes paroles ne te sera point inutile, car le dépit est un aiguillon pour le courage. Souffre donc, seigneur, que ma voix presse et excite ta vaillance. Tu veux, si je ne me trompe, diriger ta course vers l'Égypte. Je t'avertis que, si tu persistes dans ce projet, tu feras un voyage pénible et sans résultat. Bientôt toute cette armée sera réunie et viendra dans ces contrées sans avoir besoin de ton assistance. Ce n'est donc pas ainsi que tu pourras déployer et montrer ta valeur contre les Chrétiens. Mais laisse-moi te guider, et je te promets que sans tirer l'épée, au milieu du jour, je t'introduirai sain et sauf dans ces murs qu'environnent nos ennemis. Là, tu pourras à ton gré braver le péril et livrer pour ta gloire de pieux combats. Tu défendras les remparts jusqu'au moment où l'Égyptien paraîtra dans la plaine.»

Tandis qu'il parle, le Soudan observe ses regards et se sent ému par les accents de cette voix. Sa colère, sa fierté, son orgueil l'abandonnent: «O mon père, répli-que-t-il, je suis prêt à te suivre, à voler sur tes traces. Guide-moi où tu voudras; le meilleur conseil pour moi sera toujours celui qui m'offrira le plus de fatigues et de dangers.» Le vieillard applaudit, et, sur ses plaies que l'air de la nuit a irritées, il verse une liqueur qui arrête le sang, les cicatrise et lui rend sa vigueur.

Déjà le soleil, à son lever, embellissait de ses rayons les roses brillantes des couleurs de l'aurore: «Il est temps de partir, dit l'inconnu; les feux du jour éclairent notre route et nous rappellent notre devoir.» Un char est près de là; il y monte avec le Soudan; d'une main ferme et habile, il conduit les deux coursiers, les presse et les retient tour à tour. Le sable de la route ne reçoit point l'empreinte de leurs pas; haletants, environnés d'une tiède vapeur, ils blanchissent le mors de leur écume. Autour d'eux l'air s'épaissit, se condense, et, par un prodige magique, forme bientôt une solide nue qui enveloppe et cache le char. A peine visible, elle sera impénétrable aux pierres que lancent les machines de guerre. Les deux voyageurs peuvent cependant voir le nuage qui les entoure, et, au-dehors, le ciel serein.

Soliman est étonné, il fronce le sourcil; son front se ride; son regard fixe attentivement la nue et le char qui fuit avec la vélocité de l'oiseau dans les airs. Le vieillard lit sur ses traits immobiles la stupeur qui s'est emparée de son âme, et, rompant le silence, il l'arrache à sa rêverie. Le

Soudan s'agite et s'écrie: «0toi! qui que tu sois, qui soumets à ton pouvoir la nature entière et accomplis des merveilles si étranges; toi qui découvres les secrets et les replis les plus cachés du coeur humain, si ton art sublime le permet de lire dans l'avenir, dis-moi, de grâce, quel terme, quels désastres le Ciel réserve aux mouvements qui bouleversent l'Asie? Mais, avant tout, apprends-moi ton nom et par quels secours tu triomphes de tous les obstacles? Dissipe la surprise qui me domine, afin que je puisse mieux comprendre les discours.»

Le vieillard répond en souriant: «Il me sera facile de satisfaire une partie de tes désirs. Ismen est mon nom, et les Syriens appellent magie mon art inconnu du vulgaire. Mais, pour découvrir l'avenir, pour déployer le livre éternel qui tient nos destins cachés, je ne le puis; cela est interdit aux mortels, c'est un voeu au-dessus de nos forces et de nos prières. Notre sagesse et notre prudence doivent ici-bas nous servir à marcher au milieu des embûches et des misères; souvent il arrive que le héros et le sage se préparent eux-mêmes les succès et le bonheur. Ton bras invincible peut protéger les murs qu'assiège un peuple barbare; tu peux ébranler les plus fermes appuis de l'armée des Francs. Viens donc affronter la flamme et le fer; ose, souffre, mais aie confiance et bon espoir. Cependant, pour te satisfaire, je te dirai ce que j'entrevois à travers un obscur brouillard. Avant que l'astre éternel ait parcouru plu-sieurs lustres, de ton sang naîtra un héros dont les exploits feront la gloire de l'Asie. Il occupera le trône d'Egypte et y fera fleurir les arts et l'industrie. Je le vois, ou plutôt je crois le voir; je ne te peindrai pas ses mille vertus que mes regards ne peuvent pas toutes distinguer; il suffit que tu saches que sous ses coups s'anéantira l'empire des Chrétiens. Bientôt, dans une dernière lutte, il arrachera jusqu'aux fondements de leur injuste puissance, et les débris de leurs armées chercheront un asile sur un étroit rocher, isolé au milieu des mers.»

Le magicien se tait; Soliman s'écrie: «Heureux le mortel destiné à tant de gloire!» Et il éprouve une joie mêlée de quelque envie. «Que le sort, ajoute-t-il, me soit contraire ou propice selon les décrets immuables, jamais je ne plierai sous ses caprices, jamais il ne vaincra ma constance! L'astre des nuits, les étoiles changeront leurs cours avant que Soliman détourne ses pas de la route qui lui est tracée.» Il dit, et l'audace brille dans ses regards.

Bientôt ils aperçoivent les tentes des Chrétiens: un spectacle cruel et terrible s'offre à leurs yeux! Là, sous toutes les formes, se montre le trépas! La vue du Soudan se trouble et s'obscurcit, la douleur se peint sur ses traits! Avec quel désespoir il voit traînés dans la poussière ses étendards redoutés! Les Chrétiens triomphants foulent aux pieds les visages, les corps de ses plus fidèles guerriers; ils arrachent avec orgueil et dédain les armes, les vêtements de ces cadavres privés de sépulture. D'autres rendent avec pompe et respect les derniers devoirs à leurs amis. Dans des bûchers allumés, sont jetés pêle-mêle le vulgaire des Turcs et des Arabes. Un profond soupir s'exhale de la poitrine de Soliman; il tire son épée, s'élance du char et veut fondre sur ses ennemis; mais la voix d'Ismen le rappelle et relient son impétueuse témérité. Il remonte, et tous deux se dirigent vers la colline la plus élevée. Après une course de quelques instants, ils ont laissé derrière eux les tentes des Chrétiens; alors ils descendent, et le char s'évanouit. Mais, toujours cachés au sein de la nue, ils continuent de suivre à pied le même chemin, et se dirigent dans un vallon qui se trouve à leur gauche. Enfin, ils arrivent à l'endroit où Sion présente au couchant ses flancs escarpés. Là, le magicien s'arrête et examine avec soin les accidents du terrain.

Au centre d'un dur rocher s'ouvre une grotte profonde, depuis longtemps creusée, dont l'entrée solitaire et inconnue aux voyageurs est cachée sous les ronces et les herbes. Le vieillard écarte ces obstacles, se baisse et se courbe pour pénétrer dans un étroit sentier. D'une main prudente il sonde le passage, et tend l'autre au Soudan qu'il précède:

«Quelle est donc, lui dit Soliman, cette voie furtive où tu m'entraînes? Si tu le permettais, mon épée m'en ouvrirait une meilleure.–Il ne faut pas, lui répond Ismen, que tu rougisses de suivre cet obscur souterrain qui servit jadis à Hérode, ce grand roi, ce guerrier si renommé! Il le fit creuser pour s'assurer de l'obéissance de ses sujets; c'était par là que de la tour appelée Antonia, du nom de l'un de ses plus chers favoris, il se rendait au temple des Hébreux. Invisible à tous, il pouvait quitter Solime, y introduire ou en faire sortir ses soldats. Je suis le seul mortel qui connaisse cette route mystérieuse et abandonnée. Par là, nous irons vers le lieu où se trouve, entouré des plus sages et des plus illustres de ses conseillers, un monarque que les menaces de la fortune alarment trop peut-être. Tu arriveras au moment propice, mais écoule en silence, et que ton audace éclate quand le moment » sera venu!»

Déjà la taille gigantesque de Soliman remplit l'étroit souterrain. Le Soudan suit son guide au milieu des détours qui semblent lui être familiers. D'abord ils marchent en se baissant; mais, à mesure qu'ils avancent, la caverne s'élargit; puis ils éprouvent moins de peine et parviennent au milieu de ce passage ténébreux. Alors Ismen ouvre une petite porte; ils montent par des degrés en ruines sur lesquels une faible ouverture laisse tomber un jour terne et incertain. Tout-à-coup ils se trouvent au milieu d'une salle superbe et resplendissante de clarté.

Assis sur son trône, Aladin, le diadème sur le front, le sceptre à la main, la contenance grave et triste, est au milieu de ses guerriers consternés. Du sein de la nuée qui le cache, le fier Soudan voit tout, considère tout sans être vu. Il entend le roi prononcer ce discours: 0mes fidèles sujets, combien la dernière journée a été funeste à mon empire! Nos grandes espérances se sont évanouies; la seule que nous ayons encore repose sur les secours de l'Égypte. Mais cet appui est trop éloigné dans un péril si pressant! Je vous ai tous convoqués pour vous demander d'utiles avis.» Un murmure pareil au vent qui frémit dans les feuillages accompagne ses paroles. Mais Argant se lève, et par son air tranquille, audacieux, le cruel et indomptable Circassien commande le silence: «Roi magnanime, dit-il, pourquoi nous mettre à cette épreuve? Pourquoi nous interroger lorsque tous nous savons ce qui n'est douteux pour personne? Et pourquoi ne mettrions-nous pas tout notre espoir en nous-mêmes? S'il est vrai que rien ne résiste au courage, il faut en montrer! N'attendons de salut que de notre valeur, et n'attachons pas trop de prix à la vie! Je ne veux point te dire que nous devions renoncer aux secours de l'Égypte; nous pouvons y compter, et je ne souffrirais point qu'on doutât de la sincérité des promesses de mon roi. Si je parle ainsi, c'est que j'aimerais à trouver dans quelques-uns de tes guerriers un courage plus ferme. Je voudrais que, préparés à tous les hasards, ils méprisassent la mort et eussent foi dans la victoire.»

L'intrépide Argant n'en dit pas davantage, tant il paraît certain de l'effet de ses paroles! Après lui, Orcan se lève. Né d'illustres aïeux, il a acquis quelque gloire dans les combats; mais, uni depuis peu à une jeune épouse, entouré d'enfants qui font sa joie, les liens de père et d'époux ont amolli son courage. Un air d'autorité règne dans son maintien: «Seigneur, dit-il, je ne blâmerai point » l'ardeur de ces pompeuses paroles; je sais quelle audace » déborde de ce coeur qui ne peut ni ne veut la contenir. » Si le fier Argant, suivant son usage, ne craint pas de » s'exprimer devant toi avec fougue et hardiesse, tu dois » lui pardonner, car la témérité de ses actions répond à » celle de ses discours; mais toi, seigneur, que l'expérience » et les années ont rendu plus prudent, tu sauras, par » tes conseils, mettre un frein à la trop grande ferveur d'un zèle. Tu compareras un espoir si éloigné avec " l' imminence d un péril si prochain; tu verras ce que » sont tes anciens remparts et tes nouveaux ouvrages » contre les armes et l'impétuosité des assiégeants? S'il m'est permis de faire connaître mon opinion, je dirai que cette ville est fortifiée par la nature et l'art, mais que nos ennemis préparent des machines puissantes et formidables. J'ignore quel en sera l'effet. Une juste espérance ne m'empêche pas de craindre les chances incertaines de la guerre. Ce que je redoute surtout, c'est le manque de vivres, si les assiégeants nous serrent de plus près. Sans doute, ces troupeaux introduits hier dans nos murs à la faveur du combat, tandis que les épées ensanglantaient la plaine, sont un heureux secours; mais quelles faibles ressources pour de si grands besoins! Pourra-t-on nourrir cette nombreuse population si le siège a quelque durée? Dût l'Égyptien arriver au jour par lui annoncé, que ferons-nous en attendant?... Cependant j'admets qu'il devance ses promesses et notre espoir; sa venue sera-t-elle pour nous un gage de délivrance et de victoire? Nous aurons toujours à combattre ce Godefroi, ces mêmes chefs, ces mêmes guerriers qui ont tant de fois vaincu et dispersé les Arabes, les Turcs, les Syriens et les Persans. Tu les connais, ô valeureux Argant, toi qui si souvent leur cédas le champ de bataille; toi qui plus d'une fois reculas devant eux et fus réduit à confier ton salut à la rapidité de ta fuite. Clorinde les connaît comme toi; moi-même je les connais, et ce n'est pour aucun de nous un titre de gloire! Je n'accuse personne de faiblesse; tous, nous avons prouvé notre courage; tous, nous avons fait de généreux efforts. Je dirai plus; bien que tes regards sinistres me menacent de mort, et que tu t'indignes en écoutant la vérité, je reconnais à des signes certains que le Destin irrévocable protège nos ennemis La bravoure de nos soldats, la solidité de ces remparts, ne les empêcheront point d'usurper cet empire; et, j'en atteste le Ciel, mon zèle pour mon prince, mon amour pour ma patrie m'obligent à le dire, sage roi de Tripoli, tu as su conserver la paix et ton rône, tandis que, victime de son obstination, Soliman est mort ou chargé de chaînes! Peut-être que, cachant ses craintes dans l'exil et la fuite, il erre en attendant les plus affreuses misères. Et, pourtant, avec quelques concessions, avec quelques présents, en payant un tribut, il eût pu sauver une partie de ses États.»

Ainsi, dans des phrases vagues et ambiguës, Orcan enveloppe sa pensée: il n'ose ouvertement conseiller la paix et la soumission au joug de l'étranger. Mais déjà le Soudan, indigné, ne veut plus rester caché; Ismen lui dit alors: «Souffriras-tu qu'il parle ainsi plus long-temps?–C'est contre mon gré que je me dérobe a leurs regards, réplique Soliman; je brûle de honte et de colère!»

A peine il a prononcé ces mots que la nue qui l'entoure se déchire et s'évanouit; il apparaît tout brillant des reflets de la lumière: son aspect est fier et imposant, et il s'écrie brusquement: «Le voici ce Soliman, il n'est point en fuite, il ne tremble pas; je suis prêt à prouver les armes à la main que cet homme est un lâche et un imposteur! Moi un fuyard! moi qui ai répandu des torrents de sang dans ces plaines où s'élèvent des monceaux d'ennemis, moi qui dans l'enceinte même du camp des Chrétiens ai perdu jusqu'au dernier de mes soldats! Mais si ce lâche, si quelque autre aussi lâche que lui, infidèle à ses croyances, traître à sa patrie, ose encore proposer une paix honteuse et avilissante, souffre, seigneur, que mon bras lui ôte la vie! Les loups et les agneaux habiteront la même bergerie, on verra les colombes et les serpents reposer dans le même nid, avant que la querelle engagée entre nous et les Chrétiens cesse et nous permette de rester dans les mêmes contrées.»

Il tient la main sur la poignée de son cimeterre; son attitude est fière et menaçante; son visage, ses discours glacent d'effroi les guerriers plongés dans une muette stupeur. Enfin, d'un air moins terrible et moins farouche, il s'approche respectueusement d'Aladin: «Seigneur, lui dit-il, espère; Soliman t'apporte un secours efficace, Soliman sera près de toi.»

Déjà le roi s'est levé pour aller à sa rencontre: «Ômon allié fidèle, lui répond-il, avec quelle joie je te revois au milieu de nous! J'oublie maintenant la perte de mes soldats immolés. Je ne crains plus les revers; oui, si le Ciel ne s'y oppose pas, tu auras bientôt raffermi mon trône et rétabli le tien.»

A ces mots, il le presse dans ses bras et contre son sein; puis il le fait asseoir près de lui, à sa gauche, sur un siège élevé. Ismen est à ses côtés. Tandis qu'il demande à Soliman des détails sur son voyage et son arrivée, la superbe Clorinde vient la première saluer le Soudan, et tous les autres chefs suivent son exemple. Parmi eux est Ormusse. Grâces à son adresse, la troupe d'Arabes qu'il conduisait avait pris une route secrète, et, au plus fort de la bataille, à la faveur de la nuit et du silence, elle était entrée saine et sauve dans la ville. Ormusse avait amené des vivres et des troupeaux, précieux secours pour un peuple affamé. Le fier Circassien, les regards pleins de dédain et de jalousie, restait seul à l'écart; tel un lion s'arrête immobile et roule ses yeux courroucés, Orcan demeure pensif, la tête baissée, et n'ose élever la vue sur le lier Soudan. Ainsi réunis, le tyran de la Palestine et le Soudan des Turcs tiennent conseil, entourés de l'élite de leurs guerriers.

Cependant le pieux Godefroi, poursuivant la victoire et l'ennemi, a rendu les chemins libres. De nobles funérailles ont honoré les guerriers morts. Alors, plus terrible et plus menaçant, il songe à porter la guerre au sein même de la cité assiégée, et ordonne que tout se prépare pour livrer un assaut le second jour. Il a reconnu les héros de cette troupe qui attaqua à l'improviste l'armée infidèle. Ce sont les plus illustres chefs, ceux-là même qui avaient suivi la perfide Armide. Tancrède est avec eux; il a brisé les fers de l'insidieuse beauté. Bouillon les fait appeler; et, n'admettant pour témoins que l'ermite et les plus sages, il dit à ces guerriers: «Que l'un de vous fasse le récit de vos courtes erreurs, et nous apprenne comment, dans nos pressants dangers, vous nous avez donné de si utiles secours?»

Ils sont honteux et confus; leur front s'incline vers la terre, car le souvenir de leur faute, qui ne fut qu'une faiblesse, leur cause d'amers regrets; enfin, l'illustre héritier du roi d'Angleterre lève les yeux et rompt le silence en ces termes:

«Nous partîmes, bien que le sort ne nous eût point désignés, nous partîmes sans nous dire nos projets: l'Amour, je l'avoue, fut notre guide trompeur. Jaloux les uns des autres et divisés, nous suivîmes des sentiers difficiles et déserts. Les regards et les paroles d'Armide nourrissaient, hélas! notre haine et nos feux. Enfin, nous arrivâmes dans cette contrée où jadis les éclairs et la foudre du ciel vengèrent les outrages faits à la nature en punissant des peuples endurcis dans le crime. Ces campagnes, autrefois fertiles et délicieuses, sont couvertes des ondes bitumineuses d'un lac dont les bords sont stériles. L'air est aux environs épais et pesant, et l'on y respire d'infectes vapeurs. Les eaux sont telles que le corps le plus lourd ne peut en atteindre le fond; l'homme, le fer, la pierre y surnagent comme le sapin et l'orme léger. Au milieu du lac s'élève un château; on y arrive par un pont court et étroit. Nous y fûmes reçus. Je ne sais quel charme particulier répand l'ivresse en ces lieux! L'air y est tempéré, le ciel serein, les prairies et les arbres toujours verts, les eaux fraîches et limpides. Au milieu de myrtes amoureux s'échappe une fontaine et serpente un ruisseau. Sur les gazons, au doux murmure des ondes, au chant des oiseaux, on goûte un paisible sommeil. Je ne parlerai pas de chefs-d'œuvre en marbre et en or, merveilles du génie et des arts. Sur la prairie qui borde ces ruisseaux, sous l'ombrage le plus touffu, Armide fait dresser une table magnifique, chargée de vases ciselés et de mets rares et exquis; là s'offrent aux regards les fruits que prodiguent les diverses saisons, les trésors de la terre et des mers, tout ce que l'imagination invente! Cent jeunes beautés nous servent. Les gracieux sourires, les douces paroles d'Armide donnent un nouvel attrait à ces présents funestes et mortels. Soudain, tandis que chacun de nous, assis à cette table, s'oublie et savoure ses poisons et ses feux, elle se lève en nous disant: Je reviens... En effet, elle reparaît bientôt; mais son visage n'est plus aussi calme, ni aussi bienveillant. L'une de ses mains agite une baguette, et dans l'autre elle tient un livre ouvert qu'elle parcourt en prononçant à voix basse quelques mots. Alors, ô prodigieuse puissance! je sens changer mes pensées et mes désirs, ma vie et mon élément. De nouveaux instincts s'emparent de moi. Je m'élance dans les ondes, je m'y plonge, je m'y baigne. Mes jambes se rapprochent, mes deux bras rentrent dans mes épaules; je me resserre, je me raccourcis; des écailles croissent et m'enveloppent: je suis transformé en poisson. Tous mes autres compagnons subissent la même métamorphose et se jouent avec moi dans ce cristal brillant. Ce que je fis ensuite n'est plus dans mon souvenir qu'un vain songe, une image confuse. Enfin, Armide nous rend à notre première forme. Nous étions muets de surprise et d'effroi. Alors, d'un air irrité, elle nous tient ce langage triste et menaçant:

«–Vous connaissez maintenant mon pouvoir; vous voyez que j'ai sur vous un souverain empire. Je puis, à mon gré, enfermer les uns dans une prison éternelle, loin de l'éclat du jour, changer les autres en oiseaux, ceux-ci en plantes qui germeront au sein de la terre, vous durcir en rochers, vous dissoudre en fontaines, vous donner la figure des monstres des forêts. En servant mes desseins, vous échapperez à ma colère: reniez votre Dieu, et, protecteurs de ma religion, tirez vos glaives contre l'impie Godefroi. Nous refusons, et tous nous repoussons avec horreur ce pacte infâme. Le seul Raimbaud se laisse séduire. Sans défense alors, nous sommes chargés de chaînes; on nous jette dans de ténébreux cachots.

Bientôt, conduit par le hasard, Tancrède arrive dans ce château, et lui-même devient captif. Mais la perfide ne le retient pas long-temps dans les fers. Un envoyé du roi de Damas obtint d'elle que nous lui fussions livrés.

Une escorte de cent soldats bien armés va nous conduire chargés de fers au mo-narque égyptien. Nous partons, mais la céleste Providence, qui règle et ordonne toutes choses, nous fait rencontrer le vaillant Renaud, dont la gloire grandit sans cesse par d'illustres et de nouveaux exploits. Il attaque nos gardes avec son courage ordinaire; il les égorge, les met en fuite et nous reprenons nos armes, dont ils s'étaient servis après nous les avoir enlevées. J'ai vu Renaud, mes compagnons l'ont vu comme moi; j'ai pressé sa main, entendu sa voix. La triste nouvelle de son trépas est fausse et mensongère; il est plein de vie. Il y a trois jours que, guidé par un pèlerin, il s'est séparé de nous et s'est dirigé vers Antioche; mais, avant son départ, il abandonna son armure sanglante et brisée.»

Il dit, et l'ermite a levé ses regards vers le Ciel; il a changé de couleur et de visage; une sainte majesté brille sur toute sa personne; l'Esprit divin enflamme son zèle et le ravit au séjour des archanges. L'avenir se déroule devant lui, et sa pensée s'enfonce dans l'abîme des temps et des âges. Ses lèvres s'ouvrent, et d'une voix solennelle il annonce les événements futurs. Tous, saisis de respect, le regardent et écoutent avec attention ses paroles mystérieuses:

«Renaud vit, s'écrie-t-il; ces rumeurs mensongères sont l'œuvre d'une femme artificieuse. Il vit, et le Ciel réserve son jeune courage à de plus grands exploits. Les hauts faits qui ont répandu sa renommée dans toute l'Asie ne sont que des promesses de gloire et les jeux de son enfance. Je le vois, dans un âge plus avancé, s'opposer à un empereur impie dont il réprime les perfidies. A l'ombre de l'aigle aux ailes d'argent qui surmonte son casque, je le vois protéger Rome et l'Eglise, et les arracher aux serres d'un cruel vautour. Une race digne de lui, ses fils, ses descendants, suivront son exemple. Ils défendront la tiare et les temples saints contre la révolte et l'injuste ambition des Césars. Ils abaisseront l'orgueilleux, relèveront le faible, défendront l'innocent, puniront l'impie. Ainsi, l'aigle de la maison d'Est planera au-dessus des régions du soleil. C'est à elle, qui contemple la lumière et la vérité, de porter les foudres des successeurs de saint Pierre; c'est à elle de déployer toujours ses ailes victorieuses et triomphantes au milieu des combats livrés pour Jésus. Les décrets éternels l'ont fait naître pour ces hautes destinées, et le Ciel ordonne que nous la rappelions ici pour le triomphe de notre auguste entreprise.»

Ce discours du sage ermite fait cesser toutes les craintes qu'avait inspirées l'absence de Renaud. Absorbé dans ses pensées, le pieux Bouillon garde le silence au milieu de la joie de tous ses guerriers. Cependant la nuit descend et couvre de ses voiles sombres la surface de la terre. Les chefs se retirent et vont goûter le sommeil. Godefroi veille et ne peut trouver le repos.

CHANT XI.

Les Chrétiens implorent le secours du Ciel par des hymnes pieuses et des sacrifices. –Ils livrent ensuite l'assaut aux murailles.–La ville est près de succomber sous leurs efforts, lorsque Clorinde blesse Godefroi et l'empêche de poursuivre sa victoire.–Guéri par un ange, le héros retourne au combat, mais les rayons du soleil se cachent à l'horizon.

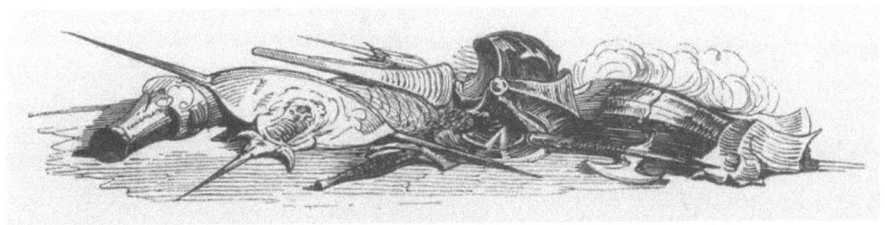

CHANT XI,

LE chef de l'armée chrértienne, entièrement occupé de l'assaut qu'il médite, active la construction des machines de guerre. Le vénérable ermite se présente à lui; et, le tirant à l'écart, lui parle ainsi d'un ton imposant et austère: «Godefroi, tu ap-prêtes les armes terrestres, mais tu ne commences pas par où tu devrais commencer. Pense d'abord à Dieu! Que de saintes et publiques prières invoquent avant tout la milice des anges et des bienheureux, qui, seule, peut t'obtenir la victoire! Que les prêtres revêtus de leurs ornements sacrés marchent les premiers, et qu'une pieuse harmonie soutienne leurs chants. C'est à vous, chefs illustres d'une sainte entreprise, de donner l'exemple de la piété aux soldats qui suivront vos pas.»

Ainsi parle l'ermite, et Bouillon se rend à la sagesse de ses avis: «Élu des Cieux, lui répond-il, je m'empresserai d'obéir à tes conseils; tandis que je vais ordonner à mes chevaliers de se rendre auprès de moi, va trouver les illustres prélats Guillaume et Adhémar; c'est à toi de régler avec eux les pompes de cette cérémonie auguste et religieuse.»

Le jour suivant, Pierre réunit les deux évêques et tous les clercs dans une vallée où est l'autel sur lequel on célébrera le service divin. Les diacres portent les surplis éclatants; Guillaume et Adhémar ceignent la mitre et couvrent leurs blanches tuniques de chapes d'étoffes d'or qui s'agrafent sur la poitrine. Pierre s'avance seul, le premier; il déploie dans les airs l'étendard respecté des Cieux mêmes. Partagés en deux colonnes égales, les prêtres, le front humilié, le suivent d'un pas lent et majestueux; leurs voix suppliantes forment un double concert. Adhémar et Guillaume marchent ensemble et les derniers du pieux cortége. Bouillon vient après; il est seul, personne n'est à ses côtés. Les autres chefs le suivent deux à deux. Toute l'armée, prête à les protéger, défile avec ordre et en silence. Les sons belliqueux des trompettes et d'autres bruits de guerre ne se font plus entendre, mais bien les chants humbles et pieux des Chrétiens qui sortent des retranchements. Ils t'invoquent, ô Père éternel; et toi, Fils égal au Père, et toi, Esprit-Saint dont l'amour t'unit à tous deux, et toi, Vierge, mère d'un Homme-Dieu, ils vous supplient d'écouter leurs prières. Ils vous implorent, ô vous qui conduisez les triples ordres des légions célestes; et toi, saint Précurseur, qui lavas dans les flots bénis du Jourdain les taches de l'humanité! Leurs voeux s'élèvent aussi vers le glorieux Apôtre qui est la pierre fondamentale et le solide appui de l'Église, d'où les pontifes, ses augustes successeurs, répandent les trésors de la grâce et de la miséricorde! Et toi, céleste Messager que Dieu envoya pour annoncer au monde la venue du Vainqueur de la mort; et vous, Martyrs courageux, qui, par le sacrifice de votre sang et de votre vie, témoignâtes de la vérité de la Foi. Ils vous invoquent aussi, ô vous dont la parole et les écrits enseignèrent le chemin pénible du Ciel. Et toi, Favorite de Jésus, qui sus choisir le sort le plus sûr et le plus heureux; et vous, vierges qui, enfermées dans des cellules isolées, êtes unies au Seigneur par les noeuds les plus purs; et vous encore, femmes magnanimes dont la constance a bravé les tourments et la rage des persécuteurs.

Tels sont les chants des Chrétiens. Leurs longues lignes déployées s'étendent et s'avancent avec lenteur vers le Mont-Olivet, qui reçoit son nom des oliviers dont sa cime est ornée. Révérée des nations, cette montagne oppose ses versants à l'orient de Solime, et n'en est séparée que par la vallée de Josaphat. C'est là que se dirige l'armée au bruit retentissant des hymnes sacrées que répètent les mille échos des antres, des rochers et des vallons. Partout on entend redire le nom du Christ et celui de Marie. Il semble qu'une sublime harmonie anime les monts et les bois.

Cependant, du haut de leurs murailles, les Infidèles, tranquilles et silencieux, contemplent avec étonnement cette procession solennelle, cette pompe extraordinaire et ces rites étrangers. Mais bientôt la nouveauté de ce spectacle ne les captive plus; ils poussent de misérables et profanes clameurs. Leurs injures et leurs blasphèmes font mugir les torrents, les vallées et les montagnes; mais rien n'interrompt la douce et suave mélodie des Chrétiens. Ils ne se détournent pas et dédaignent ces outrages comme on méprise les cris des oiseaux importuns. Ils sont hors de la portée des flèches, et ne craignent pas que les coups de l'ennemi puissent troubler leurs saintes pensées; ils continuent d'offrir au Ciel leurs prières et leurs voeux. Au sommet de la colline s'élève l'autel magnifique où les prélats vont consommer le sacrifice auguste. Des deux côtés brûle une lampe où l'or reflète mille feux. Guillaume se pare d'autres ornements plus riches et plus précieux. Il se recueille en silence; puis, d'une voix éclatante, il s'accuse lui-même et rend grâces au Dieu qu'il implore. Prosternés autour de l'autel, les chefs écoutent le prélat, sur lequel la foule, plus éloignée, fixe ses regards. Mais, après la célébration des sublimes mystères: «Partez!» leur dit-il. Et de sa main étendue, il les bénit. Alors, l'armée reprend le chemin qu'elle vient de parcourir, et rentre dans l'intérieur du camp.

Les rangs sont rompus; Godefroi, suivi d'une foule nombreuse et empressée, regagne sa tente. Se retournant alors vers ceux qui l'ont accompagné, il les congédie et ne retient que les principaux chefs. Il les invite à sa table, et fait placer vis-à-vis de lui le vénérable comte de Toulouse. Quand les pressants besoins de la faim sont apaisés, Bouillon leur dit: «Que le retour de l'aurore vous trouve disposés pour l'assaut; la prochaine journée sera toute aux dangers et aux combats, consacrez le reste de celle-ci à vos derniers préparatifs et au repos! Allez donc » ranimer vos forces et exciter l'ardeur de vos soldats.»

Ils prennent congé de Bouillon, et bientôt les hérauts proclament, au son des trompettes, que tous les guerriers doivent se tenir prêts au lever du soleil; ils donnent à leurs travaux et à leurs pensées une partie de cette journée; puis, la nuit bienfaisante et silencieuse fait trêve à leurs fatigues.

C'était l'heure matinale où l'Orient ne s'est point encore rougi des feux du jour, le soc des charrues ne trace pas encore les rudes sillons, le pâtre n'a point foulé les prairies, l'oiseau dort en paix à l'abri des feuillages, le son des cors et les aboiements des chiens ne troublent pas la forêt; soudain la trompette éclatante annonce le réveil des guerriers, et le cri: Aux armes! retentit jusqu'aux cieux. Tout le camp répète: Aux armes! aux armes! L'intrépide Godefroi se lève; il ne prend pas sa cuirasse accoutumée et son large casque; il revêt l'armure plus légère des fantassins. Raymond arrive; et, en le voyant couvert de ces faibles armes, il devine ses projets: «Où est, lui dit-il, ta solide et pesante cuirasse? Où est ta cotte de mailles d'acier? Pourquoi négliger le soin de ta défense? Je ne puis approuver que tu t'exposes ainsi; cela me fait croire que tu te prépares à des actions au-dessous de ta valeur. Que prétends-tu faire? Conquérir en soldat une palme ordinaire, escalader les murailles! Ah! laisse à d'autres ces dangers! C'est à nous de risquer une vie moins grande et moins nécessaire au triomphe de la Foi. Reprends donc, seigneur, ta pesante armure, et pense à te conserver pour nous! Ton existence est la vie de cette armée; au nom du Ciel, ne prodigue pas des jours si précieux!»

Godefroi lui répond: «Rappelle-toi, ô Raymond! que lorsque le vénérable pontife Urbain me ceignit l'epée dans Clermont et m'arma pour la cause du Tout-Puissant, mes serments l'assurèrent que mon zèle ne se bornerait pas aux simples devoirs du capitaine; je promis de combattre dans toutes les circonstances comme un simple guerrier. Aussi, dès que j'aurai ordonné toutes les dispositions pour l'attaque et accompli mes devoirs de général, j'irai, je monterai à l'assaut, et tu ne pourras me blâmer, car je n'aurai fait qu'accomplir un voeu solennel. Que le Ciel daigne veiller sur mes jours et les protéger!»

Sa volonté reste inflexible; ses deux frères et tous les chevaliers français suivent son exemple; ils prennent, comme lui, l'armure légère des fantassins. Cependant les Infidèles se sont rangés du côté du Septentrion sur les murailles qui se replient vers l'Occident. C'est le point le plus faible et celui dont l'accès est le plus facile. Sur toutes les autres parties de son enceinte Solime n'a point à craindre que l'ennemi risque l'attaque. C'est donc là qu'Aladin a réuni ses plus braves soldats et les troupes mercenaires. Mais, dans ce péril extrême, il force les vieillards et les enfants à partager les travaux et le sort des guerriers. Ils porteront aux défenseurs la chaux, le soufre, le bitume, les pierres et les dards. La partie des murs qui commande la plaine est entièrement couverte d'armes et de machines de guerre. La taille gigantesque du terrible Soudan s'élève au-dessus des créneaux. Plus loin, au milieu des tours, le Circassien se montre féroce et menaçant. Clorinde est sur la tour Angulaire, d'où elle semble planer sur les combattants; à ses épaules est suspendu un carquois plein de flèches acérées. Déjà l'arc est tendu, déjà le trait repose sur la corde. Impatiente de frapper, la belle amazone attend l'arrivée de l'ennemi. Telle jadis on peignait la reine de Délos lançant du haut de la nue ses traits sur la terre. Le vieux roi parcourt à pied la ville et va d'une porte à l'autre; dans sa sollicitude, il s'assure que l'on a exécuté tous ses ordres; il excite et raffermit les courages; il renforce les postes et les fait garnir d'une plus grande quantité d'armes: il surveille tout.

Les femmes remplissent les mosquées de leurs prières impies et sacriléges. «O Mahomet! s'écrient-elles, que ton bras juste et puissant brise la lance du brigand français! Abats, renverse au pied de ces hautes murailles ceux qui tant de fois outragèrent ton nom!» Vaines paroles qui ne sont point exaucées au séjour des plaintes éternelles et de la mort!

Tandis que la cité s'arme et prie, le sage Godefroi déploie ses troupes et arbore ses étendards. L'infanterie, disposée avec prudence et habileté, sort du camp en bon ordre et se range sur deux lignes obliques en face des remparts qu'elle doit attaquer. Au centre sont les machines de guerre, qui, pareilles à la foudre, vomiront sur les assiégés des traits et des quartiers de rocher. La cavalerie reste en arrière pour protéger les assaillants; les troupes légères éclairent les environs.

Le signal est donné, les arcs, les frondes, les balistes font pleuvoir une si grande quantité de pierres et de traits, que bientôt le nombre des défenseurs diminue: les uns ont péri derrière les créneaux, les autres ont déserté leur poste; la multitude qui couvrait les remparts a disparu. Les Chrétiens, à l'abri sous leurs boucliers unis dont ils couvrent leurs têtes, s'élancent avec impétuosité et se hâtent d'arriver au pied du fossé. D autres se retirent derrière les machines et cherchent à éviter une grêle de pierres. Les plus avancés s'efforcent de combler le fossé et d'écarter les obstacles. La nature du sol n'a pas permis que de la vase ou des eaux en défendissent le fond; les pierres, les fascines, les troncs d'arbre, la terre même, l'ont promptement rempli. Alors, l'audacieux Adraste s'y jette le premier et plante une échelle. Les dards, le bitume bouillant dont on l'accable ne l'arrêtent pas. On voit le fier Helvétien suivre sa course dans les airs. Déjà il est parvenu à la moitié de la hauteur; en butte à mille traits, il n'a reçu aucune blessure, quand soudain une énorme pierre ronde, rapide comme le globe de fer que vomissent les bombardes, tombe sur son casque, et il est précipité au pied des murs. Ce coup terrible, c'est Argant qui l'a porté! Adraste n'est pas mort; mais, étourdi par cette lourde chute, il reste étendu sans connaissance et immobile. Alors le Circassien s'écrie d'un ton cruel et farouche: «Voici le sort du premier, qu'un second le rem-place! Héros si prudents! que ne vous montrez-vous à découvert? Moi, je ne me cache pas! Mais en vain vous vous croyez protégés par vos cavernes mobiles, vous y mourrez comme des bêtes fauves dans leurs repaires!»

Ces paroles de défi n'empêchent point les Chrétiens de s'avancer avec précaution. Les uns se tiennent dans l'intérieur des machines; les autres, serrés sous leurs vastes boucliers, bravent les traits et les projectiles. Déjà les énormes tours, les béliers sont près des remparts; de longues poutres, armées de fer à leurs extrémités, ébranlent les portes et les murailles. Tout-à-coup un immense rocher, que cent bras vigoureux roulent avec peine, s'abat comme une montagne qui s'écroule sur la tortue la plus compacte. Les boucliers cèdent et se divisent; mille casques sont brisés, la terre est jonchée d'armes, de sang, de crânes, de membres palpitants et épars. Alors les assaillants quittent les machines, se montrent à découvert et affrontent de plus près l'ennemi. Les uns fixent des échelles et tentent l'escalade; d'autres sapent à l'envi les fondements. Les coups du bélier tombent et retombent sur la muraille qui se déchire; ses flancs entrouverts laissent au milieu des ruines un passage aux Chrétiens impatients.

De leur côté les assiégés ne négligent aucune des ressources de l'art de la guerre; partout où frappent les machines, ils suspendent des balles de laine qui reçoivent le choc. Cette matière souple et molle amortit les coups. Tandis que les guerriers de Godefroi font preuve de tant de courage et de témérité, Clorinde a sept fois tendu son arc; sept fois ses flèches ont sifflé dans les airs et se sont rougies du plus illustre sang. La fière Amazone eût dédaigné d'obscures victimes et des meurtres vulgaires. Le premier chevalier qu'elle blesse est le plus jeune des fils du roi d'Angleterre. Il sort à peine de sa retraite, et déjà le fer cruel l'atteint et lui perce la main droite, que protège en vain un gantelet d'acier. Il ne peut plus combattre et se retire en frémissant de rage plutôt que de douleur. Le vaillant comte d'Amboise meurt sur le bord du fossé; une fleche le frappe à la poitrine et sort par le dos. Le Français Clotaire presse du pied les échelons, lorsqu'il a les deux flancs traversés. Le comte de Flandre est blessé au bras gauche au moment où il fait mouvoir le bélier; il veut, mais en vain, arracher le fer qui reste dans la plaie. Adhémar, qui de loin suit les détails de cet assaut furieux, reçoit une flèche dans le front. Il porte la main à sa tête, et une seconde flèche cloue cette main sur le visage. Il meurt, et le bras d'une femme a versé le sang d'un saint prélat! Le téméraire Palamède, qui brave le danger, est près de saisir les créneaux. Déjà il gravit les ruines, la septième flèche de Clorinde lui crève l'oeil droit, s'enfonce dans l'orbite, brise les nerfs et sort derrière le crâne sanglant. Le guerrier chancelle, tombe et expire au pied de ces murs qu'il voulait escalader. Telle est la fatale adresse de la guerrière.

Cependant, Godefroi, redoublant son attaque, se prépare à accabler les assiégés; il a fait pousser, près de l'une des portes, la plus haute des machines: c'est une tour de bois qui s'élève au niveau du rempart. Pleine d'armes et de guerriers, elle roule sur un essieu mobile. On approche cette masse le plus près possible de la muraille; de son sein s'échappe une grêle de dards et de javelots; et, de même que dans les batailles navales, un vaisseau cherche à s'accrocher aux flancs du navire ennemi, elle s'efforce de s'attacher au rempart; mais les défenseurs la repoussent avec leurs piques, la frappent de front et sur les côtés, et lancent d'énormes rochers sur le faîte et sur les roues. Des deux côtés, s'élèvent tant de pierres et de traits que le ciel en est obscurci. Deux nuées épaisses semblent se heurter dans les airs; et, parfois, rencontrée par une autre flèche, la flèche revient vers la corde qu'elle a quittée. Du haut de leurs murailles, les Sarrasins tombent comme les feuilles ou les fruits encore verts qu'abattent de durs et froids grêlons. Leurs pertes sont d'autant plus nombreuses qu'ils sont plus mal armés. Une partie de ceux qui survivent s'éloignent précipitamment de cette machine immense qui les foudroie.

Mais le Soudan de Nicée est immobile et excite les plus braves à la résistance. Le fier Argant accourt en brandissant une poutre qu'il oppose à la tour ennemie; il l'écarte, et, d'un bras puissant, la tient éloignée de toute la longueur de son arme. L'intrépide Clorinde arrive pour partager leurs périls.

Enfin, les Chrétiens ont coupé, à l'aide de longues faux, les cordes auxquelles les ballots de laine étaient suspendus. Leur chute laisse le rempart sans défense contre l'action des béliers. Heurtés par la tour, battus sans relâche par les machines, les murs brisés commencent à s'ouvrir et laissent voir le chemin caché qui conduit dans l'intérieur de la ville. Couvert d'un vaste bouclier dont il se servait rarement dans les combats, Godefroi s'approche de ces murs chancelants. Il examine prudemment le passage, et voit Soliman descendre au milieu des ruines pour en défendre les abords, tandis que Clorinde et Argant, toujours à la même place, occupent le haut du rempart.

A cette vue, son coeur s'enflamme d'une ardeur généreuse; il se retourne vers le fidèle Sigier, qui porte son arc et un autre bouclier plus léger: «Maintenant, lui dit-il, donne-moi ces armes, j'essaierai de franchir le premier cette brèche que les éboulements ont rendue plus difficile. Il est temps de faire ici éclater ma valeur.» A ces mots, pendant qu'il change de bouclier, une flèche siffle dans les airs et le blesse à la jambe à l'endroit où les nerfs réunis rendent la douleur plus vive. C'est de ta main, Clorinde, qu'est parti le trait fatal; c'est à toi que l'honneur en revient! Si ce jour ne vit pas l'esclavage et la destruction des Infidèles, ils ne le durent qu'à ton bras. L'intrépide héros semble braver la souffrance; il poursuit sa course, escalade la brèche et excite ses soldats. Mais bientôt il s'aperçoit que le mouvement irrite sa blessure; sa jambe plie et ne le soutient plus: il est enfin obligé d'abandonner l'attaque.

De la main il appelle le vaillant Guelfe et lui dit: « Je suis forcé de me retirer. Remplis ici le devoir d'un général; commande à ma place; je m'éloigne, mais je ne tarderai pas à revenir.» Il monte sur un léger coursier, et il ne peut toutefois se dérober aux regards. Avec lui, la Fortune quitte les Chrétiens. Privés de l'appui du Dieu des combats, ils perdent le courage; leur impétuosité se ralentit; le fer est moins avide de sang; le son même des trompettes s'affaiblit. Les Sarrasins, an contraire, sentent renaître leur ardeur, reprennent courage et retrouvent l'espoir; déjà les plus timides reparaissent sur les remparts, d'où l'effroi les avait chassés. Les femmes même, animées par l'amour de la patrie et l'exemple de l'intrépide Clorinde, ont pris les armes. Les cheveux épars, la robe ajustée, elles courent se mêler aux défenseurs, et ne craignent pas d'exposer leurs jours pour le salut de la cité chérie; leurs mains agitent des javelots. A la vue de Guelfe qui tombe blessé, l'épouvante cesse de troubler les Infidèles et redouble parmi les Chrétiens. Entre mille guerriers, le Destin a choisi ce héros; une pierre, lancée de loin, le renverse; et Raymond, atteint d'un coup pareil, va, comme lui, mesurer la terre. Le courageux Eustache reçoit sur le bord du fossé une grave blessure. Dans ce malheureux moment, les Sarrasins ne lancent pas un trait (et le ciel en est obscurci) qu'il ne donne la mort ou ne fasse, du moins, de cruelles blessures.

Le Circassien, que le succès enorgueillit, élève une voix insultante: «Ce n'est point ici Antioche, s'écrie-t-il, ce n'est plus cette nuit propice à vos lâches stratagèmes! Vous trouvez le brillant éclat du jour et des ennemis que n'engourdit pas le sommeil; c'est une autre guerre et d'autres combats! Vous n'avez donc plus au fond du coeur une étincelle de votre goût insatiable pour le butin, de votre amour de gloire! 0vous qui reculez sitôt, vous dont ce court assaut a épuisé les forces, vous n'êtes plus des soldats, mais des femmes craintives.» Sa fureur s'allume; cette vaste cité qu'il protège lui semble un champ de bataille trop étroit pour son audace. D'un seul bond il se jette sur la brèche, s'y fraie un passage et en occupe l'entrée. Alors il dit au Soudan qu'il trouve à ses côtés: «Soliman, voici le jour, voici le lieu où l'on doit juger de notre valeur! Qui t'arrête, que crains-tu? Moi, j'irai dans la plaine chercher la palme, digne prix du plus brave!»

A ces mots, tous deux se précipitent, l'un ivre de fureur, l'autre entraîné par l'honneur et piqué de ce défi hautain. Tous deux brûlent de se signaler; ils fondent à l'improviste sur l'ennemi. Bientôt, avec les cadavres des guerriers qu'ils abattent, avec les armures, les casques, les boucliers, les échelles brisées, les béliers renversés, ils forment une montagne, un nouveau rempart à la place de leurs murailles détruites. Les Chrétiens, qui naguères remplis d'espoir ne songeaient qu'à franchir tous les obstacles, non-seulement renoncent à l'idée de pénétrer dans la ville, mais semblent alors incapables de se défendre. Un dernier choc les met en fuite, et ils laissent leurs machines à la merci des Sarrasins. Ceux-ci les frappent et les détruisent avec un tel acharnement, que désormais elles ne seront plus propres à une nouvelle attaque. Soliman et le Circassien, s'abandonnant à leur fougue impétueuse, demandent à grands cris des flammes aux assiégés, et déjà ils volent vers la tour en agitant deux torches brûlantes. Telles, les trois horribles sœurs, ministres dociles de Pluton, quittaient jadis, pour bouleverser le monde, le seuil du Tartare, et secouaient leurs flambeaux et leurs serpents.

Tancrède, qui sur un autre point excite les assaillants, voit les succès des Infidèles. Il aperçoit le feu et les torches menaçantes; aussitôt il s'élance pour arrêter les Sarrasins. Sa valeur éclate en coups si terribles, que les vainqueurs perdent leurs avantages et fuient.

Tandis que l'inconstance de la Fortune change et varie la face du combat, Godefroi, blessé, s'est retiré dans sa tente; Baudouin et le fidèle

Sigier sont près de lui; la foule de ses amis inquiets l'entoure. Impatient, il essaie d'arracher lui-même le trait de la plaie; le bois se rompt. Il exige qu'on emploie, pour le retirer, les moyens les plus prompts et les plus efficaces. Il veut que l'on examine tous les ravages du fer, que l'on tranche, que l'on coupe hardiment. «Rendez-moi aux combats, dit-il; il ne faut pas que cette première bataille se termine sans moi.» Et, appuyé sur une longue lance, il offre sa jambe aux instruments qui doivent la déchirer. Déjà le vieil Hérotime, que les rives du Pô ont vu naître, travaille à sa guérison. Il connaît l'usage et les vertus des simples et des eaux bienfaisantes. Jadis favori des Muses, il sacrifia à des soins moins brillants l'amour de la Renommée; et, au lieu d'immortaliser par ses chants les âmes des guerriers, il voulut disputer leurs corps fragiles au trépas.

Bouillon est debout; il frémit, mais son visage est serein, et la douleur le trouve inébranlable. Hérotime, les bras nus, la robe retroussée, s'efforce, tantôt avec des herbes puissantes, tantôt d'une main habile, d'extraire le dard cruel. Parfois, armé d'un fer mordant, il le saisit. Vaines tentatives, il ne réussit point à l'arracher! La Fortune ne seconde pas son adresse et ne paraît point sourire à ses efforts. Les douleurs deviennent si cuisantes que l'on craint pour la vie du héros. Enfin, l'ange qui veille sur lui, louché de ses souffrances, va cueillir sur le mont Ida le dictame, herbe qu'un duvet mousseux et de rouges fleurs embellissent; ses jeunes feuilles ont une vertu salutaire. La nature indique aux chèvres des montagnes ses propriétés inconnues, et elles s'en servent lorsque la flèche ailée s'est attachée à leurs flancs et les a déchirés. Le dictame croît loin de la Judée, mais l'ange l'apporte à l'instant, et sa main invisible en exprime les sucs dans les eaux du bain qu'Hérotime a fait préparer. Il y mêle l'odorante panacée et les oncles sacrées de la fontaine de Lydie. Le vieillard en arrose la plaie; et, soudain, le trait fatal sort de lui-même; le sang s'arrête; déjà la douleur fuit et la vigueur renaît: «Ce n'est point moi, s'écrie Hérotime, ce n'est pas la main d'un mortel qui te guérit, ô Godefroi, une puissance plus grande veut te sauver! Je reconnais la présence d'un bras céleste; et un ange, je n'en saurais douter, est descendu près de toi. Reprends tes armes, retourne au combat; qui t'arrête?»

Avide de gloire, le pieux héros a déjà chaussé ses brodequins de couleur pourpre, saisi son bouclier et lacé son casque. Déjà il brandit sa longue lance. Suivi de mille guerriers, il sort de l'enceinte du camp et se dirige vers le champ de bataille. Un nuage de poussière obscurcit le ciel, la terre tremble; les Sarrasins, du haut de leurs murailles, voient de loin son approche; une terreur mortelle parcourt leurs membres et glace leur sang. Trois fois Bouillon élève un cri dans les cieux. A cette voix altière qu'ils reconnaissent, à ce cri qui réveille leur ardeur, les Chrétiens retrouvent leur audace et marchent de nouveau vers la brèche. Mais déjà Soliman et le Circassien se sont arrêtés au milieu des ruines, qu'ils défendent avec opiniâtreté contre les troupes de Tancrède. Godefroi arrive, couvert de ses armes; et, d'un air terrible, menaçant, il lance au féroce Argant une javeline acérée, rapide comme la foudre. Les plus puissantes machines n'imprimèrent jamais à des murs ébranlés un plus formidable choc. Le Circassien, sans s'émouvoir, a opposé son bouclier au trait noueux qui siffle et traverse les airs. L'acier perce le bouclier, l'épaisse cuirasse ne peut lui résister; toute l'armure brisée s'abreuve du sang de l'Infidèle. Maîtrisant la douleur, plein de furie, il arrache le dard de sa blessure, et le renvoie à Godefroi: «Tiens, s'écrie-t-il, voilà ton javelot; je te rends tes armes.» Ce messager d'injure et de vengeance vole et revole par le même chemin, sans toucher le but marqué; Bouillon s'incline et dérobe sa tête au redoutable fer; le fidèle Sigier est atteint à la gorge; mais, en expirant pour son maître, il quitte sans regret le séjour de la lumière. Presque au même instant, une pierre lancée par Soliman frappe le chef des Normands; le chevalier tourne, s'agite sous le fer qui le déchire, puis tombe en roulant comme un disque. Alors Godefroi s'abandonne à son courroux. Pour châtier ces offenses, il tire son glaive, gravit les ruines amoncelées et va de plus près chercher l'ennemi. Tandis que mille exploits merveilleux signalent sa présence, Argant lui répond par des coups non moins terribles et meurtriers.

Cependant la nuit se répand dans les cieux; elle déploie ses noires ailes et remplit l'univers d'une ténébreuse horreur. Les ombres favorables au repos suspendent enfin ces affreux massacres et ces mortelles haines. Godefroi fait cesser l'attaque et ordonne la retraite. Ainsi se termine cette sanglante journée.

Mais, avant de quitter le champ de bataille, Bouillon fait enlever les blessés. Les machines de guerre ont échappé à la fureur des ennemis, et la tour immense, cause première de la terreur des Sarrasins, est sauvée. On la ramène au camp toute meurtrie des coups qu'elle a reçus, mais préservée du péril le plus imminent. Déjà elle est à l'abri dans un lieu sûr, quand, semblable au vaisseau qui, vainqueur de la tempête et des écueils, vogue à pleines voiles sur les flots irrités et vient; à la vue du port, se briser contre un écueil ou sur la grève, ou pareille encore au coursier qui, après avoir franchi de périlleuses routes, bronche et tombe sur le seuil de son asile; telle l'énorme machine penche tout-à-coup. Du côté où elle a été le plus exposée aux coups des assiégés, deux de ses roues affaiblies se brisent. Elle demeure immobile comme une ruine sus pendue au milieu du chemin. Aussitôt les soldats qui la poussent s'efforcent de la maintenir debout en l'appuyant sur de longues poutres, jusqu'à ce que des bras plus habiles l'aient réparée.

Godefroi ordonne qu'on la rétablisse avant le lever de l'Aurore. Des gardes placés à l'entour en protègent les abords, et les assiégés peuvent, du haut de leurs murailles, entendre aisément le bruit des marteaux et la voix des travailleurs, dont mille flambeaux allumés éclairent et trahissent les ouvrages.

CHANT XII.

Clorinde apprend d'un serviteur fidèle l'histoire de sa naissance.–Elle se rend au camp des Chrétiens pour y tenter une entreprise hardie qui la conduit à sa perte. –Elle rencontre Tancrède qui la blesse mortellement; mais, avant d'expirer, elle reçoit le baptême des mains de son amant.–Argant jure de tirer une vengeance **terrible de ce** meurtre.

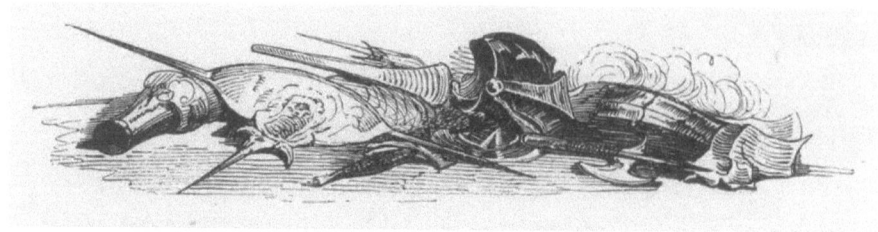

CHANT XII.

BIEN que la nuit soit déjà profonde, les Chrétiens, après tant de fatigues, ne se livrent point encore au sommeil. Ils veillent à la garde des travailleurs et des ouvrages.

Les assiégés, de leur côté, raffermissent les remparts chancelants et réparent les brèches. On prend soin des blessés. Enfin, les plaies sont pansées; déjà quelques-uns des travaux sont achevés, les autres languissent; bientôt l'ombre, plus épaisse et plus silencieuse, invite au repos. Mais l'ardente Clorinde résiste à ses douceurs. Avide de combats, affamée de gloire, elle presse ceux dont l'activité s'éteint. Le Circassien l'accompagne:

«En cette grande journée, se dit-elle, le roi des Turcs et l'intrépide Argant ont accompli des actions merveilleuses et inouïes. Seuls, ils sont sortis de Solime pour enfoncer les bataillons ennemis et détruire les machines de guerre. Moi, et c'est l'unique exploit dont je puisse me vanter, j'ai lancé avec succès quelques flèches, mais du haut d'une tour, abritée par des murailles, loin du combat. Voilà donc tout ce qu'il m'est permis d'oser! Que ne vais-je signaler ma valeur contre les animaux sauvages, et les frapper aussi de mes traits et de mes javelots sur les monts et dans les forêts! Pourquoi laisser une femme timide au milieu de tous ces héros? Ah! indigne que je suis de partager leurs périls j'irai reprendre les habits de mon sexe et me renfermer dans une cellule!»

Telles sont les pensées qui l'agitent; enfin, une entreprise audacieuse lui sourit; elle veut l'exécuter; et, se retournant vers Argant: «Je sens maintenant, lui dit-elle, quelque chose de hardi et d'extraordinaire pénétrer dans mon âme. C'est l'inspiration de Dieu, ou bien l'impatience humaine, qui se fait un Dieu de son désir! Vois ces feux allumés au dehors du camp des Chrétiens. C'est là que je veux aller, le fer d'une main et la flamme de l'autre, brûler leur formidable tour! Advienne que pourra, il faut que ce projet s'accomplisse! Mais si le Destin s'oppose à mon retour, si la retraite m'est fermée, je recommande à tes soins mes suivantes et cet ami fidèle qui eut pour moi la tendresse d'un père; que ces infortunées, que ce vieillard accablé du poids des ans, soient par tes soins reconduits en

Égypte! Cet âge et ce sexe sont dignes de pitié; aussi, seigneur, c'est au nom de notre Dieu que je te prie de remplir ma volonté dernière.»

Argant est interdit, mais il sent la gloire enfoncer dans son coeur le même aiguillon: «Tu irais au-devant du péril, réplique-t-il, et tu me laisserais oublié parmi ces guerriers vulgaires! Tranquille derrière ces murs, je pourrais à loisir contempler la fumée et les flammes de l'incendie! Non! non! si j'ai partagé jusqu'ici tes dangers, je veux encore te suivre à la victoire ou à la mort. Comme toi je méprise le trépas, et je crois qu'il est beau d'échanger la vie contre l'honneur.–Ta sortie téméraire en est une preuve éternelle; mais, moi, je ne suis qu'une femme, et ma perte ne peut causer un grand dommage à cette cité que troublent tant d'alarmes. Si tu péris, (ah! puisse le Ciel écarter ce présage!) qui défendra les remparts?– En vain, reprend Argant, tu veux opposer de frivoles raisons à mon inflexible détermination; si tu me guides, je suivrai tes pas; si tu me refuses, je pars le premier!»

D'un commun accord ils se rendent vers Aladin, qui les reçoit au milieu de ses plus braves chefs et de ses plus sages conseillers: «Seigneur, lui dit Clorinde, daigne écouter et approuver nos desseins. Argant (et ses promesses ne seront point stériles) t'offre d aller brûler cette tour qui nous menace. Je suis prête à l'accompagner, et nous n'attendons pour partir que l'instant » où nos ennemis, accablés de fatigue, céderont à un » lourd sommeil.»

Aladin lève les mains au Ciel, et des larmes de joie mouillent les rides de son visage: «Sois béni, s'écrie-t-il, ô Dieu qui abaisses tes regards sur tes serviteurs et veilles au salut de mon empire! Non, cette cité qui a de si courageux défenseurs ne tombera pas encore!... Mais vous, couple généreux, quels honneurs, quels dons pourraient payer vos services? Que la Renommée immortalise vos noms et remplisse l'univers du bruit de vos exploits. Une si grande action sera votre récompense, et la moitié de mon royaume ne pourrait que faiblement m'acquitter.» Ainsi parle le vieux monarque, et il les presse tour à tour contre son coeur.

Soliman les voit, et ne dissimule plus la noble jalousie qui l'anime: «Ce n'est point en vain que j'ai pris les armes, s'écrie-t-il; je veux marcher avec vous, ou du moins vous suivre de près.–Eh quoi! dit Clorinde, nous irions tous à cette attaque! Si tu viens, qui restera dans Solime?» Argant est sur le point de répondre au Soudan par un refus altier; mais Aladin ne lui en laisse pas le temps; et, s'adressant à Soliman: «Magnanime guerrier, lui dit-il, tu montres toujours la même vaillance. Toujours infatigable dans les combats, jamais le péril ne peut t'étonner. Je sais qu'en sortant de ces murs tu accompliras des hauts faits dignes de ton bras; mais il ne me paraît pas convenable que vous vous éloigniez tous à la fois, laissant cette ville privée de ses meilleurs défenseurs. Je ne consentirais pas au départ d'Argant et de Clorinde, dont le sang m'est si précieux, si l'entreprise était moins utile et pouvait réussir avec l'aide d'autres guerriers. Puisque celte tour maudite est environnée d'une garde vigilante qui en protège toutes les approches, il serait impossible à une faible troupe de l'attaquer avec succès, et il serait imprudent de faire sortir un grand nombre de nos soldats. Laissons donc l'honneur du succès à ce couple intrépide qui s'offre de lui-même et a déjà plus d'une fois bravé de semblables hasards; eux seuls feront plus que mille guerriers. Et toi, seigneur, ton rang te prescrit de rester dans la ville; et quand Argant et Clorinde reviendront victorieux, après avoir allumé l'incendie, car je ne doute pas du succès, tu voleras à leur secours et tu les arracheras aux coups de l'ennemi acharné à les poursuivre.»

Il dit, et Soliman, silencieux et triste, se soumet à ses conseils. Ismen ajoute alors: «Attendez, pour sortir, une heure plus avancée. Dans quelques instants, une partie des sentinelles s'abandonnera au sommeil. Je vais préparer une composition incendiaire qui s'attachera à la tour et la dévorera.» Cet avis est adopté. Clorinde et Argant se retirent et attendent le moment propice.

La guerrière quitte ses vêtements d'un tissu argenté, son casque étincelant et ses armes brillantes; et, pour mieux cacher sou approche à l'ennemi, elle choisit un casque sans panache et une armure noire. Funeste présage! Auprès d'elle est l'eunuque Arsès, qui veilla sur son berceau et prit soin de son enfance. Sans cesse attaché à ses pas, il la suivit partout. En la voyant changer d'armure, il devine les périls qu'elle veut affronter. Plein de douleur, il la supplie par ses cheveux blanchis à son service et par le souvenir de sa tendresse, de renoncer à ses desseins. Clorinde n'écoute point sa prière. «Eh bien, lui dit-il enfin, puisque les avis d'un vieillard, son pieux attachement, ses prières et ses larmes ne peuvent fléchir ton coeur obstiné, il faut te dévoiler l'obscur mystère de ta naissance; il est des secrets que tu ignores, et, quand tu les connaîtras, tu seras libre de suivre ou ton aveugle désir ou mes conseils.» Les regards attachés sur Arsès, Clorinde écoute avec attention son récit:

«Senape rendait l'Ethiopie heureuse, et peut-être y règne t-il encore aujourd'hui. Ce prince noir et son peuple observent la religion du fils de Marie. Esclave et Musulman, j'étais relégué parmi les femmes et employé aux travaux de leur sexe. Je servais la reine. Elle était noire; mais sa couleur n'excluait pas la beauté. Senape l'aimait ardemment, et la violence de sa jalousie égalait les flammes de son amour. Peu à peu cette passion insensée fit tant de progrès dans son coeur torturé qu'il eût voulu dérober au Ciel même la reine, qu'il enferma dans son palais pour la soustraire à tous les regards. Cependant, modeste et sage, elle faisait sa joie et son bonheur de ce qui pouvait plaire à son époux. Dans ses appartements était un tableau de piété qui représentait une histoire touchante. Une jeune vierge, au visage blanc et vermeil, était enchaînée près d'un dragon expirant, baigné dans son sang et transpercé par la lance d'un chevalier. Souvent prosternée devant ce tableau, la reine donnait un libre cours à ses prières et à ses larmes, et s'accusait en secret de ses fautes.

» Il arriva qu'elle conçut et mit au monde une fille d'une blancheur éclatante: c'était toi! Saisie de surprise à ta vue, elle se trouble comme d'un nouveau prodige et s'effraie, car elle connaît la sombre jalousie du roi. Bientôt elle se décide à lui cacher un enfant dont la couleur eût été pour lui l'indice et la preuve d'une infidélité. On lui présente à ta place une petite Éthiopienne qui venait de naître, et comme la tour où ta mère était gardée n'avait pas d'autres habitants que ses femmes et moi, son esclave fidèle, elle se fia à mon dévouement. Les usages de ce pays ne permettaient point que, si jeune, tu reçusses le baptême. Ta mère te remit en pleurant dans mes bras et m'ordonna de te conduire dans un pays lointain pour y élever ton enfance. Comment peindre sa douleur? Comment redire ses gémissements et ses derniers baisers? Combien de fois elle te pressa sur son sein en te répétant ses derniers adieux! Ses larmes inondaient son visage; ses plaintes étaient entrecoupées de sanglots. «Ômon Dieu! dit-elle en élevant les yeux au Ciel, toi qui juges les actions les plus secrètes, tu lis au fond de mon coeur; si ce coeur fut toujours pur, si jamais le crime ne souilla ni ma pensée, ni ma couche, je t'implore, non pour moi qui, humiliée en ta présence, ai commis d'autres fautes; mais sauve cette enfant infortunée, à qui le sein maternel est interdit. Que ma fille vive et ne me ressemble que par mon attachement aux lois de l'honneur! Qu'elle apprenne d'une autre à être plus heureuse! Et toi, céleste guerrier, qui sauvas cette vierge des atteintes cruelles du dragon, si j'ai devant ton image allumé de pieux flambeaux, si je t'ai offert l'or et l'encens parfumé, accorde à ma fille ta puissante protection, et que, soumise à tes ordres, elle puisse dans toutes les circonstances de sa vie recourir à toi.»

Elle se tut, son coeur se ferma, se resserra, et la pâleur de la mort se répandit sur ses traits.

» Je fondais en larmes, je t'enlevai et franchis le seuil de la tour en te portant cachée dans une petite corbeille couverte de feuilles et de fleurs. Par cette ruse, je te dérobai aux regards et j'écartai tous les soupçons; je partis en secret. Tandis que je traversais les ombres profondes d'une forêt, je vis s'avancer vers moi une tigresse menaçante et l'oeil en feu.... Épouvanté, je te laisse sur le gazon et m'élance sur un arbre.... Le monstre secoue sa tête superbe, arrête ses regards sur toi et semble s'adoucir; son air devient moins féroce, son aspect moins terrible.... Il s'approche lentement, sa langue te caresse et te flatte; tu lui souris, tu lui rends ses caresses. Tu joues avec lui; tes petites mains se portent avec confiance vers sa gueule béante. Alors la tigresse se couche, et, comme une tendre nourrice, elle te présente ses mamelles que tu saisis. En proie à la crainte et à l'étonnement, je contemple cette nouvelle merveille. Bientôt ta nourrice, te voyant rassasiée, s'enfonce dans les bois et disparaît. Je descends, je te reprends dans mes bras et je marche vers les lieux où j'avais dessein de me rendre. J'arrivai dans une petite bourgade; je m'y arrêtai et te fis nourrir secrètement. C'est là que ta langue apprit à bégayer les premiers sons; c'est là que tes pieds incertains hasardèrent les premiers pas. L'astre qui mesure les mois avait seize fois parcouru les signes connus des mortels depuis que nous étions dans cette retraite; l'âge courbait ma vieillesse chancelante. J'étais riche, car ta mère m'avait prodigué ses dons avec une magnificence royale. Las de cette existence errante et vagabonde, je désirai revoir mon pays natal, vivre dans des lieux chers à mes souvenirs, au milieu de mes anciens amis, et réchauffer mes vieux ans au foyer paternel. Je m'éloignai avec toi, et nous nous dirigeâmes vers l'Égypte, ma patrie. J'arrive aux bords d'un torrent. Soudain des brigands se montrent derrière moi. Que faire? Je ne veux point abandonner mon cher et doux fardeau, et je veux m'échapper! Je me jette à la nage; d'une main je fends les ondes, de l'autre je te soutiens. Le torrent est rapide; au milieu l'onde se replie et tournoie. Parvenu à l'endroit où le tourbillon est le plus profond, les flots me roulent dans leurs orbes mobiles et vont m'engloutir. Je t'abandonne alors. Mais les ondes semblent te protéger et te soutenir; le vent s'élève et seconde le courant qui te dépose saine et sauve sur la rive. Haletant, épuisé, je n'y parviens moi-même qu'avec peine. Ivre de joie, je te vois rendue à ma tendresse. La nuit suivante, au milieu du profond silence de toute la nature, un guerrier m'apparaît en songe; d'un air menaçant, impérieux, il appuie son glaive nu sur mon visage. «Je t'ordonne, me dit-il, d'exécuter la volonté première de la mère de Clorinde. Il faut qu'elle soit baptisée. Dieu la protège et me confia sa garde. Je veille sur elle, je la défends. C'est moi qui inspirai de la pitié aux bêtes féroces et du sentiment aux ondes. Malheur à toi si tu n'obéis pas à cette vision que le Ciel t'envoie.» A ces mots, je me réveille et continue mon voyage aux premiers feux du jour naissant. Mais, fidèle à la religion de mes pères, ce songe me sembla une vaine illusion; j'oubliai les recommandations de ta mère et ne m'occupai pas de ton baptême. Je te cachai la vérité, et tu fus élevée dans la loi de Mahomet. Tu grandis en courage, ton ardeur belliqueuse dompta la nature et les faiblesses de ton sexe. Tu acquis des richesses et de la renommée; le reste de ta vie, tu peux le le rappeler, et tu n'ignores pas que je t'ai suivie au milieu des camps avec la fidélité d'un esclave et l'affection d'un père. Hier, c'était vers le retour de l'aube, tandis que j'étais engourdi par un sommeil de plomb, image de la mort, le même guerrier m'est apparu; son regard était plein de trouble et sa voix menaçante: «Infidèle! me dit-il, l'heure approche où Clorinde verra changer ses jours et son destin; elle m'appartiendra malgré toi; la douleur sera ton partage!» En prononçant ces mots, d'un vol rapide il s'éleva dans les airs. N'en doute pas, ô ma fille chérie! un malheur extraordinaire te menace! Que sais-je? le Ciel peut-être ne veut pas qu'on soit enlevé à la foi de ses pères? Peut-être que le Dieu de ta mère est le Dieu véritable. Ah! je t'en conjure, quitte ces armes et réprime cette fougue impétueuse!»

Il cesse de parler et verse des larmes. Clorinde, en proie à ses pensées, éprouve une vague crainte, car une vision semblable a troublé son sommeil. Bientôt elle reprend sa sérénité: «Je n'abandonnerai pas, dit-elle, la croyance dont tu nourris mes jeunes années, que j'ai crue vraie jusqu'ici, et dont tu veux maintenant me faire douter. Non! non! quitter ces armes, renoncer à mon dessein, ne serait point d'un coeur magnanime! Dût la mort s'offrir à moi sous la forme la plus épouvantable, j'irais encore!» Elle s'efforce de le consoler, et part, car l'instant est venu de mettre à exécution ses projets.

Elle rejoint le guerrier qui a voulu partager ses périls, Ismen vient les trouver, les excite, échauffe en eux cette ardeur qui déjà les anime, et leur remet deux blocs de soufre et de bitume, et du feu caché dans un vase d'airain. Ils sortent en silence, au milieu de l'obscurité. Serrés l'un contre l'autre, ils descendent à grands pas la colline. Bientôt ils sont arrivés près de l'endroit où s'élève la tour ennemie. Alors leur courage s'enflamme, leur coeur brûle; ils ne sont plus maîtres de leur audace, et ne respirent que le sang et l'incendie. La garde pousse un cri et leur demande le mot d'ordre. Ils ne répondent pas et continuent d'avancer. Aussitôt les soldats crient à haute voix: «Aux armes! aux armes!» Argant et sa compagne ne cherchent plus à se cacher; ils s'élancent d'une course précipitée; et, tels que la foudre ou les canons dont l'explosion se fait entendre en même temps que brille l'éclair, ils se jettent sur les sentinelles, les joignent, les culbutent et les dispersent en un instant. A travers mille bras et mille coups, leur projet va s'accomplir. Ils découvrent le feu qu'ils tiennent caché, et la flamme saisit avec avidité cette matière que leur donna Ismen; elle s'attache au bois de la tour et gagne ses différentes parties. Comment décrire cet incendie impétueux qui de tous côtés s'accroît et serpente, ces tourbillons de fumée qui éteignent les vives clartés des étoiles? Une sombre flamme se mêle à ces nuages épais. Le vent souffle, concentre l'incendie dans un même foyer, et redouble sa violence. Ces jets de lumière frappent de terreur les Chrétiens; tous courent aux armes. La tour immense et redoutée s'écroule, et un moment a suffi pour détruire le résultat de tant de travaux.

Cependant deux escadrons chrétiens volent en toute hâte vers le lieu de l'incendie. Argant les menace: « J'éteindrai ce feu, leur dit-il, mais ce sera dans votre sang.» Il leur tient tête, recule peu à peu avec Clorinde, et se dirige vers le haut de la colline. Telle qu'un torrent gonflé par de longues pluies, la foule des Francs les entoure et les presse. La porte Dorée s'ouvre. Aladin, environné de ses guerriers, s'y est posté pour recueillir les deux héros quand le succès aura couronné leur entreprise. Déjà Argant et Clorinde en touchent le seuil; les Chrétiens, qui les serrent de près, les y suivent, mais Soliman fond sur eux et les repousse; la herse tombe, et Clorinde se trouve en dehors des murs. Elle n'a pu rentrer, parce que dans le moment elle poursuit avec furie Arimon qui l'a blessée.

Argant ne s'est point encore aperçu de son absence. Le combat, la foule, l'obscurité, empêchent de rien distinguer, et chacun ne pense qu'à soi. Dès que la guerrière a satisfait sa colère en immolant son ennemi, elle s'aperçoit que la retraite lui est coupée, et qu'elle est enveloppée de toutes parts; sa perte est certaine. Mais on ne prend pas garde à elle, et pour se sauver elle tente un stratagème. Elle se mêle parmi les Chrétiens et se glisse en silence au milieu de la foule. Personne ne la remarque; et, de même que le loup après avoir assouvi sa cruauté dans les ténèbres, se retire silencieusement au fond des bois; telle Clorinde, favorisée par la nuit et la confusion, se dérobe à l'ennemi. Tancrède est le seul qui l'ait distinguée; il ne fait que d'arriver, et a vu Arimon périr sous ses coups. Ses regards ne l'ont point quittée, il s'attache à ses pas, et veut se mesurer avec ce guerrier qui lui semble un rival digne de son courage. Clorinde tâche de faire le tour de la montagne pour arriver à une autre porte dont l'accès lui sera facile; Tancrède la suit avec opiniâtreté; il ne l'atteint point encore, et elle peut déjà entendre le bruit de ses armes: «Otoi, s'écrie Clorinde, toi qui me poursuis ainsi, que me veux-tu, que m'apportes-tu?–La guerre et la mort! répond-il. –La guerre et la mort, tu les auras; et, puisque tu » les cherches, je vais te satisfaire!» Elle l'attend de pied ferme. Le héros voit que son adversaire n'a pas de coursier; et, renonçant à profiter de ses avantages, il descend aussitôt du sien. Tous deux saisissent leurs épées, excitent leur orgueil, irritent leur courroux, et fondent l'un sur l'autre comme deux taureaux brûlant de fureur et de jalousie. Il faudrait la brillante clarté du soleil et un plus grand théâtre pour ce combat fameux. Ônuit qui cachas leurs exploits dans tes ombres, souffre que je les arrache à l'oubli, et que je les transmette aux races futures avec toute leur gloire! Que les noms de ces héros soient immortels! et que, parmi tous leurs exploits, le souvenir de cette lutte reçoive un éclat impérissable!

Ils ne cherchent pas à s'éviter, ils ne parent point, ils ne reculent pas, ils négligent l'adresse et la ruse; leurs coups ne sont point tour à tour sérieux, feints ou mesurés. La colère et l'obscurité rendent l'art inutile. On entend le cliquetis horrible des épées qui se choquent par le milieu. Leurs pieds sont immobiles et ne quittent pas la place; leurs glaives, au contraire, s'agitent et retombent sans relâche, soit de taille, soit de pointe, et jamais en vain. La honte les anime et fait naître la vengeance; puis, l'ardeur et le sentiment de la vengeance ravivent la honte. Ainsi, un aiguillon nouveau les irrite sans cesse et les pousse à de nouveaux efforts. Le combat devient de plus en plus serré; déjà ils ne peuvent plus se servir de la pointe, c'est avec le pommeau qu'ils se frappent; et, aveuglés par un cruel transport, ils heurtent les casques contre les casques, et les boucliers contre les boucliers. Trois fois Tancrède saisit la guerrière dans ses bras, trois fois elle se dégage de ces liens qui l'enchaînent; fatales étreintes d'un ennemi cruel, et non d'un amant! Ils ont repris leurs épées, qui, toutes deux, se plongent dans de nombreuses blessures. Enfin, épuisés, hors d'haleine, ils reculent pour respirer un moment; ils se regardent l'un et l'autre, et appuient sur leurs glaives leurs corps épuisés.

Déjà les dernières étoiles pâlissent aux premiers feux que l'Aurore répand dans le ciel. Tancrède voit le sang de son adversaire couler en plus grande abondance; il triomphe et se flatte d'une facile victoire, car ses blessures sont plus légères. 0folie de l'esprit humain, que la Fortune enivre! Malheureux, tu te réjouis! Combien, hélas! ton triomphe te causera de regrets! Si tu survis à ta douleur, chaque goutte de ce sang te coûtera une mer de larmes!

Attentifs et silencieux, les deux adversaires, tout sanglants, restent un moment immobiles; enfin, Tancrède veut savoir le nom de son ennemi: «Puisque le Destin, lui dit-il, condamne nos exploits au silence et à l'oubli; puisque le sort nous refuse les témoins et la gloire que mérite notre courage, je le prie, et puisse ma demande être écoutée malgré notre lutte! je te prie de me révéler ton nom et ton rang? Vainqueur ou vaincu, je saurai du moins quel bras doit honorer mon triomphe ou ma défaite.–Mon nom! réplique Clorinde, j'ai pour habitude de ne point le révéler. Que t'importe mon rang? Je suis un des deux guerriers qui ont incendié la tour. Cela ne te suffit-il pas?»

Ces derniers mots rallument le courroux de Tancrède: Barbare, reprend-il, ta réponse est peu courtoise; ton silence et tes discours m'excitent également à la vengeance!»

La fureur rentre dans leurs âmes, soutient leur faiblesse, et ils s'attaquent de nouveau. Dans ce combat cruel, l'adresse est inutile, les forces sont éteintes; il faut que l'acharnement les ranime. De larges et sanglantes ouvertures marquent dans les armures et dans les chairs le passage des épées. Si la vie résiste encore, c'est que la colère la retient. Ainsi, la mer Égée, délivrée des vents qui la soulèvent, ne se calme point aussitôt; ses vagues puissantes conservent long-temps encore le mouvement et l'agitation. Tels les deux combattants, épuisés par leurs blessures, privés de la vigueur qui poussait leur bras, gardent la même impétuosité, et leurs attaques mortelles ne se ralentissent pas. Enfin, l'heure fatale est arrivée; Clorinde touche au terme de sa vie. Tancrède plonge dans son sein un glaive avide et altéré de sang. La tunique d'or, brillante et légère, qui sépare la gorge de l'armure, est percée, et s'emplit d'une tiède vapeur.

Déjà Clorinde se sent mourir; ses genoux appesantis fléchissent, et Tancrède poursuit sa victoire; il se rapproche, menace, presse la guerrière blessée. Elle tombe; et, par une grâce de ce Dieu qu'elle méconnut pendant sa vie, et qui veut l'appeler à lui, elle prononce d'une voix affaiblie ces dernières paroles, que lui dicte avec de nouvelles croyances l'esprit de Foi, d'Espérance et de Chârité: «Ami, tu as vaincu, je te pardonne! Aie pitié, non pas d'un corps qui n'a plus rien à craindre, mais de mon âme! Puissent tes prières, puisse le baptême que je le demande laver toutes mes fautes!» Sa voix a quelque chose de si doux et de si pénétrant, que le coeur de Tancrède en est ému; sa fureur s'évanouit, et de ses yeux s'échappent des larmes involontaires.

Près de là, un ruisseau jaillit en murmurant des flancs de la montagne; il y court, puise de l'eau dans son casque, et revient tristement pour remplir un grand et pieux minis tère. Au moment où il découvre ce front encore inconnu, sa main tremble; il reconnaît Clorinde, et reste immobile et sans voix. Fatale vue, funeste reconnaissance! Mais il ne se livre point encore à son désespoir; il rassemble toutes ses forces, étouffe la douleur qui l'accable, et se hâte de rendre une vie immortelle à celle qu'il prive de la vie périssable. Pendant qu'il prononce les paroles sacrées, une douce joie ranime Clorinde; elle sourit; il semble qu'heureuse et satisfaite de mourir, elle dise: «Le Ciel s'ouvre et je m'en vais en paix!» Son visage est bientôt couvert de pâleur; les violettes s'y mêlent aux lys. Elle attache au Ciel ses regards, et présente à Tancrède, comme un gage de réconciliation, sa main froide et glacée.

Elle expire ainsi et paraît s'endormir.

A cet affreux spectacle, le héros perd toutes ses forces et exhale sa douleur, qui, refoulée et comprimée dans son coeur, répand sur son front et dans tous ses sens le froid de la mort. Déjà pâle, muet, insensible, il offre l'image d'un corps privé de vie. Son âme désespérée, rompant ses liens, va, libre enfin, suivre l'âme virginale qui s'est envolée au Ciel, quand le hasard ou le besoin amène dans ces lieux une troupe de Chrétiens. Le chef a reconnu de loin l'armure de Tancrède; il accourt et voit également la guerrière immolée. Il donne des regrets à son destin et ne veut pas laisser à la merci des animaux sauvages le corps de la belle païenne. Il fait enlever par ses soldats Clorinde et Tancrède, inanimé déjà, par suite du trépas même qu'il a donné.

On se dirige vers la tente du héros. Cette marche lente et paisible ne réveille pas ses sens. De faibles gémissements sont les seuls indices que la vie ne l'a point quitté; le corps immobile et glacé de Clorinde présente tous les signes de la mort. On les dépose l'un et l'autre dans une tente séparée.

Ses fidèles écuyers prodiguent leurs soins à Tancrède, dont les paupières appesanties se rouvrent enfin. Déjà il reconnaît la voix et les traits de ceux qui pansent ses blessures; mais son âme étonnée doute et ne peut croire encore à son retour à la vie. Il promène autour de lui ses regards incertains, et il dit d'une voix faible et douloureuse: «Et je vis et je respire encore! Je puis soutenir l'odieuse clarté de ce jour qui me rappelle mes crimes nocturnes et semble me reprocher mon forfait! Quoi! ce bras qui sait si bien donner la mort, ce bras, ministre impie et barbare, si prompt à la destruction, maintenant timide et lent, n'osera pas trancher le fil de ma coupable vie! Puisse le fer déchirer mon coeur et lui faire endurer les plus cruels tourments! Sans doute, accoutumé à des coups barbares et atroces, ma main impitoyable me refuse le trépas qui finirait mes maux! Il faut que je vive comme un exemple mémorable d'un amour triste et malheureux! Mon existence, chargée d'opprobre, sera le digne châtiment du plus grand des crimes; je vivrai en proie aux remords et aux tourments, errant et insensé, livré aux Furies, retrouvant au sein des ombres et de la solitude l'épouvante et le souvenir de ma fatale erreur; je détesterai les feux du soleil qui me montrèrent mon infortune, je me craindrai moi même, et je chercherai, mais en vain, à me fuir!.... Hélas! que sont devenus les restes de ce corps si chaste et si parfait? Ce qui est échappé à ma rage est la pâture des animaux féroces! Proie trop noble et trop précieuse! Malheureux! les ombres ont égaré la main lorsque tu offris ce festin à leur voracité!

Restes adorés, je veux aller aux lieux où je vous laissai, et vous rapporter si vous y êtes encore! Mais, si des monstres vous ont dévorés, je veux que leurs entrailles me servent aussi de tombeau! Asile heureux, puisque nos dépouilles mortelles seront réunies et confondues.» Ainsi parle l'infortuné. On lui apprend que le corps, objet de ses regrets, est près de lui. Son front s'éclaircit et brille comme la flamme qui traverse la nue. Il se soulève sur son lit. Ses membres sont lourds, languissants, épuisés, mais il se traîne et se dirige en chancelant vers Clorinde. Il approche, il voit ce beau sein percé d'une affreuse blessure, ce visage livide, décoloré et semblable encore au ciel pur d'une nuit sereine; il est près de s'évanouir, et n'est soutenu que par ses écuyers: «O divine beauté, dit-il alors, tu peux bien rendre ma mort moins misérable, mais tu ne saurais adoucir mon sort! O belle main qu'elle me tendit comme un gage de paix et d'amitié, dans quel état, hélas! je te revois? dans quel état suis-je moi-même? Et toi, corps naguère si beau, tu portes les marques déplorables de ma fureur! O fatal transport! Et mes yeux, non moins impitoyables, peuvent regarder les blessures que mon bras a faites! Eh quoi! je ne pleure pas! Ah! que tout mon sang coule maintenant, puisque je ne puis verser des larmes!»

La voix lui manque, et, dans son désespoir, il invoque la mort; il arrache et déchire l'appareil qui couvre ses blessures; son sang ruisselle, il veut se tuer; mais l'excès de la souffrance le soustrait à ses propres coups. On le porte sur son lit, on rappelle son âme fugitive.

Déjà la Renommée a publié le récit de son malheur et de sa cruelle douleur; ses amis les plus chers, le sage Godefroi lui-même, viennent le trouver; mais, ni les conseils, ni les paroles affectueuses, ne peuvent calmer cette âme en délire; et, de même qu'une plaie s'irrite et devient plus sensible sous la main qui cherche à la guérir; de même, les consolations qu'on veut lui donner augmentent ses tourments.

Cependant, pareil au pasteur qui veille sur une tendre brebis, le vénérable Pierre lui reproche sévèrement sa trop longue faiblesse: «O Tancrède, que tu es différent de toi même et de ce que tu fus jadis! Qui t'accable ainsi? Quel épais nuage couvre tes yeux et t'empêche de discerner la vérité? Ne vois-tu pas que cet événement est un avis du Ciel? N'entends-tu pas le Très-Haut qui te montre du doigt ce chemin que tu as suivi et dont tu t'es écarté? Aurais-tu oublié tes devoirs et les promesses que tu as faites à Jésus–Christ, dont tu es le Chevalier! O quel misérable échange! tu délaisses ses lois et son culte pour devenir l'esclave d'une Infidèle!... Heureux revers, courroux propice qui punirent ta faute et ton égarement! Tu es l'instrument de ton propre salut! Et cette grâce, tu la repousses! Refuse donc, ingrat, les dons salutaires du Seigneur; sois rebelle à ses ordres! Malheureux, où cours-tu? Te livrer à tes passions déréglées et impétueuses. Déjà tu es arrivé sur le bord de l'abîme qui va t'engloutir; déjà, incliné et suspendu, tu ne le vois pas! Mais regarde donc! Recueille tes esprits et triomphe d'un désespoir qui te conduirait à une double mort.»

Il dit, et la crainte de la damnation éternelle éteint au coeur de Tancrède le désir du trépas. Son âme s'ouvre aux consolations qui diminuent la vivacité de sa douleur; de temps en temps il gémit encore; sa langue profère des plaintes, soit qu'il se parle à lui-même, soit qu'il adresse à son amante des discours que peut-être elle entend du haut des Cieux. Au lever de l'Aurore, à l'instant où le soleil achève sa carrière, il la nomme, il l'invoque et la pleure; ainsi, privé de ses petits par une main barbare, le rossignol fait entendre dans le silence des nuits ses chants plaintifs et solitaires qui remplissent l'air et les bois.

A l'aube du jour, le héros ferme un moment ses paupières, et le sommeil s'y glisse au milieu des pleurs Il voit en songe son amante ceinte d'une robe étoilée: jamais elle ne fut si belle; mais l'auréole céleste qui l'entoure n'empêche pas de la reconnaître. D'un air compatissant et doux, elle semble essuyer ses larmes, et lui dire: «Cher et fidèle ami, vois combien je suis heureuse et belle, que cette pensée calme ton affliction! N'est-ce pas à toi que je dois ma félicité? Tu m'as, sans le vouloir, arrachée à une vie éphémère, et tes pieux soins m'ont assurée une place parmi les bienheureux. Dans le sein de Dieu, je goûte l'ineffable félicité; la place y est réservée; et, près de son trône, au milieu des splendeurs infinies, tu admireras ses perfections et mes charmes. Ah! ne te ferme pas le chemin du Ciel! Ne te laisse pas aller à l'erreur de tes sens! Conserve donc la vie! Apprends que je l'aime; je te le dis, oui, je t'aime autant qu'il est permis d'aimer un mortel!» Alors ses regards brillent d'une ardente et pieuse flamme, puis elle se perd dans la clarté qui l'environne. Le coeur de Tancrède ressent une nouvelle consolation. Il se réveille moins affligé et s'abandonne aux soins de ses serviteurs.

Cependant il fait ensevelir ce corps que naguère encore habitait une âme si belle. De riches ornements ne couvrirent pas sa tombe, mais on choisit un marbre précieux, et une main habile sculpta de funèbres et magnifiques emblèmes. Un cortège pompeux accompagna le cercueil avec des flambeaux; les armes de la guerrière furent, en forme de trophée, attachées à un pin.

Le jour suivant, Tancrède, malgré sa faiblesse, va, plein d'un saint respect, visiter le lieu qui renferme cette dépouille chérie. Arrivé près du tombeau où est captive l'âme de sa vie, l'infortuné, pâle et immobile, les yeux attachés à ce marbre, verse un torrent de larmes, et s'écrie: «O tombe sacrée! où repose l'objet de mes feux et que j'arrose de mes pleurs, sois témoin que je jure de mourir en l'aimant! Ah! que le jour de ma mort soit béni en quelque lieu qu'il arrive! Mais puisséje, plus heureux mille fois, recevoir le trépas sous ces murs; car alors je serai renfermé dans le même sépul-cre que Clorinde! Nos âmes seront ensemble dans les Cieux tandis que nos cendres seront unies ici-bas! Que la mort nous réserve ce bonheur qui nous fut refusé durant la vie! félicité suprême que, du moins, je peux espérer!»

La nouvelle confuse du funeste sort de la guerrière se répand dans la ville assiégée et ne tarde pas à se confirmer. Aussitôt Solime, livrée aux alarmes, retentit des cris et des gémissements des femmes; on dirait que les murs sont renversés, que l'ennemi vainqueur promène le fer, l'incendie et la destruction dans les temples et dans les édifices; mais l'affreuse douleur d'Arsès attire sur lui tous les regards. C'est l'expression de si profonds regrets que des pleurs ne sauraient leur suffire; il déchire son visage et sa poitrine et couvre ses cheveux blancs de cendre et de poussière.

Argant s'avance au milieu de cette foule émue à son aspect, et prononce ces mots: «Dès que je m'aperçus de l'absence de Clorinde, je voulus en toute hâte sortir pour la rejoindre et partager ses dangers. Que n'ai-je pas fait? Quelles ardentes prières, quelles supplications n'ai-je pas adressées au roi, afin qu'il permît que les portes me fussent ouvertes! Mes efforts furent inutiles! Ici tout est soumis à ses ordres, et il ne voulut pas y consentir. Ah! sans doute, si j'étais sorti, je l'aurais arrachée aux mains de l'ennemi et ramenée, ou bien j'eusse trouvé une mort glorieuse sur cette même terre rougie de son sang! Mais que pouvais-je faire? Les hommes et le Ciel en avaient autrement décidé. Elle est morte, le Destin l'a voulu! mais je n'oublierai point les devoirs qui me sont imposés. Que Jérusalem entende les promesses d'Argant, et que la foudre l'écrase s'il ne les remplit pas!... Je jure de venger la mort de Clorinde et de punir son lâche assassin. Je jure de ne quitter mon épée qu'après l'avoir baignée dans le sang de cet infâme, dont je livrerai le corps à l'avidité des corbeaux.»

Le peuple applaudit à ce discours. On compte sur cette vengeance si désirée, et la douleur s'apaise. Vain serment! Un résultat contraire démentira bientôt ces grandes espérances: Argant périra lui-même sous les coups de celui qu'il se flatte de vaincre et d'immoler.

CHANT XIII.

Ismen contraint les puissances infernales à défendre la forêt.–Les démons prennent toutes sortes de figures étranges et mettent en fuite ceux qui viennent troubler cette retraite.–Tancrède s'y rend; rien ne l'effraie, mais une vive compassion l'empêche de montrer sa valeur.–L'armée, que la sécheresse de l'air accable, retrouve des forces après une pluie abondante.

CHANT XIII.

CETTE machine immense, qui devait renverser les murs de Solime, est à peine réduite en cendres, qu'Ismen, veillant au salut des assiégés, prépare de nouveaux artifices. Il espère empêcher les Chrétiens de se procurer des matériaux pour construire une nouvelle tour et pour battre les remparts.

Non loin du camp est une forêt antique dont les arbres épais répandent aux environs une ombre sinistre et funeste; là, quand le soleil est le plus éclatant, on distingue à peine une lumière incertaine et décolorée. Ainsi, sous un ciel nébuleux, on ne peut dire si le jour succède à la nuit ou la nuit au jour. Mais, dès que le soleil a fui l'horizon, aussitôt règnent les brouillards, les ténèbres et l'effroi: c'est la nuit des Enfers; les yeux cessent de voir; les coeurs sont remplis d'épouvante. Jamais les pasteurs ne conduisent leurs troupeaux sous ces lugubres ombrages; jamais le voyageur n'y vient chercher la fraîcheur et le repos. On s'en écarte et on la signale de loin comme un lieu maudit. Là s'assemblent des sorcières; elles s'y rendent la nuit avec les objets de leurs impures amours, portées sur des nuages qui tantôt ont la forme de dragons, et tantôt de boucs hideux. Sénat infâme que l'appât fallacieux de l'or attire, et qui célèbre en ce lieu ses festins immondes et la pompe de ses noces criminelles! Ces croyances empêchent les habitants de la contrée de cueillir les rameaux de ce bois redoutable; mais c'est le seul endroit où les Chrétiens puissent se procurer des poutres pour leurs machines, et ils y portent la cognée.

La nuit même de l'incendie de la tour, Ismen y pénètre à la faveur du silence et des ténèbres. Il décrit un cercle, trace des caractères magiques, détache sa ceinture, pose un pied nu dans le cercle et murmure les mots les plus puissants. Trois fois il se tourne vers l'Orient, et trois fois vers les régions où se couche le soleil; trois fois il secoue la baguette qui ranime les cadavres et les arrache de leurs tombeaux; trois fois de son pied nu il trappe la terre, et enfin, d'une voix terrible, il prononce ces paroles:

«Écoutez-moi, écoutez-moi, ô vous que la foudre et les éclairs précipitèrent du Ciel dans les abîmes! et vous qui, errant au milieu des airs, enfantez les tempêtes et les orages! et vous aussi, ministres de l'éternel déses-poir, vous qui torturez les âmes criminelles! Esprits infernaux, et toi, monarque impitoyable d'un empire de feu, je vous invoque! Cette forêt, ces arbres que j'ai comptés, je vous les confie, prenez-les sous votre garde! De même que le corps est la demeure de l'âme qu'il enveloppe, que chacun de vous s'unisse à l'un de ces arbres, s'y enferme et en fasse sa demeure! Qu'aux premiers coups des cognées, les Chrétiens fuient ou s'arrêtent saisis de terreur.» Il dit; mais comment répéter sans impiété ses horribles blasphèmes! Aussitôt les astres pâlissent dans le ciel serein, des nuages obscurcissent le croissant de la lune qui se trouble et disparaît. Ismen ne cesse pas ses conjurations: «Esprits que j'évoque, vous n'arrivez pas à ma voix; pourquoi ces retards? Faut-il que je fasse entendre des paroles plus énergiques et plus mystérieuses? Un long silence ne m'a point fait oublier les grands secrets de mon art terrible, et ma langue, imprégnée de sang, saurait encore prononcer ce mot redoutable pour qui l'Enfer ne fut jamais sourd, ce mot auquel Pluton lui-même est forcé d'obéir! Si... Si...»

Sur ses lèvres s'arrête le mot redouté, car le charme est accompli. Déjà se montrent d'innombrables fantômes; les uns parcourent les airs, les autres sortent du sein de la terre. Ils arrivent lentement, encore effrayés de l'arrêt du Très-Haut, qui leur interdit de se mêler aux combats des humains, mais qui ne leur défend pas d'habiter la forêt et ses feuillages.

Sûr de la réussite complète de ses projets, Ismen se présente à Aladin: «Seigneur, lui dit-il, que ton coeur se rassure et bannisse toute inquiétude; désormais ton empire n'a plus rien à craindre. Nos ennemis espèrent en vain relever leurs machines; ils ne le pourront plus.» Il lui raconte le succès de ses enchantements, puis il ajoute: «Je veux aussi te révéler ce que j'ai découvert et ce qui me cause une grande joie. Apprends que le Soleil et Mars seront bientôt unis dans le signe du Lion. Ni la rosée, ni la pluie, ni les vents ne viendront tempérer leurs feux dévorants. Tout annonce, tout présage la sécheresse la plus accablante et la plus funeste. Le Nasamon, le Garamante connaissent à peine de pareilles ardeurs. Dans cette cité pleine d'eau, d'ombre et de fontaines, nous aurons peu à souffrir; mais les Chrétiens languiront épuisés sur un sol aride et sans ombrages. Déjà vaincus par les éléments, ils seront anéantis par les Égyptiens. Tu triompheras sans combattre. Il est donc inutile de tenter la Fortune. Si, méprisant cette facile victoire, le superbe Circassien, qui s'indigne contre le repos, te presse et t'importune, tâche de trouver un frein pour le retenir. Bientôt le Ciel propice t'accordera la paix et déclarera la guerre à les ennemis.»

Ce discours inspire à Aladin une telle confiance, qu'il ne craint plus les efforts de Godefroi. Déjà il a fait réparer une partie des murs que le bélier avait ébranlés, et il presse avec une infatigable activité la reconstruction des remparts détruits ou chancelants; citoyens, esclaves, tous pleins de zèle, poursuivent sans relâche les travaux; tout est en mouvement.

De son côté, le sage Bouillon ne veut point livrer à ces fortes murailles un assaut inutile avant d'avoir reconstruit la plus grande des tours ou quelque autre machine semblable. Par son ordre, des travailleurs se dirigent vers la forêt d'où l'on a déjà tiré le bois propre à cet usage. Ils y arrivent à l'aube du jour; mais à son aspect une terreur étrange les arrête. Ainsi l'enfant n'ose regarder les lieux où il croit voir des spectres inconnus, et il redoute au milieu des ténèbres les monstres et les prodiges que son imagination crée. Ainsi ces guerriers frémissent sans pouvoir s'expliquer la cause de leur frayeur. La peur leur montre des fantômes plus affreux que les Sphinx et les Chimères. Intimidés, éperdus, ils reviennent au camp. Leurs discours, leurs récits sont si confus, si différents, qu'ils semblent ridicules et ne trouvent aucune croyance. Godefroi les renvoie et leur donne une forte escorte de guerriers d'élite pour leur inspirer l'assurance et le courage d'exécuter ses ordres. En approchant des lieux où les démons ont établi leur séjour, les plus intrépides sont glacés d'épouvante. Ils ont à peine aperçu ces ombres horribles, et déjà leur coeur palpite. Toutefois, ils s'avancent et cachent sous un air audacieux leur honteuse timidité. Ils ne sont plus qu'à une faible distance de ces bois enchantés, alors un bruit semblable à un tremblement de terre retentit tout-à-coup. On dirait les mugissements de l'aquilon, le gémissement des vagues contre les écueils, le rugissement des lions, le sifflement des serpents, le hurlement des loups, le cri des ours, le son des trompettes mêlé aux éclats du tonnerre, et tous ces sons s'unissent et se confondent en un seul. Alors les visages pâlissent et la crainte se trahit par mille indices. La discipline, la raison ne peuvent plus les décider à poursuivre leur route; ils ne veulent pas lutter contre la puissance invincible qui les arrête; ils fuient enfui, et l'un d'eux accourt vers Bouillon pour l'instruire de ce qui arrive et en accuser un destin ennemi. «Seigneur, lui dit-il, il n'est personne d'entre nous qui puisse se flatter d'abattre les arbres de cette forêt; elle est si bien gardée que je pense, j'affirme même que le roi des Enfers y a transporté son empire. Pour la contempler sans terreur, il faudrait avoir le coeur ceint d'un triple bouclier de diamant. La témérité la plus insensée pourrait seule braver les voix et les tonnerres qui s'y font entendre.»

Parmi ceux qui l'écoutent est Alcaste, guerrier dont la valeur farouche et stupide méprise à la fois les mortels et le trépas. Alcaste ne redoute ni les animaux féroces, ni les monstres formidables, ni les convulsions de la nature, ni la foudre, ni les tempêtes, ni rien enfin de ce que l'univers rassemble de plus effroyable. Il fait un geste hautain, sourit dédaigneusement et dit: «J'irai où n'osent aller ces chevaliers; je prétends seul renverser ces troncs d'arbres, repaires d'affreuses Chimères. Tous ces fantômes ne pourront m'arrêter; je défierai ces accents et ces clameurs formidables. Je ne reculerai pas, dût la terre entr'ouverte me montrer les abîmes et le chemin du Tartare.»

Ainsi parle le présomptueux Helvétien, et de l'aveu de Godefroi, il s'éloigne. Bientôt il aperçoit la forêt et entend ces bruits étranges, inconnus. Son intrépidité ne faiblit pas; il conserve la même assurance, le même mépris du péril. Déjà ses pieds vont franchir l'enceinte enchantée; soudain, par un nouveau prodige, un vaste incendie s'élève; la flamme grandit au milieu de tourbillons de fumée, et forme autour du bois une haute muraille qui s'oppose à toute tentative. Les flammes dessinent des formes de châteaux et de tours, et l'on dirait que des machines de guerre garnissent les remparts de ce nouvel enfer. Sur ces créneaux de feu paraissent des monstres armés. Combien leur aspect est horrible! L'un jette sur Alcaste des regards sinistres, l'autre brandit son glaive menaçant. Le guerrier fuit enfin lentement, comme le lion poursuivi par des chasseurs; mais c'est toujours une fuite; et, pour la première fois, le coeur d'Alcaste a connu la peur. Il doute encore si ce sentiment nouveau est de la crainte; éloigné de la forêt, il recueille ses esprits, s'étonne, s'indigne, et un amer repentir trouble son âme. Plein de surprise, de tristesse et de honte, il revient taciturne, se tient à l'écart et n'ose montrer ce front naguère si altier et si superbe. Il hésite, cherche des excuses pour ne point paraître devant Godefroi qui le fait appeler. Enfin, il se rend à ses ordres, mais d'un pas tardif; sa bouche est muette; puis, il répond d'un air sombre. Cette contenance, cette réserve qui ne lui sont point habituelles, révèlent à Bouillon sa frayeur et sa fuite: «Que faut-il croire? dit-il; sont-ce des prestiges, sont-ce des miracles d'une nature supérieure? Toutefois, s'il est un guerrier qui brûle du noble désir d'explorer ce repaire sauvage, qu'il parte, qu'il tente l'aventure, et nous rapporte au moins des renseignements plus certains.»

11dit, et pendant trois jours les plus braves essaient de pénétrer dans les profondeurs de la forêt; mais tous, à son aspect menaçant, fuient épouvantés.

Tancrède était hors du camp et rendait alors à Clorinde les honneurs funèbres. Bien que la pâleur de son visage indiquât sa faiblesse et son impuissance à porter le casque et le bouclier, l'urgente nécessité le décide à courir les risques de cette entreprise pénible et dangereuse. L'ardeur qui l'anime lui donne de nouvelles forces. Silencieux et recueilli, il marche avec précaution vers ce péril inconnu. L'aspect effrayant de la forêt, le bruit du tonnerre, les secousses de la terre ébranlée ne l'émeuvent ni ne bétonnent; son coeur frémit un moment, mais il se rassure aussitôt et entre dans le bois. Soudain s'élève l'enceinte de feu. Il s'arrête, balance et se dit: Que serviront ici mes armes? Me précipiterai-je dans la gueule de ces monstres, au milieu de ces feux dévo-rants? Jamais je n'épargnerai ma vie quand l'honneur ou l'intérêt commun l'exigeront; mais le vrai courage ne consiste pas à s'exposer inutilement, et ce serait ici une folle audace!.... Que dira l'armée si je reviens sans avoir réussi?... Où trouvera-t-elle les matériaux dont elle a un si pressant besoin? Godefroi ne renoncera pas à se servir de cette forêt avant d'avoir tenté tous les efforts; et, si un autre que moi triomphait!.... Allons! cet incendie n'a peut-être de redoutable que l'apparence!... Advienne que pourra!» Il dit, et s'élance.

0merveilleux courage! Déjà il a reconnu que la chaleur brûlante que devait produire un feu si terrible ne se fait pas sentir sous son armure! Il ne peut juger si ces flammes sont réelles ou fantastiques; il les a touchées et elles ont disparu. A leur place est un nuage épais, chargé de ténèbres et de frimas; ce nuage lui-même s'évanouit en peu d'instants. Tancrède est étonné, mais son courage reste le même; et, dès que le calme est revenu, il s'avance d'un pas ferme dans ces bois profanés, et en parcourt tous les détours sans rencontrer ni prodiges, ni fantômes, ni obstacles. Enfin, il trouve un vaste espace découvert qui se déploie en amphithéâtre. Au milieu, s'élève, comme une haute pyramide, un cyprès solitaire. Tancrède s'approche de cet arbre; et, en l'examinant de plus près, il découvre sur l'écorce l'empreinte de divers symboles pareils à ceux que l'antique et mystérieuse Egypte employait comme des caractères d'écriture. Parmi ces figures inexplicables est une inscription en langue syriaque que Tancrède connaît; elle porte ces mots: «O toi, guerrier téméraire, qui oses pénétrer » dans ces lieux consacrés à la mort, si tu n'es pas aussi » cruel que tu te montres intrépide, de grâce ne trouble » point ce secret asile! Épargne des âmes infortunées, » éternellement privées de la lumière: les vivants doivent » laisser en paix les morts.»

Pendant qu'il cherche à interpréter le sens que cachent ces paroles, le vent frémit à travers les branches et le feuillage. On dirait des soupirs et des accents lamentables qui remplissent l'âme tout à la fois de pitié, de tristesse et d'horreur. Enfin, il tire son épée et frappe de toutes ses forces le cyprès... 0prodige! le sang jaillit de l'écorce et rougit la terre. Tancrède frissonne, mais redouble ses coups et veut mettre fin à son entreprise. Alors, comme du fond d'une tombe, sortent des gémissements inarticulés et douloureux. Bientôt une voix plus distincte lui crie: «Ah! Tancrède, tu ne m'as déjà que trop blessée! Toi qui m'as arrachée du corps que j'animais, toi qui m'as ôtée de ce monde où j'étais heureuse! pourquoi viens-tu déchirer encore cet arbre malheureux auquel m'unit une rigoureuse destinée? Veux-tu, barbare au-delà même du trépas, outrager tes ennemis jusque dans leur tombeau? Je fus Clorinde; mon âme n'est pas la seule qui habite ces troncs noueux et grossiers. Chrétiens et Musulmans, tous ceux qui ont péri au pied des murs de Solime sont ici retenus par un charme étrange et puissant. Je ne sais si je suis dans un corps animé ou dans un sépulcre. Ces arbres, ces rameaux sont pleins de vie, et tu ne peux y toucher » sans commettre un homicide!»

Le malade qui aperçoit en songe des Dragons ou d'énormes Chimères que la flamme environne, craint ces images fantastiques, et, bien qu'à demi convaincu de son erreur, voudrait fuir ces spectres horribles. De même, le héros repousse ces mensongères illusions, et pourtant il cède à leur empire. Livré à tant d'émotions différentes, son coeur s'alarme, son ardeur se refroidit, et, dans cette anxiété terrible, le fer échappe de ses mains. Ce n'est pas la crainte qui s'empare de lui; mais, dans son trouble, il croit voir Clorinde blessée pleurer et gémir. Il ne peut supporter la vue de ce sang, ni entendre les dernières plaintes de son amante. Ainsi ce héros, que rien ne pouvait effrayer, si grand contre la mort, est soumis par l'amour et se laisse fléchir par une ombre trompeuse et par de vains sanglots.

Cependant, un vent impétueux emporte l'épée hors de la forêt. Tancrède, fugitif, la retrouve sur sa route, mais n'ose revenir sur ses pas pour approfondir la cause de ces merveilles. Il arrive près de Bouillon, se recueille un moment, et, plus calme, s'exprime ainsi: «Je viens, seigneur, te confirmer des récits auxquels tu n'as pas ajouté foi, tant ils sont incroyables! Tout ce que l'on t'a rapporté, ces bruits affreux, ces tableaux horribles, tout est vrai! J'ai vu un prodigieux incendie s'allumer tout-à-coup, brûler sans aliment, grandir et former un rempart que semblaient défendre des monstres armés. Je me suis jeté au milieu de ces flammes qui se sont évanouies; et, au même instant, des ténèbres glacées ont remplacé ces feux; puis, j'ai vu renaître un jour serein! Le dirai-je? Des âmes humaines habitent ces arbres et leur donnent la vie, le sentiment et la parole. Quelle preuve n'en ai-je pas eue! Leurs tristes voix retentissent encore dans mon coeur affligé. Chaque coup fait ruisseler le sang, comme si ces troncs étaient d'os et de chair. Non! non! j'avoue ma défaite, je ne pourrai jamais en détacher une écorce, en arracher un seul rameau!»

Tandis qu'il parle, Bouillon, indécis, partagé entre mille pensées, se demande s'il doit aller lui-même lutter contre des enchantements dont la réalité lui est prouvée, ou bien s'il faut aller chercher des matériaux dans une autre forêt plus éloignée et d'un plus difficile abord? Mais Pierre met fin à son hésitation en lui disant: «Renonce à ces projets audacieux. Un autre bras que le tien doit abattre ces arbres que défendra vainement un pouvoir inconnu. Déjà le vaisseau que nous attendons aborde sur des plages désertes et plie ses voiles. Déjà le guerrier dont le retour nous est promis a rompu ses indignes fers et s'éloigne du rivage. Bientôt sonnera l'heure marquée pour la prise de Sion et la ruine de nos ennemis.»

Le visage du solitaire brille d'un feu divin; sa voix retentissante n'est plus celle d'un mortel. Le pieux Bouillon se livre à d'autres travaux, et ne reste pas dans l'inaction.

Cependant, le soleil entre dans le signe du Cancer et verse sur la terre des feux brûlants. Cette chaleur est fatale aux plans de Godefroi, et funeste à ses guerriers qui ne peuvent plus supporter la moindre fatigue. Le ciel perd sa lumière bienfaisante, et l'on n'y voit régner que des astres sinistres dont l'influence remplit les airs de miasmes meurtriers. Sans cesse la chaleur augmente; des feux dévorants dessèchent tantôt un lieu, tantôt un autre; à une journée pénible succède une nuit brûlante que suit un jour encore plus affreux. Le soleil ne se lève jamais que couvert et entouré de vapeurs sanglantes, triste présage d'un jour malheureux; il ne se couche que parsemé de taches rougeâtres qui menacent de nouveaux maux à son retour. La certitude de souffrances prochaines ajoute l'inquiétude aux tourments que l'on endure. Tandis qu'il darde à plomb ses rayons, partout où peuvent s'étendre ses regards, les fleurs se fanent, les feuilles jaunissent, l'herbe altérée languit, et, dans la terre entr'ouverte, les sources se tarissent. La nature entière éprouve les effets de la céleste colère; de stériles nues traversent les airs comme des vapeurs enflammées. Le ciel offre l'image d'une noire fournaise; nul objet qui console les regards; le zéphyr silencieux se tait au fond de sa retraite; l'air immobile n'est agité que par l'haleine corrosive des vents qui s'élèvent aux rivages africains. Ces vents lourds, insupportables, frappent sans cesse de leur souffle épais les poitrines et les visages accablés. Les ombres de la nuit semblent embrasées des feux du jour et n'apportent aucun soulagement. Des trombes de feu, des comètes, des météores étincelants traversent les ténèbres. O terre infortunée, l'astre des nuits refuse à ta soif la bienfaisante rosée, et les fleurs mourantes demandent en vain les sucs nourriciers qui les rappelleraient à la vie!

L'inquiétude a chassé le sommeil; les humains languissants ne peuvent obtenir le repos; mais la soif est le plus affreux de leurs maux. Le barbare Aladin a infecté les sources de la Judée à l'aide de poisons plus mortels que ceux du Styx et de l'Achéron. Le Siloé, qui, toujours pur et limpide, leur avait offert ses trésors, mouille à peine le fond de son lit desséché. Faible et insuffisante ressource pour les Chrétiens, dont les désirs et les besoins ne seraient point calmés par l'immense et profond Éridan, ni par le Nil, même alors que, franchissant ses rives, il couvre l'Egypte de ses eaux fécondes! Ils se rappellent les lacs argentés qu'ils ont vus dormir au milieu des bocages et de l'ombre, et ces sources qui se précipitent des flancs d'un rocher et coulent ensuite lentement sur les verts gazons. Ces images se présentent à leur ardeur impatiente et ne font qu'augmenter leur désespoir.

On voit ces robustes guerriers, qui, résistant aux plus rudes combats, ne plièrent jamais sous le poids des armures, que n'ont pu dompter ni l'ennemi, ni l'aspect du trépas, affaissés maintenant, anéantis, hors d'état de se soutenir, se coucher sur la terre. Un feu caché circule dans leurs veines, les mine et les consume. Le coursier, naguère si superbe, languit et dédaigne une herbe sans saveur; sa tête altière tombe négligemment penchée; ses jambes chancellent. Pour lui, le noble amour de la gloire n'a plus d'aiguillon; il ne se souvient plus des palmes qu'il cueillit; il méprise, comme un vil fardeau, les riches ornements et les dépouilles de la victoire. Le chien, accablé par ses maux, ne se soucie, ni du foyer, ni du maître qu'il oublie; haletant, brûlé par la chaleur, il s'étend sur le sol. En vain la nature lui donna d'autres moyens de respirer; l'air lourd et pesant est pour lui sans fraîcheur.

Ainsi tout est en proie à la souffrance; ainsi les malheureux mortels traînent des jours misérables. Déjà le peuple fidèle désespère de vaincre et redoute de plus grandes calamités. De toutes parts on entend des voix plaintives murmurer: «Qu'espère-donc Godefroi? Qu'at-tend-il encore? Veut-il que tout le camp succombe? Par quels moyens pense-t-il renverser les murs ennemis? où prendra-t-il des machines? Seul il ne voit donc pas tous ces signes par lesquels éclate la colère du Ciel? Mille prodiges nouveaux, mille fantômes nous attestent que ses décrets nous sont contraires, et ce soleil qui nous dévore nous laisserait envier la douceur des contrées de l'Inde et de l'Ethiopie. Pense-t-il qu'il nous soit indifférent d'aller comme une multitude vile et méprisée chercher une mort cruelle et inutile dans le seul but de lui conserver le souverain pouvoir? Faut-il donc que le bonheur de régner procure de si grands avantages et de telles jouissances que Bouillon sacrifie à son ambition le salut de toute une armée?... Et voilà ce mortel qui mérita le surnom de pieux! Combien son âme est compatissante et humaine! Il oublie tout pour conserver un titre vain et dangereux! Tandis que les fontaines et les ruisseaux sont taris pour nous, il se fait apporter les fraîches ondes du Jourdain, les mêle avec le vin de Crète et en remplit les coupes de ses heureux convives.»

Ainsi murmurent les Latins. Mais le chef des Grecs, fatigué depuis long-temps de suivre leurs étendards, se dit: «Pourquoi mourir ici?... Pourquoi attendre que mes soldats soient moissonnés?... Que Godefroi, pour son malheur et celui des Francs, persiste dans son fol aveuglement, du moins il ne fera tort qu'aux siens.» Et, sans prendre congé, il quitte le camp au milieu du silence et de la nuit.

Le jour révèle sa fuite, et quelques autres imitent son exemple. Les compagnons d'armes de Clotaire, d'Adhémar et des chefs dont les ossements sont maintenant unis à la poussière, pensent que, s'ils ont juré fidélité à ces héros, la mort, qui brise tous les liens, les a dégagés; ils parlent de se retirer, et plusieurs ont déjà déserté pendant les ténèbres.

Godefroi entend tous les discours et devine tous les projets. Il pourrait sur-le-champ réprimer la désobéissance; mais les moyens rigoureux lui répugnent; il les abhorre. Alors, avec cette Foi qui peut arrêter le cours des fleuves et transporter les montagnes, il demande pieusement au Roi de l'univers d'ouvrir à sa prière les trésors de sa miséricorde; les mains jointes, les yeux brûlants de ferveur et levés vers le Ciel, il prononce ces mots:

«Ô mon Père! ô mon Dieu! si jadis, dans le désert, tu accordas à ton peuple les bienfaits de la pluie et de la rosée, si tu donnas à la main d'un mortel le pouvoir de briser les rochers et de faire jaillir une vive fontaine de leurs lianes déchirés, daigne aujourd'hui renouveler les mêmes miracles en faveur de ces guerriers! Oublie leurs fautes, et que ta grâce supplée à leur peu de mérites! Puisqu'ils sont tes soldats, qu'ils aient des marques de ta protection.»

Cette humble prière d'un coeur pur s'élève vers les Cieux, prompte et légère comme la céleste colombe; elle n'est point vaine: l'Éternel l'accueille et laisse tomber un regard de commisération sur l'armée fidèle. Il est touché de ses dangers et de ses maux, et dit: «Ce peuple que j'aime a subi assez de revers et de périls. L'Enfer, le monde même, la force des armes et l'art des ténèbres se sont conjurés contre lui! Il est temps qu'un nouvel ordre de choses commence! Il faut que pour lui tout soit désormais heureux et prospère! Que les sources du Ciel coulent! Que l'invincible guerrier revienne et que l'Égyptien paraisse pour ajouter à la gloire et au triomphe de mes armées!»

Il a parlé, et le seul mouvement de son front fait trembler la voûte éthérée, les sphères et les astres errants; l'air frémit de respect, les plaines liquides, les monts, les noirs abîmes s'ébranlent. Tout-à-coup l'éclair flamboyant s'échappe de sa main; le tonnerre gronde, et les cris de joie des Latins saluent le tonnerre et les éclairs. Bientôt les nues s'épaississent; elles n'abandonnent plus la terre pour s'élever sous l'influence d'un soleil brûlant; mais elles descendent du Ciel qui ouvre à la fois toutes ses cataractes. Une nuit soudaine s'étend et enveloppe le jour dans ses voiles; un orage impétueux lui succède, et déjà les ruisseaux gonflés ont franchi leurs bords. Lorsque pendant les chaleurs de l'été une pluie long-temps désirée vient à tomber, on voit les oiseaux aquatiques la recevoir avec joie; les rives desséchées retentissent de leurs rauques murmures; ils déploient leurs ailes, volent vers l'onde, s'y jettent, s'y plongent et cherchent à éteindre la soif qui les consume. Tels on voit les Chrétiens s'exposer avec délices à ces eaux bienfaisantes que verse sur eux la miséricorde de Dieu. Leurs vêtements, leurs cheveux en sont inondés; ceux-ci la boivent dans des coupes; ceux-là se servent de leurs casques; les uns y baignent leurs mains, les autres leurs visages et leurs yeux; quel ques-uns, plus prévoyants, en remplissent des vases pour les futurs besoins.

Pendant qu'ils se livrent à l'espoir et oublient leurs souffrances, la terre languissante, qui avait ouvert ses flancs arides et humecté ses plaies de ces ondes salutaires, se referme et les distribue dans ses veines profondes; bientôt elle fournit aux herbes, aux plantes et aux fleurs des sucs abondants et nourriciers. Ainsi une jeune beauté sent fuir, sous l'influence d'un remède sauveur, la fièvre ardente et le principe du mal qui la minait; elle recouvre ses forces et sa fraîcheur et voit renaître son éclat; alors, oublieuse de ses maux, elle reprend ses guirlandes et ses parures.

Enfin la pluie s'arrête; le soleil reparaît; mais ses rayons sont agréables et doux comme dans les belles journées du printemps. O puissance de la Foi! Celui qui honore Dieu peut délivrer les airs de toute maligne influence, changer l'ordre des saisons et triompher des astres ennemis et du Destin.

CHANT XIV.

Un songe apprend à Godefroi que Dieu veut qu'il rappelle Renaud dans le camp.– Il accueille la demande que lui font les principaux chefs.– Pierre, qui depuis long-temps est instruit des volontés de l'Éternel, dirige les envoyés de Bouillon dans un lieu où un enchanteur les reçoit avec bonté, leur découvre les secrets artifices d'Armide et leur donne des conseils pour la réussite de leur entreprise.

CHANT XIV.

LA. Nuit fraîche et obscure, escortée des légers Zéphyrs, quittait le vaste sein de la terre et secouait les perles précieuses d'une bienfaisante rosée; ses voiles humides se répandaient sur les fleurs et sur la verdure. Les Vents, du battement de leurs ailes, caressaient les mortels plongés dans le repos, et déjà, sous leur douce influence, les pensées et les soucis du jour étaient ensevelis dans un profond oubli.

Assis au sein de l'éternelle clarté, le Tout-Puissant veille sur l'univers. Il abaisse du haut du Ciel, sur le chef des Chrétiens, ses regards propices; et, par son ordre, un songe paisible va lui révéler ses suprêmes décrets.

Non loin des arceaux dorés par où s'élance le Soleil, est, à l'Orient, une porte de cristal, qui, d'ordinaire, s'ouvre un peu avant le lever du jour. C'est par là que s'échappent les Songes que Dieu accorde aux âmes chastes et pures. C'est par là que descend, soutenu sur ses ailes d'or, celui que le Très-Haut destine à Godefroi. Jamais vision n'offrit à un mortel des images si belles et si gracieuses! Et, par lui, sont révélés au héros les mystères divins. A ses yeux se déroulent, comme dans un limpide miroir, les merveilles que renferment et cachent les sphères célestes. Il se croit transporté dans un espace lumineux et resplendissant. Tandis qu'il admire l'immensité, le mouvement et l'harmonie de ces régions sublimes, un guerrier couronné de rayons s'avance vers lui, et, d'une voix dont rien ici-bas ne pourrait égaler le charme, lui adresse ces mots:

«Godefroi, tu ne me parles pas, tu n'accueilles point Hugues? Ne reconnais–tu pas ton ami fidele?–Ta nouvelle forme, lui répond Bouillon, cette lumière qui te rend éclatant comme le soleil ont tellement ébloui mes yeux, que je n'ai pu retrouver tes traits.» Puis, il lui tend les bras avec affection, et trois fois il essaie de le presser contre son sein; mais, trois fois comme une ombre ou une vapeur légère, l'image échappe à ses vains efforts. Hugues reprend avec un doux sourire: " Je ne suis plus revêtu d'une dépouille mortelle; sous cette substance impalpable, tu vois un esprit pur, un habitant de la Cité des Cieux. C'est ici le sanctuaire de l'Éternel, le séjour de ses guerriers; ta place y est marquée.–Quand y serai-je? demande Godefroi. Ah! puisse la mort briser à l'instant les liens qui me retiennent et retardent ma félicité!–Bientôt, réplique Hugues, tu partageras notre gloire et notre triomphe; mais il faut que tu livres encore des combats sur la terre et que tu y verses et tes sueurs et ton sang. Ton bras doit arracher aux Infidèles l'empire des Saints-Lieux; tu y fonderas un royaume que ton frère gouvernera après toi. Mais, pour rendre plus vifs ton désir et ton amour, contemple d'un oeil attentif ces demeures radieuses, ces astres de feu que la divine Intelligence crée et fait mouvoir; entends les chœurs angéliques, les sons des célestes lyres, et abaisse tes regards sur le dernier des globes de la création. Combien sont viles les causes qui déterminent les actions des hommes! Dans quel cercle infime, dans quelle solitude s'étale leur orgueil! Vois cette mer qui envi ronne la terre, cette mer que vous appelez, tantôt l'Océan, tantôt le vaste abîme! Qu'a d'assez grand, pour justifier des noms si pompeux, un marais sans profondeur, un lac misérable?»

A ces mots, Godefroi jette au-dessous de lui un regard dédaigneux, et sourit de pitié. Il voit confondus en un point imperceptible les fleuves, les empires, la terre et les mers. 11s'étonne que la folle humanité, oubliant que Dieu seul nous invite et nous appelle, s'attache à posséder ces ombres, cette fumée et une stérile gloire. Il dit à Hugues: «Puisque la volonté de Dieu ne brise pas aujourd'hui mes fers, je te prie de m'indiquer le chemin le moins trompeur au milieu des illusions du monde.–La vraie route est celle que tu suis; n'en détourne point tes pas. Seulement, je t'engage à rappeler de son lointain exil le vaillant fils de Berthold. Si la Providence t'a choisi pour chef suprême de cette grande entreprise, elle a aussi destiné Renaud à être l'exécuteur de tes projets. À toi la première place, à lui la seconde. Tu es la tête de l'armée, il en est le bras. Nul autre ne pourrait occuper sa place, et tu ne dois pas y penser. C'est par lui que seront détruits les enchantements qui protègent la forêt. l'on armée, qui, faute de guerriers assez intrépides, désire se retirer, et semble incapable de terminer sa glorieuse mission, reprendra une nouvelle ardeur. Renaud forcera les portes de Solime et vaincra les nations conjurées de l'Orient.–Ah! s'écrie Bouillon, combien le retour de ce héros satisferait mon âme! Toi, qui vois les pensées les plus secrètes, tu sais si je l'aime et si je dis la vérité? Mais quelles avances puis-je lui faire? En quel lieu dois-je lui envoyer un message? Est-ce un ordre, est-ce une prière qu'il faut lui adresser? Comment une telle démarche se conciliera-t-elle avec la justice et l'honneur?–Celui qui daigne te prodiguer ses faveurs, reprend Hugues, veut que tu sois respecté et obéi de ceux dont il te fit le général. Tu ne dois pas descendre à la prière, ce serait abaisser ton autorité souveraine. Mais laisse-toi fléchir, et accorde aux premières instances le pardon qui te sera demandé. Guelfe, inspiré par Dieu même, te suppliera de rendre l'audacieux guerrier aux combats et à la victoire, en l'absolvant d'une faute où l'excès de la colère l'a entraîné. Maintenant, relégué aux extrémités du monde, il s'abandonne à la mollesse et aux langueurs de l'amour, mais il reviendra promptement et sans hésiter quand il connaîtra le besoin que vous avez de son bras. Pierre, à qui sont révélés les saints mystères, dirigera tes envoyés vers celui qui leur donnera des renseignements certains. Ils apprendront par quel art, par quels moyens on peut délivrer Renaud et le ramener parmi vous. C'est ainsi que Dieu réunira enfin sous ses saints étendards tous tes compagnons égarés!... Mais je veux flatter ton coeur en t'annonçant qu'un jour ton sang se mêlera à celui de ce héros, et il en sortira une race illustre et glorieuse.»

En achevant ces mots, l'ombre de Hugues s'évanouit comme une vapeur légère que disperse le souffle des vents, ou comme une faible nuée qu'absorbe le soleil.

Godefroi se réveille, l'âme remplie de joie et d'étonnement. Il ouvre les yeux; déjà le jour est avancé; aussitôt il se lève et revêt sa pesante armure. A l'heure accoutumée, les chefs se rassemblent sous sa tente pour y décider ce que les troupes doivent exécuter. Guelfe, cédant aux nouvelles inspirations du Ciel, prend la parole le premier: «Seigneur, dit-il à Bouillon, je viens solliciter de ta clémence le pardon d'une faute sans doute trop récente encore, et ma demande te semblera prématurée et téméraire. Mais je sais que je m'adresse au pieux Godefroi, et que je prie pour le vaillant Renaud; peut-être aussi ne suis je point un intercesseur indigne d'obtenir une grâce qui comblera de joie toute l'armée, et je crains moins un refus. Permets donc que, de retour parmi nous, il verse, en expiation de sa fatale erreur, tout son sang pour la cause commune. Et quel autre que lui oserait porter le fer dans cette forêt où règne l'épouvante? Qui bravera les périls et la mort avec un coeur plus ferme et plus intrépide? Nous le verrons ébranler les remparts, enfoncer les portes, et seul, le premier de tous, monter à l'assaut. Rends, Seigneur, rends à ton armée un guerrier objet de ses désirs et de son espoir; rends-moi un neveu si courageux, et, à toi-même, rends le prompt exécuteur de tes desseins! Ne souffre pas qu'il s'engourdisse dans un vil repos. Rappelle-le à la gloire; qu'il suive ta bannière victorieuse! Que, témoin de tes exploits, il fasse, à la clarté du jour, en te regardant comme son chef et son modèle, des actions dignes de lui!»

Ainsi parle Guelfe, et on murmure d'assentiment exprime la prière des autres guerriers. Alors Godefroi, comme si son esprit n'eût point été préparé à leur demande, répond: «Comment pourrais-je vous refuser une grâce que vous désirez, que vous sollicitez avec tant d'ardeur? Que la rigueur se taise et que le voeu de tous soit la règle et la loi! Que Renaud revienne, et que, plus modéré désormais, il sache réprimer son impétueuse colère! Puissent ses exploits justifier votre intercession et les hautes espérances que nous avons conçues. Guelfe, c'est à toi de lui annoncer son pardon. Il s'empressera, je pense, d'obéir à ta voix! Choisis un messager, et qu'il vole vers les lieux où tu penses retrouver le jeune héros!»

Le chevalier danois se lève: «Je crois, dit-il, que cette mission doit m'être confiée; je ne reculerai point devant les hasards d'une course lointaine pour remettre à Renaud l'épée de mon généreux maître.»

Guelfe accepte aussitôt l'offre de ce guerrier, qui est un homme de courage et d'exécution; il sera l'un des deux envoyés; l'autre sera l'adroit, le sage et prudent Ubalde. Dès sa plus tendre jeunesse, ce chevalier, jaloux de s'instruire des moeurs des nations, avait parcouru toutes les contrées, depuis les plus froides régions jusqu'aux sables brûlants de l'Éthiopie. Il avait étudié les usages, les langues, les religions de tous les peuples. Parvenu à l'âge mûr, Guelfe en fit le plus cher de ses favoris.

Ces guerriers acceptent l'honorable tâche de ramener au camp l'illustre fils de Berthold. Guelfe les engage à se diriger vers Antioche, capitale des États de Boëmond, où l'on assurait qu'il s'était retiré. Mais le pieux ermite s'avance et interrompt ce discours: «Ochevaliers! dit-il, en écoutant la voix publique, vous auriez un guide ignorant et infidèle, qui vous égarerait et vous détournerait de la route que vous devez choisir. Marchez vers Ascalon. A l'endroit où un fleuve se perd dans la mer, vous rencontrerez un vieillard, notre allié. Pleins de confiance en lui, écoutez ses avis comme vous recevriez les miens. Ce vieillard, que le Ciel éclaire, est depuis long-temps déjà prévenu par moi de votre voyage. Il vous montrera autant de bienveillance que de sagesse.»

Charles et Ubalde ne demandent pas d'autres éclaircissements et se soumettent aux ordres de l'Esprit-Saint dont le solitaire est l'interprète. Brûlants d'impatience, ils prennent congé des chefs et partent aussitôt.

Ils se dirigent vers la mer qui baigne les murs d'Ascalon. Le bruit des vagues mugissantes n'arrivait point encore à leurs oreilles, quand ils se trouvèrent sur le bord d'un fleuve dont la pluie avait grossi les eaux; il était sorti de son lit et roulait plus rapide que le trait qui fend les airs. Tandis que les deux guerriers s'arrêtent indécis, un vieillard leur apparaît. Son front vénérable porte une couronne de hêtre; sa longue robe de lin est éclatante de blancheur; une baguette est dans sa main, et il remonte le fleuve en marchant sur les flots. Ainsi, dans les régions voisines du pôle, lorsque les rigueurs de l'hiver ont enchaîné le cours des ondes, on voit les jeunes filles courir par bandes, et sur de longs traîneaux fouler sans crainte le perfide élément. Tel s'avance le vieillard sur la surface mobile de ces eaux que les frimas n'ont point durcies. Bientôt il touche à la rive où sont les deux guerriers, les yeux attachés sur lui: «Amis, leur dit-il, vous poursuivez une entreprise difficile et pénible, et vous avez besoin d'un guide sûr. Le héros que vous cherchez est loin d'ici, dans un pays infidèle et inhospitalier! Oh! combien d'efforts vous restent encore à faire! Que de mers, que de rivages vous aurez à parcourir! Vos recherches doivent s'étendre au-delà des limites du monde que nous habitons! Mais ne refusez pas de me suivre dans les grottes cachées où j'ai fixé ma secrète demeure. Je vous y révélerai des mystères importants et ce qu'il est indispensable que vous sachiez.»

Il dit, et ordonne aux ondes de leur faire place; soudain les flots dociles se retirent, se courbent en forme de montagnes humides et laissent un libre passage. Le vieillard prend les deux chevaliers par la main et les conduit sous le fleuve même. Là, au milieu de ces profonds abîmes, ils ne voient qu'un jour faible et incertain, semblable aux clartés de l'astre des nuits à travers les bois. Cependant ils distinguent d'immenses cavernes remplies d'eau. C'est de là que s'échappent toutes les sources de la terre; les unes jaillissent en fontaines, les autres forment les ruisseaux, les rivières, les étangs et les lacs. Ils voient les réservoirs où prennent naissance le Pô, l'Hidaspe, le Gange, l'Euphrate et le Tanaïs. Le Nil lui-même ne peut leur cacher ses sources ignorées. Plus bas, ils découvrent un ruisseau qui roule du soufre et du vif-argent. Bientôt, épurée par le soleil, cette liqueur se condense en masses blanches et dorées. De toutes parts, les rives du fleuve sont émaillées de pierres précieuses. Les feux dont elles étincellent font resplendir la caverne et triomphent de sa sombre horreur. Là, brille le saphir d'un bleu céleste et la jaune topaze; là, flamboie l'escarboucle; là, scintillent le dur diamant et la belle émeraude qui sourit à l'oeil charmé.

Les guerriers étonnés s'avancent. La nouveauté de ce spectacle absorbe toutes leurs idées, et ils gardent le silence. Enfin, Ubalde élève la voix: «De grâce, ô mon père, dit-il à son guide, dis-nous quels sont ces lieux? Où nous conduis-tu? Daigne nous faire connaître qui tu es? Dans la stupeur qui s'empare de mon âme, je ne sais si c'est un songe, des fantômes ou la réalité?–Vous êtes, répond le vieillard, au sein même de la terre, qui produit toutes choses. Sans moi, vous n'eussiez jamais pu parvenir dans ses ténébreuses entrailles. Je vous mène dans mon palais * et bientôt vous y verrez d'admirables clartés. Je naquis païen, mais depuis le Seigneur daigna me régénérer dans l'onde sainte. Ce n'est point avec le secours des Esprits infernaux que j'opère les merveilles dont vous êtes témoins. Loin de moi cet art funeste qui emploie les sortilèges et les caractères magiques pour forcer à l'obéissance le Cocyte et le Phlégéton. Mais je cherche à connaître les vertus des plantes et des eaux. J'interroge les secrets mystères de la nature; je contemple les astres et leurs divers mouvements. Cependant, je n'habite pas toujours, loin du Ciel, dans ces grottes souterraines; je fixe souvent ma demeure au milieu des airs, sur les cimes du Liban et du Carmel. Là, sans voile et sous tous les aspects, Mars et Vénus se découvrent à mes regards. Là, je juge la lenteur et la vitesse, l'influence bonne ou mauvaise des autres astres; sous mes pieds, je vois les nuages se rassembler ou se dissiper, tantôt noirs, tantôt peints des couleurs d'Iris; je vois se former la pluie et la rosée; j'étudie la course oblique des vents; je vois la foudre s'enflammer et décrire, en tombant, l'éclair sinueux. En observant de si près les comètes et les autres globes de feu, je m'enivrai de ma propre science; et, plein d'orgueil, je me persuadai que mon savoir égalait l'infaillible puissance du souverain maître de la nature. Mais, quand votre pieux ermite eut versé sur ma tête les eaux du fleuve saint et lavé mes souillures, il m'éclaira et m'apprit combien mon esprit était par lui-même peu de chose et sujet à l'erreur. Je reconnus alors que notre génie n'est auprès de l'éternelle vérité que ce qu'est l'oiseau nocturne en lace du soleil. Je pris en pitié et moi-même, et ma folie, et cet orgueil qui m'avait exalté. Toutefois, avec la permission de Pierre, je cultive encore la science et j'obéis à mes premiers goûts. Mais combien je suis différent de ce que j'étais naguère! Je fais tout dépendre de mon saint conseiller, et c'est à lui que je reporte toutes choses. Je me repose en lui; il me commande et me dirige; il est à la fois mon supé-rieur et mon maître, et ne dédaigne pas de se servir de moi pour opérer des miracles dignes de sa main. Il m'impose aujourd'hui la tâche de rappeler de sa captivité lointaine et de faire revenir au camp l'invincible Renaud. J'ai reçu l'ordre de Pierre; depuis long-temps déjà j'attends votre arrivée qu'il m'avait prédite.»

En parlant ainsi, ils arrivent au lieu que le vieillard a choisi pour asile. C'est une vaste grotte divisée en un grand nombre de salles spacieuses où l'on voit de toutes parts ce que la terre renferme de plus rare et de plus précieux. Ce splendide séjour semble orné par la magnificence de la nature plutôt que par l'art. Cent esclaves intelligents s'empressent à les servir. Sur une table somptueuse, se montrent dans des vases d'or et de cristal les mets les plus exquis. Quand ils ont satisfait leur faim et leur soif, l'enchanteur leur dit: «Il est temps que je remplisse le plus grand de vos voeux;» et il ajoute: Vous connaissez une partie des trames et des perfidies de l'impie Armide. Vous savez de quelle manière elle arriva au camp des Chrétiens, et par quels artifices elle entraîna une foule de guerriers qui suivirent ses pas. Vous n'ignorez point que, violant les lois hospitalières, elle les chargea de durs liens et les dirigea ensuite vers Gaza, sous l'escorte de nombreux satellites. Ils furent délivrés en chemin. Maintenant, je vous dirai ce qui arriva. Cet événement véritable ne vous est point encore connu. Dès que la cruelle magicienne se vit arracher cette proie qui lui avait coûté tant d'artifices, saisie de douleur, elle se déchira les mains. Puis, enflammée de dépit, elle se dit: «Non! il ne se vantera pas d'avoir brisé les fers de mes captifs! Il faut qu'il tombe dans cet esclavage dont il a tiré les autres! Que seul il souffre, pendant de longs jours, tous les maux qui leur étaient destinés! Mais ce n'est point assez pour ma vengeance; je veux que sa perte cause la ruine de tous les siens.»

Armide, alors, prépare la ruse infernale que vous allez apprendre. Elle vole à l'endroit où Renaud, vainqueur, avait massacré une partie de ses soldats. Il y avait laissé son armure et avait pris celle d'un Infidèle, dans l'espoir, sans doute, de rester inconnu sous des insignes moins fameux et moins illustres. La magicienne revêt de ces armes le tronc mutilé d'un guerrier, et l'expose sur la rive d'un fleuve, où elle prévoit qu'une troupe de Chrétiens ne tardera pas à venir. Elle peut aisément le savoir, car, par son ordre, une foule d'espions explore les alentours de votre camp. Elle sait le départ des uns, le retour des autres; elle a aussi de longs et fréquents entretiens avec les Esprits infernaux.

Elle place donc ce corps dans un lieu favorable au succès de son perfide stratagème. Aux environs, elle poste un fourbe rusé, déguisé en berger, et l'instruit de ce qu'il doit dire et faire, et de ce qu'il doit cacher. Ses ordres sont fidèlement exécutés. Les Chrétiens interrogent ce traître; il jette dans leur esprit le germe d'un soupçon, qui bientôt s'accroît, se fortifie, fait naître des querelles, excite parmi vous une sédition et presque la guerre civile. On croit, suivant le désir d'Armide, que Renaud a été assassiné par les ordres de Godefroi; mais un prompt avis ne tarde pas à dissiper cette accusation si éloignée de la vérité. Tel fut le premier succès de ses artifices. Apprenez maintenant ce qui arriva plus tard à Renaud. Elle attendait son passage comme un chasseur adroit guette sa proie. Il arrive sur les bords de l'Oronte, dans l'endroit où ce fleuve forme, en se divisant, une île qu'il entoure de ses eaux. Sur la rive est une petite barque, et tout près s'élève une colonne de marbre blanc. Il regarde ces admirables sculptures et lit ces mots, tracés en lettres d'or: «Qui que tu sois, ô voyageur, que le Destin ou la volonté conduit sur ces rivages, sache que du couchant à l'aurore l'univers ne renferme point autant de merveilles que cette île. Si tu veux les connaître, traverse le fleuve sur-le-champ.» L'imprudent guerrier se détermine à passer sur l'autre bord. La nacelle ne peut contenir ses écuyers; il les quitte et y monte seul. Arrivé sur la rive, il promène autour de lui ses regards avides et empressés. Il ne voit que des grottes, des ruisseaux et des gazons; il pense qu'on s'est joué de sa crédulité; mais ce lieu est si riant et si agréable qu'il veut s'y reposer. Il découvre son front et respire la douce haleine des zéphyrs. Soudain il entend le murmure des ondes bouillonnantes; il s'élance de ce côté, regarde et voit une vague qui s'élève, roule et se replie sur elle-même; puis il en sort une blonde chevelure, un visage, des épaules, un sein de jeune fille, et bientôt rien ne cache ses charmes les plus secrets! Ainsi, dans les jeux du théâtre, apparaît majestueusement une nymphe ou une déesse. Cette vaine image, fantôme magique, n'est point une véritable sirène, bien qu'elle ressemble à celles de la mer Tyrrhénienne; sa voix est aussi mélodieuse, sa beauté aussi parfaite; elle charme le Ciel et les airs: «Aimable jeunesse, dit-elle, tant que le printemps vous parera de fleurs et de feuillages, qu'un rayon trompeur de gloire et de vertu ne trouble pas vos coeurs, celui-là seul est sage qui suit la loi de ses désirs et recueille les fruits de chaque saison de la vie! Voilà le cri de la nature; pourquoi repousseriez-vous ses conseils? Insensés, vous refuseriez les dons fugitifs et précieux du bel âge! Que sont les honneurs et la renommée si vantés par le monde? D'inutiles avantages, de frivoles idoles. Cette renommée, qui séduit le mortel orgueilleux et lui semble si belle, n'est qu'un songe, un écho, l'ombre même d'un rêve que le moindre souffle disperse et fait évanouir. Jouissez sans soucis de l'avenir, et que votre âme satisfasse vos sens! Vivez, oublieux de vos peines, sans prévoir les futurs malheurs, sans vous inquiéter si le Ciel menace, tonne, fait briller les éclairs et lance la foudre! Voilà la sagesse, voilà la vie! N'écoutez que la voix et les enseignements de la nature.» Ainsi chante l'impie, et le jeune héros s'endort en écoutant sa voix suave et harmonieuse; peu à peu le sommeil qui s'empare de lui est si profond, que le tonnerre ne pourrait le tirer de cet engourdissement, image de la mort. Alors Armide sort de sa retraite et se précipite vers le guerrier pour accomplir sa vengeance; mais, à peine a-t-elle fixé sur lui ses regards et contemplé ce visage calme et paisible, ces yeux fermés où erre un tendre et langoureux sourire, (et que serait-ce s'ils étaient ouverts!) qu'elle s'arrête incertaine Puis, elle s'assied à ses côtés et sent fuir son courroux. Ainsi penchée vers lui, on la prendrait pour Narcisse se mirant dans le cristal des eaux. D'une main attentive, elle essuie avec son voile la sueur abondante qui mouille le visage de Renaud, et, d'une haleine amoureuse, elle rafraîchit l'air qu'il respire. Oprodige incroyable! ce coeur plus dur que le diamant, plus froid que la glace, s'amollit sous l'influence des feux que recèlent ces paupières fermées. De cruelle ennemie elle devient amante!

Des blanches fleurs, des roses et des lys qui embel-lissent ces bords riants, elle forme avec un art inconnu de tendres, mais d'indissolubles liens; elle enlace son col, ses pieds et ses bras; elle l'enchaîne et place son captif toujours endormi sur son char qui traverse les airs avec rapidité. Elle ne retourne point à Damas, ni à ce château élevé au milieu d'un lac; mais, jalouse d'une si belle proie, honteuse de son amour, elle fran-chit l'immense Océan, et va, loin de toute région connue, vers des rivages où jamais vaisseau n'avait abordé. Elle descend dans une île qu'elle a choisie pour retraite, et qui fait partie de ce groupe qu'on nomme les îles Fortunées. Là, sur la cime d'une montagne inhabitée que cachent de noires et épaisses ombres, elle dépose son prisonnier. Par ses enchantements, les flancs et les abords de la montagne se couvrent de neige, tandis que le sommet est verdoyant et fleuri. Sur les bords d'un lac s'élève un palais; là, dans un printemps perpétuel, elle vit avec Renaud au sein de la mollesse et de la volupté. C'est de cette prison lointaine et cachée que vous devez arracher le héros après avoir triomphé des gardes à qui l'amour inquiet d'Armide confia la défense de ce palais. Un guide doit vous conduire et vous fournir les armes nécessaires pour accomplir cette difficile mission.

» Vous aurez à peine quitté ma retraite, que vous trou-verez une femme dont le visage respire la jeunesse, bien qu'elle soit d'un âge avancé. Vous la reconnaîtrez à sa longue chevelure retombant en boucles sur son front, et à sa robe diaprée de mille couleurs. Elle vous fera sillonner la vaste mer d'une course plus prompte que le vol de l'aigle, ou plus rapide que la foudre qui déchire la nue. A votre retour, vous retrouverez encore ce guide fidèle.

» Au pied de la montagne sur laquelle Armide a fixé son séjour, vous verrez de monstrueux dragons ramper en sifflant; des sangliers au poil hérissé, des ours, des lions menaçants ouvriront leurs gueules immenses. Mais agitez cette baguette et le son suffira pour les éloigner. S'il faut ajouter foi à ce qui m'a été rapporté, vous aurez sur la cime de plus grands périls à vaincre. C'est là que coule une fontaine, dont les eaux pures et limpides tentent ceux qui la regardent, mais son frais cristal cache de secrets et dangereux poisons. Quelques gouttes suffisent pour causer une complète ivresse; elles excitent la joie et provoquent un rire insensé, dont la fin est la mort. Que vos lèvres fuient et repoussent ces ondes cruelles et meurtrières! Gardez-vous de toucher aux mets qui vous seraient offerts sur ces gazons; craignez les beautés infidèles dont vous entendrez les voix séduisantes et voluptueuses; évitez leurs regards flatteurs et agaçants; méprisez leurs attraits et leurs discours, et hâtez-vous d'entrer sous les portiques du palais. L'intérieur est ceint de murailles qui forment mille cercles confus, mille détours inextricables. Mais une petite carte que je vous donnerai vous les fera connaître, et vous ne pourrez vous y égarer. Au milieu de ce dédale est un jardin où tout, jusqu'au feuillage, semble inspirer l'amour. Armide et Renaud sont mollement étendus sur de vertes pelouses; mais, dès que la magicienne aura quitté son cher captif, montrez-vous à lui et placez devant ses yeux un bouclier de diamant que je vous remettrai; il s'y reconnaîtra, il verra son image et les vêtements efféminés qui le couvrent; et, à cet aspect, saisi de honte et de remords, il arrachera de son coeur un indigne amour.

Il serait superflu de vous en dire davantage en ce moment. Vous pouvez aller avec confiance et entrer dans l'intérieur de ce labyrinthe; nul enchantement ne pourra retarder votre course ou vous arrêter. Armide même n'a point prévu votre arrivée, tant est grande la puissance qui vous protège; votre sortie et votre retour ne rencontreront pas d'autres obstacles.... Mais nous touchons à l'heure du repos, et vous devez vous tenir prêts à partir au lever du jour.»

A ces mots, le vieillard les conduit dans l'asile qu'il leur a destiné, et les abandonne à leurs douces rêveries. Lui-même se retire pour goûter le sommeil.

CHANT XV.

Instruits par le Mage, les deux guerriers partent et trouvent la nef fatale qui les attend sur le rivage.–Ils mettent à la voile et découvrent bientôt la flotte et l'armée du Soudan d'Égypte.–Puis, à l'aide du vent et de leur guide, ils traversent un immense espace de mer.–Enfin, ils arrivent dans une île solitaire et résistent à la puissance et aux enchantements d'Armide.

CHANT XV,

ÉJA les premiers feux de l'Aurore appellent à leurs travaux tous les hôtes de la terre. Le sage vient vers les deux guerriers et leur remet la carte, le bouclier et la verge d'or. «Partez, leur dit-il, pour votre lointain voyage, avant qu'un plus grand jour éclaire ces lieux. Voici ce que je vous ai promis. C'est avec cela que vous triompherez des enchantements d'Armide.» Déjà ils sont levés, et leur armure recouvre leurs membres vigoureux. Ils suivent le vieillard dans des sentiers où ne pénétrèrent jamais les rayons du soleil, et reviennent par le même chemin qu'ils ont parcouru. Mais, lorsqu'ils sont arrivés sur les bords du fleuve: «Mes amis, leur dit-il, je vous fais mes adieux; allez, et soyez heureux.»

Le fleuve les reçoit, les porte et les soulève doucement comme la feuille légère que le souffle du vent a jetée sur les flots où elle se balance mollement. Puis, l'onde les dépose sur la rive, et ils voient paraître l'esquif qui leur a été annoncé. Sur la poupe est la femme mystérieuse qui doit les guider. Ses cheveux descendent sur son front; ses paisibles regards sont bienveillants et gracieux; son angélique visage resplendit d'une admirable clarté. Sa robe est de mille couleurs, depuis l'azur jusqu'au pourpre étincelant, et l'oeil ne peut fixer ses nuances inconstantes et mobiles . Ainsi l'on voit la gorge de l'oiseau des amours changer sans cesse aux rayons du soleil; tantôt étincelante comme un collier de rubis, tantôt brillante des feux de l'émeraude, elle reflète toutes les couleurs mêlées et confondues, toujours vives et toujours variées; sans cesse elle attire les regards éblouis.

«Mortels favorisés du sort, venez, leur dit l'inconnue, montez sur cet esquif pour lequel l'Océan n'a point de périls. Pour lui, les vents sont toujours propices, les tempêtes se calment et les fardeaux les plus pesants deviennent un poids léger. Mon souverain Seigneur, prodigue de ses grâces, m'ordonne de vous servir et de vous conduire.» A ces mots, elle fait avancer la nef et touche au rivage. Les deux guerriers y montent; l'ancre est levée et on s'éloigne du bord. La voile se déploie au souffle des zéphyrs. La conductrice est au gouvernail, dont elle dirige les mouvements. Sur ses ondes gonflées, le fleuve roulerait les plus lourdes masses, mais le léger navire voguerait sur le plus faible ruisseau. Des vents d'une vélocité extraordinaire le poussent vers la mer. L'onde écume, blanchit, et le flot gémissant se brise contre la proue. Bientôt, le fleuve plus tranquille s'élargit devant eux, et se précipite dans les vastes abîmes de l'Océan, où il disparaît et s'anéantit tout entier. La nef effleure à peine les vagues en courroux, et déjà les nuées se dissipent, et de leurs flancs noirs, chargés de tempêtes, s'échappe un doux zéphyr qui aplanit les montagnes humides et ride la surface azurée des eaux. Le ciel devient riant et serein; jamais il ne se montra plus pur et plus radieux.

Ils passent devant Ascalon, qu'ils laissent sur leur gauche, et cinglent vers le couchant. Bientôt ils s'approchent de Gaza. Jadis ce n'était qu'un port; mais, accrue par la ruine d'autres cités, cette ville est devenue riche et puissante. La plage est en ce moment couverte de soldats et de coursiers. Les deux chevaliers regardent et aperçoivent un nombre infini de pavillons. Les fantassins, les cavaliers, vont et viennent de la ville au rivage. Les éléphants, les chameaux, foulent et écrasent le sable des chemins. Au fond du port, est une flotte qui repose à l'ancre. Des vaisseaux mettent à la voile, d'autres glissent rapidement sous l'effort des rameurs. De toutes parts, les rames, les flancs des navires, frappent et font blanchir les flots. La conductrice leur dit alors: «Bien que la mer et le rivage soient chargés de ces Infidèles, le monarque égyptien n'a point encore rassemblé toutes ses forces. Il n'a réuni que les soldats de l'Égypte et des contrées les plus voisines. Il attend ceux que lui fourniront les provinces lointaines de son empire, qui s'étend du couchant au midi. Nous serons de retour, je l'espère, avant que celte armée, ployant ses tentes, s'ébranle sous la conduite de son roi on du chef qui le remplacera.»

Tandis qu'elle parle, la nef vole au milieu des vaisseaux ennemis, sans craindre leur attaque, sans redouter leur poursuite; puis, elle s'éloigne et les perd de vue. Ainsi, l'aigle s'élance hardiment au plus haut des airs, domine le vol des vulgaires oiseaux, et disparaît à leurs yeux dans les feux du soleil.

Déjà ils sont près de Rafii, la première ville de Syrie qui se présente en arrivant d'Égypte. Ils atteignent les stériles rivages de Rhinocolure. Non loin, se montre le promontoire qui élève un front superbe sur les flots inconstants où ses pieds se plongent: c'est là que reposent les cendres de Pompée. Puis, ils aperçoivent Damiette et ses sept bouches fameuses, et les cent autres canaux moins connus par où le Nil porte à la mer le tribut de ses eaux, présent du Ciel. Ils passent devant ces murs que fonda pour des Grecs un Grec victorieux. Plus loin, est le Phare, île autrefois éloignée du rivage, et qui maintenant est unie au continent. Rhodes et la Crète se cachent dans un lointain horizon. Ils côtoient l'Afrique aux bords cultivés et fertiles, mais dont l'intérieur, formé de sables arides, est fécond en monstres hideux. Ils longent la Marmarique et ces plages où jadis fleurissaient les cinq villes de Cyrène. Là, s'élève Ptolémaïs; là, le fabuleux Léthé roule ses tranquilles ondes.

Ils voguent en pleine mer; ils ont laissé, non loin du rivage, la grande Syrte si redoutée des navigateurs. Ils doublent le cap de Judecque et passent le détroit de Mâgre. Là, se montre Tripoli, et, du côté opposé, est Malte, que l'on découvre à peine au milieu des mers où elle s'enfonce. Ils laissent derrière eux les autres Syrtes et Alzerbe, qu'habitaient autrefois les Lotophages. Au fond d'un golfe que forment deux montagnes, ils aperçoivent la riche et imposante Tunis, l'une des plus grandes villes de la Libye. La Sicile en est voisine; vis-à-vis, s'élève l'immense Lilybée. C'est de là que la conductrice leur signale le lieu où fut jadis Carthage. Cette ville superbe n'existe plus, et sur le sol paraissent à peine quelques vestiges de ses débris. Les cités tombent, les royaumes périssent, l'herbe et le sable couvrent les monuments fastueux; et l'homme s'indigne d'être soumis à la mort! Ofolie de notre ambition et de notre orgueil!

De là, ils passent devant Biserte en laissant plus loin, sur la droite, l'île de Sardaigne. Ils franchissent les bords où jadis erraient les pasteurs numides, et découvrent Bougie, Alger, infâmes repaires de pirates. Plus loin sont Oran et les rives de la Tingitane qui nourrit les éléphants et les lions. Là seront un jour les empires de Fez et de Maroc. En face, est le royaume de Grenade. Ils arrivent près de ce détroit que la Fable compte parmi les travaux d'Hercule, mais que forma l'Océan en se précipitant au milieu des terres. Sans doute, ces rivages ne furent pas toujours séparés, et une grande révolution opéra ce partage. Les flots, renversant tous les obstacles, baignèrent, d'un côté, Calpé, et, de l'autre, Abyla, et cet étroit passage sépara l'Espagne de l'Afrique. Tels sont les grands changements qu'opère la suite des âges!

Quatre fois le soleil s'est levé à l'orient depuis que la nef a quitté les côtes d'Ascalon. Ils ont franchi un vaste espace sans avoir eu besoin de chercher un abri dans aucun port. Enfin, ils traversent le détroit et ils sont au milieu de l'Océan. Si la mer resserrée entre deux rivages, nous paraît si grande, quelle doit être l'immensité de l'Océan qui embrasse le monde! Déjà la fertile Gades et les îles voisines se dérobent aux regards; les rivages, les terres ont disparu. Le ciel semble toucher aux eaux, et les eaux aux ciel. «Ovous, dit alors Ubalde, vous qui êtes notre guide sur cette mer infinie, dites-nous si jamais mortel pénétra jusqu'ici? Dites-nous si, au-delà de ces flots, existent d'autres habitants?–Vainqueur des monstres de l'Espagne et de la Libye, Alcide, leur répond-elle, après avoir parcouru et soumis tous les bords jusqu'alors connus, n'osa braver le profond Océan, et il marqua les limites dans lesquelles l'esprit humain, moins audacieux, devait voir et resserrer l'univers. Mais Ulysse, avide de connaissances et de découvertes, ne respecta point les bornes qu'il avait posées. Il dépassa ces Colonnes, et, faisant gémir sous ses rames cette mer qui s'ouvrait devant lui, il commença sa course téméraire. Son expérience et son habileté ne le sauvèrent pas, et il fut englouti par les flots Sa triste destinée est encore un mystère et est restée ensevelie avec lui.. Si les vents y poussèrent quelqu'autre mortel, il trouva le trépas dans les abîmes, ou du moins il ne revint pas. Ainsi, ces mers sur lesquelles nous voguons sont inconnues, et pourtant elles renferment mille îles, mille royaumes peuplés de nombreux habitants. Le soleil échauffe ces îles, en bannit la stérilité, les rend fécondes, et, comme les nôtres, elles produisent toutes sortes de fruits.– Quelles sont les lois, demande Ubalde, quel est le culte de ce monde ignoré?–Ces nations ont un langage, des coutumes, des cultes différents. Les unes adorent des monstres, d'autres la terre, mère commune de tous les êtres; ceux-ci le soleil et les étoiles; d'autres composent leurs festins de mets criminels, funestes, abominables. Enfin, tous ces peuples répandus au-delà de Calpé ont des mœurs barbares et une religion impie.–Ainsi, reprend Ubalde, le Dieu qui descendit ici-bas pour nous éclairer a voulu cacher la lumière à une partie si considérable des humains? –Non, la vraie Foi y sera un jour introduite, ainsi que tous les arts. Ce long voyage qui nous sépare de ces contrées ne sera pas toujours difficile à accomplir. Le temps viendra que ces limites posées par Hercule ne seront plus qu'un jouet pour les navigateurs; ces mers lointaines et sans nom, ces royaumes inconnus, seront célèbres parmi vous. Alors, un mortel audacieux fera le tour de la terre, que l'Océan embrasse et environne. Rival du soleil, il mesurera en vainqueur ces immenses espaces. Ce fils de la Ligurie osera le premier se confier à des flots inhospitaliers; les mugissements de l'aquilon en courroux, les climats incertains, les périls les plus terribles, les objets les plus épouvantables ne pourront l'arrêter. Tu dirigeras, ô Colomb! tes voiles fortunées vers un pôle nouveau. La Renommée aux mille ailes, aux mille yeux, pourra à peine suivre ta course! Qu'elle célèbre Alcide et Bacchus, il suffit pour ta gloire qu'elle nomme tes travaux. Un seul d'entre eux assurerait un éclat immortel au poète ou à l'historien qui voudrait le décrire.»

La conductrice gouverne alors vers le couchant, et elle se rapproche du midi. Devant eux, ils voient le soleil se plonger dans les ondes, et ils le voient derrière eux recommencer sa carrière.

L'Aurore nouvelle répand dans les cieux ses humides rayons; soudain, dans un vague horizon, ils aperçoivent une montagne dont la cime se perd dans les nues. A mesure qu'ils s'avancent, et quand tous les nuages sont dissipés, ils la voient s'élever comme une pyramide large à sa base et étroite à son sommet. Par intervalles, elle vomit de la fumée, semblable à cette masse sous laquelle gémit Encelade, qui, fumante le jour, embrase, la nuit, le ciel de ses feux. Ils découvrent aussi d'autres îles moins hautes et moins escarpées, qui, dans les premiers âges, reçurent le nom d'îles Fortunées. On racontait qu'elles jouissaient d'un climat si heureux, que la terre y produisait sans culture, et que la vigne sauvage y donnait les fruits les plus exquis. Jamais l'olivier ne promit une vaine récolte; le miel découlait du creux des chênes; et, du penchant des collines, de vives sources descendaient avec un doux murmure. Rafraîchi par la rosée et les zéphyrs, l'été n'avait point de brûlantes chaleurs. C'est là qu'on plaçait l'Elysée, séjour des ombres heureuses.

«Nous touchons bientôt au terme de notre voyage, dit la conductrice; à vos regards s'offrent les îles Fortunées, si fameuses parmi vous, et pourtant si peu connues. Elles sont fertiles, riantes et belles, mais beaucoup de récits fabuleux se mêlent à la vérité.» Ils arrivent en cet instant tout près de la première de ces îles, qui sont au nombre de dix. Charles reprend alors: «0toi qui nous guides dans notre grande mission, permets que j'aborde au rivage et que je visite ces pays ignorés; laisse-moi observer les moeurs, la religion de leurs habitants; puissé-je un jour, redisant aux hommes graves les merveilles que j'aurai vues, m'écrier: «J'y étais!»–C'est un voeu digne de toi, mais je ne peux le seconder, car les décrets du Ciel opposent à ce désir une loi sévère et immuable. Le temps que Dieu marqua pour cette grande découverte n'est pas encore venu. Il ne vous est pas accordé de faire connaître à votre hémisphère les secrets que cachent ces régions. Par une grâce spéciale, il vous est permis de voguer sur ces mers qui ont échappé aux recherches et à la science des naulo niers. Vous devez arriver jusqu'aux lieux où d'indignes chaînes retiennent le héros que vous rendrez au monde. Cette entreprise est assez grande; il y aurait de l'orgueil à résister au Destin en portant vos voeux plus haut.» Elle dit; la première île semble s'abaisser, et la seconde s'élever au-dessus des flots. Elle leur fait remarquer que toutes s'étendent sur une longue file vers l'orient, et que les bras de mer qui les séparent sont partout à peu près de la même largeur. Sept d'entre elles renferment des habitations, des terres cultivées et d'autres traces de la présence des hommes; trois autres sont désertes; leurs forêts, leurs montagnes, offrent des repaires tranquilles aux animaux sauvages.

Dans la partie solitaire de l'une de ces îles, la courbure du rivage présente au dehors deux immenses croissants qui forment un bassin caché aux regards. Un rocher, dont les flancs repoussent et brisent les vagues, est à l'entrée et contribue à la sûreté de ce port. Deux rocs pareils à des tours semblent indiquer cet asile aux nochers. Les ondes silencieuses reposent sous cet abri que couronnent de toutes parts de sombres et épaisses forêts. Au milieu d'elles, est une grotte obscure que le lierre tapisse, et où coule une onde claire et limpide. C'est dans cet asile calme et retiré, où jamais vaisseau n'enfonça ses ancres et n'attacha ses câbles puissants, qu'aborde la conductrice, Elle plie ses voiles, et dit: «Regardez le palais qui s'élève sur le sommet de ce mont sourcilleux. Là, au milieu de la mollesse, des voluptés, des festins et des jeux, languit le champion de la Foi. C'est là qu'il faut gravir, en suivant ce sentier, aux premiers rayons de l'aurore. Que ce retard ne vous pèse pas, car tout autre instant serait mal choisi pour le succès de vos desseins! Mais profitez des dernières lueurs du jour pour vous rendre au pied de la montagne.»

Les deux guerriers prennent congé de la conductrice et s'élancent sur le rivage désiré. Ils trouvent le chemin qui mène au palais, et marchent sans fatigue et sans peine. Quand ils arrivent au terme de leur course, le char du soleil est encore loin des abîmes de l'Océan. Ils reconnaissent que, pour parvenir jusqu'à la cime, ils auront à traverser des ruines et des précipices. La neige et la glace couvrent tous les sentiers; et, au-dessus, sont des fleurs, des gazons, des arbres aux riches feuillages, toujours verts, des lys et des roses brillantes au milieu même des frimas. Tout atteste la puissance de la magie, victorieuse de la nature.

Ils s'arrêtent au pied du mont, dans un endroit couvert d'ombres, désert et sauvage. Puis, quand le soleil, à son retour, a doré le ciel de ses rayons éternels, tous deux s'écrient: «Allons! allons!» Et, pleins d'une ardeur nouvelle, ils continuent leur course. Mais, soudain, un monstre s'élance de sa retraite cachée, et vient en rampant leur barrer le passage. Il dresse sa tête, couverte d'écailles jaunissantes; la colère gonfle sa gorge, ses yeux étincellent, sa gueule vomit des venins et des feux; le chemin disparaît sous ses immenses replis; tantôt il se ramasse, tantôt il s'allonge et traîne après lui ses anneaux tortueux. Tel est cet affreux gardien, mais il ne peut arrêter les deux chevaliers. Déjà Charles a tiré son glaive et s'apprête à l'attaquer. «Que fais-tu? lui dit Ubalde, que veux-tu tenter? Crois-tu que le bras d'un mortel et de faibles armes puissent triompher d'un pareil adversaire?» A ces mots, il agite la verge d'or. Le dragon entend ces sifflements, prend la fuite, se cache et leur livre le passage. Plus loin, un lion s'avance en rugissant et lance de terribles regards; sa crinière se hérisse, sa vaste gueule s'ouvre pour les dévorer. De sa queue il bat ses flancs et s'excite à la colère. Mais, à peine a-t-il entendu les sifflements de la verge, qu'une mystérieuse terreur remplace sa férocité naturelle, et il s'enfuit. Les deux guerriers poursuivent rapidement leur route, au milieu d'une multitude de monstres, tous différents par leur voix, leur espèce et leur forme. Il semble que là sont rassemblés les hôtes les plus cruels et les plus hideux des régions que renferment entre eux le Nil et l'Atlas. Jamais les forêts de l'Hyrcanie, jamais les déserts de l'Afrique ne nourrirent dans leur sein des hôtes si effroyables. Mais ces légions si redoutables et si nombreuses ne peuvent retarder leur marche ni leur résister; car, ô prodige! le son de la baguette et sa seule vue suffisent pour les mettre en fuite. Ubalde et son compagnon arrivent au sommet de la montagne. Les glaces et les précipices sont les seuls obstacles qu'ils rencontrent. Cependant, après avoir franchi ces neiges et ces routes escarpées, ils trouvent un beau ciel, une douce température et une plaine étendue et découverte. Là, les Zéphyrs répandent sans cesse un air frais et embaumé, et leurs tièdes haleines n'y sont point tantôt assoupies, tantôt éveillées, suivant le cours du soleil. On ne ressent ni les rigueurs de l'hiver, ni les feux de l'été; le ciel, du plus brillant azur, n'y est point tour à tour serein ou chargé de nuages. Aux gazons toujours verts, se mêlent des fleurs aux parfums éternels, que couronnent des arbres à l'immortel ombrage.

Assis au milieu du lac, le palais d'Armide domine les monts et les mers.

Dans cette pénible ascension, les deux guerriers ont senti plus d'une fois leurs forces languir et s'épuiser. Ils suivent à pas lents ces routes fleuries, et souvent ils s'arrêtent. Tout-à-coup, s'offre à leur vue une source pure et limpide qui s'échappe en abondance du haut d'un rocher. Le premier jet se divise en mille ruisseaux qui baignent les plantes et les fleurs, et finissent par se réunir en un profond canal aux rives verdoyantes. Frais et murmurants, ils s'enfuient sous les feuillages qui les teignent de sombres couleurs; mais les eaux transparentes laissent voir toutes les beautés que renferme leur lit. Un tendre et doux gazon couvre ces bords et semble inviter au repos.

«Voici, disent les deux chevaliers, la fontaine du Rire! Voici la source dangereuse qui recèle la mort! Soyons maintenant sur nos gardes et imposons un frein à nos désirs. Fermons l'oreille à la douceur perfide des chants de ces trompeuses sirènes!» Et, en parlant ainsi, ils s'approchent de l'endroit où le ruisseau s'élargit et forme un vaste lac. Sur la rive, est une table chargée des mets les plus rares et les plus attrayants. Deux jeunes filles, belles et riantes, se jouent dans le cristal des ondes. Tantôt elles se lancent de l'eau au visage, tantôt elles se défient pour savoir qui atteindra la première un but fixé. Parfois elles plongent, disparaissent, et, après avoir fourni leur course, elles montrent à la surface leur tête et leur sein.

Les charmes qu'étalent ces beautés nues excitent quelque émotion dans le coeur austère des deux chevaliers. Immobiles, ils les regardent, et elles continuent leurs jeux folâtres. Cependant, l'une d'elles s'élève hors de l'eau, et offre aux yeux éblouis ses épaules et sa gorge; les ondes ne sont qu'un voile infidèle pour ses autres appas. Ainsi l'on voit l'étoile du matin, étincelante et humide de rosée, surgir du sein des flots. Ainsi apparut la déesse des Amours quand elle naquit de l'écume féconde des mers.

L'eau dégoutte de sa blonde chevelure. Ses regards se portent sur les deux étrangers; elle feint de les apercevoir pour la première fois, et, toute troublée, elle détache ses longs cheveux, qu'un seul noeud retient sur sa tête; ils retombent comme un voile d'or et enveloppent ses charmes. Oh! que d'attraits ont disparu! Mais ce voile même n'est pas moins séduisant! Ainsi cachée, et sous les eaux, et sous sa chevelure elle se tourne toute honteuse vers les chevaliers. Elle rit et rougit tout à la fois. Le sourire embellit la rougeur, et la rougeur, en colorant son visage, donne un nouveau charme à son sourire. Puis, elle fait entendre sa voix, si touchante et si harmonieuse, que tout autre coeur eût été soumis: «Heureux étrangers, dit-elle, qui avez pu parvenir en ce séjour si beau et si délicieux, c'est ici le port de la vie! Ici est le remède à tous les maux. En ces lieux se trouvent tous les plaisirs que, dans les premiers âges, les humains libres et affranchis de tout joug goûtèrent au siècle d'or. Quittez, jetez ces armes qui ne doivent plus vous servir; venez sous ces ombrages les consacrer à la Paix. Ici, vous suivrez les drapeaux de l'Amour; ces lits de gazon, ces prairies, seront le théâtre de vos tendres combats. Nous vous conduirons vers notre reine, dont la seule vue fait le bonheur de ses esclaves. Elle vous recevra parmi ceux qui goûtent les joies de sa cour; mais, hâtez-vous de laver dans ces ondes la poussière qui vous couvre, et que ces mets succulents réparent vos forces épuisées.»

Ainsi parle la sirène; ses gestes et les regards de sa compagne secondent ses agaçants discours. Ainsi, aux sons du luth sonore, les pas, tantôt précipités, tantôt plus lents, se marient en cadence.

Les deux chevaliers opposent une âme inflexible et restent sourds à ces perfides et trompeuses amorces. Les douces paroles, les images voluptueuses ne touchent pas leur coeur et ne font impression que sur leurs sens; et, si ces séductions, pénétrant dans leur âme, y élèvent quelque désir, aussitôt la raison, qui les protège de ses armes, arrache et détruit la passion naissante. Ils s'éloignent des sirènes vaincues, sans même les saluer d'un adieu, et entrent aussitôt dans le palais. Alors les perfides beautés, honteuses d'être ainsi dédaignées, se plongent au fond des eaux.

CHANT XVI.

Les deux chevaliers pénètrent dans le labyrinthe où Renaud est captif.—Ils excitent son dépit et ses remords, et le décident à partir avec eux.—Armide emploie vainement les pleurs et la prière pour retenir celui qu'elle aime.—En proie à la plus violente douleur, elle détruit son palais; et, brûlant du désir de se venger, elle s'élève dans les airs.

CHANT XVI.

LE magnifique palais d' Armide est de forme circulaire. Dans l' intérieur et presque au milieu est un jardin qui surpasse, en beauté et en ornements, les plus célèbres qu'ait jamais vus fleurir l'univers. De nombreuses galeries, ouvrage des démons, règnent confusément à l'entour, et les sentiers tortueux d'un dédale trompeur en font un asile impénétrable. Cent portes y conduisent; elles sont d'argent ciselé et roulent sur des gonds de l'or le plus pur. Les deux guerriers entrent par la plus grande, et arrêtent un moment leurs regards sur les figures qui la décorent; le travail est plus précieux encore que la matière; il ne leur manque que la parole; elles semblent vivre et respirer. On y voit Alcide tenant une quenouille et badinant au milieu des femmes de la reine de Méonie. Ce héros, qui vainquit les Enfers et porta le Ciel sur ses épaules, tourne maintenant les fuseaux. L'Amour le voit et sourit. D'une main débile, son amante soulève en folâtrant les armes homicides et se couvre de la peau du lion de Némée, dont la rudesse blesse ses membres délicats. Plus loin, la mer et ses plaines d'azur blanchissent sous l'écume. On voit une double ligne de vaisseaux en ordre de bataille; des éclairs jaillissent des armures, l'onde étincelle comme l'or, et tout Actium paraît embrasé des feux du dieu des combats. D'un côté Auguste et les Romains, de l'autre Antoine qui traîne à sa suite l'Égyptien, l'Arabe, et tous les peuples de l'Orient et de l'Inde. On croirait voir les Cyclades, détachées de leurs fondements, voguer sur les flots; on dirait que des montagnes vont se heurter contre des montagnes, tant est impétueuse la course de ces navires semblables à d'immenses tours. Ils s'abordent avec fracas. Déjà volent les flammes et les dards, déjà le sang rougit la mer que couvrent de funestes débris. La victoire n'incline encore pour aucun des deux partis... Soudain la reine étrangère prend la fuite: Antoine fuit aussi. Antoine peut renoncer à l'empire du monde auquel il aspire?... Il ne cède pas à la crainte, il ne tremble pas, mais il suit Cléopâtre fugitive et qui l'entraîne! C'est un homme éperdu d'amour, de honte et de rage! Tour à tour il regarde le combat terrible, indécis, et le vaisseau qui emporte son amante... Bientôt, caché dans les détours du Nil, il attend la mort dans les bras de celle dont les charmes vainqueurs semblent adoucir pour lui les coups du destin. Ainsi, toutes les portes de ce palais présentent des sujets variés. Après avoir détaché leurs yeux de ces admirables tableaux, Ubalde et son compagnon pénètrent dans le dédale. Lorsque le Méandre, au cours incertain, se joue dans son lit oblique et sinueux, tantôt il remonte vers sa source, tantôt il descend vers la mer, et l'onde qui fuit repousse le flot qui s'avance; tels et plus confus encore sont les détours de ce jardin, mais la carte que leur donna le sage vieillard en retrace tous les sentiers et leur permet de lever tous les obstacles et de distinguer les circuits. Dès qu'ils ont franchi ces innombrables réseaux, les jardins d'Armide montrent leur aspect enchanteur; de toutes parts s'offrent à la vue des lacs, des ruisseaux, des fleurs, des arbustes variés, d'agrestes collines, des vallons ombragés, des grottes, des bois; et, ce qu'il y a de plus admirable! la main qui créa toutes ces merveilles ne s'y laisse point deviner. La simplicité se mêle à la richesse, et l'on dirait que les sites et les embellissements y sont l'ouvrage de la nature, tant l'art a pris plaisir à l'imiter. L'air qui pare et féconde les arbres est aussi soumis au pouvoir de la magicienne; les fleurs et les fruits y sont éternels, et, près des fleurs nouvellement écloses, les fruits mûrissent sur le même tronc, entre les mêmes feuillages. La figue jaunit à côté de la figue naissante; au même rameau la pomme dorée pend à côté de la pomme verte encore; la vigne, poursuivant à travers les airs sa route sinueuse, étale sa feuille près de ses jeunes bourgeons; là, des grappes à peine formées, près de grappes toutes pleines d'un doux nectar et brillantes comme l'or et les rubis. Des oiseaux cachés sous la verte feuillée répètent à l'envi leurs chants d'amour. L'air qui soupire fait murmurer les ondes et les rameaux mollement agités. Quand les oiseaux suspendent leurs concerts, Zéphyr leur fait écho. Ils se taisent, et son souffle devient plus doux. Ainsi, hasard ou magie, cette musique aérienne accompagne et reproduit leurs gazouillements. Entre tous ces oiseaux, il en est un que distingue son plumage de mille couleurs et son bec d'un pourpre étincelant; ses chants ont beaucoup de force et ressemblent à la voix humaine. Il continue son ramage avec une habileté qui tient du prodige, et tous les autres font silence et l'écoutent. Les vents eux-mêmes retiennent leur haleine. «Voyez, disait-il, la rose naissante percer doucement son vert bouton; à peine entrouverte et presque cachée, moins elle se montre et plus elle est belle. Bientôt elle déploie sa corolle; et déjà, plus languissante, elle a cessé d'être l'objet des voeux des jeunes filles et des amants; ainsi, la jeunesse, cette rose de la vie, n'a que la durée d'un jour. En vain renaît le printemps, il ne ramène point la fraîcheur de nos belles années. Cueillons donc la fleur vermeille dès le matin, puisque le soir elle aura perdu sa beauté; cueillons la rose d'amour tandis que nous pouvons en aimant être payés de retour.» Il se tait, et tous les autres reprennent leurs concerts comme pour applaudir à ses chants; les colombes redoublent leurs amoureux baisers; tout semble enflammé des mêmes feux; les bois, le chêne robuste, le chaste laurier, les plantes, la terre et les eaux exhalent des soupirs; tout subit l'influence de celte tendre harmonie; tout s'émeut à ces images de volupté.

Mais la séduction trouve les deux guerriers insensibles; ils résistent, ils s'avancent: soudain, à travers le feuillage, ils croient voir (et ce n'est point une erreur) Armide et son amant! Elle est couchée sur le gazon; Renaud repose sur son sein; sa gorge n'est qu'à demi voilée; ses cheveux épars flottent au gré des zéphyrs; elle languit d'amour. Sur ses joues brûlantes glisse une sueur argentée qui augmente ses attraits. Tel que le rayon de lumière qui scintille à travers le cristal des eaux, on voit dans ses yeux humides briller un sourire plein de passion et de volupté. Ses bras enlacent Renaud; ses yeux le charment et le consument. Leurs regards se cherchent et ne se quittent plus. Elle s'incline vers lui, et de baisers ardents elle couvre ses paupières et ses lèvres. Dans un de ces instants, Renaud pousse un profond soupir comme si son âme s'échappait pour s'unir à celle d'Armide...

Les deux chevaliers, cachés derrière les arbres, contemplent cette scène voluptueuse. Au côté de Renaud pend une arme étrange, un miroir! Armide soulève et place aux mains de son amant ce confident des amoureux mystères. Elle, d'un air riant, lui, avec des yeux brillants, ne voient qu'un même objet dans les diverses figures qui s'y réfléchissent; elle y cherche ses charmes; il se mire dans les yeux d'Armide; elle ne voit qu'elle-même, et il ne voit qu'elle. Elle est fière de son empire, il est glorieux de ses fers.—«Tourne, lui dit-il, ah! tourne vers moi ces yeux qui font mon bonheur. Si tu l'ignores, sache que mes transports sont la fidèle peinture de tes attraits! Bien mieux que ce cristal, mon amour te donnera une idée de la puissance de ta beauté. Si tu me dédaignes, hélas! contemple du moins ton gracieux visage, et tes regards que rien ne peut satisfaire seront heureux! Mais comment un miroir reproduirait-il tant de charmes? Comment un si petit espace renfermerait-il tant de merveilles? Le ciel seul peut rendre les perfections; c'est dans les astres que tu retrouveras ton image!»

Armide sourit à ce langage, mais elle ne cesse de s'admirer et de composer ses atours. Elle répare son désordre, roule ses cheveux en anneaux et y entrelace des fleurs qui brillent comme l'émail enchâssé dans l'or; aux lys de son sein elle marie l'incarnat des roses et place son voile avec grâce. Le paon superbe étale avec moins d'orgueil les richesses de son plumage; moins belle est Iris quand appa raît dans la nue son arc humide, mêlé de pourpre et d'or. Cependant le plus précieux ornement d'Armide est sa ceinture qu'elle ne quitte jamais. Pour la former, elle donna une substance à des choses impalpables, et la composa d'éléments qu'aucune autre main n'eût pu saisir. Les amoureux dépits, les attrayants refus, les agréables caresses, le calme heureux, le sourire, les mots entrecoupés, les larmes du plaisir, les soupirs interrompus, les baisers lascifs, tels furent les objets qu'elle réunit et qu'elle trempa au feu le plus doux. C'est ainsi qu'elle créa le tissu merveilleux qui entoure sa belle taille.

Enfin, leurs tendres luttes ont un terme; Armide prend congé de son amant, lui donne un baiser et s'éloigne. Elle avait coutume de le quitter pendant le jour pour se livrer à ses magiques mystères et accomplir les desseins qu'elle avait médités. Il n'était pas permis à Renaud de la suivre; sans cesse il devait rester en ces lieux. Pendant son absence, amant solitaire, il errait au milieu des bois; mais quand la nuit, silencieuse, étendait ses voiles propices et ramenait les amoureux larcins, Armide revenait dans ces jardins délicieux passer des heures fortunées et partager son asile.

Dès que la magicienne, appelée par des soins plus sérieux, s'est retirée, les deux guerriers sortent du bosquet qui les cache et se présentent à Renaud, revêtus de leur pompeuse armure. Ainsi, quand le coursier généreux, échappé aux fatigues et aux périls des combats et de la victoire, erre au milieu des pâturages et des troupeaux, il languit dans un vil repos et se livre aux amours; mais que, soudain, résonne la trompette guerrière, que l'acier brille, il se retourne, hennit, et déjà, appelant la bataille, il cherche le maître qui doit le guider, et brûle de repousser dans la lice guerrière le choc de l'ennemi. Tel, à la vue de cette armure éclatante, le héros, quoique livré à la mollesse, quoiqu'engourdi par le plaisir, sent renaître son ardeur. Ubalde s'avance et place sous ses yeux le bouclier de diamant. Dans ce miroir fidèle, il voit ses vêtements et sa chevelure, disposés avec un art efféminé et imprégnés de parfums; son glaive, chargé de vains ornements, n'est plus une arme terrible, mais un inutile jouet. Et tel qu'un mortel, au sortir d'un lourd et profond sommeil, ne reprend ses esprits qu'après une longue rêverie, tel le guerrier revient à lui. Bientôt il ne peut soutenir la vue de sa propre image. Ses regards s'abaissent vers la terre et y restent fixés par la honte. Il voudrait, pour se dérober à sa confusion, se cacher dans les flots, dans les flammes, ou s'abîmer dans les entrailles de la terre.

Alors Ubalde lui adresse ces mots: «La guerre met en mouvement toutes les nations de l'Europe et de l'Asie. Quiconque est avide de gloire et adore le Christ combat dans les champs syriens. Toi seul, ô fils de Berthold, au-delà des limites du monde, tu ensevelis dans une retraite obscure ton oisiveté. Toi seul, champion aimé d'une femme, tu vis tranquille au milieu de ces grandes luttes de tout l'univers! Quel sommeil, quelle léthargie a donc endormi ta vertu? Quelle honte te retient? Viens, l'armée, Godefroi lui-même t'appellent! La Fortune et la Victoire t'attendent! Viens, guerrier choisi par Dieu, achever l'entreprise que tu as si bien commencée! Que cette secte impie, déjà ébranlée par ton bras, tombe sous tes invincibles coups!»

A ce discours, le héros interdit demeure un moment immobile et sans voix. Mais quand la honte a fait place au dépit, dépit courageux d'un noble coeur! dès qu'un nouveau feu plus vif a remplacé la rougeur qui colore son visage, il déchire ses vains ornements, cette indigne parure, indice de son misérable esclavage. Il se hâte de partir et de sortir du dédale aux mille détours.

Cependant Armide voit le terrible gardien de son palais étendu sans vie près des portiques: d'abord elle soupçonne, bientôt elle ne doute plus que son amant est près de l'abandonner. Elle voit, ah! funeste certitude! elle voit le fugitif qui s'éloigne rapidement de son doux asile! Elle veut crier: Ah! cruel, en quelle solitude me délaisses-tu?... Mais la douleur étouffe sa voix. Ses faibles paroles entrecoupées de sanglots s'arrêtent et retentissent avec plus d'amertume en son coeur. Infortunée! une science et une force plus grande que ton art te ravissent ta félicité! Elle s'aperçoit enfin que la puissance des charmes magiques ne saurait le retenir! Les mots sacrilèges que la bouche impure d'une magicienne de Thessalie murmura tant de fois, ces mots qui pourraient arrêter le cours des sphères célestes et arracher les ombres de leurs prisons profondes; ces mots, elle les connaît, et pourtant elle ne peut obtenir que l'Enfer réponde à ses évocations! Renonçant aux enchantements, elle essaie les séductions et la prière, et abjure toute retenue, toute pudeur. Elle s'élance sur les pas de

Renaud. Son orgueil superbe, ses triomphes, que sont-ils devenus?... Jadis d'un signe elle bouleversait, dans sa vaste étendue, tout l'empire de l'Amour; ses dédains égalaient sa fierté; avide d'hommages, mais n'aimant qu'elle-même, elle repoussait ses adorateurs et ne voulait jouir que de la puissance de ses regards; maintenant trahie, dédaignée, elle reste dans l'abandon et suit encore celui qui l'évite et se refuse à sa tendresse. Elle cherche dans les pleurs une parure pour sa beauté méprisée! Elle vole! En vain les neiges et les rudes sentiers déchirent ses pieds délicats; ses gémissements la devancent, et, lorsqu'elle atteint le héros, il est déjà sur la plage. Éperdue, elle s'écrie: «Ôtoi qui m'enlèves une moitié de ma vie, pourquoi me laisser l'autre?... Ah! rends-moi celle dont tu veux me priver, ou prends celle qui me reste, ou frappe du même coup toutes les deux! Arrête, suspends ta course; que mes dernières paroles arrivent jusqu'à toi! Hélas! je ne te demande point des embrassements destinés à une autre plus heureuse! Barbare, tu crains de t'arrêter? Pourquoi donc? Tu as pu me fuir, tu sauras bien rejeter mes prières!» Alors Ubalde dit à Renaud: «Tu ne dois point refuser d'entendre Armide; sup pliante, elle vient, armée de ses attraits, t'adresser de tendres et amères plaintes; si tu résistes à la vue et aux paroles de cette enchanteresse, tu seras le plus fort des mortels! C'est dans de telles luttes que la raison s'épure elle-même en dominant les sens.» Le héros s'arrête. Armide, épuisée, baignée de larmes, en proie au plus grand désespoir, et plus belle encore de sa douleur, s'approche; ses yeux s'attachent sur lui; elle ne trouve point de paroles. Soit courroux, soit prudence, soit timidité, il n'ose la contempler. C'est à peine s'il jette sur elle, furtivement et avec lenteur, un regard plein de honte. De même que le chanteur habile, avant de déployer toutes les richesses de sa voix, prépare ses auditeurs par des notes graves et de doux préludes; de même Armide, malgré sa mortelle douleur, ne renonce point à ses ruses et à ses artifices. D'abord de faibles soupirs doivent disposer l'âme de Renaud à écouter ses plaintes. «Cruel, dit-elle, n'espère pas que je te fasse entendre les supplications qu'une amante adresserait à son amant. Naguère nous nous aimions, et, si ce souvenir te pèse comme un remords, écoute-moi du moins, écoute une ennemie. Un coeur généreux n'est pas inaccessible aux prières de celui qu'il hait, et tu peux m'accorder ce que je te demande en conservant toute l'énergie de tes dédains. Si tu me détestes, si cette aversion fait tes délices, je ne viens pas te ravir ce bonheur! Contente ton désir, puisque tu crois agir avec justice et raison. Les Chrétiens me furent odieux, je ne le nie pas. Toi-même je t'abhorrais... Née musulmane, j'employai tout mon art à détruire votre empire. Je m'attachai à tes pas, tu fus en mon pouvoir; je t'entraînai loin du bruit des armes, au fond de ces solitudes inconnues... Ajoute, et c'est le comble de ton humiliation et de mes crimes! ajoute à cela que je t'ai séduit, que je t'ai embrasé des feux du même amour. Coupable artifice, caresses impies, sans doute! livrer les prémices d'une si grande tendresse! donner, prodiguer à un tyran superbe ce qu'on a refusé à tant d'autres dévoués et suppliants!... Voilà pourtant quels sont mes crimes! Ah! s'ils ont pu décider ta fuite, si tu t'éloignes, parce que tu me détestes, de cette retraite jadis si aimée, va, traverse les flots, livre de nouveaux combats, anéantis ma religion, moi-même je t'y excite! Mais que dis-je? ma religion! je n'en ai plus, je ne connais que toi, impitoyable idole de mon coeur! Ah! souffre seulement que je te suive! Que t'importe la vue d'une ennemie? Le ravisseur ne laisse point sa proie derrière lui. Le triomphateur ne traîne-t-il pas avec lui ses captifs? Ne veux-tu pas montrer à tous les tiens le prix de ta victoire?... On ajouterait ce trophée aux autres dépouilles que tu as remportées! Que la fière Armide, qui méprisa tes armes, vaincue à son tour, paraisse humiliée au milieu de tes compagnons! Esclave dédaignée, je ne garderai pas cette chevelure qui pour toi n'a plus de charme; je la couperai, afin que tout en moi réponde à mon titre d'esclave! Sans cesse à tes côtés, au milieu des combats, à travers les bataillons ennemis, j'aurai le courage et la force de guider tes coursiers et de porter la lance. Ton écuyer, ton bouclier, je serai ce que tu voudras!... Pour ta défense j'exposerai mes jours, et le fer traversera ma poitrine et mon coeur avant d'arriver jusqu'à toi. Nul guerrier ne sera assez barbare pour vouloir t'immoler en me tuant, et cette beauté, qui te trouve insensible, lui fera oublier sa vengeance. Malheureuse! puis-je placer quelque espérance en ces faibles attraits qui n'obtiennent rien de toi!» Ses larmes, qui coulent en abondance, interrompent ses plaintes. Elle veut alors, de ses mains suppliantes, saisir la main de Renaud, s'attacher à ses vêtements, mais il recule, il résiste, il est vainqueur. Ses yeux ne versent point de pleurs; l'amour ne peut renaître; l'Amour n'a point réussi à rallumer ses premiers feux dans ce coeur que refroidit et glace la raison. La Pitié, chaste compagne de l'Affection, a pris sa place. Le héros est ému et s'efforce de retenir ses larmes; il maîtrise cependant cette vive émotion, et cache, sous une tranquille apparence, son agitation et son trouble. «Armide, répond-il, ta douleur m'accable. Que ne puis-je éteindre dans ton sein l'ardeur funeste qui te consume! Je n'éprouve ni la haine, ni le dédain, ni le désir de la vengeance; j'oublie tes torts. Tu ne seras pas mon esclave, tu n'es point mon ennemie. Ton coeur s'est égaré, et, dans ta haine comme dans ton amour, tu as dépassé toutes les bornes. Tu as montré la faiblesse d'une mortelle, et l'excuse de tes fautes est dans ta loi, dans ta jeunesse et ton sexe! Moi-même n'ai-je pas partagé tes erreurs?... Quels droits aurais-je à l'indulgence si je te condamnais sans miséricorde? Dans mes succès, dans mes revers, ton souvenir, sacré pour moi, me sera toujours cher. Je serai ton chevalier autant que me le permettront les combats pour mon Dieu et pour ma foi! Ah! mettons un terme à nos égarements; abjurons pour toujours notre honte! Que ces souvenirs, ensevelis dans ces lieux, demeurent ignorés du reste de l'univers!... Que l'Europe, que les pays qui l'avoisinent ne mêlent pas ces récits à l'histoire de mes travaux!... Et toi-même, Armide, ne permets pas que ta beauté, tes rigueurs, ta naissance, donnent plus d'éclat à notre faute! Reste en paix: je pars; n'essaie point de me suivre; celui qui me guide le le défend! Demeure, cherche le bonheur par une autre route, et que désormais la sagesse te fasse goûter ses conseils!»

Tandis qu'il parle, Armide, troublée, hors d'elle-même, la colère sur le front, ne répond pas. Déjà elle attache sur lui des regards méprisants et sinistres. Enfin, elle éclate en ces termes: «Non! la belle Sophie ne fut pas ta mère; non! tu n'es point du glorieux sang des Est. Produit impur du limon de la mer, tu as sucé, au milieu des glaces du Caucase, le lait de quelque farouche tigresse! Pourquoi dissimulerai-je davantage? Cet homme que je prie a-t-il donné le moindre signe de pitié, a-t-il changé de visage, a-t-il accordé un seul soupir, une seule larme à ma douleur?... Que lui dirai-je, que lui rappellerai-je? Il m'offre sa protection, et il me fuit, et il m'abandonne! Vainqueur généreux, il daigne oublier les offenses d'une criminelle ennemie et consent à lui pardonner ses erreurs!... Écoutez comme il conseille et comme ce pudique stoïcien raisonne sur l'amour! O Ciel! ô Dieux! vous souffrez ces impies, vous qui souvent laissez tomber la foudre sur vos tempies et sur vos autels! Éloigne-toi, cruel, emporte cette paix que tu me souhaites; va-t'en, homme inique et barbare!... Bientôt, dépouillé de son enveloppe mortelle, mon esprit te suivra comme une ombre, sans relâche, attachée à tes pas. Nouvelle Furie, armée de torches et de serpents, les efforts de ma rage égaleront l'excès de mon amour! Si le Destin t'arrache sain et sauf aux flots, aux écueils et aux orages, tu retrouveras les combats!... Là, par de cruelles blessures, au milieu du sang, des mourants et des morts, je te ferai expier tous mes maux. Puissé-je entendre le nom d'Armide se mêler à tes derniers soupirs!... C'est là mon espé» rance...»

Ces mots expirent sur ses lèvres; et, succombant à ses angoisses, elle tombe presque inanimée; une sueur froide se répand sur son corps; ses paupières s'abaissent.... Tes paupières se ferment, ô Armide! le Ciel avare te refuse cette dernière consolation. Malheureuse! ouvre tes yeux et tu verras des larmes amères inonder ceux de ton ennemi. Oh! quelle douce joie si tu pouvais entendre ses soupirs!... C'est tout ce qu'il lui est permis de t'accorder... Ses derniers adieux sont des regards de tendresse et de commisération! Que fera-t-il? Laissera-t-il une infortunée, entre la vie et la mort, sur cette plage déserte? La générosité et la pitié le lui défendent, mais une inflexible loi l'entraîne... Il part. Déjà les légers Zéphyrs se jouent dans la chevelure de leur guide, et la voile d'or les pousse vers la haute mer. Les yeux du héros sont fixés sur le rivage, qui bientôt disparaît. Quand Armide a repris ses sens, elle ne voit autour d'elle que la solitude et le silence. «Il est parti, s'écrie-t-elle; il a pu me laisser expirante! Il est parti sans différer, sans me donner le moindre secours dans ce moment terrible! Et, cependant, je l'aime encore; et, immobile à cette place, je verse des pleurs au lieu de songer à la vengeance! Des pleurs! N'ai-je donc plus d'autres armes, d'autres artifices? Oui, je poursuivrai le parjure. Ni le Ciel, ni l'abîme, ne pourront le dérober à mes coups! Déjà je le rejoins, je le saisis, je lui arrache le coeur, et je suspens ici ses membres déchirés pour servir d'exemple aux amants impitoyables.... Il est grand et habile dans l'art d'être cruel; eh bien, je le surpasserai! Mais où suis-je et qu'ai-je dit?... Malheureuse! c'est lorsqu'il était dans tes fers que tu pouvais, que tu devais assouvir sur lui tes fureurs!... Maintenant, c'est en vain qu'un tardif courroux te transporte et t'enflamme!... Ah! si mes attraits, si mes enchantements sont sans force, mes voeux, du moins, ne seront pas stériles. C'est ma beauté qu'il méprise, c'est elle qu'il outrage, c'est d'elle que j'attends une éclatante vengeance!... Que mes charmes soient la récompense de celui qui tranchera cette tête exécrée!... Omes vaillants adorateurs, je vous imposerai une tâche difficile, mais glorieuse! .. Je suis prête à donner, comme prix de vos services, ces immenses richesses qui seront mon héritage!.... Si vos bras ne me sont point dévoués, la beauté n'est qu'un vain présent de la nature!... Présent funeste, je t'abhorre!... Maudits soient à la fois et mon rang de princesse et ma misérable existence... Si je supporte la vie, c'est dans l'espoir d'être bientôt vengée...»

Enfin, elle s'éloigne de ce rivage solitaire; ses cheveux épars, ses yeux hagards, son visage enflammé, attestent l'excès de son désespoir. Elle rentre dans son palais, et d'une voix formidable elle évoque les trois cents divinités de l'Enfer. Aussitôt le ciel se couvre de sombres nuées; l'astre du jour pâlit, le vent mugit et ébranle les gorges des montagnes; l'abîme gronde sous ses pieds, et de toutes parts se font entendre des monstres affreux qui sifflent, hurlent, frémissent et aboient. Des ombres plus épaisses que les voiles mêmes de la nuit enveloppent la montagne; des éclairs percent par intervalles cette profonde obscurité; puis, les ténèbres s'évanouissent; le soleil lance de pâles rayons; le ciel n'est pas encore serein, mais le palais a disparu; les vestiges en sont effacés, et on ne pourrait dire: «Il était là!» Ainsi les feux du Dieu du jour ou l'haleine des vents dissipent ces vapeurs légères qui se forment dans les airs; ainsi s'évanouissent les vains fantômes que crée l'imagination en délire!

Il ne reste que des rocs déserts et l'horreur que la nature répandit en ces lieux.

Armide monte sur son char et s'élance dans les airs. Entourée de nuages et de bruyants tourbillons, elle foule les nuées et traverse les aquilons. Elle plane sur des terres inconnues et soumises à l'autre pôle. Elle franchit les colonnes d'Alcide; et, sans se rapprocher des côtes de l'Hespérie ou de l'Afrique, elle continue sa course au-dessus des mers, jusqu'à ce qu'elle soit arrivée aux plages de la Syrie. Mais, évitant l'aspect d'une patrie que naguère elle chérissait, elle s'écarte de Damas et se dirige vers cette terre inféconde où son château s'élève au milieu des eaux. Elle arrive, éloigne ses femmes et ses esclaves; et, retirée dans un secret asile, elle s'y abandonne à ses pensées incertaines et tumultueuses; mais, bientôt, la honte fait place à la colère: «J'irai, dit-elle, sur ces bords où le roi d'Égypte rassemble les armées de l'Orient; sous une forme étrange et inconnue, j'essaierai la magie de nouveaux charmes; je manierai l'arc et l'épée; je me ferai l'esclave des plus puissants guerriers et les exciterai à me prouver leur zèle. Je braverai les bienséances et la pudeur, pourvu que ma vengeance soit en partie satisfaite. Ne m'accuse pas, ô mon oncle! le blâme est pour toi. Tu l'as voulu. C'est toi qui consacras ma jeunesse et ma beauté à des travaux qui n'étaient point ceux d'une faible mortelle!... C'est par toi, c'est à ta voix que je deviens errante!... Tu excitas mon audace, tu bannis de mon coeur le sentiment de la pudeur: tout ce que l'Amour ma fait commettre de fautes, tout ce que la colère » me fera entreprendre ne doit être imputé qu'à toi.»

Alors elle appelle ses femmes et ses écuyers. Dans ses superbes parures, dans ses équipages, elle déploie une magnificence royale et les splendeurs de son art. Puis, elle se met en route; et, sans s'arrêter, ni le jour, ni la nuit, elle vole vers les plaines brûlantes de Gaza, que le roi d'Égypte a couvertes de ses pavillons.

CHANT XVII.

Le Soudan d'Égypte fait défiler devant lui sa puissante armée et la dirige ensuite contre les Chrétiens.—Armide, qui appelle de ses voeux la mort de Renaud, se réunit à cette armée avec ses troupes, et, pour satisfaire plus sûrement son cruel désir, elle s'offre pour prix de la vengeance.—Renaud se ccuvie de l'ai mure redoutable où sont gravés les exploits de ses illustres aïeux.

CHANT XVII.

LA ville de Gaza est aux frontières de la Judée, sur le chemin qui mène à Péluse. Assise sur le rivage de la mer, elle est environnée d'immenses déserts de sables que le vent soulève en tourbillons pareils à des flots agités. Le voyageur a de la peine à retrouver sa route et un asile pour échapper aux tempêtes qui bouleversent ces plaines mobiles. Depuis long-temps le roi d'Egypte a enlevé cette cité aux Turcs, et sa position sur les confins de ses États, la rendant propre à l'exécution des desseins qu'il médite, il a quitté Memphis et ses superbes palais pour y transporter le siège de sa puissance. Du fond de ses diverses provinces, il y a rassemblé d'innombrables soldats.

Muse, dis-moi quelle était alors la situation de ces contrées, quelles étaient les troupes, quels étaient les vassaux et les alliés de ce grand monarque, alors que des extrémités de l'Orient, les rois du midi se préparèrent aux combats! Toi seule peux me nommer, et les chefs, et les guerriers de la moitié du monde réunis sous ses étendards!

Lorsque l'Égypte rebelle, secouant le joug des Grecs, changea de religion, un héros du sang de Mahomet en devint le maître et y jeta les fondements d'un nouvel empire. Il prit le litre de calife, et tous ses successeurs, héritiers d'un égal pouvoir, reçurent le même nom. Ainsi, le Nil vit autrefois une longue suite de Pharaons et de Ptolémées. Le cours des âges ne fit qu'affermir et agrandir cet empire qui embrasse l'Afrique et l'Asie depuis les côtes de la Syrie jusqu'aux plages de la Marmarique et de Cyrène. Dans l'intérieur des terres il s'étend au-delà de Syène, presque jusqu'aux sources du Nil; d'un côté il domine les sables et les plaines perfides que ne traverse aucun mortel, et de l'autre il touche aux rives de l'Euphrate. A droite il est borné par l'Arabie aux suaves parfums; à gauche par la mer Rouge, et, au-delà de cette mer, il se prolonge jusqu'aux portes de l'Aurore. Il a par lui-même une grande force, mais le sage gouvernement du calife augmente encore sa grandeur et sa gloire. Né d'aïeux illustres, ce prince a toutes les vertus d'un roi et tous les talents d'un guerrier. Pendant de longues années, il fit la guerre aux Turcs et aux Persans; tour à tour il envahit leurs provinces, et repoussa leurs attaques; tantôt vaincu, tantôt victorieux, il se montra plus grand dans les revers que dans la victoire. Le faix des ans ne lui permettant plus de porter les armes, il a déposé le fer, mais il a conservé son génie belliqueux, ainsi que son ambition et l'amour de la gloire. Il combat encore par ses généraux; sa pensée et ses discours ont une telle vigueur que l'immense fardeau du sceptre ne paraît pas trop lourd pour sa vieillesse. L'Afrique, divisée en petits États, tremblante à son nom, lui offre d'elle-même ses guerriers. Des limites du monde, l'Indien soumis lui envoie le tribut de ses trésors. Telle est la grandeur de ce potentat, qui, inquiet des victoires des Chrétiens, va précipiter sur leur naissant empire les troupes qu'il rassemble et celles qu'il a dès long-temps réunies!

Armide paraît la dernière. Elle arrive à temps et au moment même où, déjà, toute l'armée, sortie de la ville, défile dans une vaste plaine sous les yeux du calife. Assis sur un trône élevé, où l'on arrive par cent degrés d'ivoire, il foule à ses pieds l'or et la pourpre. Un dais d'argent le couvre de son ombre; dans ses habits magnifiques se déploie tout le faste de l'Orient; son turban, du lin le plus blanc, se replie autour de son front ainsi qu'un diadème. Sa main droite porte le sceptre; sa longue barbe blanche lui donne un air vénérable et sévère. L'audace et l'énergie de ses jeunes années brillent encore dans ses yeux que la vieillesse n'a point éteints. Son aspect, son attitude répondent à la majesté de son âge et de son rang, tels furent les traits qu'Apelles et Phidias donnèrent à Jupiter, mais à Jupiter lançant la foudre. Debout, à sa droite et à sa gauche, sont les deux premiers satrapes: l'un porte le glaive nu de l'inflexible justice, l'autre le sceau, symbole de sa dignité. Celui-ci, dépositaire des secrets de son roi, est chargé des affaires civiles de l'État; l'autre commande l'armée; il est investi d'un pouvoir sans bornes, et distribue les récompenses et les châtiments. Au pied du trône est la garde nombreuse et fidèle des Circassiens. Ils sont armés de lances; une cuirasse protège leur poitrine, et à leur côté pendent de longs cimeterres recourbés. Du haut de son trône, le calife domine toutes ces nations rassemblées. Tous les guerriers, défilant devant lui, inclinent, en signe d'hommage, leurs armes et leurs drapeaux. Les Égyptiens paraissent les premiers. Quatre chefs les conduisent, deux de la Haute et deux de la Basse-Égypte, contrée que créa le Nil et qu'il féconde de ses eaux. Un fertile limon usurpa d'abord le lit de la mer, puis, en se raffermissant, il devint propre à la culture. Ainsi s'agrandit l'Egypte! Sans doute, les arides déserts de son intérieur furent autrefois des rivages fréquentés par les nautoniers!

Les premiers bataillons se composent de soldats nés dans les riches plaines d'Alexandrie et sur ces bords qui s'étendent vers l'Occident jusqu'aux frontières de l'Afrique. Araspe, leur chef, est plus redoutable par son génie que par la force de son bras. Aucun Maure ne l'égale dans l'art de la guerre, dont il connaît tous les stratagèmes. A leur suite marchent les nations qui habitent les côtes de l'Asie jusqu'aux lieux où se lève l'Aurore. Arontée les guide; ses titres le distinguent, mais on ne signale ni ses exploits, ni sa valeur; le poids d'une armure n'a point encore accablé sa mollesse et la trompette guerrière n'a jamais hâté son réveil. Une fatale ambition l'arrache aux voluptés et le pousse à braver les fatigues des combats.

La troupe qui s'avance sur leurs traces est plutôt une innombrable armée qu'une simple division. Elle couvre la plaine et le rivage. On n'eût jamais pensé qu'il fallût tant de bras pour cultiver l'Egypte et recueillir ses moissons. Et pourtant, une seule ville a envoyé toutes ces légions. Rivale des plus vastes provinces, elle renferme dans son sein mille autres cités. On la nomme le Caire. Campson est le chef de celte multitude peu propre au métier des armes. Sous la conduite de Gazel, défilent les habitants des champs fertiles qui avoisinent le Caire et vont jusqu'à la seconde cataracte du Nil. Ils n'ont d'autres armes que l'arc et l'épée. Ils ne soutiendraient pas le poids du casque et de la cuirasse. La vue de leurs riches vêtements fait naître le désir du butin plutôt que la crainte du trépas. Sur les traces d'Alarcon, marchent les peuples de Barca. Nus, affamés, presque sans armes, errants sur des plages désertes, ils n'ont d'autres ressources que le brigandage. Les rois de Zumara et de Tripoli se montrent ensuite; leurs soldats, moins pillards, sont aussi incapables de combattre de pied ferme, et ne sont propres qu'aux escarmouches de peu de durée. On voit après eux les habitants de l'Arabie-Pétrée que suivent les pasteurs de l'Arabie-Heureuse, qui, dans leurs fortunés climats, s'il faut en croire la Renommée, ne ressentent jamais le froid des hivers ou les feux des étés. Là, germent les parfums et l'encens; là, le Phénix immortel renaît au milieu des fleurs embaumées qu'il rassemble pour ses funérailles et sa résurrection, et qui lui servent de tombe et de berceau. Leurs vêtements sont moins pompeux que ceux des Égyptiens, mais leurs armes sont semblables. Voici d'autres Arabes, sans foyers, sans demeure fixe. Éternels voyageurs, ils traînent partout leurs tentes et leurs mobiles cités! Ils ont la stature et la voix des femmes; leurs cheveux sont longs et couleur de jais, leur visage est sombre et basané. Ils brandissent de longs roseaux des Indes, armés de courtes pointes de fer. Comme emportés par un rapide tourbillon, ils volent sur leurs coursiers plus rapides que les vents. Siphax traîne après lui les premières hordes; Aldin guide les secondes; Albiazar conduit les troisièmes: ce dernier chef est moins un guerrier qu'un brigand féroce et avide de carnage. Viennent ensuite les insulaires qui, près de leurs îles, au milieu de la mer Rouge, recueillaient jadis la perle cachée dans le sein des coquillages. Après eux, sont les noirs habitants de la rive gauche de cette mer; leur chef est Osmide, contempteur de toute religion et de toute loi. Ils sont suivis par les Éthiopiens de Méroé, île que le Nil baigne d'un côté, et l'Astrabora de l'autre; dans son enceinte, elle renferme trois royaumes et deux religions différentes. Canar et Assimir, tous deux rois musulmans et tributaires du calife, les conduisent; mais le troisième monarque, soumis à la vraie foi, ne les a pas accompagnés. Deux autres princes, aussi tributaires, guident des troupes armées d'arcs et de flèches. L'un est le Soudan d'Ormus, île belle et fameuse qui s'élève au milieu du vaste golfe Persique; l'autre gouverne le Bécan. Lorsque la mer se retire, le voyageur peut se rendre à pied sec dans cette contrée qui devient une île pendant les hautes marées. Et toi, Altamore, une épouse adorée n'a pu te retenir dans ses bras. Gémissante, ses blonds cheveux épars, elle se meurtrit le sein pour te détour ner de ton projet funeste: «Cruel, s'écrie-t-elle, l'hor-» rible vue des flots furieux aura donc pour toi plus de » charmes que ma beauté! Tu préférés le poids des armes » au doux fardeau de ce fils qui sourit à tes caresses!» Il est roi de Samarcande, mais la couronne n'est pas ce qui le fait le plus remarquer. Habile dans l'art de la guerre, il unit à une noble audace une force extraordinaire que les Chrétiens ont eu raison de redouter jusqu'alors, mais dont bientôt, hélas! ils feront la fatale expérience. Ses soldats, couverts de cuirasses, ont un glaive à leur côté et une massue à l'arçon de leur selle. Mais voici le cruel Adraste, qui arrive des extrémités de l'Inde. Il a pour cuirasse la peau verte et tachée de noir d'un serpent, et pour cheval de bataille, un éléphant docile qu'il dirige à son gré. Ses sujets habitent entre le Gange et les embouchures de l'Indus. L'escadron qui suit est l'élite des gardes du roi. Ces guerriers comblés d'honneurs et de bienfaits, sont attachés à sa personne et veillent à sa sûreté pendant la guerre et pendant la paix. Ils montent des coursiers vigoureux et bien dressés, et inspirent la crainte. Les feux que jettent l'or, l'acier et la pourpre de leurs vêtements, font resplendir le ciel. Parmi eux, on remarque le barbare Alarcon, et Omar, habile à discipliner les guerriers; Hidraot, Rimédon, dont l'audace célèbre brave à la fois les mortels et le trépas; Tygrane et Rapold, corsaire fameux, jadis le maître de ces mers, puis le vaillant Ormond, et Marlaboust, qui dompta les Arabes rebelles, et reçut le surnom d'Arabique. Là, sont Orinde, Arimon, Pyrga, Brimarte le preneur de villes, et Suifante le dompteur de coursiers; et toi, Aridamant, savant dans l'art de la lutte, et toi aussi, Tisapherne, le foudre de guerre, qui n'as point encore trouvé de rival dans les combats, soit à pied, soit à cheval, soit à l'épée, soit à la lance. Un Arménien, qui, dans sa jeunesse, renia la foi et se fil Musulman, conduit cette troupe. Clément était son premier nom; maintenant on l'appelle Émiren. C'est d'ailleurs un homme dévoué et plus cher au calife qu'aucun de ceux qui marchent sous ses étendards. Il est chef et soldat tout ensemble; il se distingue également par son courage, son génie et la force de son bras.

Tous ont défilé, quand soudain paraît Armide avec sa suite. Elle s'avance sur un char magnifique, la robe relevée, un arc à la main. Le dépit même qui se mêle à la douceur naturelle de son beau visage ajoute à ses attraits. A son air fier et irrité, on voit qu'elle menace; et, tout en menaçant, elle séduit encore. Son char étincelle d'or et de rubis comme celui du dieu du jour. Pliées sous le joug, attelées deux à deux, quatre licornes obéissent au frein. Cent jeunes filles et cent pages s'avancent, le carquois sur l'épaule, et pressent les flancs de leurs blancs palefrois, aussi vifs dans tous leurs mouvements que légers à la course. Les troupes d'Armide marchent sur ses pas. Aradin est à la tête des soldats mercenaires qu'Hidraot soudoya dans la Syrie. Lorsque le phénix ressuscité étale aux regards de l'Éthiopien son plumage aux couleurs changeantes et variées, la richesse et les feux de sa gorge et la couronne dorée, don précieux que lui fit la nature, il est, pour le noir charmé, un objet d'étonnement, et près de lui voltigent les oiseaux émerveillés. Telle s'avance Armide, admirable de grâces, de coquetterie et d'attraits. Il n'est point de coeur si cruel, si fermé à l'amour, qui ne s'embrase. A peine on l'a vue, et déjà, malgré son aspect grave et dédaigneux, elle a charmé tant de guerriers de nations si différentes. Que sera-ce plus tard, quand, sur son visage heureux, paraîtra le doux sourire, et lorsque le plaisir éclatera dans ses yeux?

Dès qu'elle est passée, le maître de tous ces rois fait approcher Émiren; il veut le placer à la tête de ces chefs illustres et lui confier le commandement suprême. Emiren a déjà prévu ce choix; il s'avance, et son air majestueux atteste qu'il mérite cette haute dignité. La garde circassienne ouvre ses rangs et lui livre le passage jusqu'au pied des degrés du trône; il monte, courbe la tête, fléchit le genou, et tient la main droite appuyée sur son coeur; le calife lui dit: «Émiren, je te charge de guider à ma place cette armée! Voici mon sceptre! Va délivrer un roi, mon tributaire! Fais sentir aux Chrétiens le poids de mon courroux et de mes vengeances! Va, parais et sois victorieux! Point de pitié pour les vaincus! Que les fers soient le partage de ceux qui échapperont à la mort!» Aussitôt Émiren prend le sceptre, symbole du souverain pouvoir, et répond: «Je le reçois de ta main invincible afin de terminer sous tes auspices cette grande entreprise; éclairé par tes ordres et aidé de tes conseils, j'espère laver les outrages de l'Asie. Je ne reviendrai que vainqueur. Ma défaite causerait mon trépas, et non mon déshonneur. Puisse le Ciel, si (ce que je ne pense pas) quelque malheur nous menace, rassembler sur ma tête seule tous les coups de sa colère! Que ton armée revienne après la victoire, et pour son général immolé, les pompes funèbres seront encore un triomphe!»

Il se tait, et les acclamations des soldats se mêlent aux sons des instruments barbares. Au milieu de ces cris, au bruit des fanfares, le calife se met en marche, entouré d'un cortège nombreux; il arrive à sa tente et invite à un festin les principaux chefs. Lui-même s'assied, mais à une table séparée, d'où il envoie des mets à ses convives, en leur adressant de gracieuses paroles et en donnant à tous des marques de distinction. Armide juge que l'instant est favorable. Déjà le festin est terminé; au sein de l'allégresse et des plaisirs, ses artifices puiseront une force nouvelle; l'enchanteresse voit que tous les regards attentifs sont fixés sur elle; elle reconnaît à des indices certains que le poison s'est glissé dans tous les cœurs; elle se lève, quitte sa place, et s'approche du calife, d'un air à la fois fier et respectueux. Elle cherche à donner à son visage et à sa voix tout ce qu'elle peut de grandeur et de majesté.

«O monarque tout-puissant, dit-elle, je viens aussi combattre pour ma foi et pour ma patrie. Je suis femme, mais du sang des rois, et il n'est pas indigne d'une reine de prendre part aux combats; il faut, pour gouverner, avoir tous les talents nécessaires au rang suprême, et la main qui tient le sceptre doit aussi savoir se servir du fer. Ce bras n'a ni faiblesse, ni langueur; il saurait frapper et tirer du sang d'une blessure! Mais sache que mon coeur, ne ressent pas, pour la première fois, la généreuse passion de la gloire; j'ai combattu déjà pour la défense de ton empire et de notre religion; tu dois t'en souvenir, et tu n'ignores pas quelques-uns de mes succès. Tu sais que je fis mes captifs de l'élite de ces guerriers qui ont arboré les enseignes de la croix. Je te les envoyais prisonniers et chargés de chaînes, dans l'espoir de te faire un magnifique présent; ils seraient encore au fond d'un obscur cachot, voués à une captivité sans fin, et une victoire bien plus certaine terminerait aujourd'hui toutes ces grandes querelles, si Renaud, un barbare! n'eût massacré mes gardes et délivré les Chrétiens! Qui ne connaît ce Renaud! Qui n'a entendu raconter la longue histoire de ses brigandages! Le cruel! c'est lui qui m'a impitoyablement offensée, et je rougis de n'en avoir pas encore tiré vengeance! L'indignation qui redouble ma juste haine accroît mon ardeur belliqueuse! Qu'ai-je besoin de dire avec plus de détails l'injure dont je me plains? Qu'il te suffise de savoir que je veux, que je dois me venger! Toutes les flèches ne traversent pas inutilement les airs, et parfois le bras céleste enfonce dans le coeur d'un coupable le trait lancé par la main de sa victime! Mais, si parmi tous ces guerriers il en est un qui puisse trancher la tête odieuse du barbare, qu'il me la présente, et je le récompenserai d'avoir servi mon courroux, bien qu'il dût être plus doux de l'assouvir moi-même! Dans les transports de ma joie, je lui accorderai le prix le plus grand qui soit en mon pouvoir. S'il me désire même pour épouse, je lui donnerai ma personne et tous mes trésors; j'en fais ici la promesse irrévocable, et je ne violerai pas mon serment! Que les guerriers qui jugent le prix digne d'un tel danger parlent et se montrent!»

Tandis qu'Armide prononce ces mots, Adraste attache sur elle des regards passionnés. «Le Ciel, dit-il, ne doit pas permettre que tes traits percent l'infâme! O belle Armide! un coeur aussi vil est indigne de tels coups! Je serai l'instrument de la colère; ce sera moi qui t'offrirai sa tête! Je lui arracherai la vie et je livrerai ses membres déchirés en pâture aux vautours» Ces paroles présomptueuses ont irrité l'impatient Tysapherne: «Et qui es-tu, s'écrie-t-il, pour tenir cet orgueilleux langage en présence du prince, en présence de nous tous? Il est peut-être ici tel guerrier dont les exploits surpasseraient ta vaniteuse audace, et pourtant il se tait!—Mes actions, réplique le farouche Adraste, sont au-dessus de mes promesses; si tu m'avais adressé ailleurs qu'ici ces étran-ges paroles, elles seraient les dernières que tu prononcerais.» Ils allaient poursuivre, mais le calife, étendant la main, les arrête: «Admirable beauté, dit-il ensuite à Armide, combien votre âme est grande et magnanime! Vous méritez que ces héros vous sacri-fient leur colère et leur haine, pour que vous les dirigiez contre un brigand redoutable. Dans cette lutte, où ils montreront à l'envi leur valeur, ils en feront un plus noble usage.» Il se tait, et les deux chefs s'offrent de nouveau pour la servir et la venger. Ils ne sont pas les seuls; ceux qui se sont illustrés dans les combats se hâtent de vanter leur dévouement et leur courage. Tous se présentent, tous jurent le trépas de l'ennemi qu'elle déteste! Et c'est contre un héros qui lui fut si cher qu'Armide arme tant de bras et allume tant de fureurs!...

Cependant, Renaud, après avoir abandonné le rivage, traverse heureusement les mers. Sa nef suit pour le retour le même chemin qu'elle a déjà parcouru, et les Zéphyrs, qui avaient gonflé ses voiles, la secondent de leur souffle toujours propice. Le héros contemple tour à tour le Pôle, les deux Ourses, et les étoiles, dont les feux éclatent au sein des ténèbres. Il voit des fleuves, et les promontoires élevés qui se baignent dans les flots. Parfois, il s'informe de l'état de l'armée. Souvent il cherche à s'instruire des coutumes des diverses nations. Depuis qu'ils voguent sur les vagues écumantes, le soleil a déjà quatre fois resplendi dans les cieux; et, à l'instant où le jour va s'éteindre, la barque aborde sur la rive, terme de leur voyage. La conductrice leur dit alors: «Voici les côtes de la Palestine, votre course est terminée.» Puis, après les avoir déposés sur la plage, elle disparaît plus prompte que la pensée.

Cependant, la nuit commence, et tous les objets se confondent dans une même obscurité; sur ces bords déserts, ils n'aperçoivent ni murs, ni cabanes, ni traces d'hommes ou de coursiers, nul indice enfin qui puisse leur indiquer leur route. Après avoir hésité un moment, ils s'avancent en laissant la mer derrière eux. Tout-à-coup, ils aperçoivent dans le lointain un objet lumineux; des rayons d'or et d'argent traversent et dissipent les ombres. Ils se dirigent vers cette clarté, et bientôt ils en distinguent la cause. Ils voient, suspendues au tronc d'un arbre, des armes neuves que viennent frapper les rayons de l'astre des nuits. Sur un casque et une armure d'or, des pierres précieuses étincellent d'un feu plus vif que celui des étoiles. Une longue suite de tableaux est ciselée sur le vaste bouclier.

Un vieillard, assis près de l'armure, en est comme le gardien. Il s'approche des trois guerriers, qui déjà ont reconnu le visage vénérable du sage; mais, après avoir répondu avec bienveillance à leur salut, il dit à Renaud qui, muet et silencieux, le regarde: «Seigneur, c'est toi seul que j'attendais à cette heure; tu ne me connais pas, mais je suis ton ami; demande à ces guerriers. Ils savent avec quel zèle j'ai veillé sur toi, eux qui, par mes conseils, ont triomphé des enchantements dans lesquels se consumait misérablement ta vie. Maintenant écoute mes paroles; elles seront bien différentes de celles des sirènes, mais elles ne doivent pas te déplaire. Observe mes avis jusqu'à ce qu'une voix plus auguste et plus sainte t'apprenne mieux encore à distinguer la vérité. Ce n'est point sous les ombrages, sur les tendres gazons, au milieu des fleurs et des ruisseaux, parmi les nymphes et les sirènes, qu'est le bonheur; c'est sur la cime de la montagne escarpée et difficile, où la Vertu a fixé sa demeure. Pour y parvenir, il faut quitter les sentiers du plaisir, braver les frimas et les ardeurs brûlantes. Aigle sublime, voudrais-tu, loin de ces régions supérieures, abaisser ton vol dans les vallons? Dieu te donna ce front qui s'élève vers le ciel; il t'accorda de nobles et généreux instincts, afin que tes regards se portassent sans cesse vers lui, et que par d'illustres exploits tu pusses arriver au faîte des grandeurs; s'il te doua d'une ardeur prompte et impétueuse, ce n'était pas pour que tu la fisses éclater dans les dissensions civiles; il ne voulut pas que tu lusses soumis à de honteux désirs que repousse la raison. Mais cette ardeur doit grandir ton courage et te rendre plus redoutable aux ennemis de ta patrie. En elle tu dois trouver plus de forces pour réprimer tes passions, ces cruels ennemis de notre âme! Laisse donc à la sagesse de Godefroi le soin d'employer à un usage convenable tous ces dons précieux; permets qu'à son gré il ralentisse ou excite ton ardeur, qu'il la précipite ou l'arrête!»

Renaud, les yeux baissés, la rougeur sur le front, écoute le vieillard et grave ses conseils dans son souvenir. Le sage a deviné ses pensées, et il ajoute: «Lève les yeux, ô mon fils, et contemple ce bouclier; tu y verras retracés les exploits de tes ancêtres; tu les verras franchir d'un noble essor les lieux les plus déserts et les plus difficiles. Ta course est trop lente; tu restes loin d'eux dans le chemin de la gloire! Allons, réveille-toi, et que ces nobles images soient l'aiguillon de ta valeur.» Pendant qu'il parle, les regards de Renaud parcourent le bouclier. Un art merveilleux a su placer dans cet étroit espace un nombre infini de figures. Là est, avec ordre et symétrie, la suite complète des illustres descendants d'Accius. Leur origine pure et sans tache se perd dans l'antiquité, aux premiers temps de

Rome. Tous sont couronnés de lauriers. Le vieillard raconte leurs combats et leurs victoires. Voici ce Caïus, qui, au moment où l'étranger s'empare, comme d'une proie, de l'empire qui chancelle, saisit, à la voix du peuple, les rênes du gouvernement, et devient ainsi le premier prince d'Est. Ses voisins moins puissants sentent le besoin d'un chef et s'unissent à lui. Plus tard, lorsque, appelés par Honorius, les Goths barbares reviennent une seconde fois semer l'incendie et le carnage dans l'Italie, asservir Rome tremblante et la menacer d'une entière destruction, on voit Aurélius préserver de l'esclavage le peuple soumis à son sceptre. Le vieillard lui montre ensuite Foreste, qui lutte contre les Huns, ces fiers conquérants du nord. C'est bien le visage du farouche Attila! Son regard étincelle comme celui d'un dragon; on dirait un dogue qui grince des dents, et on croit entendre ses aboiements. Ce monstre, vaincu dans un combat singulier, se réfugie au milieu de ses soldats. Le brave Foreste, l'Hector de l'Italie, défend la ville d'Aquilée. Bientôt ce héros expirant partage le funeste destin de sa patrie. Ici est Accarin, digne fils d'un père illustre; comme lui l'honneur et le soutien de l'Italie. Altin cède à la fortune, et non à la valeur des Huns; bientôt fugitif, il cherche un asile, et, sur les bords du Pô, il forme avec mille cabanes dispersées une cité nouvelle; il oppose des digues aux débordements du fleuve et fonde la capitale des princes de son nom. Il triomphe des Alains; et, vaincu plus tard par Odoacre, il meurt pour la défense de son pays; trépas illustre qui l'associe à la gloire de son père! Alforise tombe à ses côtés. Plus loin, Asson et son frère partent pour l'exil; mais, après la mort du roi des Hérules, ils reviennent par la force des armes et de leur génie. L'oeil droit percé d'une flèche, voici près d'eux Boniface, l'Épaminondas de sa glorieuse maison! Vainqueur du cruel Totila, il semble sourire à la mort, car il a sauvé son bouclier. Valérien, encore enfant, suit les traces de son père. Déjà plein de force, il a le courage d'un homme, et cent escadrons goths ne peuvent lui résister. A ses côtés, est Ernest, dont l'aspect terrible épouvante les Esclavons. Mais, avant lui, l'intrépide Aldoar chasse de Moncelse le roi des Lombards. On voit ensuite Henri et Bérenger. Partout où Charlemagne déploie ses augustes étendards, Bérenger est le premier de ses ministres ou de ses généraux. Plus tard, par l'ordre de Louis, héritier du grand Empereur, il va attaquer son neveu au sein de la province qu'il gouverne; et le prince, vaincu dans une bataille, est fait prisonnier. Othon paraît avec ses cinq fils. Alméric devient marquis de Ferrare, cette reine de l'Éridan. Ce fondateur d'églises a, dans une extase profonde, les regards pieusement élevés vers le ciel. Ici est retracée la lutte terrible qu'Asson second soutient contre Bérenger. Enfin, après diverses alternatives de fortune, il triomphe et conserve sa principauté d'Italie. Albert, son fils, va montrer sa valeur aux Germains. Vainqueur dans les joutes, vainqueur dans les combats, il reçoit la main de la fille d'Othon, et en dot d'immenses trésors. Derrière lui est Hugues, dont le courage impétueux met en fuite et disperse les armées de Rome. Marquis de l'Italie, il tiendra sous ses lois la Toscane entière. Plus loin est Théobald, et auprès de lui Boniface, ayant à ses côtés son épouse Béatrix. Un fils manque à leur tendresse; ils auront, pour héritière de leur gloire et de leurs vastes États, une fille, Mathilde, dont les vertus seront au-dessus de la faiblesse de son sexe et de son âge; par sa sagesse et sa valeur elle forcera les diadèmes et les puissances à s'incliner à ses pieds. Son visage respire la noblesse et la fierté; dans ses yeux brille une ardeur martiale. Ici, victorieuse des Normands, elle voit fuir ce Guiscard jusqu'alors invincible. Elle arrache des mains d'Henri IV vaincu l'étendard de l'Empire, et l'append dans le temple du Seigneur. Plus loin, elle replace au Vatican le souverain Pontife sur le trône de saint Pierre. A ses côtés est Asson V, ce ministre de ses volontés, ce héros qu'elle chérit et qu'elle honore. Tandis que la postérité glorieuse et féconde d'Asson IV étend au loin ses rameaux, Guelfe, fils de Cunégonde, cède aux voeux des Allemands, et ce rejeton des Romains, transportant dans les champs de la Bavière ses heureuses destinées, ente une branche de la maison d'Est sur l'arbre des Guelfes. On voit alors le tronc desséché reverdir plus brillant que jamais, et produire des sceptres et des couronnes. Favorisé des rayons célestes, il s'élève sans obstacle; bientôt il touche au ciel et se répand sur la moitié de la Germanie qu'il couvre de son ombre. Mais les rejetons de cette tige royale, restés en Italie, ne s'y rendent pas moins illustres. Berthold et Asson VI y rappellent leurs aïeux.

Telle est la suite de ces héros. L'airain semble vivre et respirer; leur vue réveille dans l'âme de Renaud les sentiments et la voix de l'honneur. Brûlant d'ardeur, il s'enflamme; son fier courage veut égaler leur vaillance; et, dans ses transports, il croit réaliser ce que son imagination désire. Déjà ses yeux voient Solime prise et détruite après le trépas de ses défenseurs. Il s'arme; et, sûr de la victoire qui lui est promise, il veut la devancer ou la saisir.

Alors Charles, qui lui a déjà raconté la mort du héros danois, lui présente l'épée de son maître. «Prends-la, lui dit-il, et qu'elle soit heureuse en tes mains. Ne l'emploie jamais que pour la cause de la Foi. Sois juste et pieux autant que brave. Venge Suénon qui fut ton admirateur; remplis ton devoir et nos voeux.–Plaise au ciel, répond Renaud, que mon bras se serve bientôt de cette épée pour venger le héros qui le premier en fit un noble usage. Puissé-je remplir dignement la mission qui m'est confiée.»

Charles, se tournant alors vers lui avec un front joyeux, lui exprime en peu de mots toute sa reconnaissance.

Cependant le sage vieillard les presse de continuer leur voyage à la faveur de la nuit. «Il est temps, leur dit-il, de rejoindre Godefroi, qui vous attend, et le camp où votre présence est nécessaire. Partez donc maintenant; je vous conduirai, malgré l'obscurité, vers les tentes des Chrétiens.» Il dit, monte sur son char, y fait placer les trois guerriers près de lui, et, abandonnant les rênes, il excite les coursiers et les pousse vers l'Orient. Au milieu des ténèbres ils gardent le silence; alors le vieillard, s'adressant à Renaud, lui parle ainsi: «Tu as vu les antiques racines et les rameaux orgueilleux de l'arbre des Est. Si, dès les premiers âges, il fut fécond en héros, sa sève n'est point encore et ne sera jamais épuisée, parce que le cours des siècles n'éteindra pas sa vertu. Ah! si de même que j'ai, du sein de l'oubli, tiré tes ancêtres qui t'étaient inconnus, je pouvais aussi te montrer la postérité et te nommer tes neveux! Que j'aimerais à les présenter à l'univers avant que leurs yeux fussent ouverts à la lumière! Tu verrais une suite non moins longue de héros accomplir d'aussi grandes actions. Mais mon art ne peut apercevoir la vérité cachée au sein des ténèbres; elle m'apparaît douteuse comme la lumière incertaine d'un flambeau perdu dans les brouillards. Et si tu m'entendis parler avec assurance, ne m'accuse point de témérité, car celui qui me dévoila ces mystères découvre sans voiles les secrets des cieux. Je te prédis ce que la faveur divine lui a transmis et ce qu'il a daigné m'apprendre. Jamais, dans les temps les plus glorieux de l'antiquité, race grecque, latine ou barbare, ne fut riche de héros autant que le sera ta postérité; leurs noms égaleront les plus célèbres de Sparte, de Carthage et de Rome; mais parmi eux Alphonse, second du nom, le premier par ses vertus, viendra quand le monde, épuisé par la corruption, n'enfantera plus d'hommes illustres. Nul ne saura, mieux que lui, tenir le sceptre ou l'épée, porter le poids des armes ou le diadème. Il sera la gloire la plus grande et l'honneur de la famille. Enfant, il signalera sa valeur au sein des jeux, image de la guerre, et sera la terreur des monstres des forêts. Vainqueur dans les tournois, il recueillera bientôt dans des luttes plus sérieuses des palmes et de nobles dépouilles. Sur sa tête brilleront tour à tour les couronnes de chêne, d'olivier ou de laurier. Dans un âge plus mûr, il se couvrira d'une gloire nouvelle en maintenant le calme et la paix au sein de ses États, qu'entoureront des voisins puissants et belliqueux. Il fera fleurir les arts; il encouragera le génie et ordonnera de pompeuses et magnifiques fêles. Avec une justice égale, il distribuera les récompenses et infligera les châtiments, et sa prévoyance le rendra maître des événements les plus reculés. Ah! dans ces jours malheureux, où l'impie règne sur l'univers et impose son joug aux cités les plus fameuses, s'il arrivait qu'Alphonse s'armât pour venger les temples et les autels profanés, quelle juste et terrible vengeance n'accomplirait-il pas contre le Prophète redoutable et ses impurs sectateurs! En vain le Turc et le Sarrasin lui opposeraient leurs hordes innombrables. Il porterait la Croix, l'aigle blanc de Ferrare et les lys d'or au-delà de l'Euphrate, à travers les cimes glacées du Taurus, au sein de ces empires où le soleil ne se couche jamais; le Nil, en ses sources ignorées, voudrait en vain se dérober à ses coups, et les noirs habitants de ces rivages seraient forcés d'adorer le vrai Dieu.»

Ainsi parle le vieillard, et le héros attentif, recueillant ses discours, se réjouit en secret de la gloire et des triomphes de ses neveux.

Cependant l'Aurore annonçait le retour du Soleil. Les cieux se coloraient à l'Orient, et l'on apercevait de loin les bannières qui flottaient sur les tentes des Chrétiens. Le sage reprit alors: «Voici le soleil; ses rayons propices éclairent le rivage, le camp, la plaine, Jérusalem et les monts. Jusqu'ici, par des chemins inconnus, je vous ai guidés à l'abri des dangers et des obstacles. Vous pouvez maintenant marcher sans mon secours, et je ne dois point vous accompagner plus long-temps.» Il dit et laisse les trois guerriers au milieu de la plaine. Les feux du jour leur permettent de suivre la route, et ils regagnent leurs tentes. Soudain la Renommée répand et publie leur retour si impatiemment attendu. Le sage Godefroi en est averti le premier, et il se lève pour les recevoir.

CHANT XVIII.

Renaud pleure ses fautes; il tente l'entreprise de la forêt et en sort victorieux.—La nouvelle de l'approche des Égyptiens s'étant répandue, l'adroit et rusé Vafrin va les espionner dans leur camp.—Une bataille terrible est livrée sous les murs de Solime, mais les Chrétiens reçoivent du Ciel un si puissant secours, qu'ils se rendent maîtres de la ville.

CHANT XVIII.

EN abordant Godefroi qui était venu à sa rencontre, Renaud lui dit: «Seigneur, le soin de mon honneur jaloux m'a porté à tirer vengeance d'un héros qui n'est plus. Si je manquai à tes lois, quels n'ont point été depuis mes regrets et mes remords! Je reviens, j'obéis à ta voix, et je suis prêt à tout entreprendre pour recouvrer ton amitié!» A ces mots, il s'incline avec respect; Godefroi le presse dans ses bras et lui répond: «Écartons pour toujours de fâcheux souvenirs, et oublions tes fautes. Je te demande, pour seule expiation, d'accomplir, comme à ton ordinaire, de nouveaux exploits. C'est à toi de hâter la ruine de nos ennemis et d'assurer notre victoire en triomphant des monstres qui gardent la forêt. Ses arbres antiques nous fournirent jadis le bois nécessaire à nos premières machines. Mais, par un prodige étrange, ils sont devenus le séjour ténébreux d'enchantements redoutables. Personne n'ose y porter le fer; et, cependant, nous ne pouvons, sans instruments de guerre, renverser les murs de Sion. Que ce lieu d'épouvante pour tous nos chevaliers soit témoin de ta valeur!» Il ordonne, et le héros promet en peu de mots de se dévouer à ces fatigues et à ces périls. Mais à son aspect fier et magnanime, on voit qu'il fera plus encore qu'il ne promet. Puis, il présente un front riant à Guelfe, à Tancrède et aux principaux capitaines qui s'étaient rendus près de lui. Il leur tend la main et les embrasse. Après cet échange réitéré d'amicales démonstrations avec ces illustres chefs, il reçoit d'un air affable et populaire les simples soldats. Les acclamations, les cris d'allégresse n'auraient pas été plus grands, la foule n'eût point été plus considérable, si, vainqueur des peuples du Midi et de l'Aurore, il fût revenu triomphalement sur un char de victoire.

Il arrive ainsi à sa tente, et s'assied au milieu de ses meilleurs amis. Il répond à leurs questions empressées et les interroge à son tour sur les événements de la guerre et sur la forêt enchantée. Lorsqu'ils se sont retirés, le saint ermite lui parle ainsi: «Dans ce long et merveilleux voyage, de grandes choses ont frappé tes regards, et quelles actions de grâces ne dois-tu pas rendre au souverain maître de l'univers! C'est par lui que tu fus délivré du pouvoir magique! C'est par lui que la brebis égarée fut ramenée au milieu du troupeau fidèle. Enfin, il ordonna à Bouillon de te choisir pour l'heureux exécuteur des célestes décrets. Toutefois, tes mains encore impures ne doivent point s'armer pour une si sainte mission. Plongée dans de profondes ténèbres, ta chair porte des souillures que ne pourraient effacer les eaux du Nil, du Gange et de l'immense Océan. La vertu divine purifiera seule tout ce qu'il y a d'immonde en toi. Que ton coeur s'élève donc vers le Tout-Puissant! Implore humblement son pardon, confesse tes fautes les plus secrètes, pleure sur elles et prie!»

A ces mots, le héros, recueilli en lui-même, déplore son orgueilleux courroux et ses folles amours. Plein de douleur et prosterné aux pieds du solitaire, il lui fait l'aveu de ses erreurs. Le ministre des Cieux l'absout et lui dit: Rends-toi, aux premiers rayons de l'aurore, sur cette montagne que le jour naissant éclairera de ses feux; tu te mettras en prière; puis, tu marcheras vers la forêt qui recèle tant de vains prestiges et de fantômes trompeurs. Tu vaincras, je n'en doute point, les monstres et les géants, pourvu que tu ne cèdes pas à de nouvelles et criminelles faiblesses! Que des voix plaintives et suppliantes, que les chants voluptueux, que les doux sourires, que les tendres regards de la beauté n'amollissent pas ton coeur! Sache mépriser de mensongères apparences et de feintes larmes.» Le héros a reçu les conseils de Pierre. Alors, brûlant de désir et d'espoir, il se prépare à sa grande entreprise. Toute la nuit, elle occupe sa pensée; sans attendre même l'aube naissante, il prend ses plus belles armes, choisit une cotte de mailles neuve et d'une couleur étrange. Seul, en silence, il sort de sa tente et part. C'était l'heure où les ombres luttent avec le jour; quelques étoiles brillaient encore. Mais, quand il gravit le Mont des Oliviers, déjà l'Orient se colorait de rouges feux. Il contemple ces splendeurs divines, ornements éternels de la nuit et du matin, et se dit: «Quels éclatants flambeaux sont répandus dans la voûte céleste! Le jour, le Soleil roule sur son charradieux, et la Nuit a pour couronne les étoiles d'or et la lune argentée. Et nous, indifférents à toutes ces magnificences, nous nous laissons éblouir par la lumière sombre et pâle qui jaillit d'un regard, et nous admi» rons le sourire éphémère d'une mortelle.»

Au milieu de ces réflexions, il atteint le sommet de la montagne. Là, pieusement agenouillé, il élève ses pensées vers le trône de Dieu: «Ômon maître, ô mon père, dit-il, puissent ta clémence et ta pitié m'accorder le pardon des fautes de ma première vie! Que ta grâce verse sur moi ses trésors, qu'elle régénère et purifie mon âme des faiblesses de l'humaine nature!»

Telle est sa prière. Déjà la déesse au front vermeil caresse son visage et lance ses rayons sur la crête verdoyante de la montagne, sur son casque et sur son armure. Il sent la douce haleine du zéphyr, qui, du sein de l'Aurore, secoue un nuage de rosée. Ces perles brillantes se fixent sur ses vêtements, bientôt ils ont perdu leur teinte grise et ils étincellent de blancheur. Ainsi, la fleur, flétrie et desséchée, renaît à la fraîcheur du matin; ainsi, le serpent rajeuni étale avec orgueil les richesses d'une peau nouvelle. Renaud lui-même admire l'éclat de sa cotte de mailles; puis, il marche avec assurance vers l'antique forêt. Il arrive; il est près de ces lieux dont le seul aspect glaçait de terreur les plus intrépides, et rien d'effrayant ne s'offre à sa vue. Partout se montrent des ombrages délicieux. Il s'avance, et une tendre mélodie remplit les airs. C'est le plaintif murmure d'un ruisseau, et le soupir des vents à travers le feuillage; c'est le chant triste et harmonieux du cygne, et les accents mélancoliques du rossignol; c'est un concert de voix humaines et d'instruments, et tous ces sons se mêlent et se confondent en un seul. Au lieu de ces formidables tonnerres qui avaient épouvanté les autres guerriers, le héros entend les chants des nymphes et des sirènes, le doux bruit des zéphyrs et des ondes, et le gazouillement des oiseaux. Il s'arrête étonné, et s'avance ensuite d'un pas tardif et prudent. Il ne rencontre d'autre obstacle qu'un fleuve transparent et tranquille, dont les bords parfumés sont tapissés de verdure et de fleurs. Dans son cours tortueux, il embrasse la forêt et lui fait une brillante ceinture. Un petit canal, formé de ses eaux, coupe et traverse les bois; et, par un bienfaisant échange, les arbres se baignent dans les flots qu'ils couvrent de leur ombre. Tandis qu'il cherche le moyen de passer, il voit soudain paraître un pont merveilleux, éclatant d'or, que soutiennent des arches solides. Il peut aisément arriver sur l'autre rive; mais à peine y a-t-il touché, que le pont s'abîme et roule au milieu des eaux du fleuve qui n'est plus qu'un torrent impétueux. Il voit alors les ondes furieuses franchir les bords et se replier en rapides tourbillons. Cédant au désir curieux qui le pousse, il pénètre dans ces bois antiques et touffus. Sans cesse il découvre de nouvelles merveilles. Partout, sous ses pas, jaillissent des fontaines et naissent des fleurs. Là, le lys ouvre son blanc calice; ici, la rose s'épanouit. Puis, des ruisseaux et des fontaines. Enfin, de toutes parts, la forêt séculaire semble reverdir, l'écorce même prend un aspect plus riant, et toutes les plantes revêtent une agréable parure. Une manne céleste se répand sur les arbres comme la rosée; le miel coule du sein des arbres. Une bizarre harmonie, des chants mêlés à des plaintes, des voix humaines qui se marient à celles des cygnes et au murmure de l'onde et des zéphyrs se font entendre. Le héros ne peut découvrir d'où viennent ces voix et où sont les instruments. Tandis qu'il promène autour de lui un regard incertain, et que son esprit repousse ces prestiges que ses sens lui présentent comme une réalité, il aperçoit, à l'extrémité d'un sentier qui conduit à une vaste place, un myrte s'élever à l'écart. Son front superbe domine les cyprès et les palmiers, et il déploie ses rameaux sur les autres arbres de la forêt.

Renaud s'arrête au milieu de cette place, et ses yeux contemplent un nouveau prodige. Le tronc d'un chêne s'ouvre tout à coup, et il en sort une jeune fille au printemps de l'âge et vêtue d'une façon singulière. Bientôt, ô merveille! des flancs de cent autres arbres s'échappent cent autres nymphes pareilles à ces divinités des bois que nous voyons dans les tableaux et sur les théâtres; elles ont les bras nus, la robe relevée, les pieds chaussés du cothurne, les cheveux tressés et flottants. Telles paraissent ces filles de la forêt; mais, au lieu de l'arc et du carquois, leurs mains portent des luths, des violes et des lyres. Elles commencent aussitôt des danses joyeuses et renferment le héros dans le cercle qu'elles décrivent autour du myrte. Puis, leurs voix douces et mélodieuses chantent en choeur: «0toi, l'amour et l'espoir de notre » reine, combien ta venue la remplira de joie! Consumée » par les ardeurs qui la dévorent, elle attend de toi la » vie. Déjà cette forêt, naguère si sombre, séjour conve-» nable à sa douleur, s'est embellie à ton aspect de ses » plus gracieuses parures.»

Ainsi disent les nymphes, et des accents plus touchants encore sortent du myrte, qui, lui-même, s'ouvre enfin. La Fable jadis racontait les étonnants prodiges de ses bois mystérieux, mais jamais ils n'égalèrent ceux qui s'opèrent en ces lieux. Du tronc du myrte, sort une rare et merveilleuse beauté. C'est une femme fantastique qui rassemble en elle les plus angéliques perfections. Renaud la voit; il reconnaît les traits et le visage charmant d'Armide, dont les yeux expriment à la fois la douleur et la joie. Mille sentiments divers se peignent dans ses regards. «Enfin, je te revois, lui dit-elle; enfin tu reviens vers celle que tu avais abandonnée! Qui t'amène? Daignes-tu apporter quelques consolations à mes nuits solitaires et à mes tristes jours?... Viens-tu me déclarer la guerre et me chasser de mon asile?.... Pourquoi me cacher ton beau visage et ne me montrer que tes armes?... Es-tu mon amant ou mon ennemi?... Ah! ce n'est point pour un ennemi que j'ai élevé ce pont et fait naître ces fleurs, ces ruisseaux, ces fontaines!... Je n'aurais point détruit sur ses pas les ronces et les obstacles... Découvre ton front, ôte ce casque!... Si tu arrives, guidé par l'Amour, que tes yeux s'arrêtent sur les miens, que tes lèvres s'attachent à mes lèvres, que ton sein presse mon sein, ou que du moins nos deux mains soient unies!...» Et, en parlant ainsi, elle porte vers lui ses regards suppliants et douloureux; puis, la pâleur couvre ses joues; de sa poitrine s'échappent de tendres soupirs; elle a recours aux sanglots et aux larmes.

Le spectacle d'une si grande affliction eût attendri un coeur de diamant; mais le héros, sans être cruel, résiste et ne se laisse point fléchir. Il tire son épée et s'approche du myrte. Alors, le fantôme se précipite entre l'arbre et le fer, embrasse le tronc et s'écrie: «Ah! voudrais-tu me faire un tel outrage?... Pourrais-tu détruire cet arbre, ma dernière demeure?... Jette ce glaive meurtrier, ou d'une main impitoyable plonge-le dans le sein de l'infortunée Armide! Ce n'est que par ce chemin, c'est en déchirant mes entrailles que tu atteindras le myrte que je protège.»

Mais, sourd à ses prières, il lève son épée. Tout à coup, ô prodige! le fantôme prend une forme nouvelle; et, de même que dans nos songes les images changent soudain d'aspect, Renaud voit les membres du fantôme grandir, et les lys et les roses s'effacer de son visage qui devient hideux. C'est un géant immense, un Briarée aux cent bras armés! Ses mains brandissent cinquante épées; et, d'un air menaçant et terrible, il fait résonner cinquante boucliers. Les nymphes, transformées en cyclopes affreux, agitent des armes. Mais le héros, sans s'effrayer, redouble ses efforts et frappe le tronc. La foudre éclate, le sol tremble; les vents et les tempêtes luttent entre eux, et l'ouragan bat le visage du chevalier, dont l'ardeur et les coups ne se ralentissent pas. Rien ne peut l'arrêter... L'arbre est renversé, et ce n'est plus qu'un myrte. Alors, le charme est rompu, les fantômes s'évanouissent, l'air s'apaise, le ciel recouvre sa sérénité, et la forêt reprend son aspect naturel. Ce n'est plus un lieu tour à tour rempli de délices et d'enchantements formidables. Elle est redevenue triste et sombre. Le héros, victorieux, s'assure par de nouveaux essais si rien ne s'opposera désormais à ce que les Chrétiens abattent les arbres. Puis, il sourit et se dit à lui-même: «Vains fantômes, insensé qui vous » redoute!...»

Bientôt il se dirige vers le camp, et l'ermite s'écrie: Déjà ces charmes terribles sont détruits! Déjà le vainqueur revient parmi nous!... Le voici!» Et, en effet, Renaud, d'un air fier et majestueux, paraît dans le lointain. Aux rayons du soleil, l'armure blanche et l'aigle d'argent resplendissent d'un éclat inaccoutumé. L'armée l'accueille avec respect et le salue par mille cris d'allégresse. Bouillon lui témoigne sa joie et son admiration, sans que personne soit jaloux de ses éloges: «Seigneur, dit le jeune chevalier, suivant tes ordres, j'ai pénétré dans ce bois redoutable. J'ai vu les enchantements et j'en ai triomphé. Nos travailleurs peuvent maintenant s'y rendre en toute sécurité.»

Les Chrétiens vont aussitôt choisir les arbres les plus propres à leurs desseins. Un ouvrier obscur avait construit sans art les premières machines, mais cette fois un ingénieur plus habile leur apprend à unir les poutres avec de l'osier. Cet ingénieur est Guillaume, capitaine génois. Jadis, corsaire heureux, il régnait sur les mers; maintenant, forcé de se retirer et de laisser cet empire à la puissante flotte des Sarrasins, il avait amené au camp ses matelots et leurs armes familières. Nul homme n'égale son génie et ses connaissances dans l'art de la mécanique. Cent ouvriers exécutent, sous sa direction, les machines qu'il a inventées. Non content d'élever les balistes, les béliers et les catapultes destinés à chasser les assiégés du rempart, il fait commencer une tour énorme dont les flancs, formés de poutres de sapin, sont recouverts de peaux qui défendront l'extérieur contre les tentatives d'incendie. Cette machine se démonte et se reconstruit aisément. Sa partie inférieure est une poutre taillée en forme de bélier, et destinée à battre les murailles. Au milieu est un pont qu'en un moment on lance et on appuie sur les murs ennemis. De son sein, sort, s'élève et s'abaisse à volonté une autre tour plus petite. Cent roues soutiennent cette gigantesque machine, qui, chargée d'armes et de combattants, roule aisément sur un terrain sans aspérités. L'armée attentive contemple avec étonnement l'activité et l'art inconnu des travailleurs.

On construit en même temps deux autres tours sur le même modèle.

Les Sarrasins, de leur côté, observent les travaux. Placées sur les points les plus élevés, leurs sentinelles voient traîner vers le camp de nombreux convois d'armes et de sapins. Ils aperçoivent les machines, mais sans en distinguer la forme et la structure. Ils construisent aussi de belliqueux instruments et fortifient avec soin leurs bastions et leurs remparts; ils élèvent, dans les endroits les plus faibles, de si hautes murailles, que, déjà, elles semblent défier toutes les attaques. Ismen, pour ajouter à ces moyens de défense, invente des feux d'une nature nouvelle. Le perfide magicien forme un infect mélange avec le soufre et le bitume puisés dans le lac de Sodome, et peut-être au sein même de ce fleuve fameux qui fait neuf fois le tour des Enfers. Cette matière inflammable doit s'attacher aux visages des guerriers ennemis, et il espère se venger par les horreurs de l'incendie des outrages faits à la forêt.

Tandis que les Chrétiens se disposent à donner l'assaut et que les assiégés réunissent tous leurs moyens de défense, une colombe traverse les airs et plane au-dessus des troupes de Godefroi. Ses ailes sont étendues, elle s'avance avec rapidité; et, déjà messagère mystérieuse, elle abaisse son vol vers Solime... Soudain, un faucon au bec tranchant, à la serre cruelle, s'élance entre le camp et la ville; mais au moment où, précipitant sa course, il est près de saisir et de déchirer la colombe, celle-ci va chercher un asile sur les genoux de Bouillon.

Le héros la reçoit et la sauve; puis, en l'examinant, il découvre au bout d'un fil attaché à son cou un billet caché sous son aile. Il le prend, l'ouvre et lit ce peu de mots: «Le général du Soudan d'Egypte au roi de la Palestine, salut! Seigneur, ne laisse point abattre ton courage. Résiste encore pendant quatre ou cinq jours. Je viens délivrer tes murailles et te rendre témoin de la ruine de tes ennemis.» Suivant l'usage de l'Orient, ce billet, écrit en langue barbare, avait été confié au messager ailé. Godefroi veut rendre la colombe à la liberté; mais l'oiseau, que son malheur rendit infidèle, semble craindre de retourner vers le maître dont il a trahi les secrets.

Le chef des Chrétiens convoque aussitôt ses guerriers, leur montre le billet et leur adresse ces paroles: «Vous voyez de quelle manière la Providence daigne nous révéler les projets de nos ennemis. Il n'est plus temps, je pense, de différer. Commençons donc une nouvelle tentative; n'épargnons ni peines, ni fatigues pour franchir les rochers du côté du midi. La difficulté de l'accès nous obligera à de plus grands efforts, mais j'ai observé les lieux, et le succès n'est point impossible. Défendu par sa situation même, ce côté a été fortifié avec moins de soin, et il n'est gardé que par un petit nombre de soldats. Raymond, tu iras y donner l'assaut avec l'aide de nos machines, tandis qu'avec un grand appareil de forces je m'avancerai contre le mur du septentrion. L'ennemi abusé croira que je dirige l'attaque principale, mais ma tour mobile livrera plus loin un assaut imprévu. Toi, Camille, tu te posteras près de moi et feras en même temps manœuvrer la troisième tour.» Il a parlé, et Raymond, qui est assis près de lui, l'écoute et répond après avoir réfléchi: «Je ne vois rien à ajouter, je ne vois rien à retrancher aux plans de Godefroi. Cependant, il serait à désirer qu'un espion adroit se rendît au camp des Égyptiens, afin de nous faire connaître leurs projets.» Tancrède dit alors: «Je m'empresse de vous offrir, pour cette mission, un de mes écuyers. Il est rusé, insinuant, prompt, résolu, audacieux; il parle plusieurs langues et varie à son gré son maintien, ses gestes et sa voix.»

On appelle cet écuyer; il se présente, est instruit du désir de Godefroi et de Tancrède, accepte cette périlleuse mission, et répond d'un air riant: «Je pars sur-le-champ; bientôt je serai près des tentes ennemies. Je veux, en plein jour, sans être reconnu, pénétrer an milieu d'elles. Je saurai le nombre des soldats et des coursiers; je vous rendrai compte de la force, de l'état de cette armée et des desseins de son chef, car j'espère lire dans son âme et lui arracher ses plus intimes secrets.» Et Vafrin, s'apprêtant sans retard, change de vêtements. A son col nu il agrafe une robe longue et flottante; son front est ceint du turban. Il porte le carquois et l'arc d'un Syrien. Sa tournure est celle d'un Barbare. Tous ceux qui l'entendent varier avec tant de facilité et ses accents et son langage sont frappés d'étonnement. On l'eût cru Égyptien à Memphis et Phénicien à Tyr. Son rapide coursier imprime à peine sur le sol la trace de ses pas.

Déjà, sans attendre la fin du troisième jour, les Chrétiens ont aplani le terrain. Les machines auxquelles on a, même durant la nuit, travaillé sans relâche, sont achevées, et rien ne pourra retarder leur effet destructeur. La veille de l'assaut, le pieux Bouillon passe une grande partie de la journée en prière, et il ordonne que ses guerriers, après avoir confessé leurs fautes, reçoivent le pain céleste. Puis, il fait avancer l'armée et les machines vers le point sur lequel il ne compte pas porter ses véritables efforts. Les Sarrasins, trompés, se réjouissent en le voyant menacer les lieux les mieux défendus. Mais, à la faveur des ombres de la nuit, il fait revenir la plus formidable des tours vers l'endroit où les murailles, moins hérissées d'angles et de saillies, offrent une plus faible résistance. Raymond fait rouler la sienne vers la colline qui domine la ville. Camille approche la troisième des remparts, entre le nord et le couchant. Aux premières lueurs de l'Aurore, avant-courière du jour qui la suit, les Infidèles voient avec épouvante que l'immense machine a changé de place, et que deux autres tours, qu'ils n'avaient point encore aperçues, se mêlent à un nombre infini de catapultes, de balistes et de béliers. Ils se hâtent aussitôt de ramener leurs troupes et leurs instruments de guerre sur la partie des murs que vient attaquer Godefroi. Mais le héros, songeant à la prochaine arrivée des Égyptiens, veut se garantir d'une surprise. Il appelle Guelfe et les deux Robert: «Vous resterez, leur dit-il, à cheval et armés, tandis que j'attaquerai les remparts. Veillez pour nous mettre à l'abri des tenta«tives soudaines de l'ennemi du dehors.»

Il dit, et déjà de trois côtés trois intrépides divisions livrent un horrible assaut. Aladin conduit ses soldats et les encourage à la résistance. Chancelant sous le faix des années, le vieux roi a revêtu sa cotte de mailles; il a saisi les armes dont l'usage ne lui est plus permis depuis longtemps et tient tête aux troupes de Raymond. Soliman fait face à Godefroi, et le farouche Argant au valeureux Camille, qui a près de lui l'illustre neveu de Boëmond. C'est ainsi que la fatalité pousse le Circassien vers le glaive qui doit l'immoler!

Les archers commencent à lancer des flèches empoisonnées; un nuage épais de dards obscurcit les cieux. Les machines, placées sur les murs, vomissent d'énormes quartiers de marbre et des poutres armées de fer et de tôles d'acier. Ces projectiles sont les plus meurtriers. Prompts comme la foudre, ils broient les corps et les armures des guerriers qu'ils atteignent. Les uns perdent la vie, quelques-uns conservent à peine un reste de figure humaine. Le trait qui s'enfonce d'un côté ne s'arrête pas dans les chairs, il ressort de l'autre, et la mort est inévitable, Mais, au sein même de leur acharnement, les Sarrasins ont recours à tous les artifices; ils se servent de toiles et de corps élastiques pour amortir la violence des coups. Ils renvoient une grêle de traits sur les rangs les plus pressés, sans pouvoir ralentir la triple attaque des assaillants. Ceux-ci, protégés par leurs machines, voient les flèches tomber inutilement autour d'eux. Ils approchent des murailles les tours que les assiégés s'efforcent de repousser. Déjà les ponts peuvent s'abaisser, déjà la tête de fer du bélier heurte le rempart. Cependant, Renaud s'arrête incertain. Ces dangers lui paraissent au-dessous de sa valeur, et il regarde comme indigne de lui de marcher à la gloire par les mêmes routes que les autres guerriers. Il promène ses regards aux alentours, et songe à tenter l'escalade à l'endroit même où les murailles, plus fortes et plus élevées, semblent inexpugnables. Alors, se tournant vers les illustres héros que guidait jadis le généreux Dudon:

«Ohonte! dit-il; quoi! ce mur, environné par tant de bataillons, est en paix et sans outrage! La vraie valeur ne connaît point d'obstacle, et toutes les routes sont faciles au courage! C'est là qu'il faut marcher! Allons, et avec nos boucliers réunis formons une tortue impénétrable!»

Tous, à ces mots, se groupent autour de lui; tous lèvent au-dessus de leurs têtes leurs boucliers unis et serrés. Ils opposent à l'horrible tempête un toit de fer, puis ils s'avancent hardiment, à pas précipités, en franchissant tous les obstacles. La solide tortue soutient le poids des ruines que lancent les Infidèles.

Bientôt ils sont au pied du rempart. Renaud dresse une échelle immense, que son bras vigoureux soulève et dirige, comme au souffle des vents ploie un flexible roseau. Vainement on l'accable de poutres, de rocs, de colonnes entières. Il s'avance, et tous ces chocs terribles n'ébranlent pas celui qui soutiendrait, sans pâlir, l'Ossa et l'Olympe. Sa cuirasse est hérissée de traits; sur son bouclier s'accumule une montagne de débris. Tandis que d'une main il garantit sa tête, de l'autre il ébranle le mur. Son exemple et son audace excitent ses compagnons. Tous, comme lui, tentent l'escalade; plusieurs appliquent de hautes échelles; mais, ainsi que leur valeur, leur destin est différent. Les uns sont tués, les autres sont précipités. Renaud reste debout et monte! Il encourage ceux-ci, menace les autres. Déjà il est si haut que son bras étendu peut saisir le sommet des créneaux. Une foule d'ennemis accourt et essaie vainement de le renverser. Oprodige! un seul homme suspendu au milieu des airs lutte contre d'innombrables adversaires qui combattent de pied ferme. Il résiste à leurs efforts, s'élève encore, se raffermit, et, semblable au palmier qui se redresse et enlève le lourd fardeau qui courba sa tête, le vaillant Renaud puise dans la lutte une nouvelle énergie... Enfin, il triomphe, il brise les lances et les piques, saute sur le mur, s'y établit et assure le passage de ceux qui le suivent; il tend une main victorieuse et amie au plus jeune frère de Godefroi, qui, près de tomber, arrive, grâce à son secours, le second sur le rempart.

Cependant, au milieu d'autres périls, Bouillon éprouve, de son côté, des chances diverses. Là, ce ne sont point les hommes qui luttent entre eux; les machines de guerre semblent se combattre. Sur la muraille, les Sarrasins ont placé un tronc d'arbre qui fut jadis le mât d'un vaisseau. Au sommet de ce mât est suspendue en travers une forte poutre, dont l'extrémité est garnie d'un fer acéré. Des câbles servent à la tirer en arrière et elle se reporte en avant avec impétuosité. Telle on voit une tortue sortir la tête et la rentrer vivement sous son écaille. Cet énorme bélier frappe à coups redoublés sur la tour, dont il ébranle et relâche à la fois tous les liens. Mais les Chrétiens lui opposent aussitôt deux faux gigantesques. Les câbles sont coupés; et, tel qu'un vaste rocher que la main du temps ou la colère de l'aquilon ont arraché des flancs de la montagne, roule avec fracas, entraînant avec lui les arbres, les chaumières et les troupeaux; telle, dans sa chute profonde, la poutre culbute les créneaux, les armes et les guerriers. La tour elle-même frémit et tremble; les murs sont ébranlés, et les collines mugissent. Profitant de ce succès, Bouillon redouble d'ardeur. Déjà il se croit victorieux, quand, soudain, des flammes et une fumée fétide l'enveloppent. Jamais les cavernes sulfureuses du Mont-Gibel ne vomirent tant de feux; jamais, au sein des chaleurs de l'été, l'Indien ne vit le soleil darder des rayons aussi dévorants. De toutes parts, pleuvent des vases, des lances, des cercles embrasés. Partout bouillonne une lave noire et sanglante. L'odeur en est infecte, on croit entendre le bruit du tonnerre, et la lumière du jour est voilée sous l'impurnuage. Le feu consume tout ce qu'il atteint. Les peaux humides qui enveloppent la tour la défendent vainement. Déjà elles transpirent et se tordent; et, pour peu que le Ciel tarde à la protéger, les flammes vont la détruire. Godefroi est au premier rang. Il ne change pas de visage, il ne recule pas, et il excite le zèle de ceux qui versent de l'eau sur les cuirs desséchés, afin de conjurer le désastre. Mais ce secours va leur manquer, lorsque tout à coup le vent s'élève, souffle à la rencontre des flammes, les repousse en arrière sur les toiles élevées par les Infidèles et reporte l'incendie contre ceux qui l'avaient allumé. La matière liquide les saisit et les embrase. O glorieux capitaine! ô mortel chéri d'un Dieu tutélaire! c'est pour toi que combat le Ciel! Les vents, dociles à ta voix, accourent au son de tes trompettes! Mais l'impie Ismen, qui voit ses propres armes se tourner contre lui, tente de nouveau la puissance de son art trompeur; il espère soumettre à ses lois la nature et les vents ennemis. Exposé à tous les regards, il se montre sur le rempart. A ses côtés, sont deux magiciennes, ses dignes compagnes. En voyant ses yeux louches et sinistres, sa barbe épaisse et souillée, on dirait Caron ou le dieu des Enfers au milieu des Furies. Déjà on l'entend murmurer ces paroles qui font trembler le Cocyte et le Phlégéton, déjà l'air se trouble et le soleil se couvre de nuages sombres... Alors un immense rocher, s'échappant de la plus grande tour, tombe sur le groupe hideux qu'il écrase, et dont il confond le sang et les débris. Ainsi les monstres sacrilèges sont broyés comme le grain sous la meule pesante. Leurs âmes impies quittent en gémissant le séjour de la lumière, et vont rejoindre les esprits infernaux au milieu des ombres éternelles. Puisse cet exemple apprendre aux mortels à respecter la Divinité!

Dans cet instant, la tour, sauvée de l'incendie, est près du rempart; elle peut y jeter son pont et l'assujettir. Mais Soliman accourt et tente de briser l'étroite voie. Il frappe à coups redoublés... Peut-être ses efforts seront-ils heureux?... Soudain paraît et sort des flancs de la première une autre tour dont la masse surpasse les plus hauts édifices. A cette vue, les Sarrasins sont immobiles de stupeur; la ville et les murs sont dominés par les assiégeants. Néanmoins, l'intrépide Soudan résiste aux traits qui l'accablent et ne quitte pas son poste. Il ne désespère point de couper le pont, et par ses cris il encourage les guerriers intimidés.

Alors l'archange Michel, invisible pour tous, apparaît à Godefroi. Il est couvert de la céleste armure dont l'éclat efface celui du soleil: «Voici l'heure, dit-il, où Solime sera délivrée d'une servitude cruelle! Ne ferme point les yeux éblouis et vois les secours que t'accorde le Tout-Puissant! Regarde la milice innombrable des immortels qui remplit les plaines de l'air. Dès que j'aurai dissipé le nuage épais qui enveloppe tes sens, tu pourras, du moins pendant quelques moments, contempler en face ces purs esprits et soutenir les splendeurs de leur parure divine!... Reconnais ceux qui combattirent pour le Christ, et dont les âmes habitent les Cieux. Ils s'arment pour toi et viennent partager la gloire de ton illustre victoire. Ces tourbillons de poussière, cette épaisse fumée, ces ruines entassées te cachent Hugues, qui cherche à saper les fondements des murs ennemis. Voilà Dudon qui, le fer et la flamme à la main, attaque la porte du septentrion; il distribue des armes aux combattants, exhorte les uns, dirige les autres, plante des échelles et les affermit. Celui que tu aperçois sur la colline, la couronne en tête, revêtu de ses ornements pontificaux, est le bienheureux évêque Adhémar; il prie pour vous et vous bénit. Porte plus haut encore tes regards et vois toute l'armée céleste réunie.» Le héros découvre alors un nombre infini d'anges rassemblés en escadrons épais, sur trois rangs, en ordre de bataille; ils forment trois cercles, dont le centre est commun, et qui s'étendent et s'agrandissent en s'éloignant. Les plus grands enveloppent les plus petits. Godefroi troublé baisse ses paupières, puis il les relève; mais ce spectacle auguste a disparu. Alors, reportant ses regards sur son armée, il voit que de toutes parts la victoire se déclare en sa faveur. Une multitude de héros se sont élancés sur les pas de Renaud, et déjà une foule de Sarrasins tombent immolés. La pieuse impatience de Bouillon s'indigne d'un plus long retard. Il prend la redoutable bannière des mains de celui qui la porte, et s'avance le premier sur le pont. Soliman l'arrête au milieu de sa course et lui dispute le passage; et bientôt, sur cet étroit sentier, d'illustres guerriers se signalent par un petit nombre de coups. «Je veux me sacrifier pour votre salut, s'écrie le Soudan; amis, rompez, brisez ce pont derrière moi. Je resterai seul, mais je ne serai point une proie facile pour l'ennemi!» Cependant, à la vue de Renaud qui accourt, chassant devant lui les Sarrasins épouvantés de son aspect terrible, il se dit: «Que ferai-je? à quoi bon perdre ici la vie sans utilité pour notre cause?» Et, volant à la défense d'un autre point, il livre le passage à Godefroi, qui le suit d'un air menaçant, et plante enfin sur les murailles le saint étendard de la Croix. La bannière victorieuse se déploie fièrement, roule et ondoie au souffle des vents qui semblent l'agiter avec respect. On dirait qu'elle réfléchit une plus vive lumière, et que les dards et les flèches s'écartent ou retournent en arrière. Jérusalem et les collines s'inclinent et la saluent avec joie; l'armée chrétienne pousse un grand cri en signe de victoire; les monts retentissent et répètent ces sons éclatants.

Tancrède, au même instant, triomphait de la résistance du Circassien. La tour avait à peine accroché son pont au rempart, que le héros s'y était rapidement élancé et avait arboré son étendard.

Mais, vers la partie des murs situés au midi, où Raymond combattait le roi de la Palestine, les Gascons n'avaient pu encore approcher leur tour de la muraille. Là, se trouvait l'élite des troupes d'Aladin, et la défense y était obstinée. D'ailleurs, sur ce point plus faible, on avait placé un plus grand nombre de machines de guerre. Puis, les chemins étaient difficiles, et la tour, malgré les plus habiles efforts, était retardée dans sa marche par la nature même et les accidents du sol. Soudain, les cris des vainqueurs frappent à la fois les oreilles des assiégés et des Gascons. Aladin et le comte de Toulouse s'aperçoivent que la ville est forcée du côté de la plaine, et Raymond s'adressant aux siens: «Compagnons, » s'écrie-t-il, Jérusalem est prise et ces Infidèles nous » résistent encore! Serons-nous donc les seuls à n'avoir » point part à cette glorieuse victoire!» Mais Aladin, désespéré, cède à son tour et se retire dans la forteresse, où il peut encore se défendre.

Alors toute l'armée victorieuse entre à la fois, et par les portes, et par les brèches. Tout ce qui résiste est ouvert, abattu, détruit, brûlé. Le fer seconde la vengeance. Le carnage et l'horreur, compagnons fidèles de la mort, marchent avec elle. Et l'on voit des ruisseaux de sang rouler des cadavres et des mourants!!!

CHANT XIX.

Tancrède triomphe du terrible Argant dans un combat singulier.–La citadelle sert de refuge à Aladin.–Herminie charge Vafriu d'un important message.– Elle revient avec lui; et, sur leur chemin, ils trouvent Tancrède, mourant, étendu sur le sable.–Herminie pleure et panse les blessures de son amant.– Godefroi est instruit des embûches que les Infidèles préparent contre lui.

CHANT XIX,

DÉJA la mort, la prudence ou l'effroi ont fait cesser la résistance des Infidèles. Argant, resté seul, défend avec opiniâtreté les remparts enlevés. D'un air toujours intrépide et assuré, il fait face aux ennemis qui l'environnent. Le trépas est pour lui moins à craindre que la fuite. Tancrède, qui survient, le presse plus que tous les autres. Le Circassien le reconnaît à ses coups et à ses armes, dont il a fait l'épreuve. C'est bien cet adversaire qui s'est déjà mesuré avec lui et qui, après avoir juré de recommencer le combat le sixième jour, manqua à sa promesse. «Tancrède, luicrie-L-il, voilà comme tu tiens ta parole! Tu reviens enfin reprendre la lutte, mais tu reviens tardivement et bien accompagné. Soit, j'y consens; je veux, pour la seconde fois, te faire connaître la force de mon bras! Cependant tu n'es plus, à mes yeux, qu'un vil fabricant de machinés!... Vainement tu te feras un bouclier de tes soldats!.... En vain, pour te sauver, tu inventeras de nouvelles ruses et de nouvelles armes, vaillant assassin de femmes! Tu n'éviteras pas la mort que cette main te destine!» A ce discours hautain, Tancrède répond avec un dédaigneux sourire: «Mon retour te paraît tardif; bientôt peut-être tu trouveras qu'il fut trop prompt! Bientôt tu désireras que les Alpes et la mer fussent entre nous! Tu apprendras que la faiblesse ou la crainte n'ont point causé mon absence Viens donc à l'écart, terrible pourfendeur de géants et de héros; l'assassin des femmes te défie!» Et, se tournant vers les siens, il arrête leurs coups. «Cessez, leur dit-il, de menacer ce guerrier!... Il est mon ennemi plus encore que le vôtre, et je dois dégager un ancien serment qui nous lie!–Allons, reprend le Circassien farouche, viens seul ou accompagné; choisis un lieu solitaire ou exposé aux regards, prends l'avantage et laisse-moi les difficultés du terrain... Peu m'importe!... Désormais je m'attache à tes pas!...»

Le défi ainsi porté et accepté, tous deux s'éloignent de concert pour terminer leur grande querelle. La haine même qui les anime, cette haine sans bornes, les engage à se prêter une mutuelle protection. Tancrède brûle du généreux désir d'obtenir une nouvelle gloire en immolant le Sarrasin; et son âme ne serait point satisfaite si une seule goutte de ce sang odieux était versée par une autre main. Il couvre Argant de son bouclier, et crie de loin à ceux qui s'avancent: «Ne le frappez pas!» Enfin, il l'arrache à la furie des vainqueurs. Ils sortent de l'enceinte de Sion, laissent derrière eux les tentes des Chrétiens, et, par un chemin tortueux, par des sentiers obliques, ils se rendent dans une étroite et sombre vallée que des collines environnent. Là ils s'arrêtent. Ce lieu semble fait pour des chasses ou pour un combat. Argant se détourne et promène un regard triste sur Solime désolée. Tancrède s'aperçoit qu'il n'a point de bouclier, et jette le sien: «Quelles pensées t'agitent? lui dit-il ensuite... Est-ce le pressentiment que tu touches à ta dernière heure?... Si tu te laisses aller à cette faiblesse, il est trop tard!–Je songe, répond Argant, au sort de cette ville antique, naguère reine superbe de la Judée, et qui maintenant est humiliée et détruite!... J'ai fait d'inutiles efforts pour empêcher sa ruine fatale; et ta vie, que le Destin me livre en ce moment, est un bien faible adoucissement à ma vengeance!» Il se tait; tous deux se rapprochent, mais avec prudence: car ils savent quelle est leur valeur! Tancrède est svelte et agile, tous ses mouvements sont pleins d'adresse et de légèreté. Il se baisse, tourne autour de son ennemi, se ramasse sous les armes et cherche à écarter le fer pour se faire jour. Le gigantesque Circassien se dresse de toute sa hauteur et le surpasse de toute la tête; il montre une égale habileté, mais ses efforts ont un but différent. Sans cesse il étend les bras et cherche à joindre, non pas le fer, mais le corps de son adversaire, qui redouble ses feintes. Sans cesse Argant dirige la pointe au visage. Il menace, et pourtant, toujours sur ses gardes, il se tient prêt à parer les coups furtifs et imprévus. Ainsi, dans un combat naval, lorsque les vents ne troublent point la surface des mers, on voit deux vaisseaux d'inégale grandeur lutter avec un égal avantage. Si l'un surpasse l'autre en puissance, celui-ci se défend par la rapidité de ses évolutions; il tourne et se retourne de la poupe à la proue: et, quand il s'approche, il semble devoir être écrasé par le seul poids du colosse immobile. Tandis que le chevalier essaie de s'ouvrir un passage en détournant le fer, le Circassien lève son épée et en porte la pointe aux yeux. Tancrède veut parer, mais il n'est pas assez prompt, et le glaive qui s'abaisse avec rapidité le blesse au flanc. A cette vue, Argant lui crie: " Le spadassin est vaincu par son art!» Tancrède, excité par la honte et la colère, change aussitôt son attaque. Dans l'ardeur de vengeance qui l'anime, la victoire trop lente lui semble une défaite. C'est avec son épée qu'il répondra aux insultes du Barbare. Il pousse droit à la visière; Argant veut rabattre le coup, et le Chrétien peut enfin lier le fer. Alors il avance vivement le pied gauche, saisit le bras droit de l'Infidèle, et lui fait au côté une blessure mortelle. «Tiens, lui dit-il, voilà la réponse du » spadassin à son vainqueur!» Le Sarrasin frémissant se débat et s'agite sans pouvoir retirer son bras captif. Alors il abandonne son cimeterre, qu'une chaîne tient suspendu, et se précipite sur son intrépide ennemi. Tous deux se saisissent et se serrent de toutes leurs forces. Tour à tour ils se secouent et s'ébranlent. Telles furent les étreintes d'Alcide, et ses efforts ne furent ni plus grands, ni plus terribles, lorsque, sur l'arène brûlante, il combattait et pressait dans ses bras un immense géant... Les deux adversaires roulent ensemble sur la terre. Le Circassien, soit adresse, soit hasard, a son bras droit libre, tandis qu'il tient sous lui le bras du héros. Celui-ci juge le danger, et parvient à se dégager. Déjà il est debout, et son ennemi, plus lent à se relever, reçoit un coup affreux... Semblable au pin superbe qui redresse aussitôt sa tête un moment courbée sous l'aquilon, le Sarrasin lève un front altier; et, près de succomber, son courage n'en devient que plus sublime. Alors il continue, avec moins d'art, un combat qui n'en est que plus horrible. Le sang du chevalier s'échappe aussi par plus d'une blessure, mais celui d'Argant coule à grands flots, et, telle qu'une flamme qui s'éteint faute d'aliments, sa fureur s'épuise en même temps que ses forces. Tancrède s'aperçoit que le bras affaibli du Circassien ralentit ses coups, et la colère expire en son coeur magnanime. Il recule en arrière, et dit avec bonté: «Cède la victoire, vaillant guerrier, avoue ta défaite Tu es vaincu, sinon par moi, du moins par la destinée. Je ne recherche point l'orgueil du triomphe, je n'ambitionne point tes dépouilles, et je ne me réserve aucun droit sur toi.»

Ces paroles ont réveillé toute la furie de l'Infidèle. Eh quoi! s'écrie-t-il, déjà tu oses te vanter de la victoire et proposer une lâcheté à Argant!... Use de ta fortune; je ne tremble point encore, et je ne laisserai pas ta témérité sans châtiment.» Il dit; et, comme le flambeau qui, près de finir, jette en mourant une plus vive lumière, il retrouve, dans sa colère, sa vigueur expirante et ses forces perdues; il veut, par une fin glorieuse, illustrer ses derniers moments. Il saisit son épée à deux mains et porte à Tancrède un coup que le héros ne peut parer. L'acier s'abat sur l'épaule, descend le long des côtes et laisse sur son passage plus d'une trace sanglante. Si le chevalier n'est pas saisi d'effroi, c'est que son coeur intrépide est inaccessible à cette faiblesse. En vain le Sarrasin veut redoubler ce formidable coup, sa rage se consume en efforts inutiles. Tancrède est sur ses gardes; il se jette de côté et l'évite. Alors Argant, entraîné par son propre poids, tombe la face contre terre sans pouvoir se relever. Tu succombes ainsi, brave guerrier! trop heureux encore que ton adversaire n'ait pas à se glorifier de ta chute. Ce rude choc a ouvert ses plaies béantes; le sang ruisselle, et pourtant, un genou en terre, appuyé sur sa main gauche, il se soulève et essaie toujours de se défendre. «Rends-toi,» lui dit le généreux Tancrède qui suspend ses coups. Mais Argant le blesse perfidement au talon, et ne cesse pas de le menacer. Alors le héros s'écrie plein de courroux; «C'est ainsi qu'un traître abuse de ma compassion!» Et il lui plonge à plusieurs reprises son épée dans la visière et partout où la pointe trouve un passage. Le Circassien expire comme il a vécu, sans peur et toujours menaçant. L'orgueil, la haine et la férocité éclatent encore dans ses derniers mouvements et dans son dernier soupir.

Tancrède remet son épée et rend grâces au Seigneur de ce triomphe glorieux. Mais cette sanglante victoire a épuisé ses forces, et il craint de ne pouvoir supporter la fatigue du retour. Cependant il s'éloigne et se traîne péniblement dans le sentier qu'il a déjà suivi. Bientôt il ne peut plus se soutenir; ses efforts ne l'ont que l'affaiblir. Il s'assied sur le sable et s'appuie sur sa main qui tremble comme un frêle roseau. Alors les objets semblent tourner autour de lui, et le jour paraît s'obscurcir; enfin il s'évanouit, et, dans cet état, on ne peut distinguer le vainqueur du vaincu.

Pendant ce duel, que la haine des deux rivaux a rendu si furieux, la colère des vainqueurs remplit Solime et s'exerce sur un peuple criminel. Qui pourrait retracer le tableau douloureux de cette cité prise d'assaut! Quel récit pourrait redire ce spectacle atroce et lamentable! Partout le sang et le carnage, partout des monceaux de cadavres! Ici, les blessés entassés avec les morts. Là, des mourants étouffés sous des corps sans sépulture. Plus loin, des mères échevelées et en pleurs fuient en pressant leurs fils contre leur sein, tandis que des soldats, chargés de butin et de dépouilles, traînent des vierges par les cheveux...

Vers l'occident, sur le chemin qui conduit à la plus haute des collines où est bâti le Temple, Renaud, tout dégouttant de sang ennemi, court et culbute les Sarrasins. Son courroux ne frappe que les guerriers armés, mais il les égorge. Les casques et les boucliers ne sont qu'un faible secours, et les plus heureux sont ceux-là qui, nus et sans défense, sont indignes de ses coups. Son regard, sa voix formidable, mettent en fuite ceux qui n'ont ni glaive, ni courage. Oprodigieux exploits! Comme ce héros sème tour à tour la menace, le mépris et le trépas! Peuple et combattants fuient devant lui, et tous courent des dangers différents.

Une troupe assez nombreuse de guerriers s'était retirée, avec une partie du peuple, dans ce temple brûlé, rebâti tant de fois, et qui porte encore le nom de Salomon, son premier fondateur. Jadis l'or, le cèdre et les marbres précieux ornaient ses murs. Moins riche maintenant, et couronné de fortes tours, il est fermé par des portes de fer. Renaud arrive près de ces murailles élevées, où se presse une foule immense. Les portes en sont fermées, et l'on voit de grands préparatifs de défense. Deux fois, d'un regard terrible, il mesure la hauteur des remparts; deux fois, pour chercher une étroite route, il en fait rapidement le tour. Tel que le loup ravisseur, qui, vers le déclin du jour, erre traîtreusement auprès d'une bergerie; altéré de sang, la faim qui le dévore stimule sa fureur et ses instincts féroces: tel Renaud examine tous les abords pour découvrir un passage quel qu'il puisse être, facile ou escarpé. Enfin, il s'arrête sur la grande place; et les malheureux assiégés peuvent voir, du haut de leurs créneaux, les apprêts de l'attaque.

Près de là, reste à l'abandon une poutre énorme destinée à quelque usage inconnu. Les antennes des plus grands navires de la Ligurie ne l'égalent point en force et en longueur. Renaud, d'un bras que nul poids ne saurait faire ployer, la brandit comme une lance, heurte la porte principale, et cherche à l'enfoncer par des coups redoublés. Le marbre et le fer ne peuvent résister à ces chocs puissants et répétés. Les gonds retentissants sont arrachés, les chaînes sont rompues, et les portes s'écroulent enfin. Le bélier, le canon lui-même qui foudroie et tue, ne produiraient point des effets plus désastreux. Par cette voie qui leur est ouverte, les Chrétiens se précipitent comme un torrent. Renaud les seconde. Ce superbe édifice, qui fut autrefois la maison du Seigneur, est le théâtre d'un affreux et funeste carnage. O céleste justice! plus tu es lente à frapper, et plus tu te montres terrible pour les coupables! Les décrets mystérieux de la Providence allumèrent dans des coeurs généreux la colère qui les rendit cruels, et c'est avec le sang des Infidèles qu'ils lavent les souillures du saint lieu si souvent profané.

Cependant Soliman se retire dans la tour principale, appelée la tour de David. Ce qui reste de guerriers y accourt, en ferme tous les accès et s'y barricade. Aladin s'y réfugie; et, à sa vue, le Soudan s'écrie: «Viens, ô grand roi, viens chercher un asile dans cette redoutable forteresse. Ta vie et ton empire peuvent encore échapper aux coups de l'ennemi.–Hélas! répond Aladin, la furie des Barbares arrache cette cité de ses fondements; ma puissance est anéantie! J'ai vécu, j'ai régné! Je n'ai plus d'existence, et mon empire n'est plus. Nous pouvons dire maintenant: Le dernier jour, le jour inévitable est enfin arrivé! Nous avons vécu!...» A ces paroles, qui le remplissent de douleur, Soliman reprend: «Qu'est devenu ton ancien courage!... Le Destin contraire peut nous enlever notre puissance; mais nous restons maîtres de notre honneur! Notre honneur est sauf! Viens ici reposer les membres, que la fatigue accable.» Il dit, et décide le vieux roi à se défendre dans la tour. Alors il saisit à deux mains une masse d'armes garnie de fer, suspend à son côté sa fidèle épée; puis, se plaçant courageusement à l'entrée de l'édifice, il s'oppose au passage des Chrétiens. Il frappe des coups furieux et mortels, et culbute ceux qu'il ne tue pas. La vue de cette formidable massue écarte tous les guerriers. En ce moment, l'intrépide comte de Toulouse arrive suivi d'une troupe d'élite: il s'avance au-devant du péril; et, sans s'effrayer de la pesanteur de tels coups, il attaque, mais en vain, le Soudan. Celui-ci, plus heureux, l'atteint au visage, et, sous le poids de l'énorme masse, le vieillard palpitant, les bras ouverts, reste étendu sur la poussière. A cette vue, les assiégés bannissent leurs alarmes et sentent renaître leur ardeur. Les Chrétiens sont repoussés ou périssent au pied des murs. Soliman, qui voit Raymond évanoui sur un monceau de cadavres, crie à ses soldats: «Emparez-vous de ce captif, et apportez-le » dans la tour!»

Ils s'élancent pour exécuter cet ordre, mais nul des Chrétiens ne consent à laisser son chef à la merci de l'ennemi; tous volent a sa défense, et le combat s'engage, furieux d'un côté, ardent de l'autre. Quel plus noble prix d'une grande lutte!... Les uns veulent sauver la vie et la liberté de leur illustre chef, les autres espèrent les lui ravir. L'acharnement du Soudan aurait fini par triompher de la résistance des Chrétiens. Déjà, pareille à la foudre, sa massue avait brisé les boucliers les plus épais et les casques les mieux trempés, lorsqu'un secours immense arrive soudain aux Fidèles. De deux côtés opposés se précipitent au même instant Godefroi et Renaud. Quand le vent frémit, quand le tonnerre gronde au milieu de l'éclair flamboyant, le berger, inquiet à la vue des nuages qui enveloppent le ciel, quitte les pâturages, ramène prudemment ses troupeaux et cherche un abri pour les mettre à couvert; ses cris et sa houlette guident leurs pas, il les pousse en avant et presse les plus paresseu Tel, à l'aspect de l'effroyable tempête qui le menace et au bruit strident du choc des armes, Soliman fait rentrer ses soldats dans l'intérieur de la forteresse. Il reste encore, ne s'éloigne que le dernier et, lors même que la réflexion l'oblige a céder au péril, il conserve un air d'audace. La herse est à peine abattue, que, déjà renversant les obstacles et les retranchements, Renaud paraît! Rien ne l'arrête; il brûle de vaincre un guerrier qui jusqu'alors n'a point eu d'égal; il veut tenir le serment, qu'il n'a point oublié, de donner la mort au meurtrier du prince des Danois. Sans doute, en ce moment, son invincible bras eut emporté d'assaut ces murs inexpugnables, et le Soudan n'eût point échappé à un si terrible adversaire: mais déjà l'horizon se couvrait de voiles obscurs; et Godefroi, faisant sonner la retraite, s'établit dans la ville et se dispose à recommencer l'assaut au lever du soleil.

Le front radieux, il dit à ses guerriers: «Le Tout-Puissant a favorisé nos armes; le plus difficile est accompli, et nous pouvons sans crainte achever notre ouvrage. Demain nous enlèverons cette forteresse, faible et dernier espoir des Infidèles. Maintenant, la pitié nous commande de prendre soin des blessés et des mourants. Allez donc et sauvez ceux qui, au prix de leur sang, viennent de conquérir pour nous cette noble patrie. Remplissez un pieux devoir, plus digne des soldats du Christ que le désir de la vengeance et du pillage. Nos yeux, hélas! n'ont vu en ce jour que trop de massacres et trop d'avidité! Mettez un terme à tant de cruautés et de rapines! Que la trompette proclame ma défense!» Alors il se rend près du comte de Toulouse, qui avait repris ses sens et faisait entendre quelques plaintes.

Soliman, comprimant sa douleur au fond de son âme, montre toujours la même ardeur et exhorte les siens. Compagnons, s'écrie-t-il, tant qu'un reste d'espoir brillera en vous, ne vous laissez point accabler par les dédains du sort. La crainte vous abuse et vous présente le mal plus grand qu'il ne l'est en réalité. L'ennemi, vainqueur d'une lâche populace, n'est maître que des brèches et des maisons. Cette forteresse est à nous; la Cité est tout entière dans vos coeurs, dans vos mains invincibles. Le monarque est sauvé, et ses plus braves sujets, échappés au trépas, sont près de lui. Celte tour élevée nous offre de puissants moyens de défense! Que nous importe, si les Chrétiens cueillent de vains trophées dans cette ville que nous leur abandonnons, pourvu que le résultat de la guerre leur soit fatal! Ils succomberont, j'en ai la certitude. Insolents dans le succès, ils vont se livrer au meurtre, au pillage et à de honteuses débauches. Puis, surpris au milieu des ruinés, du carnage et du butin, ils seront facilement égorgés par l'armée d'Égypte qui arrive et ne peut être loin! D'ici, nous dominons les principaux édifices; nous pouvons, avec nos machines, lancer des pierres et des dards sur nos ennemis et leur interdire l'accès du tombeau de ce Dieu qu'ils adorent.» Par ces discours, il cherche à rendre l'espérance à ses guerriers et à relever leur courage abattu.

Tandis que ces événements s'accomplissent, Vafrin erre au milieu des innombrables bataillons égyptiens. Choisi pour cette mission périlleuse, il était parti au coucher du soleil; et, dans sa course nocturne, il avait mystérieusement suivi des routes solitaires et écartées. L'Aurore matinale n'était point encore sortie des portes de l'Orient, que déjà il laissait derrière lui les murs d'Ascalon; et le Soleil avait parcouru la moitié de sa carrière, quand il découvrit l'armée ennemie. Sur des tentes sans nombre, s'agitent, au souffle des vents, des étendards rouges, bleus et verts. Il entend mille langages différents; un bruit immense de tambours, de cymbales et d'instruments barbares, se mêle aux cris des chameaux, des éléphants, et aux fiers hennissements des coursiers. On dirait que là sont rassemblées toutes les forces de l'Afrique et de l'Asie.

Vafrin examine d'abord la situation du camp, son étendue et les retranchements qui l'entourent. Puis, sans déguiser son arrivée, il s'avance par le chemin le plus direct, et entre par la porte principale. Toujours hardi et assuré, il questionne avec adresse et répond avec sang-froid. Il pénètre partout, compte les issues, les places, les tentes, les chevaux et les guerriers: il voit leurs armes et leurs exercices; il sait leur manière de combattre; il s'informe du nom des chefs. Bientôt, osant davantage, il espère connaître et découvrir une partie des desseins secrets des généraux. Enfin, à force de ruses et d'intrigues, il se ménage l'accès de la lente d'Émiren. La toile déchirée laisse à la voix et aux regards une ouverture qui est précisément en face de l'endroit le plus retiré. Là, se tient le chef suprême; et une oreille attentive peut aisément entendre du dehors tous ses discours. L'écuyer s'approche de la tente comme s'il eût été chargé de la réparer. Il aperçoit le Lieutenant du Calife couvert d'une armure; un manteau de pourpre flotte sur ses épaules, sa tête est nue: il s'appuie sur une javeline qu'il lient à la main. Ses yeux sont attachés sur un guerrier gigantesque dont l'aspect est cruel et farouche. Vafrin écoute, et son attention redouble quand il entend prononcer le nom de son général. «Tu es donc sûr de donner la mort à Godefroi? disait Émiren.– J'en ai la certitude, répondait le Barbare, et je ne reviendrai que vainqueur. Mon bras sera plus prompt à le frapper que ceux des autres braves qui ont juré de seconder et de faire réussir mon dessein. La seule récompense que je te demande, c'est de pouvoir élever dans le Caire, avec les dépouilles du vaincu, un trophée sur lequel seront gravés ces mots: «Voici les armes du chef franc qui ravagea l'Asie. Ormond les lui arracha en lui ôtant le jour, et il les a suspendues ici pour que le souvenir de sa victoire passât aux races futures.»–Notre magnanime monarque, reprend Émiren, ne laissera point sans honneur un si grand exploit. Ton voeu sera rempli, et le Calife y joindra encore de dignes récompenses. Hâte-toi donc d'aller préparer les armes simulées, car le jour du combat approche.–Ces armes sont déjà prêtes, réplique Ormond.»

Tous deux se taisent; Vafrin interdit et troublé cherche quels peuvent être ces déguisements, et quelles sont ces armes. Il se perd en vaines conjectures et se retire. Durant la nuit, le sommeil ne vient point calmer l'agitation de ses sens; et lorsqu'au lever du jour, le camp matinal déploie ses bannières, il suit l'armée, s'arrête avec elle et parcourt les tentes pour obtenir quelques lumières. Il passe non loin du pavillon fastueux où Armide est assise au milieu d'une cour brillante de dames et de guerriers. Absorbée dans ses rêveries, elle semble soupirer et gémir; sa tête repose dans sa main d'une blancheur éclatante; ses yeux, pleins d'amour, sont abaissés vers la terre. On ne saurait dire si elle verse des pleurs; mais ses humides paupières sont chargées de perles liquides. Le fier Adraste est assis en face d'elle. Immobile et sans voix, il fixe sur l'enchanteresse des regards avides et brûlants. Tysapherne, dévoré de désirs et de jalousie, les considère tour à tour; son visage mobile se colore, tantôt de dépit et de rage, et tantôt d'amour. Altamore se tient à l'écart, au milieu d'un cercle de femmes. Il ne se laisse point aller aux transports passionnés, mais il dirige des regards étudiés, tantôt sur la main d'Armide, et tantôt sur son beau visage. Parfois, épiant des charmes plus secrets, il contemple avidement cette gorge amoureuse que laisse entrevoir une gaze infidèle. Armide lève les yeux; une douce sérénité reparaît sur son front, et le sourire traverse comme l'éclair le nuage de sa douleur: «Seigneur, dit-elle à Adraste, en songeant quelle est votre vaillance, je sens que mon âme est soulagée du poids qui l'accable. Ma colère est moins vive dans l'attente d'une vengeance assurée, et qui ne peut tarder à s'accomplir.–Ah! par le Ciel, reprend l'Indien, renais à l'espoir; bannis tes ennuis et ta tristesse! Bientôt à tes pieds roulera la tête de l'impie; bientôt, si tu le préfères, mon bras le traînera dans le cachot que tu auras désigné... Reçois mon serment.»

Tysapherne l'écoute en silence, mais la rage est au fond de son coeur. Alors, Armide tourne vers lui un tendre et long regard.–«Et toi, seigneur, lui dit-elle, que me promet ton zèle?–Moi, répond le guerrier avec ironie, d'un pas timide je suivrai de loin ce héros si valeureux et si terrible!–En effet, reprend l'Indien d'un ton amer, tu reculeras devant une pareille lutte, et tu ne me suivras que de loin!» Tysapherne secoue sa tête altière et s'écrie: «Que ne puis-je te montrer à l'instant ce que j'ose! Que ne puis-je ici même tirer l'épée! On verrait bientôt qui de nous deux est le plus prompt à braver le péril! Je ne crains ni ton courage, ni le vain bruit de tes exploits; je ne crains que le Ciel, et cet amour qui me consume!» Il dit, et déjà Adraste s'élance pour le défier. Mais Armide, prévenant cette querelle, leur adresse ces paroles: «Nobles héros, voulez-vous donc me priver de l'appui que vous m'avez tant de fois promis! N'êtes-vous pas mes chevaliers, et ce titre seul ne doit-il pas maintenir la paix entre vous?... Vos offenses sont pour moi des offenses Ah! sachez que je ressens et vos injures et vos outrages.» C'est ainsi que sa voix parvient à apaiser leurs âmes irritées.

Vafrin prête une oreille attentive. Il cherche à découvrir le mystère de ce complot que rien ne vient trahir. Parfois il interroge avec persévérance, et les difficultés qu'il rencontre ne font qu'accroître son désir. Cependant, dût-il sacrifier sa vie, il faut qu'il sache quel est ce secret impénétrable. Il emploie mille ruses, mille moyens sans réussir à connaître les armes et les plans des conjurés. Enfin le hasard fait pour lui ce que n'eût point lait l'adresse, et il obtient les détails de la trame ourdie contre le pieux Godefroi.

Il rentre sous la tente d'Armide. Cette amante irritée y est encore entourée de ses vengeurs. Il espère que ses recherches seront plus faciles dans un lieu où se trouvent réunies tant de personnes de nations différentes, et, s'approchant d'une jeune femme, il lui parle comme s'il l'eût depuis long-temps connue, et même comme s'il eût existé entre eux une ancienne amitié. «Moi aussi, lui dit-il en souriant, je voudrais être le chevalier d'une belle. Alors, mon épée trancherait la tête de Renaud ou celle de Bouillon. Demande-moi, si tu en as quelque envie, la tête de l'un de ces terribles barons!» Il commence ainsi et veut donner peu à peu à cet entretien un caractère plus sérieux. Mais, en prononçant ces mots, il laisse échapper un geste qui lui est particulier. Une autre dame survient, l'entend, le regarde, s'approche et lui dit: «Je veux t'enlever à toute autre; je te choisis pour mon chevalier, et ton amour ne sera point mal placé. Viens, ô mon chevalier, je désire le parler à l'écart.» Il la suit, et elle continue ainsi: «Je t'ai reconnu, Vafrin; tu dois aussi me reconnaître!» Mais l'astucieux écuyer cache son trouble et lui répond en riant: «Je ne me souviens pas de l'avoir vue; cependant ta beauté est digne d'être admirée. Ce que je sais, c'est que tu me donnes un nom qui n'est pas le mien. Je suis fils de Lesbin; je m'ap-pelle Almanzor, et les brûlantes plages de Biserte m'ont vu naître.–Depuis long-temps je sais qui tu es, lui réplique vivement la dame; je ne veux pas contrarier tes projets. Ne cherche point de subterfuge; car je te suis dévouée, et je suis prête à exposer ma vie pour assurer ton salut. Reconnais Herminie, cette princesse qui fut autrefois l'esclave du héros qui est mon maître et le tien!... N'ai-je pas, sous ta garde, passé deux mois dans une douce et heureuse captivité?... Ne m'as-tu pas traitée avec zèle et courtoisie!... Regarde, c'est bien moi! c'est bien Herminie!» L'écuyer la considère d'abord avec attention, puis il ne tarde pas à reconnaître son beau visage. «Sois donc sans inquiétude, ne crains rien de moi, ajoute-t-elle, je te le jure par les Cieux et par l'astre qui nous éclaire; je veux même te demander la faveur de me reconduire dans ma chère prison. Amante infortunée, je passe de tristes nuits et de lugubres jours au sein de cette liberté qui m'est odieuse! Si tu viens ici comme espion, la fortune ne put jamais se montrer pour toi plus propice; je te découvrirai les desseins des conjurés et mille autres secrets qu'il te serait difficile de pénétrer sans mon secours.» Herminie parle, mais Vafrin la regarde attentivement et se tait. Il se rappelle Armide et ses artifices; il pense qu'une femme est indiscrète et trompeuse: il sait que sa volonté est capricieuse, et bien fou qui s'y fie. Telles sont ses pensées; enfin, il lui dit: «Si vous désirez me suivre, je serai votre guide; c'est chose dès à présent arrêtée entre nous. Mais attendons un moment plus favorable pour parler de ce que vous devez m'apprendre.» Ils conviennent de monter à cheval et de s'éloigner sans retard. L'écuyer sort de la tente. Herminie retourne se mêler au cercle des femmes, et feint de plaisanter sur son nouveau chevalier. Après quelques instants, elle se retire, arrive au rendez-vous, et tous deux suivent ensemble le chemin de la plaine.

Déjà ils sont parvenus dans un lieu solitaire, déjà les tentes des Sarrasins ont disparu. Vafrin dit alors: «De grâce, faites-moi connaître les pièges qui menacent la vie du pieux Bouillon?» Aussitôt elle lui raconte et lui explique tous les mystères de cette trame odieuse. Huit guerriers, dit-elle, et, parmi eux, Ormond est le plus fameux et le plus redoutable, ont, par haine ou par vengeance, préparé la conspiration que voici: Le jour où, dans une grande lutte, sera décidé le sort de l'Asie, au moment où les deux armées en viendront aux mains, ces Sarrasins, revêtus de tuniques blanches et or comme les gardes de Godefroi, porteront sur leurs armures, entièrement semblables à celles des Francs, le signe de la Croix. Mais à leurs casques sera attachée une marque qui les signalera aux guerriers de leur parti. Puis, au plus fort du combat et de la mêlée, ils s'avanceront en feignant le dévouement des gardes du héros; ils attendront traîtreusement l'occasion de le percer de coups, trop sûrement mortels, avec des armes empoisonnées. Ces Barbares, sachant que je connais vos usages, vos armes et vos armures, m'ont forcée de décrire tous ces insignes trompeurs, et d'aider ainsi au succès de leur oeuvre maudite. Voilà les motifs qui m'engagent à quitter le camp. Je fuis des ordres tyranniques; j'ai horreur de me souiller d'un tel forfait... Ce motif, hélas! n'est pas le seul qui m'entraîne!» Elle se tait et baisse les yeux. Une vive rougeur se répand sur ses joues. Elle n'a pu retenir ces derniers mots, qui expirent sur ses lèvres. L'écuyer essaie de lui arracher un aveu que la pudeur l'oblige à cacher, et il lui dit: «Ah! pourquoi me laisser ignorer vos véritables raisons; doutez-vous de ma fidélité?» Un profond soupir s'échappe de la poitrine d'Herminie; elle répond d'une voix sombre et tremblante: «Loin de moi, pudeur impuissante que je n'ai pas su garder! J'ai méconnu tes lois... Tes efforts sont inutiles, et cette retenue est vaine! Ces feux, dont tu couvres mon visage, pourront-ils cacher ou éteindre les feux qui brûlent mon coeur? Naguère j'aurais dû écouter tes inspirations! A quoi bon, maintenant que je suis errante et fugitive?» Puis elle ajoute: «Dans cette nuit fatale où s'accomplit avec ma ruine celle de ma patrie, ma misère fut plus grande qu'elle ne le parut. L anéantissement de mon rang et de mes richesses ne lut pas la cause de mes infortunes, qui commencèrent alors. Je n'aurais pas regretté mes États et mon trône, mais celte nuit terrible me ravit à la fois ma raison, mon coeur et mon repos, et je les perdis sans retour! Tu le sais, ô Vafrin, lorsque, éperdue à la vue de tant de ruines et de carnage, j'accourus vers ton maître et le mien, je le vis franchir, le premier, les armes à la main, le seuil de mon palais; je me jetai à ses pieds en m'écriant: «Invincible guerrier, je suis à ta merci, j'implore ta pitié. Ce n'est point la vie que je demande, mais sauve mon honneur et ma vertu!» Il m'interrompit; et, me tendant la main, il me releva: «Belle princesse, me dit-il, votre espoir ne sera point trompé. Je serai votre défenseur!» Alors je sentis se glisser en moi je ne sais quoi de doux et de tendre, qui bientôt devint, pour mon âme égarée, un tourment et un feu dévorant. Mon vainqueur me visitait souvent, et le charme de ses consolantes paroles apaisait ma douleur; il mêlait ses larmes à mes larmes, et me disait: «Je vous rends votre liberté; je ne veux rien de vos dépouilles! Hélas! que ce don était peu en comparaison de ce qui m'était ravi; il me rendait ce que j'avais de moins cher et de moins précieux; il s'emparait de mon coeur soumis à son empire et me ravissait à moi-même! Comment déguiser l'amour?... Souvent tout émue, je venais t'entretenir de lui; tu voyais les indices de ma passion, et tu me disais: Herminie, vous aimez.» Je niais ma faiblesse, mais l'ardeur de mes soupirs était le plus fidèle interprète de mes sentiments. Mes yeux, peut-être, trahissaient encore mieux que ma voix les feux dont j'étais embrasée. Malheureux silence! Ah! du moins, que ne cherchais-je alors un remède à mon martyre, puisque je devais un jour rompre le frein que j'imposais à mes désirs, et le rompre sans fruit! Je partis enfin, emportant cachée au fond de mon coeur une blessure que je croyais mortelle. Je voulais vivre, je cherchais un remède à mes maux, et l'amour brisa tous les liens de la pudeur. Alors, je résolus d'aller trouver mon vainqueur. Seul, il pouvait guérir ces blessures qu'il avait faites. Mais, arrêtée au milieu de ma course par une horde cruelle de soldats grossiers, je faillis devenir leur proie! Je parvins cependant à fuir jusqu'en un lieu écarté et solitaire où je vécus dans une cabane, au fond des bois. Devenue bergère, je gardai les troupeaux. Bientôt ce feu, un instant comprimé par la crainte, se ralluma; je voulus tenter de revenir aux lieux mêmes qu'habitait Tancrède. La fatalité me poursuivit encore. Je ne pus me dérober aux atteintes d'une bande de maraudeurs qui me fit prisonnière. C'étaient des Égyptiens. Ils me conduisirent à Gaza et me présentèrent à Émiren. Je lui contai mes malheurs qui le touchèrent, et je fus traitée avec honneur et respect pendant tout le temps que je restai près d'Armide. Ainsi je tombai plusieurs fois dans les fers, et toujours je sus m'en affranchir. Voilà mes tristes aventures! Tant de lois captive et tant de fois rendue à la liberté, je suis encore sous l'empire du même amour. Ah! quel serait mon malheur si celui qui me fait porter ces chaînes que rien ne pourra briser, me disait: «Esclave vagabonde, ta présence m'est importune! Cherche un autre séjour.» Puisse-t-il, cédant à la pitié, m'accueillir avec bienveillance! Puisse-t-il me rendre mes premiers fers!»

Tel est le récit d'Herminie. Cependant, ils poursuivent sans relâche leur voyage le jour et la nuit. Vafrin évite les routes fréquentées et choisit les sentiers détournés qui lui paraissent les plus courts et les plus sûrs. Au moment où le soleil se plonge dans l'Océan et fait place aux ombres, ils arrivent dans le voisinage de Solime. Alors, ils voient sur la terre des traces de sang. Puis, étendu sur la poussière, ils aperçoivent un guerrier gigantesque dont le cadavre embarrasse le chemin. Son visage est tourné vers le ciel; et, même après le trépas, il conserve un air terrible et menaçant. Ses armes, ses vêtements, sont ceux des Sarrasins. Vafrin continue sa route, et découvre un peu plus loin le corps d'un autre guerrier: «Celui-ci est Chrétien,» dit Vafrin en lui-même. Néanmoins, la couleur sombre de l'armure lui laissant quelque incertitude, il s'élance de son coursier et lève la visière du casque: «Dieux! s'écrie-t-il, c'est Tan-» crède, c'est mon maître; il est mort!...»

L'infortunée Herminie s'était arrêtée un moment près du Sarrasin; mais le cri douloureux de l'écuyer lui perce le coeur comme un trait acéré. Au nom du héros elle accourt, elle vole éperdue et hors d'elle-même. A l'aspect seul de cette tête pâle et décolorée, mais belle encore, elle se précipite. D'un torrent de larmes elle baigne ce visage, et des gémissements se mêlent à ses soupirs. Dans quel affreux moment m'amène ici un hasard funeste!... Quel spectacle douloureux et lamentable!... Après une si longue séparation, tu m'apparais à peine, ô Tancrède, et je te revois quand tes yeux ne peuvent me reconnaître; tu ne vois pas, tes paupières sont fermées! Je te trouve et je te perds pour toujours!... Malheureuse! aurais-je pu penser que ta vue dût être un tourment pour moi!... Je voudrais être privée de la lumière pour ne point subir un tel spectacle!... Je n'ose te regarder!... Hélas! où est cette flamme si douce et si cruelle?... Où est la sérénité de ton front?... Mais, dans cet état déplorable, tu as encore pour moi des charmes!.... Chère âme de ma vie!.... si tu peux entendre mes plaintes, si ma voix arrive jusqu'à toi, pardonne à la témérité de mes désirs! Prends pitié de mon audace!.... Je veux, sur tes lèvres éteintes et glacées, cueillir des baisers que j'eus l'espoir de rendre plus tendres! Puissé-je te ranimer par mes embrassements et ravir à la mort une partie de sa proie!... Bouche chérie, qui tant de fois me consolas par de généreuses paroles!... permets qu'avant de m'éloigner un dernier baiser soit ma consolation!... Sans doute, si jadis j'eusse été moins timide, tu me l'aurais accordé; maintenant, je vais te le ravir: laisse-moi te presser dans mes bras, et que sur tes lèvres s'exhale mon dernier soupir. Reçois mon âme fugitive, elle suivra la tienne au même séjour!» Ainsi parle Herminie gémissante. Son âme est prête à s'envoler, et ses yeux semblent se fondre en larmes. Tancrède, baigné de ces pleurs vivifiants, reprend ses esprits; il entr'ouvre ses lèvres languissantes; ses paupières sont encore abaissées, et de sa bouche s'échappe un soupir qui se confond avec ceux d'Herminie. Elle l'entend et conçoit quelque espoir. Ouvre les yeux, ô Tancrède, s'écrie-t-elle; vois mes tendres et derniers soins, vois mon désespoir! Jette un regard vers celle qui veut te rejoindre au séjour de la mort! Attends, et je meurs avec toi! Ah! regarde-moi donc, ne te hâte pas de me fuir. C'est la dernière grâce que j'implore!» Il soulève ses paupières appesanties et les referme aussitôt. Elle continue de gémir. Vafrin lui dit: «Il vit encore, son-geons à le secourir; plus tard nous pleurerons!» Il lui ôte son armure, et la princesse le seconde d'une main douce et tremblante. Elle examine, sonde les blessures; et, comme elle possède la science de guérir, elle espère le sauver. Déjà elle juge que la fatigue et l'épuisement causé par une trop grande perte de sang sont la principale cause du mal. Elle n'a que son voile pour lier les plaies; mais l'amour, dans ce lieu solitaire, indique à sa tendresse une nouvelle ressource. De ses cheveux qu'elle arrache, elle étanche le sang; et, par un art nouveau, (généreux sacrifice!) elle s'en sert pour former un lien et bander les blessures. Mais le tissu léger ne lui suffit pas, et elle manque de dictame et de safran. Toutefois, elle connaît des mots mystérieux qui calment la douleur. Déjà le héros sort de ce sommeil mortel; déjà il peut lever ses yeux mobiles et hagards. Il voit son fidèle écuyer penché vers lui, et une femme dont le costume est celui d'une étrangère. «Vafrin, de-mande-t-il, comment es-tu ici et depuis combien de temps? Et vous, beauté compatissante et secourable, qui êtes-vous?...»

Partagée entre le doute et l'espoir, Herminie soupire et l'incarnat de la rose colore son visage: «Tu sauras tout, lui dit-elle; mais, comme je veux te guérir, je t'ordonne de garder le silence et de prendre du repos. Je te promets la vie, accorde à mes soins cette douce récompense!» Puis, elle pose avec précaution la tête du blessé sur son sein.

Tandis que Vafrin songe aux moyens de transporter son maître dans le camp avant que les ténèbres soient plus épaisses, une troupe de guerriers paraît soudain. Il reconnaît en eux les soldats attachés à la bannière de Tancrède; ils l'avaient suivi au moment où, affrontant le Circassien, il le défiait au combat; mais, obéissant a ses ordres, ils étaient restes en arrière. Puis, inquiets de ne point le voir de retour, ils s'étaient mis à le chercher. D'autres guerriers les aidaient dans ce pieux soin, et ils avaient enfin le bonheur de le retrouver. De leurs bras tendus et entrelacés, ils forment une espèce de siège sur lequel ils le placent, Eh quoi! dit alors Tancrède, le valeureux Argant restera la proie des vautours! Par le Ciel, je ne souffrirai pas qu'il soit privé de la sépulture et des honneurs que mérite son courage! Je n'ai pas de haine contre ses restes muets et sanglants. Il est mort avec vaillance ; et, par cette raison, nous lui devons ces faibles hommages, car c'est après le trépas la seule récompenses qui lui reste ici-bas ! » Et, en revanche les secours de ses compagnes, il ordonne que l'on porte derrière lui le corps de son ennemi. Vafrin se place à ses côtés comme un gardien fidèle. «Je veux, ajoute le héros, que vous me conduisiez dans la Cité Sainte et non sous ma tente. Si quelque accident imprévu brise mon frêle corps, c'est là que je veux mourir. Peut-être que ces lieux, témoins de la mort d'un Dieu fait homme, me rendront plus facile le chemin du Ciel, et j'aurai rempli le voeu que je formai en commençant mon saint pèlerinage.» Il ordonne, et on le dépose dans les murs de Solime sur un lit où il goûte bientôt un paisible sommeil. Vafrin trouve pour Herminie un asile secret et retiré non loin du lieu où repose son maître, puis il se rend près de Godefroi. Il pénètre sans obstacle près du sage général qui, occupé à méditer et à peser les chances de sa future entreprise, est alors assis au chevet du lit sur lequel est couché Raymond. Autour de lui est le cercle illustre des chefs les plus nobles et les plus sages.

Tandis que Vafrin fait son récit, tous gardent le silence: «Seigneur, dit-il, d'après tes ordres je me suis rendu au milieu des Infidèles, et j'ai pénétré dans leur camp. N'espère pas que je t'apprenne le nombre exact de leurs soldats. Mais je les ai vus, dans leur marche, couvrir les vallées, les plaines et les monts... Partout où ils s'arrêtent, la terre est dépouillée, les fleuves et les fontaines se dessèchent; les eaux de la Syrie ne peuvent suffire à leur soif, et ses moissons ne sauraient les nourrir. Mais la plus grande partie de cette armée n'est qu'un ramas de cavaliers et de fantassins, hordes inutiles, qui ne connaissent ni le frein, ni la discipline; qui ne savent point manier le fer, et ne lancent des traits que de loin. Cependant, parmi eux se trouvent quelques troupes d'élite rangées sous l'étendard persan; et les meilleures sont les gardes du roi, que l'on nomme les Immortels. On les appelle ainsi, parce que leur nombre est toujours le même et toujours complet; lorsqu'un soldat succombe, il est remplacé par un autre guerrier. Emiren, chef de l'armée, n'est surpassé par personne en prudence et en valeur. Le Calife lui a ordonné de vous provoquer par tous les moyens à une bataille générale. Je suis certain que dans deux jours au plus tard vous le verrez paraître. Renaud, songe à te bien défendre, ils en veulent surtout à les jours. Les plus fameux et les plus intrépides ont aiguisé contre toi leurs armes et leur colère, depuis qu'Armide a promis elle-même le don de sa main à celui qui lui présentera ta tête. Parmi eux, est un noble et valeureux Persan, Altamore, roi de Samarcande; puis le gigantesque Adraste, dont les États sont aux portes de l'Aurore. Ce guerrier barbare monte un éléphant au lieu de coursier. On y distingue aussi Tysapherne, que la Renommée, d'une voix unanime, signale comme le plus redoutable.»

Ainsi parle Vafrin. Renaud s'enflamme, ses yeux lancent des éclairs; déjà il voudrait être au milieu des ennemis, il ne peut plus contenir ses bouillants transports. Mais l'écuyer se tourne vers Godefroi: «Seigneur, ajoute-t-il, ce que j'ai raconté jusqu'à présent est peu de chose en comparaison du secret affreux que je vais te révéler. Apprends qu'ils préparent contre toi les armes de la trahison.» Alors, il dévoile toutes les circonstances du complot tramé contre le héros: les armures, le poison, les insignes trompeurs, la forfanterie des assassins, les récompenses et les prix destinés à leur crime. Il répond à toutes les questions qui lui sont adressées. Le silence succède; et Godefroi fixant ses regards sur-Raymond: «Quel est maintenant ton avis? lui demande-t-il.–Je ne pense pas, réplique le comte, qu'il faille recommencer l'assaut au retour de l'aube, ainsi que nous l'avions décidé. Contentons-nous d'investir la tour et de fermer les issues aux assiégés. Puis, nous ferons reposer nos troupes et les disposerons à une bataille générale. Ce sera ensuite à toi de voir si nous devons marcher à la rencontre des Égyptiens ou attendre leur choc. Je pense qu'il faut surtout veiller à ta défense. C'est de toi que dépendent la victoire et l'empire. Si nous te perdions, quel serait notre guide et notre appui? Pour mieux reconnaître les perfides qui menacent ta vie, change les insignes de tes gardes, le crime se trahira de lui-même, et les assassins viendront se livrer à nos coups.–Je retrouve en toute occasion, réplique Godefroi, la sagesse et ton amitié. J'ordonnerai ce que ta prudence n'ose pas conseiller, nous irons au-devant de l'ennemi. Les conquérants de l'Asie ne doivent point se confier en la force de leurs remparts et se cacher derrière des retranchements. C'est dans la plaine, à la clarté du jour, que ces impies feront l'épreuve de notre valeur. Tremblants au souvenir de nos victoires, ils ne soutiendront pas l'aspect terrible du glaive de leurs vainqueurs. L'anéantissement de leur armée sera le fondement inébranlable de notre empire; enfin la citadelle, privée de toute espérance, ne tardera point à se rendre, ou à succomber sous » nos efforts.»

Le héros se tait; puis il se retire, et tous vont goûter le repos auquel les invite l'approche de la nuit.

CHANT XX.

L'armée égyptienne arrive et livre une sanglante bataille aux Chrétiens.–Le Soudan sort de la tour assiégée pour combattre dans la plaine. Aladin le suit, mais ils succombent sous d'illustres coups.–Renaud apaise le courroux d'Armide.–Les soldats de Godefroi font un grand massacre des Infidèles, et vont ensuite célébrer leur victoire dans le temple du Seigneur.

CHANT XX,

DÉJÀ le soleil avait rappelé les mortels à leurs travaux; déjà la dixième heure était écoulée, lorsque les guerriers postés sur le point le plus élevé de la citadelle découvrent, dans le lointain, une espèce de nuage sombre semblable aux vapeurs qui sur le soir enveloppent la terre. Bientôt ils reconnaissent l'armée alliée; sous ses pas la poussière, qui vole en tourbillons, couvre les collines et la plaine. A cette vue, ils poussent des cris de joie. Telles aux rives de la Thrace, à l'approche des frimas, les grues s'agitent, s'appellent, se réunissent en triangles épais et fendent les nues pour aller chercher des cieux plus doux. Ainsi les Infidèles, rendus à l'espoir, lancent à l'envi des flèches et redoublent leurs insultants défis. Les Francs ne tardent pas à comprendre la cause de ces transports furieux et menaçants. Des hauteurs qui dominent la plaine, ils découvrent une innombrable armée. Soudain une généreuse audace enflamme leurs coeurs intrépides, et tous demandent à grands cris le combat. La jeunesse impétueuse se presse frémissante autour de Godefroi: «O chef invin-cible, s'écrie-t-elle, donne-nous le signal!» Mais le sage Bouillon enchaîne leur vaillance et ne veut pas commencer l'attaque avant le retour de l'Aurore. Il défend même de provoquer l'ennemi par de légères escarmouches, et dit: «Après tant de fatigues, il est nécessaire que vous preniez au moins un jour de repos.» Peut-être aussi désire-t-il entretenir la confiance imprudente de l'ennemi. Chacun se prépare; tous attendent impatiemment l'aube naissante. Cette mémorable journée commence enfin. La Déesse aux pieds d'or se levait couronnée des rayons du soleil. Le ciel ne fut jamais plus pur et plus beau; il redoublait ses splendeurs et dissipait ses voiles pour mieux contempler les merveilleux exploits qui allaient s'accomplir.

Aux premières lueurs du matin, Bouillon fait sortir son armée des retranchements et la range en bon ordre. Il charge Raymond de garder les issues de la tour où s'est renfermé le roi de la Palestine, et lui laisse les guerriers qui, des pays voisins de la Syrie, s'étaient réunis à leurs libérateurs; une partie des Gascons doit seconder leurs efforts.

Godefroi s'avance, et son front radieux est le présage certain de la victoire. La faveur céleste, qui va de nouveau lui sourire, brille en sa personne et rehausse la grandeur et la majesté de son aspect. La fleur de la jeunesse éclate sur son front rayonnant de gloire. Son regard et sa contenance ont quelque chose de surnaturel.

Cependant, à l'approche de l'armée ennemie, Bouillon fait occuper la colline qui est à sa gauche et qui se prolonge derrière lui. Puis il déploie ses troupes sur un large front. Il place l'infanterie au centre, et la cavalerie aux deux ailes. A la gauche, qui s'appuie à la colline dont il est maître, sont les deux Robert. Il donne à son frère le commandement du centre et lui-même se tiendra à l'aile droite, où la plaine est plus découverte et le danger plus grand. C'est par là que l'Égyptien, profitant de l'avantage du nombre, peut tenter de l'envelopper. Il y poste les Lorrains et ses meilleurs soldats. Entre les archers à cheval il distribue des fantassins habitués à combattre au milieu des coursiers. Non loin, à l'aile droite et près des Lorrains, est un escadron d'Aventuriers et d'autres guerriers d'élite sous la conduite de Renaud. «C'est de toi, lui dit Bouillon, que dépend la victoire; c'est à toi de mettre fin à notre grande entreprise. Que ta troupe reste cachée derrière ces vastes ailes. Si je ne me trompe, l'ennemi essaiera de nous tourner; mais tu l'attaqueras en flanc et anéantiras ses projets.»

Puis, monté sur un agile coursier, il parcourt les rangs: la visière de son casque est levée et son visage se montre à découvert; ses yeux sont flamboyants et terribles. Il raffermit les courages ébranlés, confirme l'espoir des plus braves et rappelle à l'audacieux ses anciens exploits. Aux uns il promet des honneurs, aux autres des récompenses. Enfin il s'arrête devant les escadrons d'élite, et d'une place élevée il les harangue. Son éloquence exalte les esprits; et de même que de la cime des Alpes les neiges fondues roulent en torrents, de même ces paroles retentissantes s'échappent de sa bouche avec force et véhémence: «Guerriers, vengeurs de l'Orient, fléaux des ennemis du Christ! le terme de vos fatigues est enfin arrivé! Voici donc le jour que vos voeux appellent depuis si long temps! le Très-Haut n'a point voulu, sans de puissants motifs, réunir sur un seul point toutes ces nations infidèles! Il les rassemble ici pour qu'un même coup termine tant de guerres!... Quelles ne seront pas les conséquences heureuses de cette seule victoire que nous remporterons sans plus de périls et de travaux!.... N'ayez, n'ayez aucun effroi à la vue de toutes ces légions divisées et sans discipline: le désordre doit naître de leur multitude même!... Peu de guerriers prendront part au combat; aux uns manquera le courage, aux autres l'espace pour se déployer. Ces soldats qu'on vous oppose sont sans vigueur, sans adresse, presque sans armes. La violence seule a pu les arracher à leurs serviles labeurs ou à leur oisiveté. Déjà je vois les glaives trembler en leurs mains, je vois les boucliers frémir et les étendards vaciller dans les airs. Je connais leurs clameurs confuses, leurs mouvements incertains, et des signes indubitables m'assurent qu'ils sont perdus.

» Ce général, si fier sous ses ornements de pourpre et d'or, a peut-être autrefois soumis l'Arabe et le Maure, mais sa valeur ne saurait résister à la nôtre. Que lui servira son habileté pour arrêter le désordre et la confusion? Il est à peine connu de ses soldats et il ne les connaît point! Il en est peu à qui il pourrait dire: Tu étais là et j'y étais avec toi!» Plus heureux, je guide des héros avec lesquels j'ai long-temps combattu et triomphé; je les vois obéir à mes moindres ordres. Quel est celui d'entre vous dont le nom et la patrie me soient inconnus? Quelles bannières me sont étrangères? De quel trait suspendu ou volant dans les airs ne puis-je dire: C'est le bras d'un Français ou d'un Irlandais qui l'a lancé? Je ne vous demande que vos exploits ordinaires! Que chacun de vous paraisse ici tel que je l'ai déjà vu en d'autres occasions! Qu'il fasse éclater le même zèle en songeant à sa gloire, à la mienne, à celle de Jésus-Christ! Allez donc, anéantissez ces impies, foulez aux pieds leurs membres sanglants, et affermissez ainsi votre sainte conquête! Pourquoi vous retiendrai-je davantage? Déjà, je le lis dans vos yeux, la victoire est à nous.»

Il dit, et une éclatante lumière semble descendre du ciel et décrire une couronne autour de son front. C'est ainsi qu'au milieu des chaleurs de l'été l'éclair ou l'étoile s'échappe du sein de la nuit!... Le soleil lui-même avait lancé le plus pur de ses rayons. Peut-être, (s'il est permis au regard curieux des mortels d'interroger les secrets de l'Éternel?) peut-être qu'en ce moment un ange favorable, descendu des célestes choeurs, couvrait Godefroi de ses ailes!... La multitude y vit le présage de sa future royauté.

Tandis qu'il dispose et harangue ainsi ses guerriers, le général égyptien range et exhorte aussi ses soldats. A la vue des Chrétiens qui s'approchent, il lance ses escadrons dans la plaine et leur fait former un croissant. Armide est au centre avec l'infanterie sous les ordres de Muléassem. La cavalerie est aux deux ailes. Émiren confie la gauche à Altamore; il garde le commandement de la droite et, avec lui, sont les Indiens, Tysapherne leur roi, et les Immortels. Mais à l'aile gauche, où l'espace est plus vaste et où les mouvements seront plus libres, Altamore, les rois de Perse et d'Afrique et les deux souverains qui règnent sur les pays les plus brûlants de la terre, se placent pour combattre avec la fronde et les flèches.

Tel est l'ordre de bataille des guerriers d'Émiren. Ce chef, comme Godefroi, court de rang en rang; tantôt il parle lui-même, tantôt il se sert d'interprètes, mêlant les louanges aux reproches, les menaces aux promesses: « Soldat, dit-il à l'un, pourquoi ce visage consterné? Que crains-tu?... Seul, que peut un contré cent?... Notre présence, nos cris de guerre suffiront pour les mettre en fuite.» A l'autre, il dit: «Généreux guerrier, va maintenant d'un front intrépide reprendre la proie qu'on nous a ravie.» A ceux–ci, il rappelle les scènes déchirantes, il retrace le tableau fidèle et palpitant de leur pays dévasté, de leurs familles désolées, et saisies d'épouvante: «Songez, ajoute-t-il, que votre patrie vous implore par ma voix. Et vous, défendez notre loi! Ne souffrez pas qu'on profane les saintes mosquées en les inondant du sang des Croyants. Arrachez à d'odieux outrages les vierges, les tombeaux et les cendres de vos aïeux. Ces vieillards, chargés d années, pleurent la gloire des temps passés et vous montrent leurs cheveux blancs; en tendez vos épouses éplorées qui vous crient de défendre et leurs chastes attraits, et leurs couches, et vos enfants.» A ceux-là, il dit: «L'Asie a remis en vos mains la défense de sa gloire. Elle espère que vous saurez tirer une vengeance terrible, mais juste, de cette poignée de brigands.»

C'est ainsi qu'en variant avec adresse ses discours, il excite l'ardeur belliqueuse des diverses nations. Cependant les deux chefs ont cessé de parler, et les armées ne sont plus séparées que par un faible intervalle. Quel grand et admirable spectacle que de les voir ainsi marcher l'une contre l'autre! Comme chaque bataillon s'ébranle pour l'attaque et se déploie en bon ordre! Les bannières flottent dans les airs, les panaches ondoient sur les nobles cimiers; les armures, les vêtements, les devises, les couleurs, l'or et l'acier étincellent des feux du soleil, comme l'éclair avant-coureur de la foudre. A l'aspect de ces piques innombrables, on dirait une immense forêt d'arbres touffus. Les arcs se tendent, les lances sont en arrêt, les traits sifflent, les frondes résonnent. Le coursier, partageant l'ardeur et le courroux de son maître, s'apprête au combat; il bondit, frappe la terre; il hennit et s'agite: de ses naseaux brûlants s'exhalent le feu et la fumée. L'horreur même de ce spectacle n'est pas sans beauté, et du sein de l'effroi naît le plaisir. Le son éclatant et terrible des trompettes est encore agréable à l'oreille étonnée. Mais l'armée du Christ, quoique moins nombreuse, offre un aspect plus imposant. Ses accents de guerre sont plus sonores et plus belliqueux; ses armures, plus brillantes.

Les trompettes des Francs donnent le premier signal, les autres leur répondent et acceptent la bataille. Les Chrétiens se prosternent et implorent l'Éternel, puis ils baisent la terre. Déjà l'espace resté libre entre les deux armées est presque franchi... Bientôt tous se pressent, se serrent, et aux deux ailes la mêlée est horrible. Alors l'infanterie s'avance. Mais, parmi les Chrétiens, quel bras porte le premier coup et reçoit les premières palmes? C'est le tien, ô Gildippe! Ta lance atteint le grand Hircan, qui régna dans Ormus! Le Ciel réservait tant de gloire à une femme. Son fer déchire le coeur de ce chef; dans sa chute, il peut entendre les acclamations unanimes qui célèbrent ce coup fatal. La guerrière jette les débris de sa lance rompue, tire son épée et pousse son coursier au milieu des Persans. Elle ouvre et culbute les rangs les plus épais. Zopire, frappé à la ceinture, est presque séparé en deux. Elle coupe la gorge au cruel Alarcon et lui tranche au même instant le double canal des aliments et de la voix. D'un coup de revers, elle fait rouler dans la poussière Artaxercès évanoui, et d'un coup de pointe elle tue Argée. Puis elle abat la main gauche d'Ismael. Cette main, séparée des nerfs qui la rattachent au bras, lâche les rênes et tombe. Le bruit a retenti aux oreilles du coursier qui, se sentant libre du frein, fuit au milieu des rangs, où il porte le désordre. Ces guerriers et une foule d'autres dont les noms demeurent ensevelis dans la nuit des siècles sont immolés. Alors les Persans se serrent et se précipitent tous ensemble sur la guerrière, dont ils se disputent les glorieuses dépouilles; mais le fidèle Odoard vole à la défense de son épouse chérie. Tous deux réunis sentent redoubler leur force et leur courage. On voit ce couple généreux combattre avec une valeur sans égale. Chacun d'eux, oublieux de sa propre défense, ne s'occupe que du salut de l'autre. L'intrépide guerrière pare les coups qui menacent son époux, Odoard oppose son bouclier aux armes dirigées contre Gildippe; s'il le fallait il offrirait sa tête nue aux coups meurtriers. Tous deux veillent réciproquement à leur vengeance et à leur salut. Odoard immole l'audacieux Artaban, roi du Bécan. Alvante ose frapper sa chère Gildippe, il le renverse sans vie. Celle-ci fend la tête d'Arimont, qui vient d'atteindre Odoard. Tandis qu'ils promènent le massacre parmi les Persans, le roi de Samarcande fait des Chrétiens un carnage plus affreux encore. Partout où il pousse son coursier, partout où il porte le fer, il tue, il abat cavalier ou fantassin. Heureux celui qui meurt sur-le-champ et n'a point à gémir sous le poids de son puissant destrier: car s'il reste au blessé quelque apparence de vie, le cheval le foule et le déchire. Sous ses coups expirent le vigoureux Brunellon et le gigantesque Ardouin: l'un a le casque et la tête fendus; les deux moitiés tombent sur les épaules; le second est percé dans l'endroit même où le rire naissant dilate et épanouit le coeur. Ospectacle étrange et horrible! cette blessure force le rire, et le guerrier meurt en riant. Une foule d'autres succombent sous l'épée meurtrière. La mort impitoyable moissonne aussi Genton, Gaston, Guy, le généreux Rosemond. Qui pourrait dire tous ceux que renverse le glaive ou le coursier d'Altamore! Qui pourrait raconter le nom des victimes, la forme variée des blessures et les trépas divers!... Personne n'ose l'affronter; nul ne le menace, même de loin: la seule Gildippe attaque sans effroi ce terrible adversaire. Jamais Amazone, aux bords du Thermodon, ne porta le bouclier et ne mania la hache avec autant d'audace: elle se précipite à la rencontre du formidable Persan et d'un coup vigoureux elle brise et met en pièces la couronne d'or et d'émail qui brille sur son casque. Le superbe est contraint de courber la tête. A ce coup qui lui signale un ennemi redoutable, il pâlit de honte et de rage; mais il ne tarde pas à laver son injure, et la vengeance est aussi prompte que l'offense. Il atteint la guerrière au front et lui fait une large blessure qui lui ôte les forces et l'usage de ses sens. Elle chancelle... Le tendre Odoard accourt et la soutient. Soit hasard, soit générosité, ce coup suffit à Altamore et il n'en porte point un second. Ainsi le lion magnanime dédaigne son ennemi renversé, le regarde et s'éloigne. Cependant Ormond, dont les perfides mains doivent exécuter le criminel projet, Ormond, à la faveur de son déguisement, s'est déjà mêlé aux Chrétiens, et ses complices sont avec lui. Tels dans les ombres d'une nuit brumeuse les loups, protégés par leur ressemblance avec les chiens, s'approchent doucement des bergeries, épiant le moment d'y entrer, et serrent contre leur ventre la queue qui les décèlerait. Les conjurés se glissent ainsi, et déjà le perfide Sarrasin est aux côtés du pieux Godefroi. Mais, à la vue de la cotte d'armes or et blanc, le héros s'écrie: «Voici le traître qui couvert d'une armure d'emprunt voudrait qu'on le prît pour un Chrétien! Voilà ses complices, qui déjà s'élancent vers moi!» Il dit et fond sur le perfide. Il le blesse mortellement. Le félon ne sait ni frapper, ni se défendre, ni fuir. Naguères si plein d'audace, il est maintenant immobile et glacé comme s'il avait devant lui les Gorgones. Toutes les épées, toutes les piques sont tournées contre les traîtres, toutes les flèches pleuvent sur eux. Bientôt ils sont mis en pièces et il ne reste de leurs corps que des lambeaux épars et sanglants.

Couvert de leur sang, Bouillon continue de combattre et se précipite vers le chef persan qui ouvre et enfonce les escadrons les plus épais. Devant Tysapherne les Chrétiens fuient dispersés comme aux bords africains le sable vole au gré des vents. Godefroi marche droit à lui; il rappelle et menace les fuyards, les force à s'arrêter et attaque leur vainqueur. Alors s'engage une lutte terrible et telle que n'en virent jamais le Xante et l'Ida.

Au même instant, les fantassins de Baudoin chargent avec fureur l'infanterie de Muléassem. Au pied de la colline, à l'extrémité de la plaine, le combat n'est pas moins vif entre la cavalerie des deux armées. Le généralissime des Infidèles s'y trouve en personne avec deux chefs puissants. Émiren et l'un des Robert s'attaquent avec impétuosité; tous deux montrent une force égale: mais l'Indien Adraste brise le casque de l'autre Robert, déchire et met en pièces son armure. Tysapherne n'a point encore trouvé d'adversaire digne de lui: il court et se précipite au plus fort de la mêlée, semant sur ses pas le meurtre et le carnage. Ainsi la lutte est générale, et la victoire indécise balance les craintes et l'espoir. La plaine est jonchée de débris de lances, d'armures et de boucliers; des épées restent à l'abandon sur le sable, d'autres sont encore dans les blessures. Partout des cadavres; ceux-ci ont la face tournée vers le ciel, ceux-là mordent la poussière: le coursier est étendu près de son maître, l'ami près de son ami, l'ennemi près de son ennemi; parfois le vivant est enseveli sous le mort, et le vainqueur sous le vaincu. On entend un son rauque et tumultueux; des voix confuses, des cris de rage, les accents de la colère, les gémissements des blessés et les soupirs des mourants . Les armures, naguères si belles à voir, n'offrent plus qu'un aspect triste et sombre; l'acier a perdu ses éclairs et l'or ses rayons. Les riches couleurs ont disparu, les panaches, les ornements des cimiers sont foulés aux pieds, et la poussière ternit ce que le sang n'a point encore souillé: tel est alors l'aspect des deux armées!

Enfin les Arabes, les Éthiopiens et les Maures, qui sont placés à l'extrémité de l'aile gauche, se déploient et s'élancent pour tourner et prendre en flanc les Chrétiens. Déjà les archers et les frondeurs attaquent de loin, quand paraissent Renaud et ses chevaliers... La terre tremble et l'on croit entendre le tonnerre... Assimir de Méroé, le plus brave des Éthiopiens, est atteint à la naissance du cou par le glaive du fils de Berthold et tombe mort. Ce spectacle excite dans l'âme du vainqueur l'amour de la gloire et la soif du sang; il accomplit des exploits incroyables et inouïs: chacun de ses coups immole plus d'une victime, et ses coups sont rapides comme la foudre. Les Infidèles épouvantés croient voir briller dans sa main une triple épée: tel, à nos yeux fascinés par la célérité des mouvements de sa langue, le serpent paraît armé d'un triple dard. Renaud renverse les tyrans de la Libye et les rois de l'Ethiopie, qui mêlent leur sang et leurs derniers soupirs. Ses redoutables compagnons, que son exemple enflamme d'une égale ardeur, se précipitent sur les hordes ennemies, qui meurent sans se défendre. Ce n'est plus un combat mais un massacre. Les uns tuent avec le fer, les autres hurlent et expirent. Mais les Barbares ne font pas longtemps face à d'honorables blessures. Saisis de terreur, ils se débandent, prennent la fuite et se dispersent. Le vainqueur les poursuit sans relâche et achève leur défaite. A la vue des fuyards, son courroux se ralentit et il retourne sur ses pas. Ainsi le vent impétueux qu'arrête une colline ou une forêt redouble de violence; mais, libre ensuite, il exhale dans les campagnes une haleine plus douce et plus modérée. Telles encore les vagues se heurtent écumantes contre les écueils et roulent ensuite plus tranquilles en pleine mer. Tel est Renaud: sa colère s'apaise alors qu'il trouve moins de résistance. Dédaignant d'épuiser de nobles efforts contre des soldats fugitifs, il se dirige vers l'infanterie dont les Arabes et les Africains couvraient les ailes: la fuite ou la mort des cavaliers la prive alors d'un appui nécessaire. Renaud la charge en flanc et se jette sur elle avec son impétueux escadron. Il rompt les piques et détruit les obstacles. D'un choc puissant, il enfonce, culbute et disperse les bataillons. Moins prompt est l'ouragan qui abat les flexibles épis! La terre est jonchée d'armes brisées, de cadavres déchirés et palpitants, et les vainqueurs, foulant cette arène sanglante, volent à de nouveaux exploits. Renaud arrive près du char doré où Armide se tient armée et prête à combattre. A ses côtés veille pour la défendre la foule de ses chevaliers et de ses vengeurs... Elle reconnaît son amant à mille signes et arrête sur lui des regards brillants de colère et de passion. Le visage du héros trahit son émotion. Elle, d'abord froide et glacée, s'embrase soudain... Mais il évite sa rencontre et passe comme s'il eût été préoccupé d'autres desseins. Cependant la troupe des adorateurs conjurés ne veut pas qu'il s'éloigne sans combat: les uns l'attaquent l'épée haute, les autres mettent la lance en arrêt. Déjà la flèche d'Armide repose sur son arc; un courroux cruel conduit sa main. Mais l'Amour l'arrête, et suspend le coup fatal. L'amour lutte contre la colère et décèle la violence des feux qu'elle cherche à cacher. Trois fois elle tend son arc et trois fois sa main frémissante retient la corde. Enfin la haine l'emporte... Le trait s'échappe... Il vole, et le repentir vole avec lui. Elle voudrait qu'il revînt en arrière, dût-il frapper son propre coeur. Tel est encore l'empire d'un amour malheureux! Que serait-ce s'il était vainqueur?... Bientôt elle regrette sa faiblesse, et sa fureur grandit avec son trouble. Ainsi, tantôt elle craint, et tantôt elle brûle de frapper son infidèle amant!... Son oeil suit le trait qui s'envole!... Ce trait ne se perd pas dans les airs; il atteint la cuirasse impénétrable aux faibles coups d'une femme, et s'y émousse sans l'effleurer. Renaud s'éloigne.... Elle se croit dédaignée; la rage la transporte: elle tend de nouveau son arc, et lui lance mais en vain d'autres traits. Tandis qu'elle cherche à frapper, l'Amour lui fait de nouvelles blessures. Il est donc invulnérable, se dit-elle, puisqu'il méprise ainsi mes efforts! Son corps serait-il, comme son coeur, du marbre le plus dur! Mes armes et mes regards sont également impuissants! De quelle trempe est donc le bouclier qui le couvre? Sans armes je suis vaincue, les armes à la main je le suis encore: amante ou ennemie je subis les mêmes dédains. Maintenant, à quel nouvel artifice, à quelle métamorphose puis-je recourir?... Malheureuse, ne dois-je plus rien espérer de mes vengeurs?... Ah! j'en ai la triste preuve! contre le bras de Renaud tous les efforts, toutes les armes ne peuvent rien!»

En effet autour d'elle ses défenseurs vaincus gisent renversés ou sans vie. Seule, sans appui, que lui servira la résistance?... Déjà elle se croit esclave et prisonnière... Sa lance est près de son arc: mais saura-t-elle tirer un plus utile secours de l'arme de Minerve que des traits de Diane?...

Lorsque le cygne timide se voit menacé par la serre cruelle de l'aigle qui fond sur lui du haut des airs, il replie ses ailes et s'abaisse vers la terre. Telle est l'attitude d'Armide en proie à l'épouvante. Altamore, qui jusqu'alors a pu arrêter la fuite des Persans ébranlés, Altamore, oublieux de sa gloire et du salut de ses guerriers, vole aux côtés de celle qu'il adore et dont il voit le danger. Pour sauver Armide il laisserait périr l'univers Il escorte le char privé de ses défenseurs, et lui ouvre avec son épée un large passage. Aussitôt Godefroi et Renaud mettent en déroute et égorgent les Persans. L'infortuné prince voit ce désastre; mais, plus amant que général, il se hâte d'arracher au péril la beauté qui lui est chère et revient porter à ses troupes un secours trop tardif. De ce côté, l'armée païenne est entièrement rompue et dispersée. Mais, à l'autre aile, les Chrétiens tournent le dos à l'ennemi et abandonnent le champ de bataille. L'un des Robert, blessé au visage et à la poitrine, a peine à éviter la mort; l'autre est prisonnier d'Adraste. Ainsi se partagent également les succès et les revers.

Godefroi, saisissant un moment favorable, rallie ses chevaliers et se porte avec eux au fort de la mêlée. Alors les deux ailes victorieuses viennent se heurter. Toutes deux sont teintes du sang de l'ennemi et sont fières d'un premier succès; toutes deux ont pour elle l'Honneur et la Victoire: Mars et la Fortune sont indécis.

Tandis que Chrétiens et Infidèles s'attaquent avec un acharnement sans égal, le fier Soudan est monté sur le haut de la tour. Appuyé sur l'un des créneaux, il contemple de loin cette scène cruelle comme s'il eût assisté aux fêtes du cirque ou du théâtre. Il voit les luttes diverses; la mort avec ses horreurs, et les jeux redoutables de la Fortune et du Hasard. A cet aspect, il demeure quelque temps interdit et immobile: mais bientôt son coeur s'enflamme; il veut aller dans la plaine chercher le péril et la gloire; son impatience ne souffre pas de retard. Déjà il est tout armé; il se hâte de prendre son casque: «Allons, s'écrie-t-il, partons sans différer; en ce jour il faut vaincre ou mourir.» La divine Providence, qui voulait anéantir le dernier appui des Infidèles, lui inspira peut-être cette ardeur furieuse. Peut-être qu'aux approches du trépas un secret instinct le poussait à sa perte. Il ouvre la porte avec impétuosité et se jette à l'improviste sur les Chrétiens. Il n'a pas même essayé d'entraîner ses compagnons par ses discours; il est sorti seul, et seul il défie mille ennemis! Déjà il s'est audacieusement précipité au milieu des Francs. Alors tous les Barbares et Aladin lui-même le suivent comme emportés par sa fougue et sa furie. Nul ne tremble; le désespoir plutôt que l'espérance anime le lâche et le timide. Ceux que le cruel Soudan rencontre les premiers tombent surpris par ses terribles coups, et la mort est si prompte en sa main qu'on ne voit ses victimes qu'après leur chute. De bouche en bouche, la terreur vole jusqu'aux derniers rangs et les cris de douleur se répètent. Déjà les Chrétiens de la Syrie sont en désordre et presque en fuite, mais les Gascons conservent leurs rangs et leur poste. Quoique plus exposés au péril et surpris par cette attaque, ils ne se laissent point aller comme leurs frères au désordre et à la terreur. Pourtant jamais les serres de l'oiseau de proie ou les griffes d'une bête féroce ne furent plus souillées de sang que le fer du Barbare. Altéré de carnage, il semble s'enivrer de sang et se repaître de lambeaux de chair. Attachés à ses pas, Aladin et ses guerriers pressent et massacrent les Chrétiens. Mais le brave Raymond accourt au secours de ses soldats ébranlés et déjà en désordre. Il s'élance, bien qu'il ait reconnu la main cruelle qui frappe de si terribles coups! Il ose de nouveau l'affronter et mord la poussière comme la première fois. Son grand âge, ses forces affaiblies ont rendu sa résistance vaine. Au même instant, cent boucliers s'élèvent pour le protéger et cent bras pour l'immoler. Mais Soliman s'éloigne, soit qu'il le croie mort, soit qu'il le regarde comme une victime trop facile. Il fait tomber le poids de son courroux sur une foule d'autres guerriers; il frappe, il tue, et cet étroit champ de bataille le voit accomplir de merveilleux exploits. Enfin, s'abandonnant à la fureur qui le guide, il va chercher ailleurs d'autres victimes. Ainsi, le mortel pressé d'assouvir sa faim quitte une table frugale et court à celle où s'étalent des mets plus nombreux: tel Soliman altéré de sang cherche les escadrons les plus épais pour y satisfaire sa furie. Bientôt il a franchi les ruines; il est dans la plaine, où le combat est plus animé. Mais il laisse ses guerriers, toujours brûlants de la même rage, répandre l'effroi parmi les Francs, qui tiennent encore, mais faiblement, et semblent près de fuir.

Déjà les Gascons plient et reculent... Déjà les Chrétiens de la Syrie, fuyant en tumulte, se rapprochent de la tente où repose l'intrépide Tancrède; leurs clameurs arrivent jusqu'à lui. Il se lève malgré son épuisement, monte au faîte de sa demeure et promène autour de lui ses regards. Il voit le comte de Toulouse étendu sur la poussière et une partie de ses troupes qui cède le terrain, tandis que l'autre est en déroute. Le courage n'abandonne jamais une grande âme, alors même que le corps est faible et languissant, et le courage ranime ses forces éteintes. Il oublie sa blessure et la perte de son sang. D'une main il saisit son lourd bouclier, dont l'énorme poids ne l'accable pas encore; de l'autre il prend son épée: cette armure lui suffit, c'en est assez pour un héros! Il descend et s'écrie: «Où fuyez-vous? laisserez-vous votre général à la merci de l'ennemi?... Ses armes iront-elles orner comme un trophée les impures mosquées de ces impies?.... Soit, retournez dans votre patrie et vous direz au fils de votre comte que son père est mort abandonné par vous!» Il dit, et de son corps blessé et sans armure il protège mille guerriers vigoureux et bien armés. Sous l'immense bouclier, que recouvre sept fois un cuir épais et un dur acier, il tient Raymond à l'abri des lances, des flèches et des épées; avec son glaive il écarte l'ennemi, et sous son ombre le comte repose en sûreté... Puis le vieillard reprend ses sens; il se relève: en son coeur est le feu de la colère, et sur son front le rouge de la honte. Ses regards étincelants cherchent le fier ennemi qui l'a terrassé; il ne l'aperçoit pas, il frémit et veut faire retomber sur les autres sa vengeance et sa rage.

Les Gascons marchent sur les pas de leur chef, qui brûle de laver son affront. Les Sarrasins tremblants perdent l'audace dont naguères ils étaient animés. Les coeurs que glaça l'épouvante reprennent leur intrépidité. Ceux qui poursuivaient reculent, les fuyards attaquent et la face du combat change en un instant. Alors Raymond assouvit sa colère, et cent victimes immolées par son bras expient son outrage.

Pendant qu'il frappe ainsi les plus nobles têtes, le tyran de Solime, qui combat au premier rang, s'offre à sa vue. Il court vers lui, l'atteint au visage et redouble sans relâche ses coups au même endroit. Enfin, le vieux monarque tombe, pousse un horrible gémissement, et mord en expirant la terre où il a régné. Privés de leurs chefs, dont l'un a succombé tandis que l'autre combat au loin, les Sarrasins sont entraînés à des résolutions diverses: les uns, poussés par le désespoir, se jettent sur le fer comme des animaux furieux; les autres épouvantés cherchent à regagner la forteresse d'où ils sont sortis. Mais vainqueurs et vaincus y entrent ensemble, et le triomphe des Chrétiens est complet. La citadelle est prise; les fuyards trouvent la mort sur le seuil ou sur les degrés. Raymond vole au sommet de la tour et y arbore le saint étendard. Ce signe de victoire flotte au souffle des vents à la vue des deux armées. Le fier Soliman ignore encore ce désastre, car, déjà loin des remparts, il foule la plaine brûlante et ensanglantée. Partout des ruisseaux de sang qui grossissent d'instant en instant! Partout la Mort, souveraine et triomphante, étale ses horreurs! Le Soudan, qui voit un coursier sans maître errer hors des rangs, en saisit les rênes abandonnées et s'élance sur son dos. Il le presse et le dirige vers le lieu du combat. Sa présence apporte aux Sarrasins effrayés et accablés de fatigue un grand mais inutile secours. Telle la foudre brille, éclate, tombe et s'éloigne en laissant sur les rochers l'éternelle empreinte de son rapide passage. Soliman donne le trépas à plus de cent Chrétiens: mais, parmi ses victimes, il en est deux dont le souvenir doit vivre au de la des âges. Gildippe et Odoard, s'il est permis à un poète de l'Italie de célébrer vos cruelles et funestes destinées, je chanterai vos exploits et vos malheurs dans une langue qui n'est point celle de votre patrie. Dans les siècles futurs on parlera de votre amour et de vos vertus, et les amants fidèles, touchés de mes accents, verseront des pleurs au récit de votre trépas!...

La guerrière intrépide lance son coursier dans l'endroit où le cruel Soudan sème le carnage. Du tranchant de son glaive elle lui porte deux coups violents: l'un dans le flanc et l'autre sur son bouclier qu'elle traverse. Le Barbare l'a reconnue à son armure; il lui crie: «Voilà donc cette aventurière impudique et son digne » amant! Mieux eût valu que tu ne quittasses jamais ton » aiguille et tes fuseaux! Ils t'eussent protégée mieux » que ce galant et ton épée.» A ces mots, transporté d'une nouvelle rage, il lui assène un coup terrible qui rompt l'armure et déchire ce sein que devaient seuls blesser les traits de l'Amour. Aussitôt elle abandonne les rênes; sa langueur, sa faiblesse, tout annonce que sa blessure est mortelle. Odoard la voit! L'infortuné! il arrive trop tard pour la sauver. Que fera-t-il en ce moment affreux?... La colère, la pitié, se disputent son âme; il veut soutenir son épouse défaillante; il brûle de la venger. Il cède à l'amour qui lui inspire de satisfaire à la fois et sa haine et sa tendresse. Son bras gauche enlace et protège Gildippe; sa main droite servira son courroux. Mais ses désirs et ses efforts ainsi divisés sont trop faibles contre un ennemi aussi redoutable. Il ne peut empêcher la chute de celle qu'il adore, et il ne la vengera pas; le fer impitoyable tranche le bras sur lequel repose Gildippe; Odoard tombe avec elle et la presse encore contre son coeur. Tel, sous les coups de la cognée on sous l'haleine impétueuse de l'Aquilon, l'ormeau tombe avec la vigne qui l'embrasse; son poids écrase les verts rameaux et les grappes chéries, et il semble gémir du sort de sa compagne plus encore que de son propre destin. Tel périt Odoard! Indifférent à ses propres douleurs, il ne plaint que l'épouse qui lui fut unie pour toujours; ils voudraient se parler, mais les mots expirent sur leurs lèvres mourantes et ils n'exhalent que des soupirs. Leurs regards se cherchent, et tandis qu'ils le peuvent encore ils se pressent tendrement. Enfin, leurs yeux se ferment en même temps et leurs âmes pieuses s'envolent au céleste séjour.

La Renommée, déployant ses ailes, va semer le bruit de leur trépas. Une vague rumeur parvient jusqu'à Renaud; puis un messager lui confirme cette nouvelle. Le devoir et la colère, l'affection et la douleur le poussent à une éclatante vengeance. Mais le fier Adraste se jette sur son passage et le défie sous les yeux même du Soudan. «Le voilà donc enfin, s'écrie le féroce Indien; le voilà, cet ennemi que j'ai tant cherché! Je le reconnais à ses armes! Il n'est point de bouclier que mes regards n'aient interrogé; je t'ai vainement appelé cent fois par ton nom! Maintenant, je pourrai porter la tête aux pieds de ma divinité et acquitter mon serment. Ennemi d'Armide, viens faire assaut de courage et de fureur avec son chevalier!» Il prononce ce défi et décharge un horrible coup sur la tempe, puis sur le cou de Renaud. Le casque, présent des Cieux, est impénétrable et résiste. Le guerrier a chancelé, mais il riposte et fait au flanc de l'Infidèle une blessure que tout l'art d'Apollon serait impuissant à guérir. Ce géant, ce roi invincible roule sur la poussière; un seul coup a suffi pour le renverser. L'horreur, l'épouvante et l'effroi glacent tous les coeurs, et Soliman lui-même se trouble et pâlit. Il prévoit que sa perte est assurée et prochaine. Sa grande âme, d'ordinaire si prompte à se décider, est irrésolue. Eh! qui peut ici-bas se soustraire aux immuables décrets du Ciel? Le Soudan voudrait combattre et se précipiter contre Renaud, mais il ne retrouve plus son audace accoutumée; il s'étonne de sentir que ses forces l'abandonnent. Ainsi le malade, en proie au délire, cherche à fuir des fantômes qui troublent son sommeil; il fait de vains efforts; ses mains, ses pieds sont immobiles; sa langue même et sa voix se refusent à sa frayeur. De même la terreur secrète qui l'accable paralyse sa valeur. Diverses pensées l'agitent, mais il ne songe point à reculer ou à fuir. Renaud met fin à ses irrésolutions en l'attaquant. Son impétuosité, sa furie, sa force ont quelque chose de surnaturel qui étonne Soliman lui-même. Il résiste à peine, mais, conservant en mourant son magnanime courage, il ne tente point d'éviter les coups, il ne lui échappe pas une plainte; tout en lui respire encore la grandeur et la fierté. Enfin, ce nouvel Antée, qui souvent dans le cours de cette longue guerre se releva plus redoutable après sa chute, succombe et gît pour toujours; la terre tremble sous son poids, et la Fortune, jusqu'alors incertaine, ne tient plus la Victoire indécise: elle se déclare pour les Chrétiens et combat avec eux. Le corps des Immortels, la force et l'espoir de l'Orient, fuit à son tour; et, indigne de son nom superbe, il succombe lâchement. Émiren arrête le guerrier qui porte l'étendard du calife et lui adresse de durs reproches. «N'est-ce pas toi, lui dit-il, que j'avais choisi parmi tant d'autres pour porter l'enseigne de mon maître?... Rimédon, je ne te l'ai pas confiée pour qu'elle recule! Lâche! tu vois ton général au milieu des ennemis, et tu l'abandonnes!... Que veux-tu? Vivre! Reviens, la route que tu suis te conduit à la mort? Tu n'as d'autre chance de salut que dans la résistance; le chemin de l'honneur est maintenant celui de la vie.»

Brûlant de rage, Rimédon retourne au combat. Émiren gourmande plus sévèrement encore les autres fuyards. Il menace, il frappe ceux qui lui résistent, et la crainte de la mort qu'il leur présente leur fait affronter le trépas. C'est ainsi qu'il rallie une partie de l'aile droite; et, â la vue de Tysapherne qui n'a pas cédé le terrain, il reprend quelque espoir. Tysapherne, en ce jour, a accompli de merveilleux exploits. Il a détruit les Neustriens et fait un affreux massacre des Flamands; il a immolé Garnier, Roger et Gérard. Sûr d'avoir rendu son nom à jamais immortel, il dédaigne la vie et se précipite où le péril est le plus grand. Il aperçoit Renaud et le reconnaît à ses armes, bien que l'azur en soit caché sous le sang qui rougit aussi le bec et les serres de l'aigle blanche: «Voici, se dit-il, le danger le plus terrible; daigne le Ciel seconder mon courage! Armide, tourne vers moi tes regards; cette vengeance que tu as tant désirée va s'accomplir! O Mahomet! si tu m'accordes la victoire, je suspendrai dans ta mosquée les dépouilles de l'impie!» Tels sont ses voeux et ses prières, mais le sourd Mahomet ne les entend pas. Pareil au lion qui secoue sa crinière et se bal les flancs pour ranimer sa férocité, Tysapherne réveille son courroux et l'allume aux flambeaux de l'Amour. Il rassemble toutes ses forces, presse son coursier et se couvre de ses armes pour attaquer. Renaud, qui le voit, s'élance à sa rencontre. Aussitôt Chrétiens et Infidèles reculent et leur laissent une libre carrière; tous contemplent cet affreux combat. A la vue de ces chocs effroyables et variés, tous saisis de stupeur ont presque oublié leur colère, leurs querelles et leurs ressentiments. Tysapherne ne fait que frapper; Renaud, plus vigoureux et mieux armé, frappe et entame. Le sang de l'Infidèle coule; son casque est brisé, son bouclier ne le protège plus. Armide voit son vengeur inondé de sang et mutilé, tandis que ses autres défenseurs, saisis d'effroi, sont prêts à briser la faible chaîne qui les retient encore. Peu d'instants auparavant, mille guerriers l'entouraient et lui faisaient un rempart; maintenant elle est seule, abandonnée. Désespérant de la victoire et de la vengeance, elle hait la vie, car elle redoute l'esclavage. Partagée entre la fureur et la crainte, elle descend de son char, s'élance sur un de ses fantastiques coursiers, et fuit emportant sa haine et son amour attachés à elle comme les lévriers aux pas de leur maître. Telle autrefois on vit la reine égyptienne prendre la fuite et laisser Antoine au milieu des hasards d'une bataille cruelle où il luttait contre Octave et la Fortune: indigne de lui-même, mais fidèle à l'amour, le triumvir suivit la galère fugitive. Tysapherne veut aussi voler sur les pas de son amante, mais Renaud s'y oppose. En voyant partir Armide, dont les regards animaient son courage, le païen a perdu la clarté du jour et il se jette avec la rage du désespoir sur le rival qui veut l'arrêter; il lui porte sur son casque un si rude coup que Renaud courbe la tête jusque sur sa poitrine. Moins lourd est le choc du marteau de Brontès lorsqu'il forge la foudre du maître des Dieux! Mais le héros relève aussitôt un front superbe et dirige son glaive contre la cuirasse de son adversaire; il la brise: l'acier pénètre au milieu du coeur, traverse le corps et sort tout sanglant entre les épaules. L'âme de Tysapherne s'envole par cette large et double issue.

Alors Renaud s'arrête; il promène autour de lui ses regards et cherche où il doit diriger ses attaques et ses secours. Tous les rangs ennemis sont rompus; leurs étendards sont couchés dans la poussière: aussitôt il cesse de frapper, et l'ardent courroux qui l'embrasait s'apaise. Plus calme et plus tranquille, il songe à Armide qui fuit seule et éplorée. La pitié, la courtoisie lui ordonnent de la protéger. Il se souvient qu'en se séparant d'elle il lui jura d'être encore son chevalier. Il vole sur ses pas et suit les traces de son coursier.

Elle s'est réfugiée dans un lieu sombre et solitaire favorable aux sinistres desseins qu'elle médite contre sa propre vie. Elle rend grâce au hasard qui a conduit sa course errante dans ce désert. Elle descend de son coursier, jette son armure, son arc et son carquois. «Mal-heureuses et impuissantes armes, dit-elle, qui avez si mal secondé ma vengeance, je vous abandonne; restez ici ensevelies avec ma honte! Ah! parmi tant de flèches, n'en est-il point une seule qui puisse se baigner dans son sang! Si le coeur du perfide émousse vos pointes, osez percer le sein d'une femme! Voici le mien, nu, sans défense; qu'il expie votre faiblesse et votre honte!.... Hélas! il n'est que trop tendre! L'Amour le sait, puisque aucun de ses traits ne le frappa vainement. Percez-moi sans pitié, et je vous pardonnerai d'avoir si mal servi ma haine!.... Infortunée Armide, quel sort est le tien! ces flèches sont ta seule espérance; tout autre remède est pour toi sans vertu, et tu ne peux mettre fin à tes tourments que par de nouvelles blessures! Puissent du moins tes projets homicides fermer les plaies que fit l'Amour, et la mort sera un bienfait! Trop heureuse encore, si, en mourant, je n'emporte point dans les Enfers ces feux qui nie dévorent. Demeure ici, fatale passion, laisse-moi seule avec ma fureur et qu'elle soit désormais fidèle à mon ombre! Ah! puissé-je, revenant des sinis-très bords, poursuivre encore le cruel qui m'a dédaignée! Puissé-je, dans l'horreur des nuits, troubler son sommeil et le remplir de terreur et d'effroi!»

Elle se. tait; déterminée à mourir, elle choisit le dard le plus fort et le plus acéré. Déjà elle l'approche de son sein... Déjà la pâleur de la mort se répand sur ses traits... Soudain Renaud accourt; et, à la vue de son désespoir, il s'élance, la saisit et arrête le bras qui va enfoncer le fer mortel. Armide se retourne, le voit, pousse un cri, et ses regards dédaigneux évitent l'amant qu'elle adore. Elle penche sa tête, s'évanouit et tombe comme une fleur à demi coupée. D'une main Renaud la soutient, de l'autre il écarte ses vêtements; ses larmes baignent le visage et le sein de l'infortunée. Alors, pareille à la rose flétrie qui reprend ses couleurs sous les pleurs de l'Aurore, Armide revient à elle et soulève ses paupières humides des pleurs de Renaud. Trois fois ses yeux s'ouvrent et trois fois ils se referment pour ne pas voir cet objet de haine et de tendresse. Sa faible main essaie de repousser le bras vigoureux qui l'enlace. Vains efforts qui ne font que resserrer les liens qui lui furent si chers, et que peut-être elle aime encore! Elle verse un torrent de larmes; et, toujours résolue à ne pas lever ses yeux vers l'infidèle, elle prononce ces mots: «Qui t'amène, ô toi dont la fuite et le retour me prouvent une égale barbarie!... Tu causes mon trépas et tu veux m'empêcher d'en finir avec la vie!... Tu viens me . sauver!... A quels affronts, à quels tourments Armide est-elle donc destinée?... Que me sert mon art ignoré du perfide, si toute ma puissance ne peut m'aider à mourir!... Tu crois sans doute que ta gloire serait ternie si l'on ne voyait pas enchaînée à ton char cette femme que tu as trahie et que ta force accable! Sera-ce le plus noble et le plus beau de tes exploits!... Naguère je te demandais la paix et la vie, aujourd'hui la mort seule peut adoucir mes tourments!... Va! je n'implore point tes coups, le trépas me serait odieux s'il fallait le recevoir de ta main! J'espère bien trouver en moi seule la force de me soustraire à ta cruauté; et si dans tes fers, le poison, les armes, les précipices et le lacet fatal manquent à mon désespoir, il me restera, pour m'affranchir de ton joug odieux, des secrets que tu ne peux m'arracher, et j'en rends grâces au Ciel!... Garde tes trompeuses caresses!.... Le barbare! comme il se joue de ma crédulité et de mes illusions!...»

Telles sont ses plaintes. Renaud mêle des larmes de pitié aux pleurs que l'amour et le dépit font couler des yeux d'Armide. Puis il lui répond d'une voix touchante: «Calme ton coeur agité; ce ne sont point des dédains, c'est le sceptre que je te réserve! Moi, ton ennemi! Mais je suis ton chevalier et ton esclave! Lis dans mes yeux, si tu n'ajoutes point foi à mes paroles; tu y verras la sincérité de mes promesses. Je jure de te replacer sur le trône de tes aïeux! Ah! si le Tout-Puissant daignait éclairer ton âme de ses divins rayons, s'il la délivrait des ténèbres de l'erreur, il ne serait point dans tout l'Orient de destinée et de couronne égales à la tienne.» Il accompagne ces paroles et ces prières de quelques larmes et de tendres soupirs. Et, de même que la neige se fond aux rayons du soleil et au souffle des zéphyrs, ainsi s'éteint la colère dont Armide était embrasée. En son coeur il ne reste que les feux de l'amour. «Voilà ton esclave, lui dit-elle, dispose d'elle à ton gré, tes ordres » seront sa loi.»

Cependant Émiren voit l'étendard royal couché sur la poussière. Le bras invincible de Godefroi a renversé le courageux Rimédon; il disperse tous ceux que la mort n'atteint pas. Le général du calife ne veut point montrer de faiblesse en cet instant suprême; il va chercher et il ne tarde pas à trouver un trépas glorieux d'une main qui doit illustrer sa chute: il pousse son coursier à la rencontre de Bouillon, qui lui semble l'adversaire le plus digne; partout, sur son passage, il laisse des marques dernières de son désespoir et de sa vaillance. Avant de joindre le héros, il lui crie de loin: «Je viens mourir » sous tes coups, mais je tâcherai du moins de t'entraîner » avec moi dans la tombe.» Il dit, et au même instant tous deux se précipitent l'un sur l'autre. Le Franc a son bouclier traversé et il est blessé au bras gauche. Le Sarrasin est atteint à la joue. Étourdi, il chancelle; au moment où il veut se redresser, Bouillon lui enfonce son épée dans le corps et il tombe mort.

De cette immense armée il ne reste plus que de faibles débris.

Le pieux général poursuit les vaincus, puis il s'arrête à la vue d'Altamore à pied, tout couvert de sang, qui se défend avec ses armes rompues et fracassées. Cent ennemis le pressent et le frappent à la fois: «Arrê-tez, soldats! s'écrie Bouillon. Prince, rends-moi tes armes, je suis Godefroi!» Ce grand courage, qui n'avait jamais fléchi, cède à la puissance du nom dont l'éclatante renommée se répand de l'Éthiopie aux deux pôles: «Je me soumets, lui dit-il, j'honore ta vaillance.» A l'instant où il lui présente son épée, il ajoute: «La défaite d'Altamore accroîtra tes richesses en augmentant ta gloire. Une tendre épouse t'offrira pour ma rançon toutes ses pierreries, tout l'or de mes États.– Le Ciel, lui répond le pieux capitaine, ne me fit point un coeur avare. Conserve les trésors de l'Inde et de la Perse, je ne mets point un prix à la vie de mes ennemis. Je suis venu pour faire la guerre et non pour trafiquer des dépouilles de l'Asie.» Il dit, confie son prisonnier à ses gardes et continue de poursuivre les Infidèles qui cherchent, mais en vain, un refuge dans leurs retranchements. Ils n'y sont point à l'abri de la mort; les Chrétiens y pénètrent et le carnage avec eux: le sang ruisselle d'une tente à l'autre. Partout règne le pillage, et de toutes parts ou voit les pompeux ornements de ces Barbares nager dans une mer de sang.

Ainsi, Godefroi est vainqueur; et, aux clartés du jour qui luit encore, il guide ses soldats dans la Cité Sainte, dont il a brisé les fers. Les mains encore rougies du sang des Infidèles, il entre dans le temple avec ses guerriers, il y suspend ses armes, et, prosterné aux pieds du divin Sépulcre, il acquitte son voeu en adressant à l'Éternel des actions de grâces.

NOTES

1
On sait la réponse que fit un jour le Tasse à un Grec qui se plaignait des
réflexions, injurieuses pour sa patrie, que contient le chant ^{1er} de la *Jérusa lem*. Lorsque M. de
Lamartine était secrétaire d'ambassade à Florence, en
1824, le colonel Pépé, frère du général, lui demanda raison de quelques
vers de *Childe-Hurold* offensants pour les Italiens d'aujourd'hui. Bien que
cet adversaire se fût acquis un certain renom d'adresse et d'expérience dans
ces sortes de rencontres, M. de Lamartine ne déclina point une responsabilité que lord Byron
pouvait réclamer. Il accepta avec empressement le combat, et reçut un coup d'épée. Ce duel le
mit fort haut dans l'estime des Florentins, séduits d'ailleurs par la grâce et la noblesse avec lesquelles il faisait
chez eux les honneurs de la France, et recevait à la fois ses compatriotes et
les étrangers.–(Voir la *Biographie* de MM. Saint-Edme et Sarrut.)

2
Cette belle expression se trouve dans une lettre de M. de Lamartine à M. Philipon de La Madelaine. (*Note de l'Editeur.*)